新编市场营销学

（第3版）

张言彩 ◎ 主编

倪自银　孟庆良 ◎ 副主编

电子工业出版社
Publishing House of Electronics Industry
北京·BEIJING

内 容 简 介

市场营销学是一门研究以满足市场需求为中心的企业市场营销活动及其规律的应用型学科。本书在学科前沿理论成果的基础上，系统地介绍了现代市场营销学理论，并紧密结合国内外企业市场营销领域的最新实践，将数字概念与技术，甚至商务智能等内容融入各章，体现了理论知识的完整性、先进性，突出了实务内容的启发性、应用性，注重案例的新颖性与本土化。本书注重挖掘市场营销知识体系中所蕴含的思想价值和精神内涵，强化社会主义核心价值观，有机地融入了家国情怀、文化自信、职业素养、社会责任、营销伦理道德等内容，将课程育人的根本任务融入课程内容，力求润物细无声。

本书分为12章，内容包括市场营销学导论、市场营销环境、市场购买行为、市场营销调研与预测、企业战略规划与市场营销计划、目标市场营销战略、企业竞合战略、产品策略、定价策略、分销渠道策略、促销策略、营销伦理道德与企业社会责任。

本书既可作为高等院校经济管理类专业的本科教材，也可作为其他人员了解市场营销理论与实务的参考读物。

未经许可，不得以任何方式复制或抄袭本书之部分或全部内容。
版权所有，侵权必究。

图书在版编目（CIP）数据

新编市场营销学 / 张言彩主编. -- 3版. -- 北京：电子工业出版社，2025.6. -- ISBN 978-7-121-49649-3
Ⅰ. F713.50
中国国家版本馆 CIP 数据核字第 2025NC6756 号

责任编辑：石会敏
印　　刷：大厂回族自治县聚鑫印刷有限责任公司
装　　订：大厂回族自治县聚鑫印刷有限责任公司
出版发行：电子工业出版社
　　　　　北京市海淀区万寿路 173 信箱　　邮编：100036
开　　本：787×1092　1/16　印张：18.5　字数：510 千字
版　　次：2011 年 3 月第 1 版
　　　　　2025 年 6 月第 3 版
印　　次：2025 年 6 月第 1 次印刷
定　　价：59.00 元

凡所购买电子工业出版社图书有缺损问题，请向购买书店调换。若书店售缺，请与本社发行部联系，联系及邮购电话：（010）88254888，88258888。
质量投诉请发邮件至 zlts@phei.com.cn，盗版侵权举报请发邮件至 dbqq@phei.com.cn。
本书咨询联系方式：738848961@qq.com，15801037673。

当今世界正处于百年未有之大变局，人类社会既充满希望，又充满挑战。新冠疫情对世界经济产生了一定影响，加之其他非经济因素的作用，保护主义、单边主义明显上升，产业链、供应链面临巨大冲击，全球经济陷入低迷。全球范围内的政治、安全、文化等格局都在发生深刻的变化，冲突加剧，世界进入动荡变革期。"大变局"中创新要素的比拼前所未有，第四次工业革命方兴未艾，芯片技术、人工智能、机器人技术、虚拟现实及量子科技等蓬勃发展，将深度改变人类的生产和生活方式，对社会的发展产生重要影响。面对这样一种态势，我国提出要推动形成以国内大循环为主体、国内国际双循环相互促进的新的发展战略。这表明在国际环境不确定的背景下，我国需要着眼于挖掘国内发展潜力，进一步激发国内的发展活力和市场活力。

从国内的经济发展基础与市场结构来看，我国经济社会的发展取得了巨大进步，全面建成了小康社会，正昂首阔步地推进社会主义现代化的进程。在中国特色社会主义新时代，党明确我国社会主要矛盾是人民日益增长的美好生活需要和不平衡不充分的发展之间的矛盾。与之相伴相随的是需求结构的变化，人们不再满足于低层次的"吃饱""穿暖"，而更追求"吃好""穿美"，同时对生活和工作的环境要求越来越高，个性化需求日益凸显。因此，整个经济必然面临资源配置的优化和产业结构、产品结构的重大调整。

市场营销学是一门集理论性与实践性于一体的学科，它的现实意义与实践价值在于：通过有效配置有限的资源来满足市场的需要；通过对消费者需求、动机、态度和行为的洞察，帮助市场引入能够更加方便、更加丰富人们生活的产品；通过实施有效管理，为顾客、企业及社会创造效用和价值，提升企业的市场优势。因此，它关注和调解生产与消费之间的矛盾，聚焦满足日常消费与生产消费需求，提高人们的生活水平和生活质量。市场营销学不但在寻求动态环境、企业目标和企业内部条件三者之间的平衡中发挥关键作用，避免浪费社会资源和企业资源，而且在社会生产与社会需求之间的平衡中起着重要作用。因此，改革开放40多年来，市场营销学的地位与作用日益明显，但从未像今天这样突出。现代市场营销的思想、知识、技能对当今企业运营的实践指导可谓意义非凡。

市场营销学是不断丰富和发展的学科。随着互联网技术应用的深化，顾客中心的思想不再仅停留在理念层面，操作层面的技术也日臻完善。大数据、区块链、云计算、计算机通信、数据挖掘、人工智能等技术融入市场营销学，为市场营销调研与顾客洞察、营销计划与营销决策的制定、网络促销与网络营销的开展等提供了更加有力的技术支撑，极大地丰富了市场营销的工具、方法和策略。移动与社交媒体营销、大数据与市场分析、精准营销、全渠道营销、顾客共同创造价值等方面的成果不断涌现，学科体系也日臻完善，并在国内外企业界得到应用推广，形成了许多成功的案例。具备和数字概念、技术及实践相关的理论知识与能力是市场对当今营销人员和管理者提出的基本要求。

与学科的发展、应用需求相适应，积极主动地传播与推广市场营销学的新知识、新理论，主动适应工商企业对营销人才的新要求，培养高素质、有本领的营销人才，既是产业界对市场营销学科的期待，也是教育者应有的责任担当。教材是学科知识体系与理论实践成果的重要载体，可以向学生传播知识、灌输思想、培养技能。因此，我们编写组深感重任在肩。

《新编市场营销学——理论与实务》于2011年首次出版，2013年出版《新编市场营销学》（第2版）。本次修订紧跟近年来学科发展、技术发展的新趋势，密切联系经济社会发展的新形势，适应网络时代企业营销的新要求，突出理论的时代性和实务的启发性，注重通过实践场景加深学生对相关理论的理解，使理论与实践相结合，培养学生的悟性，提高学生的能力。

国内教材可谓林林总总，很多教材具有较大的影响力，如国家级规划教材，它们的内容更新较快，版面设计新颖。但对照应用型高校人才培养的实际与要求，大多数教材理论有余而实践不足，内容丰富而可读性不强，国外案例有余而本土化案例不足，知识灌输有余而课程思政内容有限。国内有些教材的内容学术味过重，或者直接照搬国外教材的内容，不太符合我国学生的思维习惯，甚至有些内容让学生难以理解、食而不化。本书力求弥补以上不足，保持原有的风格，并强化以下特色：一是坚持以习近平新时代中国特色社会主义思想为指导，聚焦立德树人根本任务，充分体现课程思政的新要求，将育人放在首位，挖掘市场营销知识体系中所蕴含的思想价值和精神内涵，强化社会主义核心价值观，有机地融入家国情怀、文化自信、职业素养、社会责任、营销伦理道德等内容，将课程育人的根本任务融入课程内容中，力求润物细无声；二是充分体现学科发展与应用实践的新趋势，正视互联网经济环境下市场营销发展的全新形态，吸收学科发展的前沿成就，尤其是新的商务模式、零售模式、数据库营销及社交媒体、移动营销和其他新型沟通技术等方面的新知识、新方法，更新了案例，尤其注重选用国内企业的成功案例，挖掘它们的营销创新成果；三是充分体现学生素质能力培养的新需求，注重"互联网+"背景下的专业素质和能力培养，强化数字技术与市场营销调研、市场预测、营销环境分析、市场营销策略的融合；四是充分体现现代教学的新特点，内容较新颖，文字表述力求通俗易懂、简洁生动、逻辑清晰、发人深省，并充满趣味性和可读性，同时更新了"导入案例""案例""思考与应用""案例分析"等相关栏目的内容，将部分内容以电子文件的形式呈现（通过扫描二维码查看）。

本次教材的修订由市场营销学科领域多所高校的学者及产业界多位高管参与。淮阴师范学院的张言彩教授组建编写团队，邀请倪自银教授、江苏科技大学的孟庆良教授、盐城工学院的肖怀云副教授和凌奎才副教授、南通理工学院的李燕副教授、淮阴工学院的邵永喜老师，加入了本书的编写团队。他们来自不同的高校，了解不同类型学生的情况，并长期从事市场营销学及相关课程的教学与研究工作；他们学养深厚，洞悉学术前沿，专业视野广阔，专业知识全面，教学经验丰富。苏州风景园林投资发展集团有限公司董事长、总经理魏世震博士，江苏金彭集团执行总裁王应黎博士欣然接受邀请，参与了本次教材修订。他们学术水平高，精通专业知识，经过多年商海历练，取得了非凡的成绩，带领企业走向成功，积累了丰富的营销管理经验，更可贵的是他们都重视人才培养，均有担任江苏省产业教授或高校兼职教授的经历，他们的加入为本书的质量提供了保障。同时，我们还要感谢其他编写者所付出的努力。

本书从修编构想、计划到最后成稿，历经一年半的时间，并经多轮协商研讨，凝聚了全体编写人员的智慧和心血。本书的修编工作具体分工如下：张言彩教授负责整体设计和结构调整，撰写修编计划和修编大纲，负责全书统稿，具体负责第1、8、9章，倪自银教授和王应黎博士负责第4、5、7章，孟庆良教授和魏世震博士负责第2、3章，李燕副教授、肖怀云副教授负责第11、12章，凌奎才副教授负责第10章，邵永喜老师负责第6章。

本书在编写过程中借鉴了许多国内外市场营销学者的研究成果，除注明出处的部分外，限于篇幅未能一一列出，在此向各位市场营销学者表示衷心的感谢！本书的出版得到了电子工业出版社石会敏老师的大力支持。在此，谨向关心和支持本书编写与出版的各界同人表示诚挚的谢意！

编者
2025 年 3 月 1 日

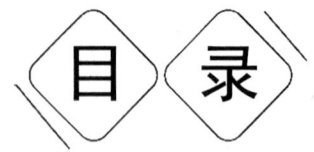

目 录

第1章 市场营销学导论 ... 1
  1.1 市场和市场营销 ... 1
    1.1.1 市场 ... 1
    1.1.2 市场营销 ... 4
  1.2 市场营销管理哲学 ... 9
    1.2.1 生产观念 ... 9
    1.2.2 产品观念 ... 9
    1.2.3 推销观念 ... 10
    1.2.4 市场营销观念 ... 10
    1.2.5 社会市场营销观念 ... 11
  1.3 市场营销面临的新挑战 ... 12
    1.3.1 地缘政治与文化冲突 ... 12
    1.3.2 经济低迷与贫富差距 ... 13
    1.3.3 互联网与数字技术 ... 14
    1.3.4 市场分化与需求个性化 ... 14
    1.3.5 环境保护与社会责任 ... 15
  本章小结 ... 16
  学习指导 ... 17
  思考与应用 ... 17
  案例分析 ... 18

第2章 市场营销环境 ... 19
  2.1 企业与市场营销环境 ... 19
    2.1.1 市场营销环境的含义 ... 20
    2.1.2 市场营销环境的特点 ... 20
    2.1.3 企业与市场营销环境的关系 ... 22

  2.2 微观市场营销环境 ... 23
    2.2.1 企业内部营销环境 ... 23
    2.2.2 营销渠道企业 ... 24
    2.2.3 顾客 ... 25
    2.2.4 竞争者 ... 25
    2.2.5 公众 ... 25
  2.3 宏观市场营销环境 ... 27
    2.3.1 政治法律环境 ... 27
    2.3.2 经济环境 ... 28
    2.3.3 人口环境 ... 31
    2.3.4 社会文化环境 ... 33
    2.3.5 科学技术环境 ... 34
    2.3.6 自然生态环境 ... 35
  2.4 市场营销环境分析 ... 35
    2.4.1 环境威胁分析及对策 ... 35
    2.4.2 环境机会分析及对策 ... 36
    2.4.3 综合环境分析 ... 37
  本章小结 ... 39
  学习指导 ... 39
  思考与应用 ... 40
  案例分析 ... 40

第3章 市场购买行为 ... 41
  3.1 顾客价值理论 ... 41
    3.1.1 顾客价值 ... 42
    3.1.2 顾客让渡价值 ... 42

3.2 消费者市场购买行为 44
    3.2.1 消费者市场的特征 44
    3.2.2 消费者购买行为模式 46
    3.2.3 消费者购买行为的影响因素 46
    3.2.4 消费者购买行为的类型 53
    3.2.5 消费者的购买决策过程 54
    3.2.6 消费者购后评价及效应 56
3.3 组织市场购买行为 59
    3.3.1 组织市场的特征与组织购买者的行为模式 59
    3.3.2 生产者用户的购买行为 61
    3.3.3 中间商的购买行为 66
    3.3.4 非营利性组织的购买行为 68
本章小结 69
学习指导 70
思考与应用 71
案例分析 71

第4章 市场营销调研与预测 72
4.1 市场营销信息系统 72
    4.1.1 市场营销信息 73
    4.1.2 市场营销信息系统的构成与信息来源 74
    4.1.3 市场营销信息系统的价值利用 76
4.2 市场营销调研 77
    4.2.1 市场营销调研的类型 78
    4.2.2 市场营销调研的过程 78
    4.2.3 市场营销调研计划的实施 80
4.3 市场营销预测 86
    4.3.1 市场营销预测的框架与过程 87
    4.3.2 定性预测的方法 88
    4.3.3 定量预测的方法 90
本章小结 92
学习指导 93
思考与应用 93
案例分析 93

第5章 企业战略规划与市场营销计划 94
5.1 企业战略规划 94
    5.1.1 企业战略规划的内涵 95
    5.1.2 企业战略规划的层次 95
5.2 总体战略规划 95
    5.2.1 确定企业使命 95
    5.2.2 建立战略业务单位 97
    5.2.3 规划投资组合 98
    5.2.4 制定发展战略 100
5.3 业务战略规划 104
    5.3.1 评估企业环境 104
    5.3.2 制定组织目标 106
    5.3.3 选择竞争战略 107
    5.3.4 形成战略执行计划 107
5.4 市场营销计划及其制订步骤 108
    5.4.1 分析市场机会 109
    5.4.2 选择目标市场 109
    5.4.3 制定营销战略 110
    5.4.4 设计营销组合 110
    5.4.5 进行营销控制 111
本章小结 112
学习指导 113
思考与应用 114
案例分析 114

第6章 目标市场营销战略 115
6.1 市场细分 115
    6.1.1 市场细分的内涵和作用 116
    6.1.2 消费者市场细分 117
    6.1.3 组织市场细分 122
    6.1.4 市场细分的原则 124

6.2 目标市场的选择 ... 124
- 6.2.1 细分市场描述 ... 124
- 6.2.2 目标市场确定 ... 125
- 6.2.3 具体的目标市场营销战略 ... 127
- 6.2.4 目标市场营销战略的选择 ... 128
- 6.2.5 目标市场营销战略的实施 ... 129

6.3 市场定位 ... 130
- 6.3.1 市场定位的内涵 ... 130
- 6.3.2 市场定位的步骤 ... 130
- 6.3.3 市场定位的战略 ... 132
- 6.3.4 差异化定位的途径 ... 132

本章小结 ... 136
学习指导 ... 136
思考与应用 ... 137
案例分析 ... 137

第7章 企业竞合战略 ... 138

7.1 竞合战略及其选择 ... 138
- 7.1.1 竞合战略的内涵 ... 139
- 7.1.2 竞合战略观念的演变 ... 139
- 7.1.3 竞合战略的选择 ... 140

7.2 基本竞争战略 ... 141
- 7.2.1 行业竞争环境分析 ... 141
- 7.2.2 成本领先战略 ... 141
- 7.2.3 差异化战略 ... 143
- 7.2.4 聚焦战略 ... 145

7.3 竞争者位势战略 ... 147
- 7.3.1 竞争者位势的类型 ... 147
- 7.3.2 市场领导者的竞争战略 ... 147
- 7.3.3 市场挑战者的竞争战略 ... 149
- 7.3.4 市场追随者的竞争战略 ... 150
- 7.3.5 市场补缺者的竞争战略 ... 150

7.4 合作战略 ... 151
- 7.4.1 合作战略的原则 ... 151
- 7.4.2 合作战略的类型 ... 152
- 7.4.3 合作战略的形式 ... 154

本章小结 ... 157
学习指导 ... 157
思考与应用 ... 158
案例分析 ... 158

第8章 产品策略 ... 159

8.1 产品组合策略 ... 159
- 8.1.1 产品的概念 ... 160
- 8.1.2 产品的层次 ... 160
- 8.1.3 产品的分类 ... 161
- 8.1.4 产品组合 ... 162

8.2 产品生命周期策略 ... 165
- 8.2.1 产品生命周期理论 ... 165
- 8.2.2 产品生命周期不同阶段的营销策略 ... 167

8.3 新产品开发策略 ... 170
- 8.3.1 新产品的内涵 ... 170
- 8.3.2 新产品开发的原则 ... 171
- 8.3.3 新产品开发的过程 ... 171

8.4 品牌策略 ... 176
- 8.4.1 品牌概述 ... 176
- 8.4.2 品牌的作用 ... 178
- 8.4.3 品牌资产 ... 179
- 8.4.4 具体的品牌策略 ... 181

8.5 包装策略 ... 185
- 8.5.1 包装的内涵 ... 185
- 8.5.2 包装的作用 ... 185
- 8.5.3 包装设计的原则 ... 186
- 8.5.4 常用的包装策略 ... 186

本章小结 ... 187
学习指导 ... 187
思考与应用 ... 188
案例分析 ... 188

第9章 定价策略......189

9.1 定价的影响因素......189
9.1.1 价格的作用......190
9.1.2 定价的主要影响因素......190

9.2 定价方法......196
9.2.1 成本导向定价法......196
9.2.2 需求导向定价法......198
9.2.3 竞争导向定价法......199

9.3 定价策略及其选择......200
9.3.1 新产品定价策略......200
9.3.2 产品组合定价策略......203
9.3.3 心理定价策略......204
9.3.4 折扣定价策略......206
9.3.5 地理定价策略......207
9.3.6 差别定价策略......208

9.4 价格调整策略......209
9.4.1 提价策略......209
9.4.2 降价策略......210
9.4.3 应对同行调价策略......211

本章小结......212
学习指导......213
思考与应用......213
案例分析......214

第10章 分销渠道策略......215

10.1 分销渠道的内涵及功能......215
10.1.1 分销渠道的内涵......216
10.1.2 分销渠道的价值创造......217
10.1.3 分销渠道的功能......218

10.2 分销渠道的设计......218
10.2.1 服务需求分析......218
10.2.2 分销渠道结构设计......219
10.2.3 渠道方案的评估......225
10.2.4 网络营销渠道及其设计......225

10.3 分销渠道的管理......229
10.3.1 渠道成员的选择......229
10.3.2 渠道成员的责权利确定......230
10.3.3 渠道成员的激励......231
10.3.4 渠道成员的评估......233
10.3.5 渠道调整......233

10.4 渠道冲突......234
10.4.1 渠道冲突的内涵及其产生的原因......234
10.4.2 解决渠道冲突的对策......236
10.4.3 网络渠道与传统渠道的冲突......236

本章小结......238
学习指导......239
思考与应用......240
案例分析......240

第11章 促销策略......241

11.1 促销和促销组合......241
11.1.1 促销......242
11.1.2 促销组合......242
11.1.3 促销组合策略......242
11.1.4 促销组合决策......243
11.1.5 促销预算......244

11.2 整合营销传播......245
11.2.1 整合营销传播的内涵......245
11.2.2 整合营销传播的途径......246

11.3 广告策略......247
11.3.1 广告概述......248
11.3.2 具体的广告策略......248

11.4 人员推销策略......252
11.4.1 人员推销的内涵......252
11.4.2 人员推销的基本过程及方法......253
11.4.3 推销人员的管理......255

11.5 销售促进策略......256
11.5.1 销售促进的特征......256
11.5.2 销售促进的类型......256

  11.5.3 销售促进的方式 257
  11.5.4 销售促进的策略制定 260
 11.6 公共关系策略 262
  11.6.1 公共关系的内涵和工具 262
  11.6.2 公共关系的原则和主要
     决策 263
 11.7 直复营销 265
  11.7.1 直复营销的内涵 265
  11.7.2 直复营销的形式 266
 本章小结 268
 学习指导 269
 思考与应用 269
 案例分析 270

第 12 章 营销伦理道德与企业社会责任 271
 12.1 营销伦理道德 271
  12.1.1 营销伦理道德的内涵 272

  12.1.2 营销中的伦理道德问题 273
  12.1.3 营销伦理道德的作用 275
  12.1.4 营销伦理道德的建设与
     实施 277
 12.2 营销的社会责任 278
  12.2.1 社会责任的内涵 278
  12.2.2 营销中社会责任的体现 280
  12.2.3 承担社会责任的营销
     效应 281
  12.2.4 营销社会责任的建设与
     实施 283
 本章小结 285
 学习指导 286
 思考与应用 286
 案例分析 286

第 1 章 市场营销学导论

 名言警句

市场营销的目的在于使推销变得不必要。

——彼得·德鲁克

 本章要点

在社会主义市场经济条件下,市场营销学的理论、方法和技巧被广泛应用于企业与各种非营利性组织,已渗透到社会生活的方方面面。"市场营销学"课程对企业和其他组织普遍性的指导价值决定了其地位和作用。作为课程的导论部分,本章主要介绍市场和市场营销的定义、市场营销观念、市场营销的职能和过程,以及市场营销面临的新挑战等。

 学习目标

- 掌握市场和市场营销的定义。
- 熟悉市场营销的职能和过程。
- 掌握市场营销管理哲学的主要观点。
- 了解市场营销面临的新挑战。

 导入案例

请扫码阅读案例:让"上帝"满意的"零售帝国"(线上资源 1-1)

思考以下问题:

1. 沃尔玛的经营哲学是如何在实践中体现的?
2. 沃尔玛的成功给你带来哪些启示?

线上资源 1-1

1.1 市场和市场营销

市场营销是与市场有关的人类活动,从生产企业到消费者个人,无不与市场有着密切的关系。在市场经济条件下,市场是企业经营的载体,是企业生产经营活动成功与失败的评判者,也是企业赖以生存和获取竞争优势的舞台。市场是所有企业从事生产经营活动的出发点和归宿,是不同国家、地区、行业的生产者相互联系和竞争的载体。

1.1.1 市场

在市场经济条件下,企业的生产经营活动要与市场协调起来。企业应做到认识市场、适应市场、驾驭市场，这是市场营销活动的核心和关键。

1．市场的定义

市场是一种以商品交换为内容的经济联系形式。它是社会分工和商品生产的产物，是商品经济中社会分工的表现。在社会产品存在不同所有者的情况下，生产劳动的社会分工使他们将各自的产品互相交换变成商品，即出现了商品的供给与需求，从而产生了互相交换商品的市场。因此，市场是商品经济的范畴，哪里有社会分工和商品生产，哪里就有市场。市场必然随着社会分工的发展而扩大，社会分工的精细程度决定了它的发展水平。

因此，市场是一个发展的概念。市场在经济活动中所起的作用日益凸显，其内涵也在不断延伸和扩充。不同的学科甚至同一学科对市场的解释也不一样，因此，我们可从不同的角度理解市场。常见的市场定义有以下三种。

（1）市场是商品交换关系的总和。交换是一种为从他人那里得到想要的市场提供物（包括产品、服务、信息、体验等）而提供某些东西作为对价的行为。交换关系的总和是指在参与某些商品或劳务现实的或潜在的交易活动中，所有买主与卖主之间的交换关系。这是经济学对市场的理解。经济学要求商品的供给与需求在总量上平衡。如果不平衡，当供不应求时，商品价格就会上涨，进而会抑制需求，刺激生产；当供大于求时，商品价格往往会下跌，进而会抑制生产，刺激需求，使供求趋于均衡。通常人们所说的"市场调节""市场供给"中的"市场"就具有此含义。

（2）市场是商品交换的场所。这是市场最早的定义，美国市场营销协会于1941年就是这样定义市场的。我国经典文献《易经》中也有对市场的描述："日中为市，致天下之民，聚天下之货，交易而退，各得其所。"尽管这一古老的市场定义已不能包容当今市场极其丰富的内涵和外延，但它仍然存在，并且被广泛应用。例如，大多数企业都要考虑其产品销往哪些地区、在何种场合销售。

（3）市场是由一切有特定需求或欲望而且愿意并能够以交换来满足彼此需求或欲望的现实和潜在顾客组成的。营销人员的工作是理解特定市场上的需求或欲望，并选择企业可以提供最好服务的市场，而后生产出能创造顾客价值且让顾客满意的产品，建立可盈利的长期顾客关系。人类的需要是市场形成的基础。需求是一种感到缺乏的状态，是人类与生俱来的为自身生存和发展而感受到的未得到满足的状态，不是由市场营销人员创造出来的。需求，包括生理需求、安全需求、归属与爱的需求、尊重需求、自我实现需求。欲望是人类需求的表现形式，受文化和个人特征的影响。例如，对食物的需求，大多数西方人喜欢吃汉堡包，大多数中国人喜欢吃米饭、馒头或面条。当有购买能力支持时，欲望就变成了需求。

同（2）中的"场所观"相比，（3）中的定义突出了市场的动态性和作为卖方的能动性，与现代市场营销的特征相吻合。同时，它从卖方（作为供给方）的角度来界定市场，与市场营销学的研究方向一致。因为现代市场营销学主要是在20世纪50年代之后，于买方市场的背景下建立起来的，着重研究卖方如何进行市场营销管理以满足买方的需求，所以现代市场营销学一般都采用这一定义。

通常，人们将卖方的集合称为行业，将买方的集合称为市场。市场构成与营销系统如图1-1所示。

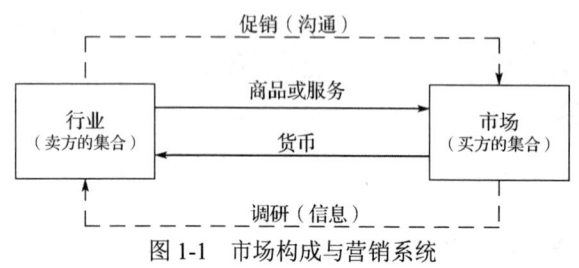

图1-1 市场构成与营销系统

请扫码阅读资料"塑造市场的三大要素"(线上资源 1-2)。

线上资源 1-2

2. 市场的构成要素

从经济学观点来看,市场的基本内容是商品供求和商品买卖,市场是由以下三个要素构成的:①一定量的商品和劳务,这是人们进行物质交换的基础,其使商品交换成为可能;②提供商品的卖方和具有购买欲望与购买能力的买方;③商品的价格符合买卖双方的利益要求,即表现为双方都能接受。

从市场营销学观点来看,对一切既定商品来说,市场包含三个要素:①人口,即具有某种需要的消费者;②购买力,即为满足这种需要所拥有的可供交换的资源,由买方的收入水平决定;③购买动机,即人们想要在市场上获得某种商品的欲望。市场具体表现为一系列的购买行为。市场与市场的三个要素之间的关系可以用下式表示。

市场=人口+购买力+购买动机

市场的三个构成要素缺一不可,只有将三者结合起来才能形成现实市场,并且这三者决定了市场的规模和容量。如果一个国家或地区人口众多,但收入很低,购买力有限,则不能形成庞大的现实市场;如果一个国家或地区的购买力很强,但人口稀少,也无法形成庞大的现实市场;如果一个国家或地区的商品不能满足消费者的需要或消费者意识不到对商品的需要,人们没有购买欲望,那么对卖方来说,这样的市场仍然不能算作现实市场。

3. 市场的分类

市场是一个有机整体,并随着交换关系的复杂化而愈加复杂,认识市场,揭示其内部运动的规律是市场营销决策和管理的基础,因此有必要对市场进行分类。几种常见的市场分类方式如图 1-2 所示。

(1) 按照地理位置(市场所在地),可将市场划分为国内市场和国际市场。国内市场是指国界内的市场。国内市场又可分为城市市场和农村市场。根据第七次全国人口普查结果,全国人口[①]中,居住在城镇的人口为 901 991 162 人,占 63.89%;居住在乡村的人口为 509 787 562 人,占 36.11%。

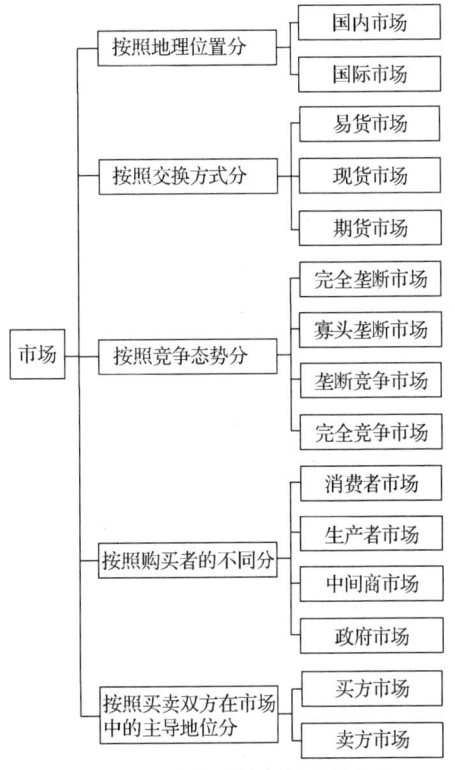

图 1-2　几种常见的市场分类方式

城镇经济发达,在商品市场中居于中心地位,市场潜力很大。乡村也是巨大的潜在市场,随着国家新农村建设和乡村振兴战略规划的实施,乡村经济发展加快,农民的购买力也在逐步提高。国际市场是指国外市场。国际市场可以按不同的国家进行划分。由于各国在社会制度、风俗习惯、地理位置、资源禀赋、经济发展、科学技术等方面存在差异,因此,国际市场结构十分复杂,每个国家或地区的市场各有特点。

---

① 全国人口是指我国大陆 31 个省、自治区、直辖市和现役军人的人口,不包括居住在 31 个省、自治区、直辖市的港澳台居民和外籍人员。

（2）按照交换方式，可将市场划分为易货市场、现货市场和期货市场。易货市场是指买卖双方各以等值的货物同时进行交换，而不用货币支付的市场；现货市场是指出售商品并立即交货的市场；期货市场既可以是买卖商品的远期交货合同市场，也可以是远期外汇交易的合同市场。就远期交货合同市场而言，商品本身并不出现在期货市场上，只凭合同进行交易，通常在商品交易所进行；就远期外汇交易的合同市场而言，交易双方在成交后并不立即办理交割，而是事先约定币种、金额、汇率、交割时间等交易条件，到期后才进行实际交割。

（3）按照竞争态势，可将市场划分为完全垄断市场、寡头垄断市场、垄断竞争市场、完全竞争市场。完全垄断市场的主要表现为一个行业只有一家企业，或者说一种产品只有一个销售者或生产者，没有或基本没有别的替代者。例如，当一家企业独自拥有制造某种产品的全部或绝大部分原材料时，该企业要么通过专利取得垄断地位，要么通过建立良好的声誉取得垄断地位。寡头垄断市场的主要表现为一种产品在拥有大量消费者的情况下，由少数几家企业控制了绝大部分的生产量和销售量，原因主要在于资源的有限性、技术的先进性、资本规模的集聚及规模经济效益等所形成的排他性。垄断竞争市场的主要表现为一个行业中有许多企业生产和销售同一种产品，各家企业的生产量或销售量只占总需求的一小部分，不同企业的产品可替代性强。完全竞争市场的主要表现为一个行业中有非常多的独立生产者，它们以相似的方式为市场提供同类的、标准化的产品。

（4）按照购买者的不同，可将市场划分为消费者市场、生产者市场、中间商市场、政府市场。消费者市场是指个人或家庭为了生活消费而购买产品或服务的市场；生产者市场又称产业市场，是指为了加工制造而购买产品的组织形成的市场；中间商市场是指购买产品是为了转售的买主市场；政府市场是指为了执行政府职能而购买或租用产品的各级政府和其下属部门形成的市场。消费者市场为个人市场，生产者市场、中间商市场、政府市场为组织市场。

（5）按照买卖双方在市场中的主导地位，可将市场划分为买方市场和卖方市场。买方市场的主要表现为一种产品的供应超过了买方（消费者、用户）对它的需求，使买方在交换过程中的力量大于卖方的力量，买方在交换过程中处于主动地位。买方市场的形成是市场营销理论产生和发展的前提。卖方市场的主要表现为一种产品的供应小于买方对它的需求，卖方在交换过程中处于主动地位。

除上述几种常见的市场分类方式之外，还有其他分类方式。例如，按照生产过程，可将市场划分为初级产品市场、中间产品市场和最终产品市场；按照市场外部力量作用的强度，可将市场划分为自由市场和管制市场等。

请扫码阅读资料"引起供给过度和消费者不足的因素"（线上资源 1-3）。

线上资源 1-3

1.1.2 市场营销

"市场营销"一词译自英文"Marketing"。它既指一门学科，又指一种经营活动。作为一门学科，国内大多数学者对将 Marketing 译为"市场营销学"和"市场营销"比较认同。Marketing 本身是与市场有关的学科和活动，而"营"具有"谋划""策划""运营"之意，"销"即"销售"。作为一种活动，市场营销的概念具有非常丰富的内涵，要想全面把握它的本质，需要从不同的角度、不同的时段去认识和理解。美国市场学家史丹顿说过："推销员或销售经理所说的营销可能是销售；广告业务员所说的营销可能是广告活动；百货企业的部门经理所说的营销可能是零售商品计划。虽然他们都谈到了营销，但是都只谈到了整个营销活动的一部分。"市场营销源于企业实践，随着经营环境的变化和商务模式的创新而被赋予了新的内容和职能。早期的营销活动仅限于流通领域，对营销概念的理解也是片面的。20世纪50年代后，营销活动突破了流通领域，向生产领域和消费领域延伸，与此相适应，市场营销的含义也随之丰富和发展。

1. 市场营销的定义

在理论界，对市场营销定义的表述不尽相同。美国市场营销协会于1960年将市场营销定义为"引导货物和劳务从生产者流转到消费者或用户所进行的一切企业活动"；1985年，美国市场营销协会将市场营销重新定义为"个人和组织对理念（主意、计策）、货物及劳务的构想、定价、促销和分销的计划与执行过程，目的是进行能实现个人和组织目标的交换活动"；2004年，美国市场营销协会提出了市场营销的新定义："它既是一种组织职能，也是为了组织自身及利益相关者的利益而创造、传播、传递客户价值，管理客户关系的一系列过程。"

日本市场营销协会在1990年提出："市场营销包括教育机构、个人、医疗机构、行政管理机构等在内的各种组织，基于与顾客、委托人、业务伙伴、个人、当地居民、雇员及有关各方达成的相互理解，通过对社会、文化、自然环境等领域的仔细观察，而对组织内外的市场调研、产品、价格、促销、分销、顾客关系、环境适应等进行整合、集成和协调的各种活动。"雷·科利将市场营销定义为"企业创造性地、有效益地使自己适应所处环境的一切活动"。

1994年，菲利普·科特勒提出："市场营销是个人和集团通过创造、提供及与他人交换产品或价值，满足欲望或需要的社会管理过程。"

卢施和韦伯斯特在2010年提出："市场营销是一种组织能力，引导企业感知、认识、获取并理解市场和顾客，同时提炼出一种价值主张，并在价值共创和企业整体价值提高的过程中将利益相关者整合为一体。"卢施和韦伯斯特所说的价值主张就是向顾客提出并实现独特的价值承诺。

简单地说，市场营销就是理解市场和顾客，创造并向目标市场和顾客交付价值，满足顾客的需要，从而获取利润的过程。其要点可归结为以下三个方面。

（1）市场营销强调顾客导向，最终目标是满足顾客的需要。市场营销的起点是识别市场和顾客的需要，终点是满足顾客的需要，顾客满意和持续的顾客关系是最终目标达成的表现。获取利润只是满足顾客需要的一种回报，不能作为企业的最终目标。

（2）市场营销作为一个管理过程，其核心是交换。交换是一个积极主动寻找机会，满足交易双方条件的过程。交换涉及组织内外的复杂环境因素，需要克服各种障碍并顺利实现市场交换，进而实现组织目标和社会经济效益。交换是营销管理的重点。

（3）市场营销突出价值主线，其关键是顾客价值创造。市场营销是一个价值创造与交付的过程，价值创造决定了企业创造的产品和价值满足顾客需要的程度，交付过程决定了顾客满意度和顾客关系。

请扫码阅读资料"现代营销学之父——菲利普·科特勒"（线上资源1-4）。

线上资源1-4

2. 市场营销的本质

市场营销活动的范围并不限于从已制成的产品到送达顾客手中之间的商业经营过程，如推销。推销仅仅是市场营销的"冰山一角"，市场营销最重要的部分不是推销。如果营销人员能够做好识别顾客需要的工作，选择适销对路的产品，并且做好定价、分销和实行有效的促销，产品就能较容易地被销售出去。市场营销的目的在于使推销变得不必要。因此，市场营销活动在市场调研、产品筛选、原材料准备、产品制造时就已开始。另外，市场营销的终点并不是将产品送达顾客手中，后面还有售后服务，如了解售出的产品能否使顾客满意，顾客是否会回购产品，顾客是否会向亲友推荐产品等。

此外，营销活动不仅仅限于产品或服务的营销，还包括机构、人物、地点和观念等的营销。例如，大学、艺术团体等机构努力树立其在公众心目中强而有力的形象，争取更成功地获得生源、观众；明星有酬为企业或产品代言，向某些机构或工商企业出让自己的肖像权或冠名权；地方政府采用官方或非官方的形式极力塑造地区良好形象；个人或组织通过媒体宣传自己的观念、信仰、见解和主张，主要目的是获得公众的认同和资金支持；咨询公司则直接向社会机构、工商企业甚至政府部门出售各种类型的点子。

市场营销把顾客置于中心地位，企业只有在满足顾客需求后才能达到自己的目的。获取利润对企业来说固然重要，但应该将其看作满足顾客需求后的"副产品"或顾客对企业的奖励。同时，市场营销不仅应注重扩大需求，还应设法使需求与供给相协调。此外，把握市场营销的精髓还应注意以下几点。

（1）它是一种满足顾客需求的行为。识别顾客的各种需求是市场营销工作的出发点，市场营销的目的是满足顾客的需求。

（2）它是一种创造性行为。有些营销人员把响应营销与创造营销区别开来。响应营销指的是发现顾客已存在的需求并满足他们；创造营销指的是发现并解决顾客尚没有提出但会热烈响应的需求，这是市场营销的核心内容，因为企业应该比顾客想得长远一些。

（3）它是一种自愿的交换行为。亚当·斯密说过，世界上从来没有看见过狗交换骨头，只有人才具有交换的本领。交换是由于人有需求而自愿参与的行为，这也是市场营销活动的基础。

（4）它是连接企业与社会的纽带。营销人员在制定营销政策时应当权衡三个方面，即企业利润、顾客需求和社会利益，只有兼顾这三个方面，企业才可能长久地获得成功。

3．市场营销的职能

一般来说，企业的营销能力是其盈利的保证。如果没有一定的对产品或服务的市场需求来为企业创造利润，则企业在财务、运营及其他方面的努力都是徒劳的。因此，企业所有的部门都应当了解、服务顾客，市场营销已成为当今企业的核心职能。管理学大师彼得·德鲁克说过："企业具有两项职能，而且仅有这两项基本职能，即市场营销和创新。其中，市场营销是企业独一无二的职能。"市场营销使产品从企业的实验室和仓库走向了市场，实现了自身的价值，满足了顾客的需求，为顾客创造了价值，同时企业也实现了自身的价值。市场营销的职能如图1-3所示。

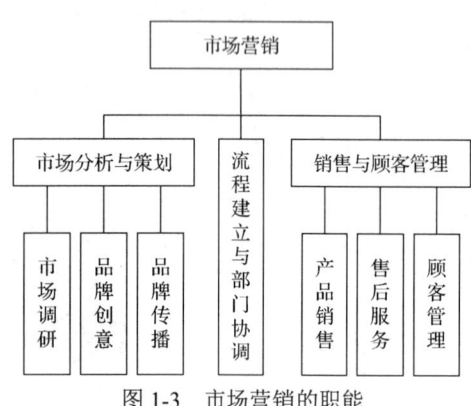

图1-3　市场营销的职能

（1）市场分析与策划。企业通过对宏观环境、产业环境、竞争者、顾客心理和行为等的调研，准确把握多方面因素对市场需求和生产的约束情况，为企业确定目标市场及进行产品组合、定价、分销等提供依据。同时，企业通过品牌创意和整合广告、新闻等手段，以一种简洁的、具有强烈视觉和听觉冲击力的表现形式向潜在顾客展示品牌所代表的生活或生产方式，让潜在顾客知晓、接受品牌，激发他们购买产品的欲望，为顺利实现营销职能创造条件。

（2）销售与顾客管理。销售人员可以通过各种有效的手段向顾客介绍和展示产品的功能、特点、使用方法等，将顾客的需求和欲望转化为对企业产品的实际购买行为，并做好售后服务工作，及时了解和帮助顾客解决在产品购买、使用过程中遇到的问题，做好安装、维修等工作。此外，企业还应做好顾客管理，即了解和把握潜在的和现实的顾客需求、行为等趋向，建立顾客数据库，建立与顾客沟通和互动的正常渠道，前瞻性地发现和满足顾客的新需求。

（3）流程建立与部门协调。企业应建立营销业务流程、标准、制度和激励政策，并监督合作者，包括经销商、辅助商（如品牌机构、广告商、物流商）等。合理的营销业务流程可以使企业各部门和合作者在营销过程中分工协作得更加高效。协调就是依据业务流程规范有效地预防和协调日常运作过程中部门间、企业间可能产生的各种冲突，保证企业的各种活动、所有部门和合作者都围绕满足顾客需求、创造卓越的顾客价值这一中心。

案例 1-1   海尔市场链：适应市场需求的流程创新

在家电产品或信息产品市场，客户的需求具有多样化、个性化的特点，而且其变化的速度很快，以往的管理模式无法适应这种情况，如常常提供扭曲或滞后的生产信息，导致库存和不良资产增加，影响了企业的竞争力。要想解决这一问题，海尔不但需要构建信息化的管理平台，而且需要让所有员工面对市场，将企业面对的外部市场压力转化为每个内部员工竞争的动力，为"快速反应、柔性生产"构建制度化平台。

海尔果断实施业务流程再造，把原来各事业部的采购、销售、财务业务全部分离出来，成立了商流、物流、资金流推进本部，实行全集团统一采购、营销、结算，形成了海尔市场链的主流程；对原来的职能管理资源进行整合，形成了新的名为 3R（R&D——研究与开发、HR——人力资源、CRM——客户关系管理）的订单支持流程和名为 3T（TCM——全面成本管理、TPM——全面设备管理、TQM——全面质量管理）的基础支持流程。与此同时，海尔整合全球业务，对海外几十个国家的数万个营销网点进行全新架构，并采用计算机集成制造系统（CIMS）辅助管理，构建了供应链系统、企业资源计划系统、物流配送系统、资金管理与结算系统，以及遍布全国的分销管理系统、客户服务响应系统，形成了以订单信息流为核心的各子系统之间紧密连接的系统集成，实现了对客户的协同服务。

同时，"市场链"还将企业外部竞争环境转移到内部，内部员工之间形成了一种名为"两索一跳"（SST，索酬、索赔、跳闸的汉语拼音首字母）的市场竞争关系。每个人不再对上级负责，而是对自己的市场负责。

资料来源：魏梅，李立. 海尔市场链的运作思路及实施条件[J]. 青岛科技大学学报（社科版），2006（4）：34-37.

要领与启示：

海尔为了对多样化、个性化的市场做出快速、有效的反应，构建了两个平台，即信息化的管理平台和"快速反应、柔性生产"的制度化平台，并通过后者对企业的内部流程进行重组，将企业面对的外部市场压力，通过"市场链"转化为每个内部员工竞争的动力，形成每个人都有一个市场，每个人都关心市场的格局。这两个平台突出了企业流程围绕市场运作，并从根本上解决了企业主要部门之间的协调问题。

4. 市场营销的过程

市场营销就是理解市场及顾客的需要与欲望，创造价值并向目标市场及顾客交付价值，构建营利性顾客关系，从而获取利润的过程。市场营销包括五个方面的内容，它们前后关联，后面的内容以前面的内容为前提和基础，具体如图 1-4 所示。在前四个步骤中，企业营销管理人员努力理解顾客，创造顾客价值，并建立稳固的顾客关系。在第五个步骤中，企业因创造卓越的顾客价值而得到回报，即销售额、利润和顾客权益等形式的价值回报。

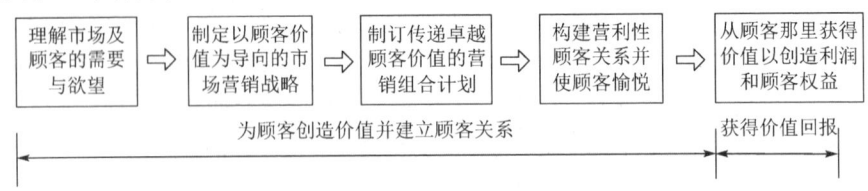

图 1-4　市场营销的过程模型

（1）理解市场及顾客的需要与欲望。理解企业开展经营活动的市场及顾客的需要与欲望是市场营销的第一步，也是市场营销活动计划的起点。企业应尽可能通过各种途径（如市场调研、内部数据库、情报系统等）及时、全面地获取大量的顾客数据，对这些数据进行有效的分析、提取，并及时、全面地呈现给营销管理人员和决策人员，以便他们及时掌握市场的动态和发展趋势，及时了解顾客需要与欲望的变化。

（2）制定以顾客价值为导向的市场营销战略。在充分理解市场及顾客的需要与欲望之后，营销管理人员和决策人员应制定以顾客价值为导向的市场营销战略，这样做的目的是通过创造卓越的顾客价值来发现、吸引、保持和增加目标顾客。市场营销战略应有助于创造顾客价值和实现有利可图的顾客关系。在制定市场营销战略时，一是需要弄明白企业的目标顾客，即挑选企业所服务的顾客，确定为哪些顾客服务（进行市场细分和目标市场选择）；二是需要搞清楚如何为目标市场服务，即通过什么样的价值主张提供服务，区分和定位自己（差异化和定位）。

（3）制订传递卓越顾客价值的营销组合计划。在市场营销战略框架下，企业制订由可控的要素（产品、定价、分销渠道、促销）构成的、相互关联的营销组合计划。市场营销方案将市场营销组合的所有要素协调在一起，形成一个整合的营销计划，借此向目标顾客传递价值，实现企业的营销目标。要想获得最佳的市场营销战略和最合理的营销组合计划，企业需要注重市场营销的分析、计划、执行和控制。

（4）构建营利性顾客关系并使顾客愉悦。交换是市场营销的核心，但不是目的。企业若只顾与顾客的交易，而忽视与顾客的关系，就是不顾自身长远利益，是功利化的表现。企业应当兼顾短期和长期发展目标，将满足顾客需要作为最终目标，并卓有成效地达成目标。唯有如此，企业才能通过对顾客价值的创造、传递，让顾客满意甚至愉悦，并通过对有价值的顾客进行发展，使其成为企业的忠诚顾客，构建营利性的顾客关系，从而形成市场优势。

（5）从顾客那里获得价值以创造利润和顾客权益。通过创造卓越的顾客价值，企业可以赢得满意度较高的顾客，他们会保持忠诚并重复购买，这对企业而言意味着更高的、长期的回报。忠诚顾客通常花费更多，持续购买企业产品的时间更长，并且保留老顾客的成本仅占争取新顾客的成本的 20%。此外，良好的顾客关系有助于企业提高顾客份额。顾客份额指的是一家企业的产品或服务在一个顾客该类消费中所占的比重。因此，企业要追求高的顾客权益。顾客权益是企业现有和潜在的顾客终身价值的贴现总和。企业拥有的有价值的顾客越忠诚，其顾客权益就越高。因此，企业应当重视顾客关系管理。

请扫码阅读资料"迈向数字经济的重大转变"（线上资源 1-5）。

线上资源 1-5

1.2 市场营销管理哲学

市场营销管理哲学是企业营销活动和营销管理的基本指导思想,其本质是如何处理企业、顾客和社会三者之间的关系。市场营销管理哲学是在一定的历史条件下产生的,并随着营销环境的变化而变化。市场营销管理哲学包括五种观念,即生产观念、产品观念、推销观念、市场营销观念和社会市场营销观念。前三种观念是以企业为中心的观念,后两种观念分别是以顾客为中心的观念和以社会长远利益为中心的观念。

1.2.1 生产观念

生产观念是指导市场营销活动的最古老的观念之一,这种观念产生于20世纪20年代以前。企业经营不是从消费者需求出发的,而是从企业生产出发的。其主要表现为"我生产什么,就卖什么"。生产观念认为,消费者喜欢随处可以买到而且价格低廉的产品,企业应致力于提高生产效率和分销效率,扩大生产,降低成本,从而扩展市场。

生产观念是在卖方市场条件下产生的。在西方国家工业化初期,以及第二次世界大战末期和战后一段时间,由于物资短缺,市场产品供不应求,生产观念在企业经营管理中颇为流行。我国在计划经济体制下,由于产品短缺,工商企业在其经营管理中也奉行这种观念,具体表现为:工业企业集中力量发展生产,实行以产定销;商业企业集中力量抓货源,工业企业生产什么就收购什么,工业企业生产多少就收购多少。

除上述情况之外,有些企业在产品成本高的情况下,其市场营销管理有时也受产品观念支配。

案例1-2 　　　　　　　　**福特汽车:缔造了一个世界传奇**

1908年,福特汽车生产出世界上第一辆属于普通百姓的汽车——T型汽车,世界汽车工业革命从此开始。这种敞篷车可乘坐两个人,价格为850美元。1913年,福特汽车又开发出世界上第一条流水线。之后,该公司使用流水线大批量生产汽车,装配一辆汽车的时间由原先的12小时28分钟缩短为9分钟,生产效率大幅度提高了,大大降低了生产成本,这促使价格低至450美元的T型汽车一时风靡全球,后来T型汽车的价格又降到了260美元。到了1921年,T型汽车的产量已占世界汽车总产量的56.6%。福特汽车缔造了一个令人惊叹的世界传奇,福特先生也为此被尊为"给世界装上轮子"的人。

资料来源:紫翰,晓平. 给世界装上轮子的人福特[M]. 天津:新蕾出版社,2010.

要领与启示:

福特汽车的成功在于其适逢其时的生产观念及在该观念指导下的卓越的企业运作,满足了人们对使用交通工具出行的需求,给当时世界制造了大量价格低廉的交通工具。同时,福特汽车得到了快速成长,一跃成为行业的霸主。可以说,福特汽车对人类工业文明的贡献是巨大的。

1.2.2 产品观念

产品观念也是一种出现较早的企业经营观念。这种观念认为,消费者喜欢高质量、性能好、有特色的产品,企业只要生产出这种产品,就不用担心没有销路,正所谓"酒香不怕巷子深"。

这种观念产生于产品供不应求的卖方市场背景下，企业总是在产品的质量上下功夫，而漠视顾客的需求，因此经常出现顾客不认可、不买账的情况。此外，最容易滋生这一观念的情境是企业研发出一款新产品，自己对这款新产品十分满意，认为肯定能受到顾客的欢迎。

产品观念还易使企业患上"市场营销近视症"，即盲目地把注意力放在产品上，而不是放在市场需求上，导致企业在市场营销管理中缺乏远见，只看到自己的产品质量好，看不到市场需求在变化，从而使自身陷入困境。

1.2.3 推销观念

推销观念产生于20世纪20年代末至50年代前，表现为"我卖什么，消费者就买什么"。推销观念认为，消费者通常具有购买惰性或抗衡心理，如果听其自然，那么消费者一般不会大量购买企业的产品。因此，企业必须积极推销和大力促销，以促使消费者大量购买自身产品。在现代市场经济条件下，那些非渴求物品市场（消费者一般不会想到要去购买的产品或服务的市场）也大量采用推销手段。许多企业在产品过剩时，也常常奉行推销观念。

推销观念产生于资本主义国家由"卖方市场"向"买方市场"过渡的阶段。那时候，由于科学技术的进步，科学管理和大规模生产的推广，产品产量迅速增加，市场上逐渐出现了产品供大于求、卖主之间竞争激烈的新形势。尤其在1929—1933年经济大萧条时期，大量产品销售不出去，迫使企业重视采用广告技术与推销技术去销售产品。许多企业家意识到：即使产品物美价廉，也未必卖得出去；企业要想在日益激烈的市场竞争中求得生存和发展，就应当重视推销。推销观念仍存在于当今的企业营销活动中，企业对某些产品（如顾客不愿意购买的产品）往往会采用一定的推销手段。推销观念比生产观念和产品观念有所进步，由等顾客上门转变为重视广告技术和推销技术，体现了企业自身的主动性。

上述三种观念都以企业为中心，将企业的利益置于最高地位，以企业利益为方向开展营销活动和处理相关问题。

1.2.4 市场营销观念

市场营销观念以顾客为中心，这一观念是作为对上述诸观念的挑战而出现的一种新型企业经营哲学。市场营销观念认为，实现企业目标的关键在于准确洞察目标市场的需要和欲望，并且比竞争者更有效地传递目标市场所期望的产品或服务，进而比竞争者更有效地满足目标市场的需要和欲望。

市场营销观念表现为"顾客需要什么，就生产什么"。随着社会生产力的迅速发展，市场趋势表现为供大于求的买方市场，同时广大消费者个人收入迅速提高，开始对产品进行选择，企业之间的竞争加剧，许多企业开始意识到，只有转变经营观念，才能求得生存和发展。例如，迪士尼乐园成立之时便明确提出它的产品不是米老鼠、唐老鸭，而是快乐。在迪士尼乐园中，快乐如同空气一般无所不在。它使每个来自世界各地的儿童美梦成真，使各种肤色的人感到快乐。

市场营销观念的出现使企业的经营观念发生了根本性变化，也使市场营销学爆发了一次革命。市场营销观念和推销观念具有较大的差别。西奥多·莱维特对推销观念和市场营销观念进行了比较研究，他认为，推销观念注重卖方的需要，市场营销观念注重买方的需要；推销观念以卖方的需要为出发点，考虑如何把产品变成现金；市场营销观念考虑如何通过制造产品、传递产品及与最终消费产品有关的事物来满足顾客的需要。从本质上说，市场营销观念是一种以顾客的需要和欲望为导向的哲学，是消费者主权理论在企业市场营销管理中的体现。推销观念与市场营销观念的比较如图1-5所示。

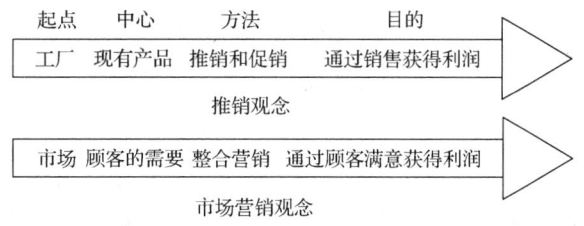

图1-5 推销观念与市场营销观念的比较

1.2.5 社会市场营销观念

社会市场营销观念是以社会长远利益为中心的观念。这一观念认为，企业的任务是确定各个目标市场的需求，并以注重消费者和社会长远利益的方式，比竞争者更有效地向目标市场提供能够满足其需求的产品或服务。社会市场营销观念要求市场营销人员在制定市场营销政策时，要统筹兼顾三个方面，即企业（利润）、消费者（需求的满足）和社会（长远利益）。社会市场营销观念三方利益均衡如图1-6所示。

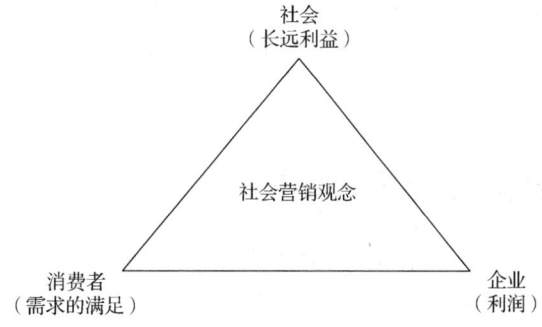

图1-6 社会市场营销观念三方利益均衡

20世纪70年代，全球出现环境恶化、资源短缺、人口激增、通货膨胀和社会服务得不到重视等问题，一些企业一心追逐利润，漠视社会责任（包括环境责任）。例如，快餐汉堡包虽然可口，但因其含有非常高的热量，脂肪含量也较高，所以食用过多不利于健康。此外，汉堡包在出售时采用包装纸包装，因而生成了过多的包装废弃物，对生态环境造成了一定的破坏。在此背景下，人们要求企业顾及消费者整体利益与社会长远利益的呼声越来越高。为了解决社会所面临的一系列问题，西方营销学者提出了社会市场营销观念。企业的生产经营不但要考虑消费者的需求，而且要考虑整个社会的长远利益，要追求企业自身、消费者和社会利益均衡。

案例1-3　　　　　　　　　海南酒店业的绿色发展之路

海南优越的自然环境，为海南酒店业确定生态酒店的领先定位奠定了良好的环境与形象基础。为此，海南酒店业非常关注节能降耗。例如，海南三亚银泰阳光度假酒店启用空调余热制热系统，对空调散发的余热进行回收利用，有效地提升了能源利用率。不仅如此，海南还从酒店管理、客人消费行为引导、酒店硬件采购、酒店服务设计等层面全面推行绿色管理，强化海南酒店业的生态优势，将海南生态环境的比较优势转化为竞争优势。同时，海南酒店业通过积极融入国际酒店业的绿色认证体系、开展有效的绿色营销宣传，进行生态形象定位的传播。此外，海南酒店业开展了绿色产业相关服务,如各酒店回收的废旧电池,集中通过物流转移到广州进行回收处理。海南酒店业还注重研发具有地方特色的绿色产品。

资料来源:徐亚丽. 绿色营销助力海南酒店业发展[J]. 营销界,2021(11):7.

> **要领与启示:**
> 　　绿色是当今生产、生活的主色调,受到人们越来越多的关注。酒店业是海南龙头产业——旅游业中的能耗大户,也是对生态环境依赖度较高的产业。随着消费者环境保护意识的增强,他们对绿色酒店的偏好逐渐提升。在"创新、协调、绿色、开放、共享"的新发展理念之下,酒店业践行社会市场营销观念,开展绿色营销,既符合国家发展战略要求,又有助于区域酒店业形象的提升。

　　上述五种观念的产生和存在都有其历史背景和必然性,都是与一定的条件相联系、相适应的。如今,企业要想更好地生存和发展,就得牢固树立具有现代意识的市场营销观念、社会市场营销观念。

　　菲利普·科特勒和凯文·莱恩·凯勒在其所著的《营销管理》(第12版)中,综合了市场营销学研究的一些新成果,提出了全面营销观念。全面营销观念认为,营销应贯穿企业经营活动的各个方面,而且要有广阔的、统一的视野。全面营销涉及关系营销、整合营销、内部营销和社会责任营销(社会市场营销)理论,试图认识和协调市场活动的广度与复杂性,其本质是一种综合性理论,而非全新的营销观念。

1.3　市场营销面临的新挑战

　　我们所处的这个时代唯一不变的就是变化本身,"变"已经成为这个时代的特征。一位企业家曾经说过,变化的速度如此之快,以至于适应变化的能力已经成为竞争优势。处于不断变化的时代,企业会遇到各种各样的挑战,企业的市场营销活动也会受到影响。总体来说,影响企业市场营销的主要因素包括地缘政治与文化冲突、经济低迷与贫富差距、互联网与数字技术、市场分化与需求个性化、环境保护与社会责任。

1.3.1　地缘政治与文化冲突

　　地缘政治紧张局势对地区经济和全球经济的影响,正如美国华平投资集团联席总裁查尔斯·R.凯耶(Charles R. Kaye)所言:"不是在优化经济结构,而是在系统中制造摩擦。"

　　哈佛大学肯尼迪政府学院创始院长、"修昔底德陷阱"提出者格雷厄姆·艾利森教授提出,在过去500年的16次权力转移中,有12次是通过战争的方式进行的,西方国家在与崛起大国打交道时,权力胜过道德。我们应努力避免陷入"修昔底德陷阱"。

　　"离战场太近会扰乱经济活动。"对全球经济而言,地缘政治冲突直接的影响是对现有生产生活设施的摧毁和对人的生命的摧残,以及对产业链、供应链的直接破坏,可以说地缘政治冲突会威胁国家或地区经济。不仅如此,地缘政治冲突还会产生其他严重影响。地缘政治冲突会导致经济增速放缓,国家的财政负担加重,全球货币流动性紧缩情况加剧,使得外部经济体减少对资本市场的投资,导致市场流动性降低。对涉及地缘政治冲突的国家而言,战争花费、战后修复将会带来巨大的经济压力,甚至使国家陷入举步维艰的状态。

由于一些国家是国际诸多原材料与大宗商品的出口国，局部战争无疑会在短期内推高全球通胀（通货膨胀）水平。对某些产品市场而言，某国作为该市场的主要供应方，若参与战争则会对供应链造成扰动而使供给减少，另外某些产品的需求若短期内无法降低，则会导致价格上升，从而使市场的通胀水平不断攀升。再者，由于产品价格的上涨会对上下游市场造成影响，一些人的生活水平会下降。战争导致的生产受限、产品具有低替代性等会在短期内造成较严重的供需错位现象，从而迅速推高大宗商品价格与通胀水平。长期来看，由于经济制裁，对某些产品进口依赖度较高国家的通胀将加剧，并沿着产业链进一步向全球经济体扩散。

除此之外，地缘政治冲突还涉及一些国家或地区的复杂关系，进一步加剧全球经济格局的"逆全球化"，这对新冠疫情后复苏稍显乏力的全球经济来说更是雪上加霜。同时，地缘政治冲突将增加一些国家或地区的财政负担。随着战争导致的难民的涌入，政府的财政开支将提升。根据相关报告，战争所导致的军事负担与财政负担很重，对于政府而言，这将是一笔不小的开支。此外，局部战争导致的政治局势紧张可能使一些国家或地区增加国防支出，进而产生较大的财政压力。

1.3.2 经济低迷与贫富差距

2008年全球经济危机及后期的余波效应，使全球经济扩张大幅放缓、贸易全球化速度明显减慢，全球经济"做蛋糕"的困难不断增加，"分蛋糕"的矛盾日益凸显。同时，贸易保护主义抬头，多种问题的突发及叠加，如地缘政治冲突、通胀高企、货币政策收紧、粮食危机、能源危机、供应链危机、健康问题、气候变化、难民问题等，导致世界经济下行压力不断加大。就在经济增速不断放缓之时，全球通胀高企，主要经济体的通胀水平均在2022年上半年创造了历史新高，109个新兴经济体和发展中国家中有78个通胀率超过5%，全球经济面临"滞涨"风险。2022年上半年，就主要经济体的情况来说，美国依然是全球第一大经济体，不过其经济环比增速下降。中国是第二大经济体，2022年4—5月份部分城市受新冠疫情影响，大批外贸订单流失，第二季度GDP（国内生产总值）增速大幅放缓。欧元区是第三大经济体，其经济发展与中国有一定的差距。欧洲经济受局部冲突影响较大，并且造成严重的"能源危机"，通胀率连创历史新高。日本经济持续处于低迷状态，2022财年日本GDP规模未恢复至新冠疫情前的水平。

与前述负面因素和经济滞涨相关的是，贫富差距被进一步拉大。2015年，经济合作与发展组织（以下简称"经合组织"）发布的报告显示，经合组织成员国收入分配不公程度已达近30年之最。据统计，经合组织地区最富有的10%的人群收入已是最贫困的10%的人群收入的9.6倍，而2000年是9.1倍，20世纪80年代则是7.1倍。美国联邦储备委员会发布的美国财富分布情况报告显示，截至2021年第二季度，收入最高的占总数1%的美国家庭的总净资产为36.2万亿美元，自1989年有数据统计以来，首次超过占总数60%的中等收入家庭的总净资产（35.7万亿美元）。数据显示，美国70%的财富集中在收入前20%的家庭中。

在这种经济背景下，市场处于低迷状态，企业要扩大市场规模，哪怕是维持现有市场规模都变得异常困难。消费者纷纷改变消费观和消费行为，重新思考自己需要购买什么，改变过度消费的习惯，大多数人的消费水平回归到与收入相符的水平。这种情况在美国当下社会十分突出，很多消费者一改之前挥霍无度的消费方式，开始勤俭持家，其消费行为开始向理性回归，其消费更趋向生活所需和物有所值，这种趋势看起来还将持续下去。尽管一些人的收入提高了，但出于对未来经济前景不确定的担忧，他们对消费仍然保持谨慎态度，其中更加注重收集优惠券、少刷信用卡就是对这种态度的真实反映。

毫无疑问,各行各业都将面临巨大的市场压力和生存压力。能源和原材料价格的上涨、中间商和市场的压价、营销成本的增加、员工工资的上涨等,客观上要求企业按照实际经济状况重新部署市场营销战略。市场营销人员应强调价值主张中的"价值",更加注重产品的性价比、实用性、耐久性,以及削减成本和市场推广的有效性。企业只有更加努力,才有可能赢得消费者的青睐。

1.3.3　互联网与数字技术

当前,全球数字技术发展方兴未艾,极大地影响着人们的生活方式,包括信息交流、娱乐、购物等。中国互联网络信息中心发布的报告显示,截至2021年12月,我国网民人均每周上网时长达到28.5小时,较2020年12月增加2.3小时,互联网深度融入民众日常生活。截至2022年1月,全球互联网用户数量达到49.5亿人,互联网用户占总人口的62.5%,每个互联网用户平均每天使用互联网的时间是6小时58分钟,通过手机访问互联网的用户占92.1%。在一些国家,手机使用上瘾者热衷于消遣娱乐,他们花费大量时间在娱乐上。

很多消费者喜欢与数字产品相关的事物,而数字技术为市场营销人员提供了可以让众多消费者互动交流的最佳利器,消费者通过计算机、智能手机和其他数字设备,借助数字营销工具(如网站、社交媒体等)可随时随地查看与产品相关的信息,并进行互动交流,信息来源广泛且信息获取及时,因此消费者很少花时间关注传统媒体(如电视、广播、报刊等)上的信息。互联网与数字技术的兴起使传统媒体互动交流的作用快速减弱。相应地,企业的销售模式等必然面临变革的要求,市场营销人员需要更好地掌握和运用数字营销工具,以适应消费者接触媒体的习惯,满足他们互动交流的需求与依赖网络消费的需求。市场营销人员面临的主要任务是将数字营销方式和传统营销方式结合起来,构建一个经过合理整合的市场营销战略和市场营销组合。

1.3.4　市场分化与需求个性化

随着经济社会的发展及技术更新的加快,新产品开发周期日益缩短,这使消费者获得各种各样的新产品和细致周到的个性化服务成为可能,他们越来越倾向个性化、情感化的产品和服务。消费者的消费观念发生了转变,具体来说他们具有以下特征:①消费者的主观性越来越强,广告和促销活动等已经越来越难以改变消费者的主观意念;②消费者的行为呈现较大的差异性;③消费者的思想和行为缺乏持续性,对产品和服务的要求越来越高。在传统的目标市场营销中,消费者在购买产品时只能从现有产品中挑选,他们的需要既可能得到满足,也可能得不到满足,有时消费者只能选择与自己理想的产品最接近的产品将就一下。在消费者主导的时代,消费者购买产品时完全以"自我"为中心,他们向企业提出具体要求,企业会设法满足其要求,让他们购买到理想的产品。企业一般不会对消费者说"不",否则可能导致企业利益受损,特别是当消费者通过社交媒体和品牌平台发布对企业及品牌不利的评价而影响他人购买决策的时候。正如美国消费者协会主席艾拉马塔沙所说:"我们现在正从过去大众化消费时代进入个性化消费时代,大众化消费时代即将结束。现在的消费者可以大胆地、随心所欲地下达指令,以获得与众不同的服务。"在这个追求个性化的时代,消费者在很大程度上控制着营销的过程。

在消费者主导的时代,企业应实施个性化营销,即把对消费者个性化需求的满足放在首要位置,这也是企业的一种生存策略。个性化营销要求企业建立消费者个人数据库和信息档案,利用大数据技术分析消费者的行为。如今，消费者分类变得越来越动态、越来越细，甚至到了以个人为分类标准的"粉碎化"程度，定义消费者的方式从"分类"走向"粉碎"。企业应及时了解市场动向和消费者需求，并尽可能按消费者的要求进行生产，同时适当加以调整，通过与消费者协调合作来提高竞争力，用多品种、中小批量混合生产取代过去的大批量生产。这从多个方面对企业提出了更高的要求：①建立与消费者进行便捷交流的平台，与消费者进行实时互动，与消费者建立更紧密的联系，并形成动态的（及时更新的）消费者数据库；②建立个性化设计平台，甚至让消费者参与设计，即让消费者根据自身个性化需求参与设计、改进产品，最终生产出令消费者满意的产品；③建立适应个性化产品生产的敏捷制造系统，通过技术保障实行大规模定制，以节省制造成本；④优化资源配置，力求实现"零库存"管理，以节约库存成本，缩短再生产周期，降低流通费用。总而言之，个性化营销涉及产品的设计、生产、销售乃至售后服务所有环节，并且均给予充分的个性化关注，它是建立在对外部环境正确分析和企业核心竞争力的基础上的。

因此，成功的企业一般都懂得沟通、懂得迎合个体需求，并且能够为消费者提供尽可能多的选择。可见，实施个性化营销是企业获取生存与发展的必然选择。企业应当理解并正确地实施个性化营销，这样才能跟上时代的步伐。若企业对消费者的个性化需求把握不好，则很容易造成营销无效甚至失败。

1.3.5 环境保护与社会责任

在经济贸易全球化，以及世界各国的社会水平、经济水平和科技水平提高的同时，部分地区的生态环境遭到了严重的破坏。长久以来，环境污染成为全球亟待解决的难题，根本原因在于发展与污染并存。20世纪，煤炭作为英国生产、发电、发热的主要能源供给，虽然带来了可观的经济效益，但也产生了大量包括二氧化碳、一氧化碳、甲烷、二氧化硫等在内的工业废气，进而爆发了震惊全球的"伦敦烟雾事件"，超过4 000人因为空气污染丧生，整个英国沦陷在烟尘之中。类似的事件也曾发生在日本，1969年，东京车辆保有量超过200万台，铅排放量的严重超标造成超过6 000人丧生。更值得关注的是气候的改变，全球大气温室效应导致海啸、山洪、地震、台风等自然灾害在全球范围内频发，引发全球海平面上升，造成冰山、冰原及冻土融化。温室效应已成为制约人类经济社会可持续发展的主要因素。

随着《巴黎协定》的签署，实现"零碳""负碳"已成为国际共识。我国作为全球最大的发展中国家，在降碳减排方面做出表率义不容辞。2021年，我国正式部署了"碳达峰""碳中和"战略的近期目标和远景目标，这对产业整体实现碳达峰、碳中和发挥了重要的推动作用。这也是我国实现国内大循环、国际双循环的重要抓手，为我国践行"两山理论"，落实生态文明建设，实现环境、经济、社会可持续发展目标，构建生物多样化全球生命共同体提供了有力的理论与实践支持。

实施"双碳"目标首先要求企业"降碳减排"，在生产、技术上投入大量资金，而不只是注重产出和收益，要对自身外部性行为负责。"双碳"目标要求经济与环境共进，效益与效率兼存，政府、企业及消费群体达成一致共识，通过顶层设计将"双碳"目标部署在各层级政府机关与各产业生产机构，深度落实区域碳排放总量减少、产业减碳技术升级、国家碳汇储备总量提升，多产业融合发展，才能促使科学技术整体提升，尽早实现国家"碳达峰""碳中和"目标。企业应做出承诺，为经济的可持续发展做出贡献，与社会合作，为改善生活质量创造更和谐舒适的环境。

企业从事生产的过程，就是与自然之间发生交换活动的过程。从生态与环保角度来说，企业应当以最小的环境影响和最小的资源投入实现生产效率的最大化,为人类的生存和可持续发展做出应有的贡献,为保护生态环境承担责任。此外,企业的生产是一种社会活动,要与不同的社会群体进行交换,这些群体也必然要求企业承担其应当承担的责任。对于消费者群体,企业应为他们提供优质、等价的产品或服务,最大限度地让他们满意,在交易与服务的过程中恪守诚信原则;对于股东和投资者群体,由于他们为企业立足市场奠定了经济基础,也寄希望于通过企业的发展获得利润,企业需要给予股东和投资者相应的回报,所以盈利是企业的目标责任(利润责任);对于企业的员工群体,由于企业依靠员工完成生产、销售等经营活动,创造价值,实现发展,因此要求企业按照员工对企业的贡献确定合理的工资报酬并按时支付,兑现承诺的福利待遇,这是企业的运营责任。同时,企业作为社会组织成员,应当对其他组织和群体承担扶持帮助的责任(利害关系人责任);企业应当在自己能力范围之内回报国家,为偏远地区的经济发展助力,通过慈善行为,为社会的弱势群体提供帮助是企业在国家层面的社会责任。换言之,企业在实现自身经济效益最大化的同时应当承担社会责任。

企业承担社会责任是社会发展的必然要求。这是政府、企业、社会公众(主要是利益相关者)之间进行博弈,解决利益冲突的路径选择。企业承担社会责任是指企业在谋求经济利益时,与政府合作,对自身行为承担法律和道德责任,参与社会公益活动,保障全球经济社会可持续发展。

企业的一项重要责任是用产品或服务来解决社会环境问题。在新时代,实现产品升级、创新发展,生产出人民爱用、会用、敢用的产品,满足人民日益增长的美好生活需要,是企业责任的根本所在。企业还应在"双碳"目标的构架下,积极推进创新动能转换和结构优化,在推动社会经济高质量发展上发挥更大的作用,为构建人与人、人与社会、人与自然和谐相处的社会做出积极贡献。中国社会科学院企业社会责任研究中心主任钟宏武曾用"顶天、立地、发声"概括新时代的企业社会责任。"顶天"要求企业积极响应国家战略,在精准扶贫、"一带一路"、生态文明建设等方面有所作为;"立地"要求企业做好本职工作,结合自身主业,解决周围的社会环境问题,回应员工、社区、上下游企业等利益相关者的诉求,在所在行业、所在社区做一个合格的"企业公民";"发声"则要求企业透明运营,主动披露社会环境信息,接受各方监督,同时履责到位的企业也要敢于发声,"讲好责任故事,传播责任声音"。

在强调生态环境保护和企业社会责任的全球大背景下,市场营销人员需要重新审视企业的社会价值观、责任及与生态环境之间的关系。企业的市场营销人员需要主动适应企业社会责任的新趋势、新要求,积极开展可持续营销,主动履行营销道德义务和企业社会责任,以回应利益相关者尤其是消费者的期盼,并以对社会和环境负责的方式传递价值,同时为企业积累信誉资本和品牌资本。

请扫码阅读资料"安踏集团承诺2050年实现碳中和"(线上资源1-6)。

线上资源1-6

本章小结

1. **市场的定义**。市场是由一切有特定需求或欲望而且愿意并能够以交换来满足彼此需求或欲望的现实和潜在顾客组成的。从市场营销学观点来看,市场的构成要素包括人口,即具有某种需要的消费者;购买力;购买动机。

2. **市场营销的定义**。市场营销是个人和集团通过创造、提供及与他人交换产品或价值,满足欲望或需要的社会管理过程。简单地说,市场营销就是理解市场和顾客,创造并向目标市场和顾客交付价值，满足顾客的需要，从而获取利润的过程。市场营销的要点：强调顾客导向，最终目标是满足顾客的需要；作为一个管理过程，其核心是交换；突出价值主线，其关键是顾客价值创造。

3. 市场营销的职能：市场分析与策划；销售与顾客管理；流程建立与部门协调。

4. 市场营销的过程。市场营销就是理解市场及顾客的需要与欲望，创造价值并向目标市场及顾客交付价值，构建营利性顾客关系，从而获取利润的过程。市场营销包括五个方面的内容：理解市场及顾客的需要与欲望、制定以顾客价值为导向的市场营销战略、制订传递卓越顾客价值的营销组合计划、构建营利性顾客关系并使顾客愉悦、从顾客那里获得价值以创造利润和顾客权益。

5. 市场营销管理哲学。市场营销管理哲学包括五种观念，即生产观念、产品观念、推销观念、市场营销观念和社会市场营销观念。前三种观念是以企业为中心的观念，后两种观念分别是以顾客为中心的观念和以社会长远利益为中心的观念。

6. 市场营销观念。市场营销观念认为，实现企业目标的关键在于准确洞察目标市场的需要和欲望，并且比竞争者更有效地传递目标市场所期望的产品或服务，进而比竞争者更有效地满足目标市场的需要和欲望。

7. 市场营销面临的新挑战。影响企业市场营销的主要因素包括地缘政治与文化冲突、经济低迷与贫富差距、互联网与数字技术、市场分化与需求个性化、环境保护与社会责任。

学习指导

本章的学习对理解"市场营销学"课程十分重要，可以为课程后续的学习奠定基础。大家要学会从多维度理解市场、市场营销的含义，把握实质，并且应学会从市场的背景分析和经营实践需要来把握市场营销各种观念的产生与演变。每种观念在特定的市场背景下都有其存在的必然性和合理性，都与生产力发展水平、商品供求状况和企业规模等相联系、相适应。尽管它们在历史上是依次出现的，但并不能就此认为它们是此生彼亡的关系。同一时期，不同的企业往往会有不同的经营观念。

市场营销的职能和市场营销的过程是一个事物的两面。市场营销的职能是市场营销的各项任务按照企业的部门职能进行的排列，而市场营销的过程是价值层面任务的设定，按照前后的时序与逻辑进行的排列。前者立足于企业岗位的任务与工作，后者立足于顾客的关怀与满意。

在对市场营销面临的新挑战进行分析时，要善于运用系统思维，培养对环境因素变化的敏感性，既要把握大势，又要洞察细节，从宏观、中观和微观层面思考事物的关联与作用，从对企业、消费者和市场的具体影响中寻求答案。

关键概念：市场、需求、欲望、市场营销、生产观念、产品观念、推销观念、市场营销观念、社会市场营销观念、市场营销战略、营销组合计划、顾客权益。

思考与应用

1. 市场的概念中包括潜在顾客，这有何意义？
2. 市场营销的本质是什么？如何理解当今的市场营销已成为企业的核心职能？
3. 比较生产观念与产品观念。

4. 比较推销观念、市场营销观念、社会市场营销观念。

5. 对照市场营销观念，讨论我国现阶段营销实践面临的问题与挑战。

6. 假设你是一家生产日常洗涤用品的公司的营销人员，请在考虑公司利润目标的情况下，提出既能满足消费者需求，又能保证社会利益的营销构想。

7. 全球经济格局的"逆全球化"，对我国企业的市场营销具有怎样的影响？

8. 试分析经济低迷与贫富差距对企业市场营销的影响。

案例分析

请扫码阅读案例：同仁堂精诚铸名牌（线上资源1-7）

思考以下问题：

1. 同仁堂的老字号品牌是如何铸就的？
2. 老字号品牌应如何更新、发展？

线上资源1-7

第 2 章 市场营销环境

名言警句

知彼知己，胜乃不殆；知天知地，胜乃可全。

——《孙子兵法·地形篇》

本章要点

市场营销管理的过程也是企业适应环境的过程。市场营销环境作为影响企业营销活动的重要因素，既不断地为企业创造机会，又不断地给企业带来威胁。能否敏锐地洞察环境的变化并及时做出调整来顺应环境的变化，事关企业的生死存亡。企业要正确认识自身与市场营销环境之间的关系，及时、准确地把握市场营销环境的动态，并掌握应变之策。本章主要介绍企业与市场营销环境的关系，微观和宏观市场营销环境及其对市场营销的影响，市场营销环境分析及企业可以采取的对策等内容。

学习目标

- 了解企业与市场营销环境的关系。
- 熟悉微观市场营销环境及其对市场营销的影响。
- 熟悉宏观市场营销环境及其对市场营销的影响。
- 掌握市场营销环境分析方法。

导入案例

请扫码阅读案例：可口可乐中国化（线上资源2-1）

思考以下问题：

1. 可口可乐为何要中国化？
2. 可口可乐为实现中国化做出了哪些努力？效果如何？

线上资源2-1

2.1 企业与市场营销环境

企业营销活动的核心是顾客及其需求，然而顾客不是孤立的，而是生存在特定环境之中的。环境既影响顾客的需求与行为，又影响企业与顾客之间的关系，环境的变化既可能给企业营销带来机会，又可能形成某种威胁。全面、及时、准确地识别环境，监测、把握各种环境的变化，对于企业审时度势、趋利避害地开展市场营销活动具有重要意义。

2.1.1 市场营销环境的含义

一般来说，环境指周围的情况和条件，泛指影响某一事物生存与发展的力量的总和。市场营销环境是指影响企业与其目标市场进行有效交易的所有行为者和力量的总和。

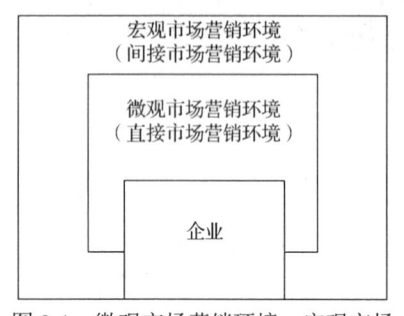

图2-1 微观市场营销环境、宏观市场营销环境及企业之间的关系

市场营销环境可分为宏观市场营销环境与微观市场营销环境两部分。二者之间不是并列关系，而是主从关系。微观市场营销环境受制于宏观市场营销环境，它所有的因素都要受宏观市场营销环境中各种力量的影响。微观市场营销环境、宏观市场营销环境及企业之间的关系如图2-1所示。

微观市场营销环境与企业关系密切，它参与企业的营销活动，直接影响和制约企业的营销能力，故又称直接市场营销环境。它包括营销渠道企业、顾客、竞争者及公众。宏观市场营销环境是指影响微观市场营销环境的社会力量，主要包括政治法律、经济、人口、社会文化、科学技术及自然生态等因素。宏观市场营销环境一般以微观市场营销环境为媒介去影响和制约企业的营销活动，故又称间接市场营销环境，在特定场合，其也可直接影响企业的营销活动。宏观市场营销环境因素与微观市场营销环境因素共同构成多因素、多层次、多变的企业市场营销环境的综合体。市场营销环境的构成及相互间的关系如图2-2所示。

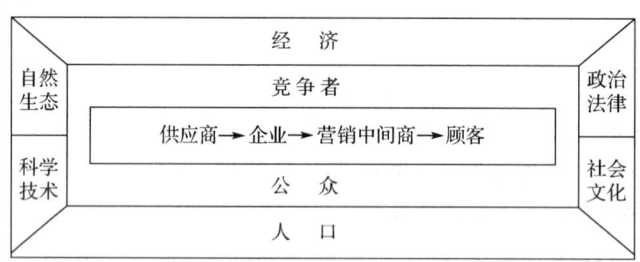

图2-2 市场营销环境的构成及相互间的关系

2.1.2 市场营销环境的特点

市场营销环境是由影响企业营销活动、与企业生存休戚相关的各种因素构成的，这些因素本身及其相互关联的性质在一定程度上决定了市场营销环境的特点。

1. 客观性

环境作为企业外在的不以营销人员意志为转移的因素，对企业营销活动的影响具有强制性和不可控性。一般来说，企业无法摆脱和控制市场营销环境，特别是宏观市场营销环境，企业难以按自身的要求和意愿改变它。例如，企业无法影响和改变政治法律因素、人口因素、社会文化因素等。但是，企业可以制定并不断调整市场营销策略，主动适应环境的变化和要求。"适者生存"为不变法则，有些企业善于适应环境，因此能生存和发展；而有些企业不能适应环境的变化，因此被淘汰。

2. 差异性

不同国家或地区的宏观环境存在着巨大的差异，不同企业的微观环境也千差万别。正是因为营销环境存在差异，企业为适应不同的环境及其变化，必须采取有针对性的营销策略。环境的差异性也表现为同一环境的变化对不同企业的影响不同。例如，新冠疫情暴发以后，各行各业受到剧烈冲击，然而由于互联网产业的特殊性，以浙江省为代表的电子商务经济却始终保持着良好的发展态势。

3. 多变性

市场营销环境是动态变化的，每个环境因素都随着社会经济条件的变化而变化。20 世纪 60 年代，中国处于短缺经济状态，短缺几乎成为社会经济的常态。改革开放 40 多年后，中国正处于"过剩"经济状态，不论这种"过剩"的性质如何，仅就卖方市场向买方市场转变而言，市场营销环境已发生了重大变化。营销环境的变化既会给企业提供机会，也会给企业带来威胁，虽然企业难以准确无误地预见未来环境的变化，但可以通过设立预警系统，追踪不断变化的环境，及时调整营销策略。而有些突发事件是企业无法预料的，如"9·11"事件，这一事件使全美航空业和旅游业陷入危机。

4. 相关性

市场营销环境诸因素之间相互联系、相互影响、相互制约，某一因素的变化会带动其他因素的变化，形成新的营销环境。有时候，各个环境因素之间存在矛盾，如某些地方的消费者有购买家电的需求，但当地电力供应不正常，这无疑对家电市场产生了制约。

案例 2-1　　　　　　　通用汽车：看不清市场趋势遭致的冷遇

来自美国的一则消息颇为引人注目：曾经拥有美国汽车市场近一半份额的汽车制造"帝国"——通用汽车的债券评级被贬为垃圾级。2004 年，这个世界上最大的汽车制造商之一，竟出现了 8 900 万美元的巨额亏损，其市场份额也跌至 25.6%。

与之相反的是，丰田汽车制造商因为市场订单太多而有些忙不过来。

为什么会有如此大的反差呢？排除市场需求变动、历史包袱沉重等影响因素，业内人士认为，导致通用汽车出现此状况的一个重要原因是，通用汽车将自己的未来"押"在了能源消耗巨大的运动型多功能车上。而从汽车市场的发展趋势来看，未来的市场大概率是低油耗、低排放车的天下。事实上，丰田汽车之所以那么受追捧，主要还是得益于其率先研发出了低耗电油两用车。

在巴西，即便是在经济十分发达的圣保罗，马路上行驶的汽车大多也是派力奥、POLO 等低油耗经济型汽车。巴西人之所以做出这样的选择，是因为他们具有根深蒂固的环保节能意识。在他们的眼里，那些能耗低、污染少的经济型汽车才是真正的好车。节能环保应该是任何企业都无法抗拒和回避的，正如美国一位资源研究专家所言：节能环保本身就具有极强的竞争力。

资料来源：谷子. 通用汽车：看不清市场趋势遭致的冷遇[N]. 经济日报，2005-06-01.

要领与启示：

通用汽车在面临多变的营销环境时，未能及时把握住汽车产品节能及低排放这一主流发展趋势，更未能认清这一发展趋势与自身命运的相关性和对自身影响的程度，未采取有效的对策充分利用环境机遇，无视环境的多变性，误判环境走势，因此其产品在当时被市场冷落、绩效下降就不足为奇了。

2.1.3 企业与市场营销环境的关系

企业的所有营销活动都是在它所生存的社会生态环境中进行的。不管企业的营销活动规划得多么完美，都会受到机遇的影响及各种变化的因素的干扰。换句话说，企业同世间万物一样，在很大程度上受到其生存环境的影响。企业应当随着环境的变化而不断做出适应性反应，调整自身的组织、战略和策略等一切可以控制的因素，以使自身发展与周围环境相协调。

1. 市场营销环境的动态性和企业对它的适应

变化是绝对的。市场营销环境在不断发生变化，并且变化的速度呈加快趋势。企业的生存发展过程实质上是其努力与周围环境保持一种微妙的平衡关系的过程。一旦环境发生变化，这种平衡关系就会被破坏。企业应积极地做出调整，以适应环境的变化，寻求新的平衡。

2. 企业对市场营销环境具有能动性和反作用

强调企业对市场营销环境的不可控制性，并不意味着企业只能消极、被动地改变自己和适应环境。企业既可以采用各种方式提升自身适应环境的能力，避免来自市场营销环境的威胁，也可以在变化的环境中寻找新的机会，甚至可以在一定的条件下改变环境。

现代市场营销理论强调企业对市场营销环境具有能动性和反作用，认为企业与周围环境的关系不仅有反应、适应的一面，还有积极创造、主动作为的一面。大市场营销理论认为，面对世界范围的贸易保护主义，以及不断提高的国际贸易壁垒所造成的障碍重重的营销环境，企业只有打破国际贸易壁垒才能进入市场。而要做到这一点，企业应综合运用自己可以控制的手段及各种公共关系、社会学、心理学技能和方法，影响造成营销障碍的人或组织，使之改变做法。

面对市场营销环境的变化，企业制定的应对策略能否取得成功，关键在于企业能否对环境变化趋势做出正确判断，能否适时把握住机会。具体来说，企业应做好以下工作。

（1）重视和加强对市场营销环境变化的监测。如今，企业对市场营销环境变化的监测和研究是高度重视的。许多企业不但成立了专门的组织、委派了专职人员进行持续不断的监测和研究，而且明确规定由企业内部的一名高层决策人员负责该项工作。建立并有效地运行预警系统，可以使企业对市场营销环境变化的趋势有一个系统、全面且比较客观的分析，这样企业采取相应的对策也就有了较坚实的基础。

（2）重视和提高企业战略的可调整性。企业要力图通过自己的努力，建立一个适合自身发展的战略目标体系。此战略目标体系应当留有充分调整的空间和余地，若环境发生变化，企业能够及时地做出反应和采取适当的对策。

案例 2-2　　　　　　　　　　TCL：把握机遇，顺势而为

随着全球经济一体化的加深和市场体制改革步伐的加快，我国家电行业获得快速发展，产业规模日益扩大。慢慢地，家电行业成为市场化竞争最充分、产业链最完整的产业之一。

2008 年至 2017 年，我国家电市场零售额从 8 475 亿元增长至 1.7 万亿元，扫地机器人、吸尘器、洗碗机、智能灯泡等新兴家电产品不断出现，我国家电市场新时代来临。近年来，居民人均可支配收入不断提升，高品质产品逐步成为消费的主流。为适应家电市场的变化趋势，2014 年年初，TCL 提出了"智能+互联网""产品+服务"的"双+"转型战略，坚持与时俱进，不断改进经营方式和营销方法，积极拓展市场，并着力提高自身经营管理效率和资产盈利能力，取得了快速发展，在激烈的竞争中保持较高的市场占有率。随后一年，TCL 又推出了全球化的"双轮驱动"

发展战略，并积极响应国家"一带一路"倡议，加速国际化战略布局。近年来，TCL 主营业务实现了稳步增长。2017 年年底，TCL 实现营业收入 1 115.8 亿元，同比增长 4.79%。2019 年，TCL 的产品远销全球 160 多个国家和地区，该企业超过一半的营业收入来自海外，它已成为名副其实的国际化企业。

资料来源：刘鹏. TCL 家电集团营销策略研究[D]. 呼和浩特：内蒙古大学，2019.

> **要领与启示：**
> 伴随着消费需求不断升级和新技术发展，家电行业在迅猛发展的同时，面临一些新的挑战。TCL 看准了宏观市场营销环境、产业环境的现状与走势，提前布局，顺势而为，提出了"智能+互联网""产品+服务"的"双+"转型战略，以智能与互联网技术为驱动，以高品质的产品和高质量的服务为基础，积极开拓国际和国内市场，在行业竞争中不断进取，成为年营业收入超过千亿元的集团。

2.2 微观市场营销环境

微观市场营销环境是指与企业的营销活动直接发生关系的组织与行为者的力量和因素，包括企业内部营销环境、营销渠道企业、顾客、竞争者、公众等。微观市场营销环境与企业形成了协作、服务、竞争与监督的关系，直接影响着企业为目标市场服务的能力。

2.2.1 企业内部营销环境

企业在分析外部营销环境之前，应当先分析自身的内部条件或内部营销环境。企业内部营销环境因素如图 2-3 所示。企业在开展营销活动前，应当设立一定形式的营销部门。营销部门需要面对其他职能部门及高层管理部门。营销部门与财务、采购、制造、研发等部门之间既有多方面的合作，也存在资源方面的竞争。这些部门的业务状况、它们与营销部门的合作及协调程度对营销决策的制定与实施影响极大。例如，制造部门对各生产要素的配置、所需人力和物力的安排有很大的决策权，营销计划的实施必须取得制造部门的支持；营销调研、预测和新产品开发需要研发部门配合及参与；高层管理部门由董事会、总经理及其办事机构组成，负责确定企业的任务、目标、方针政策和战略；营销部门在高层管理部门规定的职责范围内做出决策，营销目标从属于企业总目标，是为总目标服务的次级目标，而且营销部门制订的计划必须在高层管理部门的批准和推动下实施。

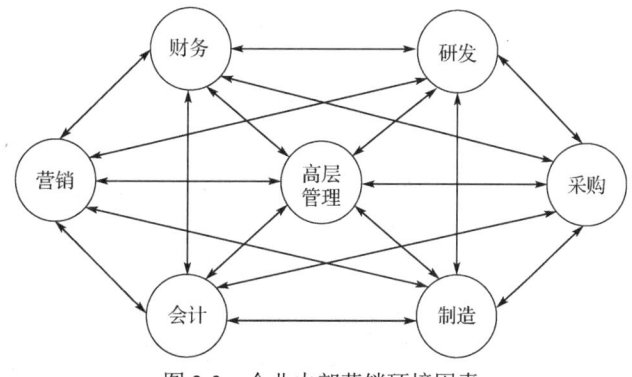

图 2-3 企业内部营销环境因素

因此，营销部门在制订和实施营销计划时，不但要考虑企业外部营销环境因素，而且要考虑企业内部营销环境因素，争取高层管理部门和其他职能部门的理解与支持，以调动内部各方资源，充分运用内部力量，使内部的优势、劣势与外部的机会、威胁相平衡。

2.2.2 营销渠道企业

企业要想通过市场营销活动在满足目标市场消费者需求的同时，达到自身盈利的目标，就应当与一系列相关企业联合行动，从供应到产品销售，形成一个链条式系统，这个系统中的企业被称为营销渠道企业。

1. 供应商

供应商是向企业及其竞争者提供生产经营所需资源的企业或个人，包括提供原材料、零配件、设备、能源、服务、资金及其他用品等。供应商对企业营销业务具有实质性的影响，其所供应的原材料的数量和质量将直接影响产品的数量和质量，所提供的资源的价格会直接影响产品的成本、价格和利润。例如，2021年，由于多个供应商产品的质量有问题，某汽车公司召回6 503辆汽车，该次召回范围内部分车辆的空调冷凝水管可能发生堵塞，造成空调的冷凝水可能进入驾驶员和乘客席及中央通道，导致安装在该区域的线路短路。供应商对企业供货的稳定性和及时性，是企业营销活动顺利开展的前提。企业对供应商的影响力要有足够的认识，应尽可能与其保持良好的关系，并开拓更多的供货渠道，必要时采取后向一体化发展战略，兼并或收购供应商。

为保持与供应商的良好合作关系，企业应和供应商保持密切联系，及时了解供货商的动态，使货源供应在时间上和连续性上得到切实保证。企业除需要保证产品本身的质量外，还应当提供完善的售前和售后服务。企业对主要原材料和零部件的价格水平及变化趋势，要做到心中有数，应对自如。企业可以根据不同供应商所供货物对营销活动的重要性，对供应商按照资信状况、产品和服务的质量与价格等进行等级划分，以便有效协调、分类管理。

2. 营销中间商

营销中间商是指协助企业销售、经销产品给最终购买者的机构，主要包括经销商和代理商、实体分配公司、营销服务机构、财务中介机构。

（1）经销商和代理商。经销商（商人中间商）和代理商（代理中间商）是协助企业寻找顾客或直接与顾客交易的商业性企业。经销商又称经销中间商、分销商，其购买产品，拥有产品所有权，主要分为批发商和零售商；代理商（包括经纪人和生产商代表）专门介绍顾客或与顾客洽谈签订合同，但没有产品所有权。

（2）实体分配公司。实体分配公司是指协助企业储存货物并把货物运送至目的地的仓储物流公司。实体分配公司的职能包括包装、运输、仓储、装卸、库存控制和订单处理等，其基本功能是调节生产与消费之间的矛盾，弥合产销时空上的背离，提供产品的时间效用和空间效用，适时、适地和适量地把产品提供给消费者。

（3）营销服务机构。营销服务机构是指为企业提供营销服务的各种机构，如营销研究公司、广告公司、传播公司等。企业既可自设营销服务机构，也可委托外部营销服务机构代理有关业务，并定期评估其绩效，以促使其提高创造力、质量和服务水平。

（4）财务中介机构。财务中介机构是指协助企业融资或分担货物购销储运风险的机构，如银行、保险公司等。财务中介机构不直接从事商业活动，但对企业和其他中间商的经营发展至关重要。

2.2.3 顾客

顾客即购买者，这里指所有购买产品或服务的个人与组织，包括居民购买者与组织购买者。居民购买者就是消费者，组织购买者包括生产者、中间商、非营利性组织（政府、社团等）。由于市场营销是以顾客为导向的，因此顾客是最重要的微观市场营销环境因素。顾客的需求是不断变化的，营销人员应当认真分析研判，以便采取适当的营销对策，提供适合他们的产品或服务。由此可见，企业的营销决策和服务均应以顾客为中心展开。

2.2.4 竞争者

竞争者一般指与企业争夺市场的其他企业，其范围很广：从行业、产业的角度来看，有提供相同或相似、可相互替代产品或服务的企业；从市场、顾客的角度来看，有为具有相同或相似需求的顾客服务的企业。此外，竞争者还有代用品生产者、潜在加入者、原材料供应者和购买者等。从消费需求的角度，竞争者可以分为以下四种类型。

（1）品牌竞争者：提供不同品牌相同规格、型号的同种产品的企业。

（2）形式竞争者：提供不同形式（款式、规格、型号）的相似产品的企业。

（3）一般竞争者：提供不同品种的相近产品，以不同方式满足顾客相同需求的企业，又称平行竞争者。

（4）愿望竞争者：提供不同类型的产品，满足不同顾客的需求，但与企业争夺同一顾客群体的其他企业，又称隐蔽竞争者。

就像"现代营销学之父"菲利普·科特勒所说："别克汽车所面临的竞争者不只是汽车制造商，还包括摩托车、自行车等产品的制造商。进一步讲，竞争者指所有竞争相同顾客的'钱包'的企业，别克汽车将与所有销售和提供耐用消费品、旅游产品、房屋装修服务等的企业竞争。别克汽车应当避免'竞争者近视症'，认识到自身可能被潜在的竞争者而非现在的对手打败。" 20世纪30年代美国经济大萧条时期，接管日趋没落的凯迪拉克汽车公司的经营者意识到，那些肯花7 000美元买一辆凯迪拉克汽车的人，不是为了买一个交通工具，而是为了展示自己的声望和地位。凯迪拉克汽车实际上在同钻石和貂皮大衣竞争。这一发现使凯迪拉克公司取得了长足发展。

竞争者的状况将直接影响企业的营销活动，无论是在产品销路、资源，还是在技术力量方面的对峙，往往是"此消彼长"的。因此，企业应当清楚地了解竞争者的数量、竞争者的规模和能力、竞争者对竞争产品的依赖程度、竞争者所采取的营销策略及其对其他企业策略的反应敏捷度，以及竞争者借以获取优势的特殊原材料的来源及供应渠道。

请扫码阅读资料"亚马逊 vs 沃尔玛：全球零售巨头各自建立'护城河'"（线上资源2-2）。

线上资源2-2

2.2.5 公众

公众原泛指因面临共同问题，有共同目的、利益、兴趣、意识等而联系在一起的社会群体；而这里的公众是狭义的，指企业外部对企业实现营销目标具有现实或潜在的利害关系或影响的一切社会团体与个人（不包括企业内部公众——员工、投资者）。微观市场营销环境的公众组成如图2-4所示。

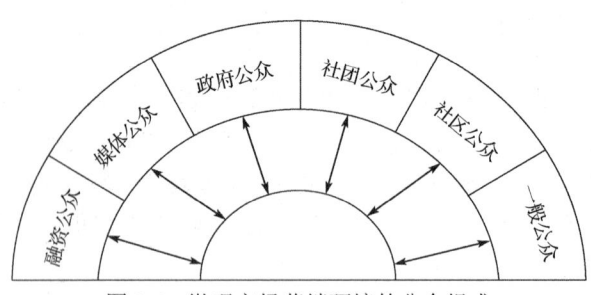

图 2-4　微观市场营销环境的公众组成

（1）融资公众。融资公众主要指银行、投资公司、证券公司、股东等，其对企业的融资能力有巨大的影响。企业可通过发布真实而乐观的年度财务报告，回应财务问题，稳健运用资金，在融资公众中积累信誉，获得融资公众的好感与支持。

（2）媒体公众。媒体公众主要指报社、电视台和网站等传媒机构及其工作人员。媒体公众掌握着传媒工具，有着广泛的社会联系，能直接影响社会舆论对企业的认识和评价。企业应当与媒体公众建立紧密的联系，争取获得更多有利于企业的新闻及评论。

（3）政府公众。政府公众主要指与企业营销活动有关的各级政府机构及其工作人员。政府公众所制定的政策对企业的营销活动要么限制，要么支持。同时，有些政府部门还直接负责监管企业的营销活动。因此，企业在制定发展战略和营销计划时，要与政府的发展计划、产业政策、法律法规保持一致，注意产品的安全卫生、广告的真实性等问题，向有关部门反映实情，争取得到政府公众的支持。

（4）社团公众。社团公众包括消费者协会、环保组织及其他相关的社会团体，以及商会、工会、青联、妇联、文联、市场学会等。企业的营销活动涉及社会多方面的利益，来自社团公众的意见、建议，往往对企业营销决策有着十分重要的影响。

（5）社区公众。社区公众指企业附近的居民、单位和社区组织。企业与社区公众保持良好的关系，为社区的发展做出一定的贡献，会受到社区公众的好评，有助于企业良好形象的塑造。

（6）一般公众。一般公众可从不同的角度进行细分，包括现实公众和潜在公众；顺意公众（持赞同、支持态度者）、逆意公众（持反对态度者）和独立公众（持中立态度、态度不明朗或未表态者）；稳定性公众、临时性公众、流散性公众。

在以上公众中，影响力大的政府官员、社会名流、专家学者、大众传媒、群众团体是社会公众的"意见领导者"，能影响大量的"意见追随者"。企业不可小视社会公众环境。

案例 2-3　雪莲：13 年不涨价，产品卫生却遭质疑

2022 年夏天，在"雪糕刺客"成为大众讨论的话题之后，坚持 13 年不涨价、一直保持售价为 5 毛钱的雪莲冰块却上了热搜，原因居然是被传出生产车间环境脏乱差。面对这样的质疑，雪莲立刻进行公关，助力品牌化险为夷。

雪莲在发布公告的同时还拍摄了现代自动化的生产车间视频，以迅速辟谣。雪莲发布声明：感谢广大消费者对雪莲冰块的厚爱与偏爱，谢谢大家的袒护和帮助。鉴于目前市场上销售的雪莲冰块多种多样，雪莲再次发布声明：并非所有雪莲冰块都是由脏乱差的作坊生产的，请广大消费者识别自己当地的雪莲冰块是否达到了安全食品标准，至于网上发现的带有污渍和残留物的雪莲冰块，雪莲将取证后联合当地市场监督管理局从严治理，坚决阻止由脏乱差作坊生产出来的问题冰块流向市场，另外雪莲也将追究侵犯商标权和专利权的企业的法律责任。

雪莲在发布的声明中强调，其将继续承载许多人童年的美好记忆坚持生产下去，不辜负公众在"雪莲塌房"事件发生后给予的信任，坚决用法律武器维护自身合法权益，并提醒大家理性地对待此次事件，不要再针对个人或企业发表不正当言论。

雪莲强调，无意与任何企业争抢市场，众多为雪莲发声的人将使雪莲奋力前行，同时也请大家理性消费，避免铺张浪费。

可以说，雪莲的这波操作直接"圈粉"无数，甚至还得到了很多网友的推崇，成了各个社交平台的"聊天梗"。雪莲冰块在外卖平台上的销量也突飞猛涨，其竟在"雪糕刺客"风波中意外走红。

资料来源：网易官网.

要领与启示：

公众舆论是一把"双刃剑"，企业要善待公众，对一些公众加以管理，争取得到他们的理解、支持和帮助。面对网上的质疑，雪莲迅速行动，通过网络辟谣及视频回应消费者的方式，快速"圈粉"无数。此外，其发布的声明也让现有的忠实顾客为品牌助力。雪莲始终如一，坚持多年不涨价，其实这点本身就令消费者十分感动。雪莲面对危机十分理智，始终站在消费者的角度，积极回应他们的疑问并表明态度，让消费者感受到了品牌的真诚。这些举措不但使雪莲化险为夷，而且意外走红。

2.3 宏观市场营销环境

宏观市场营销环境是由影响微观市场营销环境的一系列社会力量和因素构成的。企业及其微观市场营销环境的参与者，无不处于宏观市场营销环境之中，并受其影响。分析宏观市场营销环境的目的在于更好地认识环境和利用环境，帮助企业制定有效的营销战略和策略，以实现企业的营销目标。

2.3.1 政治法律环境

政治法律环境是影响企业营销的主要宏观市场营销环境因素，包括政治环境和法律环境。政治环境引导企业营销活动的方向，法律环境为企业规定经营活动的准则，二者相互联系，共同对企业的市场营销活动产生影响。

1. 政治环境

政治环境是指企业市场营销活动的外部政治形势和状况。一个国家良好的政治格局是国家发展经济、企业从事市场营销活动最基础的保障。社会是否稳定、民族是否和谐不但影响经济发展和人民收入，而且影响人们的心理预期，以及企业经营和市场需求的变化。国家的发展方针、政府政策规定了国家经济发展的方向和速度，也直接关系到社会购买力和市场需求的增长。政府制定的一系列具体政策，如人口政策、能源政策、物价政策、财政政策、货币政策等，都会对企业的市场营销活动产生直接或间接的影响。例如，国家通过降低银行利率或增加购买补贴来刺激消费；通过征收个人收入所得税来缩小人们之间收入的差距，从而影响购买力；通过增加产品税，如对香烟、酒等商品增税来降低人们的消费需求。

在分析国际政治环境时，尤其要关注"政治权力"与"政治冲突"对企业市场营销活动的影响。政治权力往往表现为政府机构通过采取某种措施约束外来企业，如进口限制（进口限额、苛刻的技术要求)、外汇控制、劳工限制、绿色壁垒等。政治冲突是指政治主体之间由于利益不一致而产生的矛盾，如暴动、战争等。政治冲突对企业市场营销的影响可能是灾难性的。

2. 法律环境

法律环境是指国家或地方政府所颁布的各项法规、法令和条例等。法律环境对市场需求的形成和实现具有一定的影响。熟悉法律环境既有助于企业按照法律规范开展营销活动，又有助于企业运用法律手段保障自身利益。正当的市场竞争是在法律保障下进行的，在法律允许的范围内企业可以充分发挥自身的管理能力、技术能力、营销能力等。

从事国际营销活动的企业不仅要遵守本国的法律制度，还要熟悉和遵守外国的法律制度、有关的国际法规、惯例及准则。例如，某欧洲国家曾规定，禁止销售不带安全保护装置的打火机，这无疑限制了一些打火机的出口；日本政府曾规定，任何外国公司要想进入日本市场，必须找一家日本公司合伙，试图以此限制外国资本的进入。

请扫码阅读资料"大陆法系和英美法系"（线上资源 2-3）。

2.3.2 经济环境

经济环境是指企业市场营销活动所面临的外部社会经济条件，一般包括经济发展状况、收入、消费状况、消费者的储蓄和信贷等。

1. 经济发展状况

经济发展状况主要指一个国家或地区总的经济发展水平和发展状况。在经济全球化的条件下，国际经济状况是影响企业营销活动的重要因素。不同经济发展阶段和经济发展态势的国家或地区，呈现出不同的市场需求特征，进而影响企业的市场营销活动。经济发展状况主要由经济发展阶段和经济发展态势来反映。

（1）经济发展阶段。W.W.罗斯托（W.W.Rostow）将世界经济发展进程分为六个阶段，每个阶段的需求规模及结构具有明显的差异。

第一阶段：传统经济社会阶段。这一阶段的经济以自然经济为主。处于这一阶段的国家或地区难以形成有效的市场需求，仅对有限范围内的生活必需品有少量需求，没有市场吸引力。

第二阶段：经济起飞前的准备阶段。处于这一阶段的国家或地区的经济正向起飞阶段过渡。在这一阶段，现代科学技术已经得到应用，当前大部分发展中国家处于这一阶段。处于这一阶段的国家或地区对劳动密集型产业的生产设备和技术有一定的需求，人均收入的增长也促使它们对消费品的需求增加。

第三阶段：经济起飞阶段。在这一阶段，国家或地区经济增长，工农业向现代化迈进。经济的发展为产业用品提供了大量的市场机会，消费品市场也具有了一定规模，对耐用消费品的需求不断增加。

第四阶段：经济成熟阶段。在这一阶段，经济稳定发展，高新技术得到了广泛应用，农业在经济中所占比重明显下降，与国际经济的联系更加密切，对外贸易迅速发展。处于这一阶段的国家或地区对资本密集型和技术密集型产业的设备需求增加；人们的收入迅速增长，对耐用消费品的需求急剧增加，用于休闲、娱乐方面的支出增加。

第五阶段：大众高度消费阶段。在这一阶段，工业化高度发达，社会服务部门发展迅速，服务性消费支出占据较大比重，社会开始大量生产、大量消费。

第六阶段：追求生活质量阶段。这一阶段的主要目标是提高生活质量，人们看重的是劳务形式、环境状况、自我实现的程度等。经济的主导部门是提供劳务而非生产物质产品的服务业部门，如教育卫生、市政建设、休闲设施、环境保护、文化娱乐、旅游等部门。

（2）经济发展态势。经济全球化使国与国之间的联系日益紧密，相互依存度提升。1997年发生的金融危机使亚洲各国的经济受到严重影响，以至于撼动了经济强国日本。这场金融危机的影响波及全球，也给我国经济带来了若干负面影响。2007年，发源于美国的"次贷"危机迅速波及全球，引发全球性金融危机。这场金融危机从局部发展到全球，从发达国家传导到新兴国家和发展中国家，并影响了实体经济。2008年，世界经济增长率降至超低水平，2009年更是出现了第二次世界大战以来首次的负增长。我国沿海企业出口产品积压，出口外销型企业大量倒闭，对外投资大幅缩水，房地产行业受到严重影响，相关行业出现亏损。2020年，突如其来的新冠疫情改变了世界经济秩序，贸易投资大幅下滑。新冠疫情暴发之初，世界各国经济普遍受到严重冲击。经合组织首席经济学家洛朗丝·博纳用"世界正在经历自'二战'以来最大的经济衰退"来形容其严重程度。

此外，经济全球化加剧了发展不平衡，一些国家内部的贫富差距加大、发达国家与发展中国家的经济鸿沟进一步扩大。发达国家失业率上升、贫困人口增加，社会、政治矛盾凸显；一部分发展中国家被边缘化，国际竞争力越来越弱，影响了国内稳定。同时，国际贸易争端增加，国与国之间的竞争加剧。就我国的形势而言，自新冠疫情发生以来，经济虽受到较大影响，但总体保持稳定增长，综合国力进一步增强，人民生活得到了持续改善。但我国仍存在经济发展不够平衡、经济结构不尽合理、贫富差距扩大和就业压力加大等困难与问题。

企业的生存与发展受国际和国内经济影响，企业要注意经济形势的复杂性和多变性，力求准确认识与判断，善于从中把握机遇，制定恰当的市场营销战略，规划合理的市场营销活动。

2. 收入

市场需求是指有支付能力的购买者的需求。收入水平表现在市场上就是实际购买力的高低。人们的收入水平越高，市场的规模就越大。收入指标可以反映收入水平的高低，收入是由一系列指标构成的。

（1）人均GDP。它是指一个国家或地区所有常住单位在一定时期内（如一年），按人口平均所生产的全部货物和服务的价值，超过同期投入的全部非固定资产货物和服务价值的差额。GDP反映了全国市场的总容量、总规模，人均GDP则从总体上影响和决定了消费结构与消费水平。2021年，中国GDP为114.92万亿元，当时折合约为17.82万亿美元，人均GDP约为1.26万美元，人均GDP排在世界第64位。未来几年，中国人均GDP排名有望进一步提升。2021年GDP排名前5位国家的GDP及人均GDP如表2-1所示。

表2-1　2021年GDP排名前5位国家的GDP及人均GDP

排名	国家	GDP/万亿美元	人均GDP/万美元
1	美国	22.97	6.90
2	中国	17.82	1.26
3	日本	5.01	3.93
4	德国	4.20	5.12
5	英国	3.20	4.65

资料来源：国家统计局. 中国统计年鉴[M]. 北京：中国统计出版社，2022.

(2) 个人收入。个人收入是指个人从各种渠道得到的收入。各地区居民收入总额可用以衡量当地消费市场的容量，人均收入可以反映购买力水平的高低。我国统计部门每年采用抽样调查的方法，获得城镇居民家庭人均年收入、农村居民家庭人均年收入和纯收入等数据。

(3) 个人可支配收入。个人可支配收入是指个人收入扣除需要缴纳的税费和其他经常性支出后的余额。个人可支配收入被认为是消费开支的决定性因素。

(4) 可任意支配收入。在个人可支配收入中，有相当一部分要用于维持个人或家庭的生活开支。个人可支配收入减去维持生活的必需支出和其他固定支出，剩下的才是可任意支配收入，才可供个人任意花费和储蓄。这部分收入一般用于购买高档耐用消费品、娱乐、教育、旅游等。

请扫码阅读资料"中国奢侈品消费市场的走势"（线上资源2-4）。

营销人员不仅应关注消费者的平均收入，还应关注其收入的分配情况，以及收入差距、相对收入等，它们对社会消费结构影响很大。基尼系数能够反映社会收入（或财产）分配平均程度。我国2016—2020年的基尼系数分别为0.465、0.467、0.468、0.465、0.466。联合国有关组织规定：基尼系数低于0.2表示收入绝对平均，基尼系数为0.2~0.3（不包括0.3）表示比较平均，基尼系数为0.3~0.4（不包括0.4）表示相对合理，0.4为警戒线，基尼系数为0.4~0.5（不包括0.5）表示收入差距较大，基尼系数为0.5及0.5以上表示收入差距悬殊。

请扫码阅读资料"基尼系数"（线上资源2-5）。

3. 消费状况

消费状况可以反映营销所在地居民的消费结构与消费水平。恩格尔定律表明，在一定的条件下，当家庭收入增加时，用于食品支出的增长速度要慢于用于教育、医疗、娱乐等支出的增长速度。

恩格尔系数 = 食品支出金额 / 家庭消费支出总金额×100%

食品支出金额占家庭消费支出总金额的比重越大，恩格尔系数越高，生活水平越低；食品支出金额占家庭消费支出总金额的比重越小，恩格尔系数越低，生活水平越高。可见，恩格尔系数是衡量一个国家、地区、家庭生活水平高低的重要参数。按联合国划分富裕程度的标准，恩格尔系数在60%以上的国家为贫困国家，恩格尔系数为50%~60%（包括60%）的国家解决了温饱问题，恩格尔系数为40%~50%（包括50%）的国家达到了小康水平，恩格尔系数在40%及40%以下的国家为富裕国家。2015—2021年中国的恩格尔系数如表2-2所示。

表2-2 2015—2021年中国的恩格尔系数

年 份	2015年	2016年	2017年	2018年	2019年	2020年	2021年
城镇居民	29.7%	29.3%	28.6%	27.7%	27.6%	29.2%	28.6%
农村居民	33.1%	32.2%	31.2%	30.1%	29.9%	32.7%	32.7%
全国	30.6%	30.1%	29.3%	28.4%	28.2%	30.2%	29.8%

资料来源：国家统计局. 中国统计年鉴[M]. 北京：中国统计出版社，2022.

消费结构的变化是一个长期的过程，在经济发展水平不高的国家和地区，恩格尔系数下降的比例表现出"缓慢性"，与经济增长不是等比例的。在利用恩格尔系数进行分析时，食品支出的内涵要统一，同时要剔除价格变动因素。此外，消费结构和消费水平还受家庭生命周期所处的阶段、家庭所在地的消费品供应状况、城市化水平、商品化水平、服务社会化水平等因素影响。当然，我国的住房制度改革、医疗体制改革、教育改革等政策对恩格尔系数也有不小的影响。

4．消费者的储蓄和信贷

储蓄是指城乡居民将可任意支配收入的一部分储存备用。较高的储蓄率会推迟现时的消费支出，提升潜在的购买力。我国居民储蓄率相当高，2016—2022 年居民年终储蓄存款余额如表 2-3 所示。

表 2-3　2016—2022 年居民年终储蓄存款余额　　　　　　　单位：万亿元

年　份	年终储蓄存款余额		
	定　期	活　期	总　计
2016 年	45.48	15.17	60.65
2017 年	45.68	19.57	65.25
2018 年	49.27	23.18	72.45
2019 年	59.13	23.01	82.14
2020 年	56.06	37.38	93.44
2021 年	71.75	30.75	102.5
2022 年	78.22	42.12	120.34

资料来源：国家统计局官网（2023-04-20）.

消费者信贷是指金融或商业机构向有一定支付能力的消费者融通资金的行为，主要有短期赊销、分期付款、消费贷款等。消费者信贷的规模与期限在一定程度上影响着某一时期现时购买力的大小，也影响着提供信贷商品的销售量。例如，中国人民银行 2023 年 8 月 31 日在官网发布消息，将调整存量首套住房商业性个人住房贷款利率，并将统一全国商业性个人住房贷款最低首付款比例政策下限，不再区分实施限购城市和不实施限购城市。调整后首套住房和二套住房最低首付款比例政策下限分别从 30%和 40%降至 20%和 30%。这样，可以更好地满足居民自身的住房需求，促进房地产行业平稳健康发展。

2.3.3　人口环境

人口是构成市场的第一要素。市场是由有购买欲望同时又有支付能力的人构成的，人口数量直接影响市场的潜在容量，尤其是生活必需品的市场容量。人口的总量、年龄结构、密度和地理分布、家庭组成、民族等也会对市场格局产生深刻影响，从而影响企业的营销活动。

1．总量

一个国家或地区的人口总量是衡量市场潜在容量的重要因素。中国人口数量庞大，随着国民收入的不断提高，我国无疑成为世界最大的潜在市场。目前，人口总量及分布正发生明显的变化，主要趋势体现在两点。

（1）全球人口持续增长。1999 年 10 月 12 日，全球总人口达到 60 亿人；2022 年 11 月 15 日，联合国宣布全球总人口达到 80 亿人。人口增长意味着人们对生活必需品的需求增加。根据我国第七次全国人口普查报告，全国人口共 14.117 8 亿人，约占全球总人口的 18%；城乡人口突破 9 亿人，约占全国总人口的 63.89%。

（2）近些年，美国等发达国家人口出生率下降，而部分发展中国家人口出生率上升。据统计，80%的新增人口在发展中国家，这使这些国家人均所得的增长及需求层次的升级受到影响。发达国家人口出生率下降的主要原因在于越来越多的女性参加工作及避孕技术的提高。

2. 年龄结构

随着社会经济的发展、科学技术的进步、生活条件和医疗条件的改善，人口的平均寿命大大延长。人口的年龄结构呈现以下变化趋势。

（1）人口老龄化加速。人口老龄化加速是当今世界发展的必然趋势。我国第七次全国人口普查结果显示，60 岁及以上人口为 26 402 万人，占总人口的 18.70%，其中 65 岁及以上人口为 19 064 万人，占总人口的 13.50%。与 2010 年相比，60 岁及以上人口的比重上升了 5.44 个百分点。随着老年人口的绝对数和相对数的增加，"银色"市场日渐形成并迅速扩大。

（2）一些国家的人口出生率下降。美国等西方发达国家人口出生率下降，我国的人口出生率也明显呈这样的趋势。根据国家统计局发布的数据，2018 年人口出生率降至 10.94‰，较 2017 年的 12.43‰下降 1.49 个千分点；2019 年全国人口出生率再创新低，下降至 10.48‰，达到 1949 年以来最低水平；2020 年全国人口出生率为 8.52‰，首次跌破 10‰；2021 年全国人口出生率为 7.52‰，人口出生率继续走低。新生儿和学龄前儿童数量的减少，给儿童食品、童装、玩具、儿童读物等生产经营者带来威胁，同时对家电、住房及家用汽车等行业产生了一定的影响。但年轻夫妇有更多的闲暇时间用于旅游、娱乐和在外用餐，因此对相关行业会产生积极的影响。

3. 密度和地理分布

人口的密度和地理分布是企业确定目标市场与渠道分布的重要影响因素。人口的密度是指单位面积土地上居住的人口数量。人口的地理分布关系着市场需求。我国人口地理分布不均，总体来说以北起黑龙江黑河市（曾称瑷珲）南至云南腾冲的瑷珲—腾冲线为界：东部地区人口稠密，西部地区人口稀疏；沿海、沿河、沿湖地区人口多，干旱、荒漠地区人口少；平原、盆地人口多，山地、高原人口少；经济和交通发达的地区人口多，经济落后、交通闭塞的地区人口少；城镇密集、工业发达的地区人口多，偏僻的农业、牧业地区人口少；汉族地区人口多，大部分少数民族地区人口少。

人们所处的地理位置不同，对产品的需求有着明显的差别，这些差别表现在衣、食、住、行等各个方面。人口的密度和地理分布还与人口的流动有关。当前，我国的一个突出现象是农村人口向城市流动，内地人口向沿海发达地区流动。营销人员应关注这些地区消费者需求在量上的变化，以及由此引起的消费结构的变化，这也说明只有提供更丰富的产品或服务才能满足不同消费者的需求。

4. 家庭组成

家庭是社会的细胞，也是产品或服务购买、消费的基本单位，很多产品是以家庭为基本单位的，如住房、汽车、家电、家具等。家庭的生命周期阶段、家庭构成等对市场需求总量和结构具有非常大的影响。年轻人晚婚比例的增加，导致市场对婚庆用品的需求减少，而对汽车、旅游等产品和服务的需求有所增加。同时，家庭规模趋于小型化，这给经营家庭用品的行业提供了更多的市场机会。而且，人们在相关产品的需求上也出现了新的变化，如适合人口较少家庭的住房、家电、家具，以及较小包装的食品等。

此外，反映人口结构的其他因素，如人口的职业、受教育程度和宗教信仰等也是形成不同需求和购买方式的重要因素。

5. 民族

中国自古以来就是一个多民族国家。中华人民共和国成立后，经调查统计正式确认的民族有

56个，各民族在服饰、饮食、居住、交通运输、生产、礼仪、宗教信仰、禁忌、艺术等方面各不相同。不同民族的文化与风俗决定着其审美观、对产品的偏好，包括品牌、包装等诸多方面。企业只有在充分了解这些内容之后，才能制定出适当的营销策略。

案例2-4　　　　　　　　　家用医疗器械："银色"市场风景好

与药品一样，同样关系到人们身体健康的特殊产品——医疗器械的市场竞争也到了白热化的程度，越来越多的企业意识到，与其千军万马过独木桥，不如另辟蹊径寻找出路。近年来，一些医疗器械厂商看中了另外一个阵地——家用医疗器械，并瞄准"银色"市场，把老年人视为主要的消费群体。

老年人筋骨不活络，有的经常去医院按摩，而购买一台价格为9 600元的温热理疗床，就可以居家自行按摩。以前晚辈经常提着烟酒孝敬长辈，如今越来越多的晚辈将家用医疗器械作为礼品送给长辈，如温热理疗床、电子睡眠仪、按摩椅、助听器、血压计、血糖仪等。这些产品在老年人的医疗消费中占据着不小的比例。除晚辈孝敬长辈外，老年人自我保健意识及自身经济承受能力的提高，也推动了家用医疗器械市场的发展。

在家用医疗器械中，最为走俏的是老年人用品。随着人口老龄化进程的加快，"银发产业"日益红火，同时也带动了家用医疗器械老年市场的发展。

资料来源：邬时民.家用医疗器械："银色"市场风景好[EB/OL].（2021-10-21）.腾讯网.

> **要领与启示：**
>
> 　　有需求就有市场。近几年，老年市场的扩大是不争的事实，这意味着其中蕴含着巨大的商机和潜力。企业要注重开发满足老年人需求的产品和服务，并且应在产品和服务的特色上下功夫，这样才能赢得老年人的青睐。老年人对慢性病治疗和人们对健康的关注度的提高是家用医疗器械需求市场扩大的重要原因。企业将家用医疗器械"简约化"，在经济上消费者又能承受得起，是使家用医疗器械走进千家万户的关键。

2.3.4　社会文化环境

社会文化主要是指一个国家或地区的教育水平、宗教信仰、价值观念、文化习俗、审美观念、语言等的总和。其中，主体文化占据着支配地位，发挥着凝聚整个国家和民族的作用，它是在悠久的历史中所形成的文化，包括价值观、人生观等；次级文化是在主体文化支配下所形成的文化分支，包括种族、地域、宗教等。文化对所有营销参与者的影响是多层次、全方位、渗透性的。它不但影响企业的营销组合，而且影响人们的消费心理、消费习惯等，这些影响是间接性的、潜移默化的。

1．教育水平

教育水平决定了受教育者的受教育程度。受教育程度不但影响劳动者的收入，而且影响消费者对产品的鉴赏力，以及消费者心理、购买的理性程度和消费结构，从而影响企业的营销策略。

2．宗教信仰

人类的生存活动充满了对幸福、安全的向往和追求，在生产力低下、人们对自然现象和社会现象迷惑不解的时期，这种向往和追求往往带有盲目崇拜的宗教色彩。沿袭下来的宗教色彩逐渐形成一种模式，并影响人们的消费行为。世界上有三大宗教，即佛教、基督教和伊斯兰教，另外还有犹太教、印度教等。中东、欧美等国家主要信奉基督教和伊斯兰教，东南亚一些国家主要信奉佛教。我国的宗教信仰较为复杂，既有本土宗教，又有外来教派，其中受儒、佛、道三教的影响较大。

3. 价值观念

价值观念是指人们对社会生活中各种事物的态度和看法。在不同的文化背景下，价值观念差异很大，它影响着消费需求和购买行为。营销管理人员应研究不同的价值观念，并对持不同价值观念的消费者采取不同的营销策略。例如，西方大多数国家注重个人主义，我国则注重集体主义。

4. 文化习俗

文化习俗是一个国家或地区在较长历史时期形成的一种社会习惯，其在饮食、服饰、居住、婚丧、人情往来等方面都表现出独特的心理特征和行为方式，也是影响经济活动的一个重要因素。例如，1992年，欧洲迪士尼乐园在刚刚进入巴黎郊区的时候，遇到了一系列令人头疼的问题。美国人喜欢在逛主题公园的时候吃快餐，而欧洲人习惯在中午12:00至下午2:00之间吃一顿主餐。由于没有认识到美欧两地饮食习惯上的差异，还不到下午，巴黎迪士尼乐园的餐馆就出现等待就餐的长队了。为此，该迪士尼乐园不得不为游客提供更多的就餐机会。

5. 审美观念

审美观念通常是指在审美活动中，审美主体所持的态度和看法的总称。不同时代、不同民族、不同地域的人有不同的审美观念，这将影响人们对产品和服务的看法。营销人员应当根据营销活动所在地区人们的审美观念设计产品、提供服务。例如，中国人讲究"和谐"，强调事物的整体性和综合性；而西方人注重"思辨理性"，更加注重局部和个体。

6. 语言

语言是人类表达思想和交际的工具。企业在开展国际、国内营销活动时，要看到这种差异及其对消费者购买行为的影响，以针对不同的语言群体制定不同的营销策略，而这一切的前提是企业的营销人员必须熟练地掌握营销所在国家、地区的语言。

请扫码阅读资料"各国迥异的风俗习惯与营销"（线上资源2-6）。

线上资源2-6

2.3.5 科学技术环境

科学技术是社会生产力中十分活跃的因素。作为营销环境的一部分，科学技术不但直接影响企业的内部生产和经营，而且与其他环境因素相互依赖、相互作用。新技术革命既给企业市场营销造就了机会，也可能带来威胁。企业的机会在于寻找和利用新技术，开发新的更加满足顾客需求的产品或服务。但新技术的出现加快了现有产品的更新换代，这又会使企业面临新的威胁。例如，1947年年底晶体管诞生后，很快就取代了原有的电子管；而大规模集成电路的发明，又直接威胁着晶体管的生产与经营。尽管新技术带来的变化大多是积极的，但对个别企业来讲，若不能预见科学技术环境可能出现的变化，则可能面临着生存危机。正因为如此，创新理论的创始人熊彼特认为"技术是一种创造性的毁灭"。

当前，世界范围内新技术革命的兴起引起了各国的普遍关注，新技术革命对经济和社会的发展已经开始产生并将继续产生深刻的影响。一方面，5G、物联网、人工智能等新技术正在积极投入应用，将继续改变传统产业的要素密集度，并推动个性化定制、协同创新、系统解决方案等新业态、新模式成为主流；另一方面，人体增强等重大革命性技术一旦取得重大突破，则很可能彻底改变现有的生产方式，全球分工格局将会发生颠覆性变化。

为了更好地应对新技术革命的挑战和防范新技术带来的冲击，有远见的企业在新技术研究和开发上不惜花费大量资金，努力提升创新能力，力争以技术优势赢得产业或产品优势。华为 2022 年年度报告显示，近十年来，华为累计投入的研发费用超过 9 773 亿元，加强了多种技术要素（芯、软、硬、端、网、云）的协同创新。目前，华为是全球最大的专利持有企业之一，在全球共持有有效授权专利 12 万件，2022 年 PCT 国际专利申请量为 7 689 件，位列榜首。加大研发投入是华为持续生存与发展的关键。

请扫码阅读资料"华为：自主创新的先行者"（线上资源 2-7）。

2.3.6 自然生态环境

企业的市场营销活动既受自然生态环境的影响，同时也会对自然生态环境产生影响。自然资源短缺及生态环境恶化已经威胁到人类的生存和发展。近年来，大气污染、温室效应、臭氧层破坏、土地沙漠化、海洋生态危机、物种濒危等问题愈加突出，成为全球性的生态环境问题。政府对自然资源和环境的管理日益加强，环保组织的影响日益加大，公众的绿色消费意识日益提升，生态营销、绿色营销成为企业保障社会长远福利的不二选择。

人们对自然资源和环境的关注，已经深刻影响其使用能源的方式、资源消耗和对产品的性能要求，节能减排成为政府和企业家的共识。例如，油价的高昂促使人们对替代能源的研究更加狂热。众多企业在积极探求太阳能、原子能、风能及其他能源的实用性。仅在太阳能领域，已有成百上千家企业推出了第一代产品，用于家庭供暖和其他方面。一些企业正在加紧开发和推广电动汽车，电动汽车的销量呈井喷式增长。2022 年，我国纯电动汽车的销量为 536.5 万辆，同比增长 81.6%；插电式混动汽车的销量为 151.8 万辆，同比增长 1.5 倍。此外，节能减排生态保护涉及大部分传统产业，并成为产业结构调整、产品技术研发的重要影响因素。

2.4 市场营销环境分析

企业应对市场营销环境的策略，是建立在对自身所处的营销环境及其变化的客观、准确判断和分析基础之上的。市场营销环境是动态的，其变化既可能为企业提供营销机会，也可能对企业的生存和发展造成威胁。因此，企业应当对自身相关环境进行细致的分析，辨明市场营销环境的变化可能给自身带来的威胁与机会，趋利避害，积极探寻应对之策。

2.4.1 环境威胁分析及对策

环境威胁又称市场风险，是指营销环境中对企业营销不利的各种因素的总和。在同一时间，其对某家企业或某些企业来说是威胁，但对其他企业来说可能是机会；在不同时间，其对某家企业来说有时是机会，有时是威胁。因此，营销人员要善于分析营销环境，识别环境威胁或潜在的环境威胁，并正确评估产生威胁的可能性和威胁的严重程度，以便采取相应的防范措施。

1. 环境威胁分析

当今中国正在经历百年未有之大变局，贸易摩擦、科技战等都对经济社会的发展造成了巨大的冲击。营销人员需要了解当今世界格局发生的变化，并积极采取应对措施。营销人员可以从两个方面对环境威胁进行分析：一是产生威胁的可能性；二是威胁的严重程度。企业需要将二者结合起来，形成威胁分析矩阵，如图2-5所示。

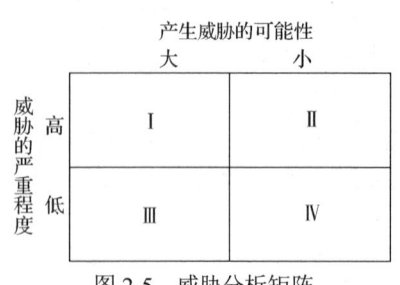

图2-5 威胁分析矩阵

在图2-5所示的四个区域中，区域Ⅰ是企业面临的最大的环境威胁，企业必须高度重视，因为它的严重程度高，产生的可能性也大，企业应严密监视并及早制定应对策略；区域Ⅱ和区域Ⅲ不是企业面临的主要威胁，但企业也不能忽视，因为区域Ⅱ虽然产生的可能性较小，但一旦产生，则极其严重，区域Ⅲ对企业的影响不大，但产生的可能性很大；企业对区域Ⅳ也要加以留意，关注其发展趋势。

2. 对策

面对环境威胁，企业如果不能果断采取措施，其市场地位就会受到影响，甚至会陷入困境。营销人员对环境威胁进行分析的目的在于更好地采取对策，避免受到威胁。总体来说，面对环境威胁，企业可以采取的对策有以下三种。

（1）反抗策略。企业可以采用各种手段影响环境的发展变化，限制不利环境对自身的威胁，其中开展大市场营销就是对环境威胁的一种反抗。随着科学技术的迭代，如元宇宙、ChatGPT等新技术的出现，企业应对环境威胁的能力得到了提升。

（2）减轻策略。企业可以调整市场策略，加强对环境的适应能力，以减轻不利环境带来的威胁。例如，针对国外的技术壁垒，国内企业通过改进产品技术，使产品符合技术标准与要求，从而进入国际市场。

（3）转移策略。当营销环境已经严重威胁到企业的营销活动时，企业可以转移到其他市场或进入其他行业开展经营活动。例如，由于劳动力成本提高，很多发达国家将劳动密集型产业转移到发展中国家；在国际关系紧张的情况下，诸多跨国企业的目标市场开始由国外转向国内。

2.4.2 环境机会分析及对策

环境机会又称市场机会、商机，是对企业经营有利的条件、时机、机遇。环境机会的特性包括客观性、公开性（非独占性）、偶然性（不确定性）、时效性（稍纵即逝），以及理论上的平等性和实践中的不平等性（机会人人都有，各人获益不同）。

国内外环境错综复杂，不确定性、不稳定性因素较多，并且近年来局部动荡增多。然而，克服了"危"就是"机"，因此企业需要正确对待"危"与"机"的辩证关系，认识到"危""机"是共生并存的。"商机无限"，市场上永远蕴藏着机会，对可利用的机会若不及时利用，则会造成机会损失。对许多人而言，缺少的不是商机，而是发现商机的眼睛和捕捉商机的才干。只有有见识、有准备的人才有可能抓住商机。一家企业能否取得成功，决定性因素在于企业家能否抓住关键的环境机会。

1. 环境机会分析

环境机会并不等于各家企业的营销机会，从特定企业的角度来看，只有与该企业的经营目标、范围相一致，并有利于发挥优势，获得比其竞争对手更多利益的环境机会，才是有吸引力的营销机会。企业在特定市场中取得成功的概率，取决于其经营实力同该市场客观需要的成功条件相符合的程度。例如，受新冠疫情影响，以及国际政治和经济环境的复杂性、不确定性不断提高，构建国内、国际相互促进的新发展格局，成为中国经济高质量发展的内在需要。因此，企业只有充分认清当下的宏观环境，才能顺应大势所趋，从中发现适合自身的营销机会。

企业在分析环境机会时，可以从以下两个方面入手：一是机会的潜在利益；二是出现机会的可能性。机会分析矩阵如图 2-6 所示。

在图 2-6 所示的四个区域中，区域 I 是最好的环境机会，企业应当高度重视，因为它的潜在利益和出现机会的可能性都很大；区域 II 和区域 III 不是企业的主要环境机会，但也是不容忽视的，区域 II 出现机会的可能性小，但潜在利益很大，区域 III 潜在利益小，但出现机会的可能性很大，因此企业应当根据区域 II 和区域 III 的特点，制定相应的对策；区域 IV 的潜在利益和出现机会的可能性都很小，但企业需要留意它的发展变化。

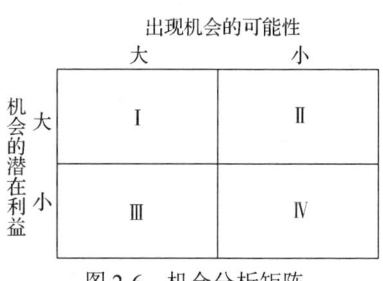

图 2-6 机会分析矩阵

2．对策

面对环境机会，企业可以采取的对策主要有两种。

（1）利用策略。企业可以充分调动和运用自身资源与能力，利用环境机会开展营销活动，扩大销售，提高市场占有率。

（2）放弃策略。当环境机会的潜在利益和出现机会的可能性都很小时，企业可以放弃环境机会，以免造成资源浪费。

2.4.3 综合环境分析

在企业实际面对的客观环境中，单纯的环境威胁和市场机会很少。一般情况下，营销环境是机会与威胁并存的综合环境。综合环境分析矩阵如图 2-7 所示。

区域 I 表示企业面对的是理想环境，即机会大且威胁程度低的环境。这是企业所处的最好的综合环境，企业应充分利用环境中的市场机会。企业在经营处于理想环境中

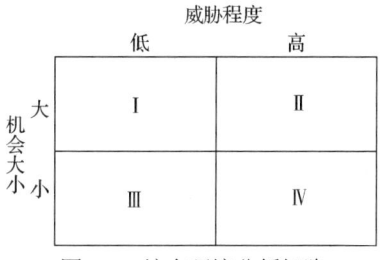

图 2-7 综合环境分析矩阵

的业务（理想业务）时，应认识到机会难得，甚至转瞬即逝，因此必须抓住机会，迅速行动，千万不要错失良机。

区域 II 表示企业面对的是风险环境，即机会大但威胁程度高的环境，机会和威胁同在，高风险和高收益共存。对于处于风险环境中的业务（风险业务），企业应当全面分析自身的优势与劣势，审慎决策，既不宜盲目冒进，也不应犹豫不决、坐失良机，要扬长避短，创造条件，争取获得突破性的发展。

区域 III 表示企业面对的是成熟环境，即机会小、威胁程度低的比较平稳的环境。在这种情况下，企业要按常规经营，规范管理，维持正常运转，为开展理想业务和冒险业务创造必要的条件。

区域 IV 表示企业面对的是不良环境，即风险大而机会小的环境，是企业遇到的最差的综合

环境。在这种情况下，企业应当想办法扭转局面，走出困境或减轻威胁，或者果断做出决策，退出在该环境中经营的业务。

企业是具有应变能力的生命体，具有逐渐适应环境变化并寻找新的发展机会的本能。如果某环境使企业长期陷入困境，则表明企业的应变能力存在严重的缺陷，企业的内部管理存在问题。

营销环境监测与分析是企业营销管理的一项基础性工作。企业应密切关注环境变化，可运用现代环境扫描与监测技术，对营销环境进行监测与分析，不断寻找、捕捉、争取、利用、创造营销机会，规避、转移或化解风险，减轻或消除威胁，争取在市场上立于不败之地，实现"基业长青"。

案例 2-5　　"问题奶粉事件"背景下的蒙牛乳业：威胁与机遇同在

蒙牛在高端科研和技术上具有极大的优势。2006年3月，蒙牛获得"最具创造力的中国企业"称号，这是我国唯一获此殊荣的食品制造企业。此外，蒙牛还获得"中国名牌""中国驰名商标""消费者综合满意度第一"等荣誉称号，其主要产品的市场占有率达到30%以上，乳制品出口量居全国第一。技术和品牌等优势虽然为其发展提供了支撑，但是2008年的"问题奶粉事件"使我国乳制品行业整体遭遇经营危机。蒙牛的发展受到影响，同时同业竞争也使其发展面临挑战。

1. 威胁分析

（1）其他产品的威胁。外资品牌看到我国的乳制品企业面临一系列危机，欲借机打入并扩大市场。蒙牛不仅要应对国内同等水平企业（如伊利、光明等）的竞争及国内乳制品行业小企业的乘胜追击，还要应对外资企业（如雀巢）的竞争。

（2）出口面临的威胁。在"问题奶粉事件"曝光后，世界上大部分国家对进口我国乳制品进行了限制，它们认为这是一种必要的预防措施。

2. 机会分析

"问题奶粉事件"的发生使乳制品行业重新洗牌，这一行业的竞争主体、产品结构、企业架构、供应链等都将发生变化。而在新一轮的洗牌中，企业可以利用此次事件，进行新的产品规划及产品营销，让没有竞争力的产品退出市场。蒙牛应根据自身拥有的科研能力，创造出具有竞争力的新产品。乱世强者起，食品安全直接关系着每个人的健康和生命安全，不难推测，如果蒙牛能够较好地利用此次机遇，就很可能继续占领乳制品行业的领先地位。

从根本上来说，蒙牛其实已经在国际市场上占有一定的份额，而且在国际市场上品牌塑造得也很成功，但是此次乳制品行业的危机不仅限制了蒙牛产品的出口，也不利于蒙牛产品的推广。

资料来源：沈艳. "问题奶粉事件"后SWOT在蒙牛营销策略制定中的应用研究[J]. 特区经济，2009（08）：286-288.

要领与启示：

"问题奶粉事件"的披露使蒙牛的声誉因受"株连"而下降，出口受阻，整体处于不利于发展的困境，使国外同类产品有机会打入我国市场，可谓"内忧外患"；但蒙牛如果能从行业的重新洗牌中，发挥原有的技术和品牌优势，快速进行产品规划和产业链重组，外树形象、内抓质量，就会有很多的发展机遇和很大的发展空间。该案例告诉我们，企业要善于从危机中发现商机，善于利用和整合自身的资源，抓住环境机会。

本章小结

1. 市场营销环境。市场营销环境是指影响企业与其目标市场进行有效交易的所有行为者和力量的总和。市场营销环境的特点：客观性、差异性、多变性、相关性。

2. 企业与市场营销环境的关系。一是市场营销环境的动态性和企业对它的适应性；二是企业对市场营销环境具有能动性和反作用。企业应重视和加强对市场营销环境变化的监测，并重视和提高企业战略的可调整性。

3. 微观市场营销环境。它是指与企业的营销活动直接发生关系的组织与行为者的力量和因素，包括企业内部营销环境、营销渠道企业、顾客、竞争者、公众等。它与企业形成了协作、服务、竞争与监督的关系，直接影响着企业为目标市场服务的能力。

4. 宏观市场营销环境。它是由影响微观市场营销环境的一系列社会力量和因素构成的，包括政治法律、经济、人口、社会文化、科学技术、自然生态等因素。经济环境一般包括经济发展状况、收入、消费状况、消费者的储蓄和信贷等；人口环境包括人口的总量、年龄结构、密度和地理分布、家庭组成、民族等；社会文化环境包括教育水平、宗教信仰、价值观念、文化习俗、审美观念、语言等。

5. 环境威胁。环境威胁又称市场风险，是指营销环境中对企业营销不利的各种因素的总和。在同一时间，其对某家企业或某些企业来说是威胁，但对其他企业来说可能是机会；在不同时间，其对某家企业来说有时是机会，有时是威胁。企业遇到环境威胁时，一般有三种对策：一是反抗策略，即企业设法限制不利环境对自身的威胁；二是减轻策略，即努力减轻不利环境带来的威胁；三是转移策略，即主动回避，转移到其他市场或进入其他行业开展经营活动。

6. 环境机会。环境机会又称市场机会、商机，是对企业经营有利的条件、时机、机遇，其特性包括客观性、公开性、偶然性、时效性，以及理论上的平等性和实践中的不平等性。

学习指导

本章的学习应重点理解市场营销环境的含义、特点及构成，把握微观市场营销环境与宏观市场营销环境对企业营销活动的影响。宏观市场营销环境往往是通过微观市场营销环境对企业的市场营销产生影响的，企业要从众多单一因素的分析中培养自己对环境因素的敏感性和洞察力，同时要培养善于对复杂多变的环境进行综合分析的能力。威胁分析矩阵、机会分析矩阵和综合环境分析矩阵为我们提供了进行市场营销环境分析的简洁而有效的方法，在学习时，大家可以结合自己比较熟悉的企业，联系宏观市场营销环境、微观市场营销环境的内容，找出企业面临的环境机会与环境威胁，制定出符合企业实际的营销策略。

大家要清楚，不同的行业或企业关注的环境的重点是不同的，这是由环境的差异性决定的。例如，技术密集型企业对科学技术环境的关注程度要高于资本密集型企业和劳动密集型企业，出口导向型企业比其他企业更加关注国际经济状况和目标市场国家的宏观环境。

关键概念：市场营销环境、宏观市场营销环境、微观市场营销环境、经济环境、人口环境、社会文化环境、环境机会、环境威胁、恩格尔系数、人均国内生产总值。

思考与应用

1. 企业为什么应当重视对市场营销环境的分析和研究？
2. 微观市场营销环境包括企业本身吗？为什么？
3. 消费者收入包括哪几部分？它们之间的关系如何？
4. 通货膨胀对企业的市场营销会产生什么影响？
5. 请选择一家比较熟悉的企业，列举其在现在的市场营销环境下所面临的机遇与挑战。
6. 新的技术带来新的需求，搜索一款新技术产品，分析生产该产品的企业所处的营销环境，并提出营销建议。

案例分析

请扫码阅读案例：喜忧参半的国产手机营销环境（线上资源2-8）

思考以下问题：

1. 请具体分析国产手机面临的环境威胁及环境机会。
2. 请就国产手机的营销环境提出你的建议。

第 3 章 市场购买行为

名言警句

市场决定我们的一切行为。

——郭士纳

本章要点

把握市场购买行为是企业整个营销活动成功的基础。随着市场竞争的进一步加剧，对各家企业来说，只有研究并洞悉各类市场的特征，准确地制订营销计划，才能提供令顾客满意的产品和服务，赢得顾客忠诚。本章主要介绍顾客价值理论、消费者市场购买行为、组织市场购买行为等内容。

学习目标

- 掌握顾客价值理论。
- 掌握消费者市场、组织市场的特征。
- 掌握消费者购买行为模式、组织市场购买行为。
- 学会分析消费者购买行为的影响因素。
- 熟悉消费者购买决策的类型与消费者的购买决策过程。
- 学会分析消费者购后评价及效应。
- 了解生产者、用户、中间商、非营利性组织的购买行为。

导入案例

请扫码阅读案例：星巴克在中国市场所遭遇的挑战（线上资源 3-1）

思考以下问题：

1. 星巴克进入中国市场所遭遇的主要挑战是什么？
2. 星巴克的独特之处体现在哪些方面？

线上资源 3-1

3.1 顾客价值理论

顾客价值既是联系企业与市场的媒介，也是研究市场购买行为的基础。顾客已经成为企业最重要的资源，正如彼得·德鲁克所言：企业的首要任务是"创造顾客"。那么，企业依靠什么吸引和创造顾客，进而获得自己的顾客资源呢？企业只有为顾客创造价值，才能最终"创造顾客"，因为很多顾客能够判断哪些产品和服务会给自己提供高价值。在一定的搜寻成本和有限的知识、灵活性和收入等因素的限定下,顾客是价值最大化的追求者,他们知道哪些产品和服务符合其期望价值,这将在很大程度上影响他们的购买决策和购买行为。

3.1.1 顾客价值

自 20 世纪 70 年代以来,国内外学者和企业经理不断探求顺应市场变化的营销方法,直到 20 世纪 90 年代"顾客价值"概念的提出,才标志着理论上取得较大的进展。

美国田纳西大学的教授沃德鲁夫认为,顾客价值是顾客对特定使用情景下有助于或有碍于实现自身目标的产品属性、这些属性的实效及使用的结果所感知的偏好与评价。他认为顾客对价值的认知是随着时间的推移而变化的,在此基础上,他提出了顾客价值层次模型,如图 3-1 所示。

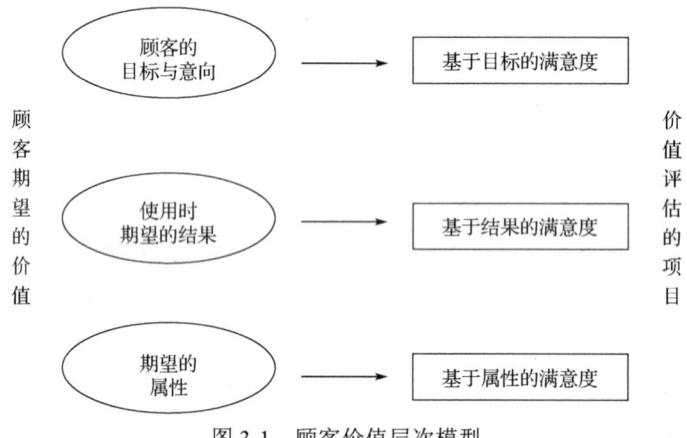

图 3-1 顾客价值层次模型

该模型揭示了顾客通过"途径—结果"模式形成期望价值。一般来说,顾客会先考虑产品的具体属性(底层)。在购买和使用产品时,顾客会就这些属性对实现预期结果的能力形成期望(中间层)。顾客还会依据这些结果对自身目标的实现能力形成期望(顶层)。从顶层向下看,顾客会根据自身目标确定使用情景下各类结果的重要性,重要的结果又引导顾客认定属性和属性表现的重要性。顾客根据同样的期望属性、结果和目标来评价产品,形成感受价值。因此,在顾客价值层次模型中,使用情景对于顾客的评价和期望具有巨大的影响。当使用情景发生变化时,产品属性、结果和目标都会发生变化。

沃德鲁夫提出的顾客价值层次模型,以动态的方式分析和研究顾客价值,并且从顾客的角度考察其对价值的认识。沃德鲁夫将顾客价值认识变化视为由评价和购买两个环节交替出现的连续过程,并且以价值层次反映顾客对价值认知的心理过程,丰富了顾客价值理论。

3.1.2 顾客让渡价值

菲利普·科特勒从顾客满意度和顾客让渡价值的角度来阐述顾客价值,认为顾客将从那些他们认为能提供最高让渡价值的企业那里购买产品。顾客让渡价值是指总顾客价值与总顾客成本之差。

总顾客价值是指顾客从某一特定产品或服务中获得的一系列利益。

总顾客成本是指顾客在评估、获得和使用该产品或服务时所产生的费用。

顾客让渡价值的决定因素如图 3-2 所示。

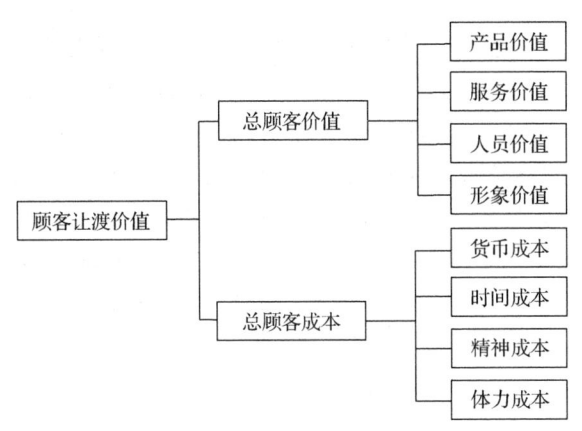

图 3-2 顾客让渡价值的决定因素

1. 总顾客价值

总顾客价值由产品价值、服务价值、人员价值和形象价值构成，各项价值的变化均会对总顾客价值产生影响。

（1）产品价值。产品价值是由产品的功能、特性、质量、品种与样式等所产生的价值。一般情况下，它是决定总顾客价值大小的主要因素。产品价值是由顾客的需求决定的。在经济发展的不同时期，顾客对产品有不同的要求，构成产品价值的要素及各种要素的相对重要程度也会有所不同；在经济发展的同一时期，不同类型的顾客对产品有不同的要求，在购买行为上显示出鲜明的个性特征和明显的需求差异性。企业应当认真分析不同经济发展时期顾客需求的共同特征及同一发展时期不同类型顾客需求的个性特征，据此进行产品的设计与开发，提高产品的适应性，从而为顾客创造更大的价值。

（2）服务价值。服务价值是指伴随产品的出售，企业向顾客提供的各种附加服务，包括产品介绍、运送、安装、调试、维修等所产生的价值。在现代市场营销实践中，随着人们收入水平的提高和消费观念的变化，他们在选购产品时，不但注重产品本身价值的高低，而且注重产品附加价值的大小。在同类产品的质量与性能大体相同的情况下，企业向顾客提供的附加服务越完善，产品的附加价值越大，顾客从中获得的实际利益就越大，即总顾客价值越大，反之则越小。因此，企业在为顾客提供优质产品的同时，还应为顾客提供完备的服务，这样做有利于提高市场竞争力。

（3）人员价值。人员价值是指企业员工的个人素质、业务能力、工作效益与质量、经营作风、应变能力等所产生的价值。综合素质较高的员工往往比知识水平低、业务能力差、经营思想不端正的员工为顾客创造的价值大，他们往往能"创造"更多的顾客。因此，高度重视对员工综合素质与能力的培养，加强对员工日常工作的激励、监督与管理，使其始终保持良好的工作状态和较高的工作质量对企业来说至关重要。

（4）形象价值。形象价值是指企业及其产品在社会公众中形成的总体形象所产生的价值。形象价值包括企业的产品、技术、商标、工作场所，连同产品的质量、包装等所构成的有形形象所产生的价值，企业及其员工的职业道德行为、经营行为、服务态度、作风等行为形象所产生的价值，以及企业价值观等理念形象所产生的价值等。形象价值与产品价值、服务价值、人员价值密切相关，在很大程度上是上述三项价值综合作用的结果。良好的形象会对企业的产品产生巨大的支持作用，能赋予产品较高的价值，从而带给顾客精神上和心理上的满足感、信任感，并提升总顾客价值。

案例 3-1　　迪士尼乐园：让顾客愉悦的非凡之地

在美国迪士尼乐园中，一位女士带着她 5 岁的儿子排队玩期待已久的太空穿梭游戏。在排了 40 分钟的队，好不容易可以上机时却被告知"由于孩子年龄太小，不能玩这个游戏"，母子俩一下愣住了。其实，在排队的地方有好几个醒目的标识牌：10 岁以下儿童，不能参加太空穿梭游戏。遗憾的是，母子俩由于过于兴奋没有看到。当情绪低落的母子俩准备离开时，迪士尼的服务人员亲切地上前询问了孩子的姓名并让他们等一下，不一会儿，服务人员拿着一张刚刚印制的精美卡片（卡片上有孩子的姓名）走了过来，郑重地将卡片交给孩子，并对孩子说，欢迎他到年龄时再来玩这个游戏，到时拿着卡片不用排队——因为已经排过队了。母子俩拿着卡片愉快地离开了。

资料来源：范云峰. 如何处理顾客不满意？[EB/OL].（2004-09-21）. 新浪网.

> **要领与启示：**
> 尽管是顾客自己疏忽了，导致其在排队 40 分钟之后不能参加游戏，这使顾客一时间感到很失望、不满，但是迪士尼的服务人员真心实意地为顾客服务，想顾客所想，急顾客所急，巧妙地消除了顾客的不满情绪，把顾客的不满转化为"满意"，实现了自身与顾客的"双赢"。

2. 总顾客成本

总顾客成本不但包括货币成本，而且包括时间、精神、体力等非货币成本。一般情况下，顾客购买产品时首先考虑货币成本的高低，因此货币成本是总顾客成本的主要构成因素。在货币成本相同的情况下，顾客在购买产品时还要考虑所花费的时间、精神、体力等，因此它们也是构成总顾客成本的重要因素。下面对时间成本和精力成本（精神成本与体力成本）展开介绍。

（1）时间成本。在总顾客价值和其他成本一定的情况下，时间成本越低，总顾客成本越低，顾客让渡价值就越大。因此，企业努力提高自身效率，在保证产品与服务质量的前提下，尽可能减少顾客的时间支出，降低顾客的购买成本，是创造更大的顾客让渡价值、增强产品竞争力的重要途径。

（2）精力成本。精力成本是指顾客购买产品时，在精神、体力方面的耗费与支出。在总顾客价值和其他成本一定的情况下，精力成本越低，顾客为购买产品所支出的总成本就越低，从而顾客让渡价值越大。顾客购买产品的过程包括产生需求、寻找信息、判断选择、决定购买、实施购买及购后体验，顾客在购买过程的各个阶段，均需付出一定的精力。

请扫码阅读资料"麦当劳的顾客让渡价值"（线上资源 3-2）。

3.2　消费者市场购买行为

线上资源 3-2

市场就是未满足需求的现实和潜在消费者的集合，市场营销的核心就是最大限度地满足消费者的需求。消费者市场是市场营销学研究的主要对象，是所有产品的最终市场。因此，全面、及时地了解消费者的需求，掌握消费者市场的特征及变化趋势，为消费者提供更大的让渡价值，进而提高消费者满意度，是企业生存与发展的关键。

3.2.1　消费者市场的特征

消费者市场是指个人或家庭为了生活消费而购买产品或服务的市场。在社会再生产的循环中，这种购买是最终消费的购买。这一市场庞大而分散，是市场体系的基础，是起决定作用的最终市场。成功的市场营销人员能够选择对消费者有价值的产品，并运用富有吸引力和说服力的方法将产品有效地呈现给消费者。

与其他市场相比，消费者市场具有以下特征。

（1）从交易的产品来看，它提供的是供人们最终消费的产品，而购买者是个人或家庭，因此它主要受消费者个人因素的影响，包括文化程度、消费习惯、收入水平等。同时，产品的样式丰富、品种复杂、生命周期短。由于产品的专业技术性不强，替代品较多，因此产品的价格需求弹性较大，即价格变动对需求量的影响较大。

（2）从交易的规模和方式来看，消费者市场购买者众多，市场分散，成交频繁，但大多属于零星交易。因此，绝大部分产品是通过中间商销售的，消费者购买十分方便。

（3）从购买行为来看，消费者的购买行为具有可诱导性。这是因为消费者在采取购买行为时，具有自发性且易感情冲动；同时，消费者市场的购买大多属于非专业性购买，消费者对产品的选择受广告、宣传的影响较大。因此，市场营销人员应做好产品的宣传与推广，当好消费者的参谋，有效地引导消费者的购买行为。

（4）从市场动态来看，由于消费者的需求复杂，供求矛盾频发，加之随着城乡交往、地区间的往来日益频繁，旅游业的发展，国际交往的增多，人口流动性提高，购买力的流动性也随之提高，因此企业要密切关注市场动态，提供适销对路的产品，同时要注意增设购物网点和在交通枢纽地区创建规模较大的购物中心，以满足流动人口的消费需求。

案例 3-2　　　　　　　　　网红店凭什么"红"

在上海，据说买杯奶茶要排队 6 小时、等叫号等到怀疑人生的"喜茶"在每个城市开业面对的都是人山人海。在排了长长的队伍之后，买到"喜茶"的人们大多会拍照并发朋友圈。

除了高颜值的美食，网红店还有吸睛的设计装饰、深厚的文化情怀，这类店铺具有更多的社交属性而非产品属性，消费者去这些网红店的理由除了吃，还有一个十分重要的理由是拍美照并上传至社交平台。

为什么会这样？因为网红店深谙消费者心理，它们知道当下社会有这样一个群体：他们喜欢美食，并将"会吃""懂吃"看作品位的象征，并以此自诩"社交达人"。一些网红店的投资者在这种消费者心理的基础上，借助微博等平台上的大 V 用户进行宣传，用社交网络吸引着这群极其渴望尝鲜的人。为了达到目的，一些网红店用"饥饿营销法"给消费者以压力：你再不来拍照发朋友圈，你就落伍了，就与社会脱节了！可见，一些网红店除了会做美食，还擅长在营销上做文章。

资料来源：你如何看待"美食网红店"？[EB/OL].（2020-05-14）.搜狐网.

要领与启示：

消费者的需求具有求新求变的特性，消费者不喜欢一成不变的面孔。这就要求企业的产品品种、款式不断翻新，给人一种新鲜感、新奇感。在瞬息万变的互联网时代，网红食品早已屡见不鲜，它们在一定程度上反映了当下年轻人的价值观和审美趣味，尤其值得关注的是，网络互动与交流对人们的消费行为具有巨大的作用，可谓影响深远。因此，密切关注市场动态，把握市场机遇，借助互联网的力量，可以使企业在市场竞争中赢得优势和主动权。

3.2.2 消费者购买行为模式

消费者可能每天都需要做出消费决策,即对购买什么、在何地购买、怎样购买、购买多少、什么时候购买和为何购买等问题做出回答。企业要开展市场营销活动,对这些问题进行研究是必要的,并且需要进一步研究消费者购买的原因,尽管问题的答案通常深藏在消费者的头脑里。总体来说,在进行消费者市场研究时需关注以下问题。

(1)由谁构成?(Who)——购买者(Occupants)。
(2)购买什么?(What)——购买对象(Objects)。
(3)为何购买?(Why)——购买目的(Objectives)。
(4)购买活动有谁参与?(Who)——购买组织(Organizations)。
(5)怎样购买?(How)——购买方式(Operations)。
(6)何时购买?(When)——购买时间(Occasions)。
(7)在何地购买?(Where)——购买地点(Outlets)。

由于上述七个问题对应的英文单词的首字母都是 O,因此将它们组合起来称作"7O"研究法。

对营销人员而言,消费者市场研究最核心的问题是消费者对企业的各种营销手段有什么反应。当对此问题进行研究时,通常借助消费者刺激-反应模型,如图 3-3 所示。

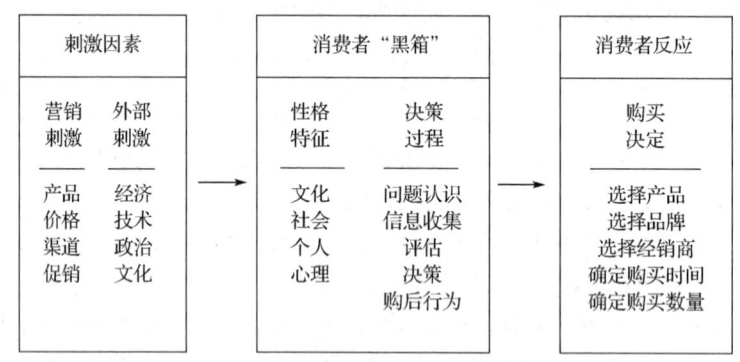

刺激因素	消费者"黑箱"	消费者反应
营销刺激　外部刺激	性格特征　决策过程	购买决定
产品　经济 价格　技术 渠道　政治 促销　文化	文化　问题认识 社会　信息收集 个人　评估 心理　决策 　　　购后行为	选择产品 选择品牌 选择经销商 确定购买时间 确定购买数量

图 3-3 消费者刺激-反应模型

营销刺激因素包括产品、价格、渠道和促销,以及消费者所处环境中一些大的外部力量和事件,涉及经济、技术、政治和文化等方面。所有这些因素促使产生消费者"黑箱",然后转化成一系列可以观察到的消费者反应:选择产品、品牌、经销商,以及确定购买时间和购买数量。

营销人员要想办法弄清楚这些因素是如何由消费者"黑箱"转化成消费者反应的。消费者"黑箱"由两部分组成:一部分是消费者的性格特征,其决定消费者如何观察刺激因素并做出反应;另一部分是消费者的决策过程。

3.2.3 消费者购买行为的影响因素

消费者生活在纷繁复杂的社会中,其购买行为受文化因素、社会因素、个人因素和心理因素影响,具体如表 3-1 所示。

表 3-1 消费者购买行为的影响因素

文化因素	社会因素	个人因素	心理因素
文化 亚文化 社会阶层	参照群体 虚拟社群 家庭 社会角色 社会地位	家庭生命周期 职业 经济状况 受教育水平 个性 生活方式 自我概念	动机 知觉 学习 信念 态度

1. 文化因素

文化是知识、信念、艺术、法律、伦理、风俗及其他由社会的大多数成员所共有的习惯、能力等构成的复合体。文化因素对消费者购买行为具有广泛且深远的影响。

（1）文化。文化是一个综合的概念，它几乎包括影响个体行为与思想过程的各个方面。对于一些生理驱动力（如饥饿、受冻等），尽管文化不直接决定它们的本性，但是决定它们能否获得反应及获得反应的时间和方式。文化不但影响人们的偏好，而且影响人们如何做决策，甚至如何感知周围的世界。需要注意的是，文化不包括遗传或本能行为与反应，它是一种习得行为，人类的绝大多数行为均与学习有关，而不是与生俱来的。文化差异引起消费者购买行为的不同，主要表现在婚丧嫁娶、服饰、饮食、建筑风格、传统节日、礼仪等方面。

（2）亚文化。亚文化是整体文化的一个分支，是由各种社会与自然因素引起的不同地区和群体的文化独特性的一个方面。社会越复杂，亚文化越多。总体来说，亚文化群体主要包括民族亚文化群体、宗教亚文化群体、种族亚文化群体、地理亚文化群体等。

（3）社会阶层。社会阶层是指一个社会相对持久和有序的等级划分。社会成员处于哪一社会阶层，受职业、收入、受教育情况、财富及其他变量的综合影响。处于同一社会阶层的人往往具有相似的价值观、生活方式、思维方式和审美观，这些决定着他们的购买行为。随着国内社会的发展，社会结构日益多元化，根据收入的不同，社会阶层大致可以分为低收入阶层、中等收入阶层和高收入阶层。一般来说，低收入阶层注重产品的功能，中等收入阶层崇尚产品简洁，高收入阶层追求产品的个性化。

请扫码阅读资料"中国文化因素对中国消费者行为的基本影响"（线上资源 3-3）。

2. 社会因素

参照群体、虚拟社群、家庭、社会角色、社会地位等是影响消费者购买行为的主要社会因素。

（1）参照群体。参照群体又称相关群体，是对个人的信念、态度和价值观产生影响，并作为其评价事物尺度的群体。参照群体既可以是实际存在的，也可以是想象出来的，按其作用可以分为主要群体和次要群体。主要群体是指个人经常受其影响的非正式群体，如家人、朋友、同事、邻居、名人等；次要群体是指个人并不经常受其影响的正式群体，如工会、协会等。主要群体和次要群体都影响着一个人的兴趣、爱好、消费习惯，并且影响是潜移默化的，但次要群体在影响程度上不如主要群体。

（2）虚拟社群。进入数智化时代，基于社会网络的虚拟社群成为影响消费者行为的重要因素。在数智化生态中，消费者行为的影响因素必须强调社会网络中的群体行为。社会网络中的群体行为具有以下特征：①网络本身没有强制性的控制中心；②各点之间高度互联；③点与点之间通过网络形成非线性的因果关系；④具有"乌合之众"效应（这种效应源自勒庞的著作《乌合之众》，意指很多人随大流，缺乏主见）。

（3）家庭。家庭是由婚姻、血缘或收养而产生的亲属间的共同生活的组织，是社会组织中的基本单位，对消费者的购买行为具有重要影响。一个家庭中的每个成员都受这个家庭的熏陶和影响。也可以说，家庭直接影响着一个人的生活情趣、生活方式、爱好和习惯，并常常体现在对产品的需求、购买和评价等方面。尽管这种影响大多数时候是下意识的，但其作用是长久的，一个人孩提时代对产品的偏好往往要维持数十年。在购买行为中，不同的家庭成员可能充当不同的角色，对购买产生不同的影响。家庭成员一般充当以下五种不同的角色：发起者、影响者、使用者、购买者和决策者。在购买不同的产品时，家庭成员充当的角色是不同的。例如，当购买家用电器时，男主人往往充当决策者；当购买厨房用品时，充当决策者的则往往是女主人。

（4）社会角色。社会角色与人们的社会地位相联系，是对人们的各种社会属性和社会关系的反映，是社会地位的外在表现。每个人都要扮演不同的社会角色，如一个人在家庭中是妻子、母亲，在社会中是公司职员等。

（5）社会地位。社会地位是指人们在各种社会关系中所处的位置。它是对决定人们身份和地位的各要素综合考察的结果。这些要素包括个人的政治倾向、经济状况、家庭背景、文化程度、生活方式、价值取向、审美观及其所担任的角色和所拥有的权力等。消费者的购买行为会随着社会地位的变化而发生显著的变化。人们在购买产品时往往会考虑自己在社会中所处的地位和充当的角色。例如，公司的总经理和一般员工在衣食住行等方面的需求与选择有较大的差异。

3．个人因素

消费者所处的家庭生命周期阶段及其职业、经济状况、受教育水平、个性、生活方式、自我概念等个人因素是影响其购买行为的主要因素，下面选择几个因素具体说明。

（1）所处的家庭生命周期阶段。家庭生命周期是指一个家庭从产生到子女独立发展的过程。在家庭生命周期的不同阶段，消费者会有不同的爱好与需求，以及不同的购买重点。按年龄、婚姻、子女等状况，家庭生命周期可分为八个阶段：①未婚阶段——年轻、单身；②新婚阶段——年轻夫妇，没有子女；③"满巢"Ⅰ阶段——年轻夫妇，有6岁以下的幼儿；④"满巢"Ⅱ阶段——年轻夫妇，有6岁或6岁以上的孩子；⑤"满巢"Ⅲ阶段——年纪较大的夫妇，孩子尚未完全独立；⑥"空巢"Ⅰ阶段——年纪较大的夫妇，与子女已分居，未退休；⑦"空巢"Ⅱ阶段——年纪较大的夫妇，与子女已分居，退休；⑧鳏寡阶段——年老，失去了配偶。处于不同阶段的家庭有不同的购买行为。例如，家庭旅游的类型主要有以下三种：亲子游（"满巢"Ⅰ阶段）、情侣游（新婚阶段、"空巢"阶段）和敬老游。敬老游是中青年人携父母一起旅游。中青年人利用节假日陪父母出去旅游，增加陪伴的机会，既可以弥补平时因工作忙，很少与父母聚在一起的缺憾，又可以报答父母的养育之恩，让父母享受天伦之乐。

（2）个性。个性是指决定个体对外在环境反应的、本质的、稳定的心理倾向和人格心理的总和。心理倾向包括个体的需要、动机、兴趣和信念等，决定着个体对现实生活的态度、趋向和选择。日本东京的R&D调查公司将人们的个性特征分为四种类型，并以此来分析人们的欲望特征与生活方式，如表3-2所示。

表 3-2 个性特征的分类

个 性 特 征	欲 望 特 征	生 活 方 式
活泼好动	改变现状 获得信息 积极创造	不断追求新的生活 渴望获得更多的信息 总想做些事情来充实自己
喜欢分享	和睦分享 有归属感 广泛社交	愿与亲朋好友共度美好时光 想像其他人一样生活 不放弃任何与他人交流的机会
追求自由	自我中心 追求个性 甘于寂寞	按自己的意愿生活而不顾及他人 努力与他人有所区别 拥有自己的世界而不愿他人涉足
稳健保守	休闲消遣 注意安全 重视健康	喜欢轻松自在,不求刺激 注重对既得利益的保护 重视对健康的投资

人格心理与个人的能力、气质和性格相关,决定着个人的行为方式。由于每个人的先天素质不同,社会活动各不相同,因此每个人在人格心理方面各不相同,这种个性的差别又导致购买行为不同。例如,在选择服装方面,性格外向的人大多喜欢色彩明亮、款式新颖的服装,性格内向的人大多喜欢简洁、色彩暗淡的服装;性格外向的人大多活泼多言,容易受推销人员、广告等外界因素影响,性格内向的人大多沉默寡言,在购物时往往犹豫不决。营销人员应根据消费者的个性特征进行推销。

(3)生活方式。生活方式是在一定的社会制度下社会群体及个人在物质和文化生活中各种活动形式与行为特征的总和,包括劳动方式、消费方式、社交方式、道德观和价值观等,具有社会性、民族性、时代性、类似性、多样性、差异性等特点。生活水平和生活质量是对生活方式的反映。若人们的生活方式不同,则消费重点也有所区别。例如,娱乐型的人生活丰富多彩,紧跟潮流;生活型的人购物以满足家庭舒适生活为主。

(4)自我概念。自我概念即自我观念,是指个人关于自己的观念体系,即我们如何看自己。自我概念的维度如图 3-4 所示。自我概念包括三个方面:一是认知,即对自己的品质、能力、外表、社会意义等的认识;二是情感,包括自尊、自爱、自卑等;三是评价,即自我评价。下面根据自我概念将自我划分为不同的形象,如表 3-3 所示。

	私人自我	
实际自我	我们实际上如何看自己	我们希望如何看自己	理想自我
	别人实际上如何看我们	我们希望别人如何看我们	
	社会自我	

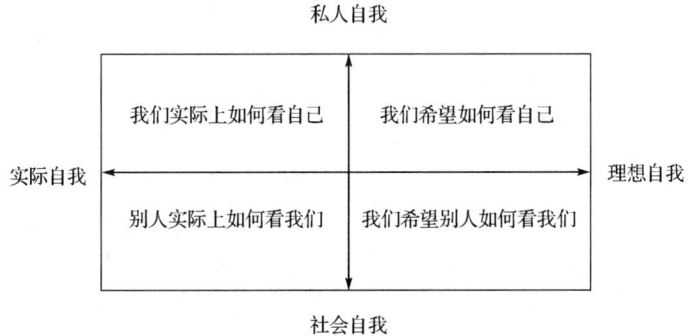

图 3-4 自我概念的维度

表 3-3　不同的自我形象

不同的自我形象	说　　明
实际自我	是真实的、客观的自我，就像别人看我们一样。因为别人永远不会知道完整的故事，这意味着实际自我可能并不是呈现给世界的那个"我"
私人自我	是主观的自我，就像我们看自己那样。私人自我很可能与实际自我有明显的差异，但从某种程度来说，它是根据别人的反馈逐渐调整的
理想自我	是所希望的自我，与马斯洛所确定的自我实现需求相联系。理想自我通常在个人试图填补自我形象和理想自我之间的鸿沟时发挥作用
社会自我	是别人眼中的自我，或者我们认为别人如何看我们。社会自我并不总与别人实际上如何看我们相吻合，因为我们不能完全读懂别人的想法。别人的反馈会受到一定的限制，所以我们不可能总是知道别人对我们的真实看法

由于自我概念不同，因此消费者的购买行为存在很大的差异。例如，在服饰选择方面，如果消费者想把自己塑造成风度翩翩的绅士，那么其倾向购买名牌西装、领带、皮鞋等；如果消费者想把自己塑造成潇洒、悠闲自在的人，那么其倾向购买休闲服饰。

请扫码阅读资料"人设与粉丝"（线上资源 3-4）。

线上资源 3-4

4．心理因素

消费者的动机、知觉、学习、信念和态度是影响其购买行为的主要心理因素。

（1）动机。动机是指人发起和维持其行动的一种内部状态，是一种升华到一定强度的需求，它能够及时引导人们去探求满足需求的目标。美国著名心理学家、人本主义心理学创始人马斯洛在 1954 年出版的《动机与人格》一书中提出了"需求层次理论"，具体如图 3-5 所示。

高层次需求

相关产品		示例
旅游、教育	自我实现需求（理想实现、丰富体验）	上海交通大学——求实学，务实业
汽车、家具、俱乐部	尊重需求（声望、地位、成就）	全友——绿色全友，温馨世界
服装、装饰品、饮料	归属需求（爱、友谊、他人的接受）	唐狮——我有我的方式
保险、报警系统、投资	安全需求（人身安全、居所、保护）	平安保险——让每个家庭拥有平安
食品	生理需求（水、睡眠、食物）	伊利牛奶——营养又健康

低层次需求

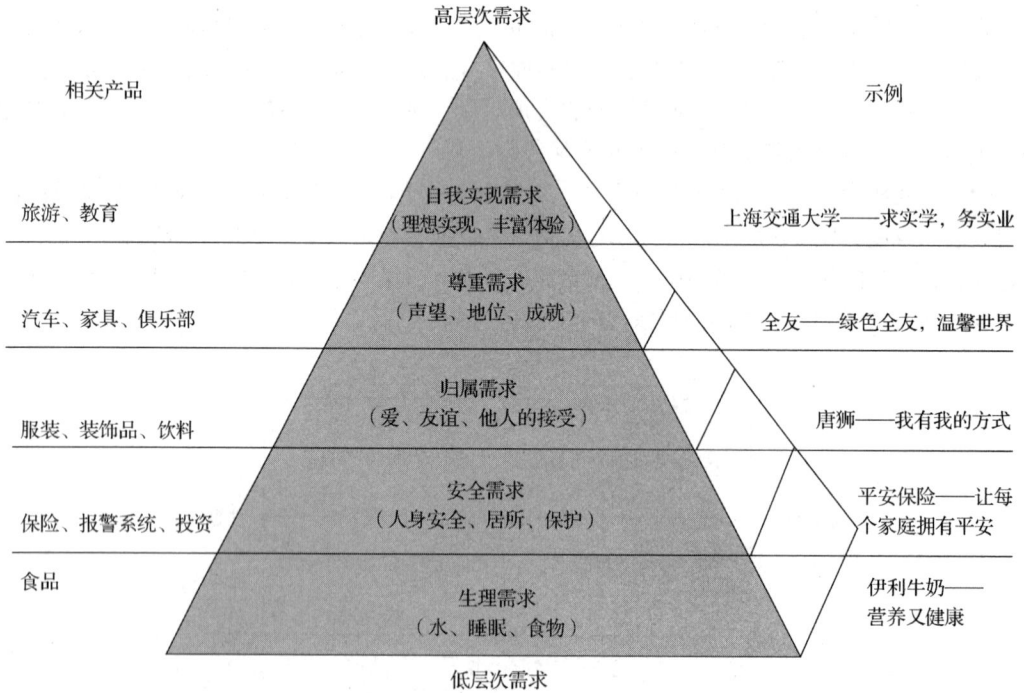

图 3-5　需求层次理论

马斯洛认为，人的需求是以层次的形式出现的，由低级需求逐渐发展到高级需求。他将人的需求分为五个层次：生理需求、安全需求、归属需求、尊重需求和自我实现需求。生理需求与安全需求属于物质需求，归属需求、尊重需求和自我实现需求属于精神需求。

一般来说，人的需求由低到高逐渐上升，当人的低层次需求被满足之后，才会产生高层次需求，当然在现实生活中，也存在特殊情况，即在低层次需求未被满足的情况下，高层次需求得到了满足。北宋政治家、文学家范仲淹，早孤，少有志操，贫困力学，他每天煮一锅粥，分四份在早、中、晚和半夜吃。在这样艰苦的生活条件下，他勤奋学习，考中进士，后官至参知政事，实现了自己的理想。"先天下之忧而忧，后天下之乐而乐"尽显其抱负和胸襟，并成为忧国忧民的千古名言。

1959 年，美国行为科学家弗雷德里克·赫茨伯格（Frederick Herzberg）提出双因素激励理论，这个理论区别了两种因素，即不满意因素（促使不满意的因素）和满意因素（促使满意的因素）。产品或服务仅仅避免不满意因素是不够的，还应当具备促使消费者满意的因素。假如一台电脑没有保单，也许就是一个不满意因素。然而，即使有保单，也不能断定它就是促使消费者满意的因素，因为保单并非消费者对电脑真正满意的因素。电脑的性能应当让消费者满意。双因素激励理论有两层含义：一是企业应该尽最大努力避免各种不满意因素，如不符合要求的使用手册和服务政策；二是在市场上，企业要仔细识别促使消费者满意的因素，并努力提供这些满意因素。需要注意的是，这些因素会随着消费者购买的产品的变化而变化。

（2）知觉。知觉是人对客观事物各个部分或属性的整体反应。它同感觉一样，是由客观事物直接作用于分析器官而引起的，但比感觉更完整、更复杂。人们常常根据实践活动的需要和心理倾向主动收集信息，辨认物体及其属性。人们对同一刺激物会产生不同的知觉，原因在于知觉具有选择性特征。

知觉是消费者对消费对象的主观反应过程，这一过程受消费对象特征和个人主观因素的影响。知觉的选择性是指人们对同时作用于感觉器官的各种刺激有选择地做出反应。它使人们的注意力放在少数重要的刺激事情上或刺激的重要方面，这样人们能更有效地认识外界事物，包括选择性注意、选择性曲解和选择性记忆。

① 选择性注意。选择性注意是指人们从当前环境中的许多刺激中选择一种给予关注，而忽视同时呈现的其他多种刺激。例如，人们每天都会看到很多广告信息，有电视和杂志上的广告、户外广告牌上的广告，还有社交媒体上的广告等，但人们不可能关注所有的广告。引起选择性注意的因素有两种：a. 客观因素，如刺激强度大、新奇、对比鲜明、反复出现、不断变化等；b. 主观因素，如符合需求、与知识经验相符、世界观和价值观一致等。

② 选择性曲解。选择性曲解是指人们往往倾向于选择符合自己意愿的方式理解信息。由于选择性曲解的作用，人们容易忽视自己喜爱的品牌的缺点和其他品牌的优点。

③ 选择性记忆。人们往往会忘记自己经历过的大多数事情，而只会记住那些符合自己态度和信念的信息。选择性记忆是指人们由于观点、兴趣、生活经验等的不同，对所经历过的事情有选择地识记、保持、再现或再认。

由于存在选择性注意、选择性曲解和选择性记忆，企业必须努力将营销信息传达给消费者，让他们准确领悟并记住。

案例 3-3　　　　　　　　农夫山泉独辟蹊径的记忆点

中国的饮用水市场历来竞争激烈，农夫山泉的表现堪称中国商业史上的经典。这个经典的产生离不开"农夫山泉有点甜"这句蕴含深意、韵味独特的广告语。它一出现就打动了众多媒体的受众，让他们牢牢记住了农夫山泉。为何会有如此非同凡响的效果？原因在于它极好地创造了一个记忆点。正是这个记忆点征服了众多媒体的受众，并使他们成了农夫山泉潜在的消费者。这种让消费者快速、深刻记住产品的方法就是记忆点创造法。它的核心内容是创造让消费者记忆深刻的点，有了这个点才使产品在消费者心中有了位置。企业的产品宣传与消费者的记忆如同进行一场斗争，前者竭力要在后者的大脑中建立起信息据点，而后者不断地排斥无用的信息。前者如何做才能取胜？记忆点创造法就是将企业产品最具差异化、最容易记忆的核心诉求提炼出来，把企业所有的传播力量集中在这个点上，努力让这个点渗透到消费者的记忆深处，从而建立起难以消除的信息据点，这个据点决定着企业的产品在消费者心中的位置，也决定着产品在市场上的地位。

资料来源：迟桂华. 消费者行为学[M]. 北京：中国传媒大学出版社，2014.

要领与启示：

农夫山泉的广告一经播出，就引起了消费者的热烈反响。"农夫山泉有点甜"独辟蹊径，以简单取胜，点明了产品的味道仅仅是"有点甜"，显得超凡脱俗、与众不同。"有点甜"是三个再平常、再简单不过的字，而真正的点是"甜"字，这个字表达的内容十分感性，描述的是一种味觉，人们听到这个字就会有直接的感觉，这种感觉无疑具有强大的强化记忆的功效。人们记住了"有点甜"就很难忘记"农夫山泉"，而记住了"农夫山泉"就很难对农夫山泉的产品不动心。

（3）学习。学习是指由于后天经验引起的个人知识结构和行为的改变。人们的行为大多来源于学习，学习过程是驱动力、刺激物、提示物、反应和强化等因素相互影响与作用的过程。驱动力是激发行动的强烈的内部刺激。当驱动力直接指向某种具体的刺激目标时，它就会变成一种动机。诱因是决定人们何时何地及如何反应的微弱刺激。例如，消费者自我实现的驱动可能促使他想购买一台相机，一旦他注意到商店橱窗里的相机品牌、听到特别合适的报价，或者和朋友讨论相关内容，这些就都可能成为他购买相机的诱因。假如他买了一台尼康相机，如果购买体验是物有所值，他就有可能更多地使用这台相机，并且他的这种反应会被强化。之后，他再购买相机、双筒望远镜或类似产品时，购买尼康产品的可能性会更大。学习理论对营销人员的意义在于，可以更好地把产品与强烈的驱动联系起来，利用激励性诱因，进行积极的强化，激发人们对产品的需求。

（4）信念和态度。信念是个人对事物持有的具体看法。信念可能建立在现实的知识、观念或信仰之上，可能带着个人的情感因素。人们形成的关于特定产品或服务的信念构成了产品和品牌的形象，进而影响人们的购买行为。因此，企业应关注消费者对自家产品和品牌的信念，如果存在某些阻碍购买行为的错误信念，企业就有必要开展宣传活动来予以纠正。

态度是人们对他人或事物持有的一种稳定性的行为反应倾向。它包括三种成分。①认知成分。认知成分是指个人对有关事物的信念。消费者对产品的认知决定其对产品或服务的品牌信念。消费者的品牌信念一旦形成，就会对品牌产品产生偏好。②情感成分。情感成分是消费者对产品或服务的情感反应，它是消费者对品牌的评估，是决定消费者购买行为的重要因素。③行为成分。行为成分是指消费者是否购买消费品的行为倾向。

在现实生活中，企业通常可以根据态度的三种成分，通过促销手段改变消费者的品牌信念，使消费者形成新的品牌偏好，通过舆论领袖的示范和人设的效应，改变消费者对产品属性理想标准的认识，形成一套全新的产品理想标准。

请扫码阅读资料"科学消费观的特征"（线上资源3-5）。

3.2.4 消费者购买行为的类型

不同消费者购买决策的复杂程度不同，这是因为购买决策受各种因素的影响，其中最主要的是参与度和产品品牌差异。同类产品品牌知名度越高，产品价格越高，消费者越缺乏产品知识和购买经验，感受到的风险越大，购买决策过程就越复杂。例如，牙膏、食品与电脑、汽车之间的购买复杂程度显然是不同的。阿萨尔（Assael）根据消费者的参与度和产品品牌差异划分出购买行为的四种类型，如图3-6所示。

	高度参与	低度参与
品牌差异大	复杂的购买行为	寻求多样化的购买行为
品牌差异小	减少失调感的购买行为	习惯性的购买行为

图3-6 购买行为的四种类型

1. 复杂的购买行为

如果消费者高度参与，并且了解现有各品牌、品种和规格之间有显著的差异，那么消费者会产生复杂的购买行为。复杂的购买行为指消费者购买决策过程完整，要经历大量的信息收集、全面的产品评估、慎重的购买决策和认真的购后评价等各个阶段。消费者一般在购买较昂贵、不常购买、风险较高及彰显个性的产品时非常谨慎，会学习大量与产品相关的知识。例如，一个想购买电脑的人可能一开始不知道要考虑哪些方面的属性，他会经历一个学习的过程：首先产生对产品的信念，然后形成态度，最后进行品牌选择。

营销人员应当高度参与消费者的信息收集和评价工作，并且帮助消费者了解有关产品的属性和各个属性的重要性。此外，营销人员需要区别其品牌的特征，可以通过大篇幅的印刷品来介绍品牌的优势。同时，营销人员还可以动员商店的销售人员和消费者的朋友来影响消费者最终的品牌选择。

2. 减少失调感的购买行为

消费者高度参与，但是并不认为各个品牌之间有显著的差异，因此会产生减少失调感或购后不适感的购买行为。减少失调感的购买行为指消费者并不广泛收集产品信息，并不精心挑选品牌，购买决策过程迅速而简单，但是购买以后会认为自己所购买的产品具有某些缺点或其他同类产品有更多的优点，进而产生失调感，甚至怀疑原先购买决策的正确性。例如，消费者在购买地毯时面临一个高度参与的决定，地毯的价格通常较高，但可以展现个性。同时，消费者又认为在一定的价格范围内所有的地毯都差别不大。在这种情况下，消费者可能四处逛逛，了解市场上有哪些品牌，同时会相对较快地做出购买决策，这可能是基于优惠的价格或购买方便。在购买之后，当消费者发现购买的地毯品牌的缺点或者听到一些关于其他没有购买的地毯品牌的优点时，就可能产生购后失调感。要想解决这种问题，营销人员应该在售后提供证明和支持，促使消费者对他们选择的品牌保持良好的感觉。

对于采取这一类型的购买行为的消费者，企业要提供完善的售后服务，通过各种途径提供有利于本企业和产品的信息，使消费者相信自己的购买决策是正确的。

3. 寻求多样化的购买行为

若消费者低度参与,并在了解现有品牌和品种之间具有显著差异之后,则会产生寻求多样化的购买行为。寻求多样化的购买行为指消费者购买产品有很大的随意性,并不深入收集信息和评估比较就决定购买某一品牌,在消费时才加以评估,但是在下次购买时又会选择其他品牌。他们选择其他品牌的原因可能是在使用过程中发现原来选择的产品存在缺陷,或者厌倦了原来选择的产品的口味,又或者想找找新感觉。

对于寻求多样化的购买行为,市场领导者和挑战者的营销策略是不同的。市场领导者力图通过占有货架、避免脱销和提醒购买的广告来鼓励消费者形成习惯性购买;而挑战者通常以较低的价格、赠券、赠送样品和强调实用新品牌的广告来鼓励消费者改变原来的购买习惯。

4. 习惯性的购买行为

若消费者低度参与,并认为各品牌之间没有显著的差异,则会产生习惯性的购买行为。习惯性的购买行为指消费者并未深入收集信息和评估品牌,只是习惯购买自己熟悉的品牌,在购后可能评价也可能不评价。

对于采取习惯性的购买行为的消费者,企业相应的营销策略是利用价格优势与销售促进吸引消费者;使用大量重复性广告,加深消费者对产品的印象;提升购买参与度和加大品牌差异。

3.2.5 消费者的购买决策过程

消费者的购买决策过程由一系列相互关联的活动构成,它们在购买发生以前就已经开始,而且一直延续到实际购买之后。

消费者的购买决策过程可划分为五个阶段,即确认需要、收集信息、评价备选方案、购买决策和购后行为,如图3-7所示。一般只有复杂的购买行为才会经过这样完整的五个阶段,通常消费者会省去其中某些阶段,甚至有时不按照这样的顺序进行购买。

确认需要 ⇒ 收集信息 ⇒ 评价备选方案 ⇒ 购买决策 ⇒ 购后行为

图 3-7 消费者的购买决策过程

1. 确认需要

当消费者产生了一种需要,并且准备通过购买某种产品去满足它时,对这种产品的购买决策过程就开始了。来自内部的和外部的刺激都可能引起需要与诱发购买动机,企业应了解消费者产生了哪些需要,它们是由什么引起的,程度如何,迫切的需要怎样被引导到特定的产品上并使之成为购买动机。在弄清这些问题之后,企业才能制定有效的市场营销策略。

2. 收集信息

消费者形成购买某种产品的动机后,如果不了解这种产品的情况,就需要先收集信息。这时,他增加了对有关广告、谈话等的注意,比以往更容易接受这种产品的信息,他也许还会通过查阅资料、向亲友询问情况等方式,更积极地收集信息。消费者收集多少信息,取决于驱策力的强度、已知信息的数量和质量,以及进一步收集信息的难易程度。

为了向目标市场有效地传递信息,企业需要了解消费者的信息来源。一般来说,消费者的信息来源分为以下四种。

（1）个人来源：从家人、朋友和其他熟人处得到信息。
（2）商业性来源：通过广告、销售人员、移动网站、展览、包装、产品说明书等得到信息。
（3）公众来源：从报刊和电视等宣传媒体、网络搜索和消费者团体的评论中得到信息。
（4）经验来源：通过接触和使用产品得到信息。

如今，消费者能够自由地在各种社交网站上分享产品图片和使用感受，同时可以从各类网站中获得大量关于拟购买产品的评价。由于这些评价来自实际购买者或使用者，总体上能够作为可靠的参考。由于消费者在线搜索能力的提升，企业不但需要通过搜索引擎进行信息传播，而且需要通过搜索引擎帮助消费者将其所需的信息有结构地呈现出来。企业一方面要合理设计营销组合，做好网络促销，使消费者更好地了解自身品牌，并利用消费者的网络分享，提升产品的知名度和品牌的影响力；另一方面要识别消费者的各种信息来源，分析、评估它们的重要程度。

从消费者的角度来看，由企业控制的商业性来源信息起通知作用，其他非商业性来源信息起验证和评价作用。通过收集信息，消费者能够逐步缩小对将要购买的产品进行品牌选择的范围。

3．评价备选方案

虽然有些消费者很少思考甚至不加思考，仅凭直觉购买产品，但大多数消费者对产品的判断还是建立在理性基础之上的。消费者的评价行为一般涉及以下几个方面。

（1）产品属性。产品属性是指产品能够满足消费者需要的特性。例如，计算机的存储能力、图像分辨率、软件的适用性等；手表的准确性、式样、耐用性等。但消费者不一定将产品的所有属性都视为同等重要。营销人员应分析本企业产品具备哪些属性，以及不同类型的消费者分别对哪些属性感兴趣，以便进行市场细分，从而为具有不同需求的消费者提供不同属性的产品。

（2）属性权重。属性权重是指消费者对产品有关属性所赋予的不同的重要性权数。当消费者被问及注重某一产品哪方面的属性时立刻想到的属性，就是产品的特色属性。当然，特色属性不一定是最重要的属性，营销人员应更多地关心属性权重。

（3）品牌信念。品牌信念是指消费者对某品牌优劣程度的总体看法。受消费者个人经验、选择性注意、选择性曲解、选择性记忆的影响，其品牌信念可能与产品的真实属性不一致。

（4）效用函数。效用函数是指描述消费者所期望的产品满足感随产品属性的不同而有所变化的函数关系。它与品牌信念的联系体现在：品牌信念指消费者对某品牌的某一属性已达到何种水平的评价，而效用函数表明消费者要求该属性达到何种水平才会接受。

（5）评价模型。评价模型是指消费者对不同品牌进行评价和选择的程序与方法。

假如某消费者备选的汽车购买方案已集中到三个品牌，他主要看中四种属性——款式、油耗、售后和价格。此外，该消费者了解每个品牌在各种属性上的表现。那么，如果某款汽车在所有属性上都表现良好，则该消费者别无其他选择。然而，实际上各个品牌无疑有着不同的吸引力。消费者也许会根据一种属性做出购买决策，如果最重视汽车款式，就会选择款式让自己满意的那款。但大多数消费者会综合考虑几种属性，而且每种属性的权重不同。对汽车销售商而言，只有了解这四种属性对消费者的相对重要性，才能相对准确地预测消费者的选择。

4．购买决策

经过对可供选择品牌的评价，消费者形成了对某个品牌的偏好和购买意向。但是，受以下三种因素的影响，消费者不一定会遵从或立即遵从其购买意向。

（1）其他人的态度。如果与消费者关系密切的人坚决反对购买某款产品，消费者就有可能改变购买意向。

（2）一些不可预料的情况。如果出现家庭收入减少，急需在某方面用钱或知晓准备购买的品牌的缺点等意外情况，消费者也可能改变购买意向。

（3）预期风险的大小。在所购产品比较复杂、价格高昂、预期风险较大的情况下，消费者可能采取一些避免或降低风险的措施，包括改变购买意向甚至暂不购买。根据消费者对品牌的偏好和购买意向来推测其购买决策并不十分可靠，因为确定了购买意向的消费者往往还要做出一些具体的购买决策，如购买哪个品牌、在哪家商店购买、购买量、购买时间，在某些情况下还要选择支付方式。

有的消费者在做购买决策时并不注重产品属性，而是主要关注使用时的感受和环境等。由此，布莱斯等人认为，消费者个人特征、情境特征、产品特征共同影响着消费者的购买决策。理论上，影响消费者购买决策的三大因素是购物体验、售点刺激和销售互动，它们组合成消费者的购买情境。广义的影响购买行为的因素还包括以下五个方面：消费者的需求、购买限制（时间、金钱等）、购物情境、消费者的情绪和购后评价。

请扫码阅读资料"选择太多，决策好难"（线上资源 3-6）。

线上资源 3-6

5．购后行为

消费者购买产品后，往往会通过使用及他人的评判，对自身购买的产品进行检验，把他所觉察的产品实际性能与之前对产品的期望进行比较。若发现产品性能与期望大体相符，消费者就会感到基本满意；若发现产品性能超出了期望，消费者就会感到非常满意；若发现产品性能与期望相差甚远，消费者就会感到失望或不满。如果感到满意，他下次就很可能购买同一品牌的产品，并通过各种传播途径称赞与推荐这款产品，而这种传播往往比广告宣传更有效；如果感到不满，他除可能要求退货或寻找能证实产品优点的信息来降低内心的不平衡感之外，还常常采取公开投诉或私下发泄的行为表达不满。

企业应当采取各种措施，尽可能使消费者购买产品后感到满意。首先，产品宣传需要实事求是，并适当留有余地；其次，企业还应当经常征求消费者的意见，优化售后服务；最后，企业应同消费者保持联系，为他们发泄不满提供适当的渠道，以便迅速采取补救措施。

3.2.6　消费者购后评价及效应

依照市场营销的理念，产品和服务的销售并不是企业的目标，消费者满意和忠诚才是企业的终极追求。因此，企业应当注重促使消费者满意和忠诚的购后阶段，并采取相应的策略。

1．消费者评价

在使用产品过程中和使用产品后，消费者往往会对购买过程和产品进行评价。若消费者对产品不满意，他们会对产品做出负面评价，这时企业应该快速做出恰当的反应，以缓解消费者的不满情绪。消费者购后行为如图 3-8 所示。消费者在购买某些产品后，如果对购买产生怀疑，就会产生购后的冲突或购后不和谐，也有一些购买导致消费者退还产品或保留产品但不使用。大多数消费者即使对产品不满意，仍然会使用产品。此外，在产品使用前、使用中及使用后，消费者均可能遇到产品及其包装的处置问题，这会对环境产生影响，甚至影响人类未来的生活。消费者购后的满意度将产生两种结果：一是重复购买和忠诚，二是转换品牌或不再使用此类产品。消费者购买评价受购买本身、购后冲突、产品使用、产品及其包装处置的影响。

图 3-8 消费者购后行为

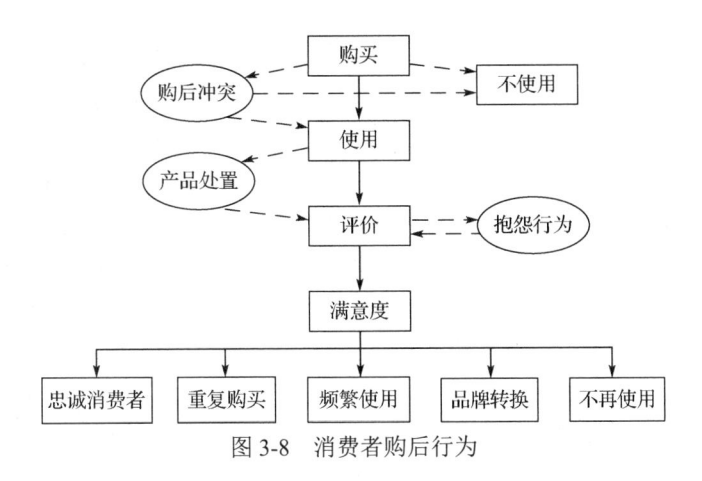

消费者可能对购买的各个方面进行评价，如信息的可获取性、价格、零售店的服务、产品的性能等。消费者对产品的满意度可能受对其他方面（如销售人员）满意度的影响。可以说，大多数产品的购买是一个动态过程，受许多因素影响。

2．消费者满意

选择某产品、品牌或零售店是因为消费者认为它在总体上比其他备选对象更好。无论是由于产品宣传得很好，还是由于其他原因（如对这类产品的偏好或者喜欢该商店），消费者在购买一款产品时，总会对产品的功能有一定的期望。消费者对产品的期望水平可以从很低（这个品牌或商店不怎么样，但我急需这款产品，而且没有其他选择）到很高。在产品、服务的使用过程中或使用之后，消费者会对其价值形成感知。

消费者（顾客）满意是指消费者对一款产品满足其需要的绩效与期望进行比较所形成的感觉状态。这一感知价值可能明显高于期望价值，也可能明显低于期望价值。如果感知价值低于期望价值，消费者就会感到不满意；如果感知价值与期望价值相匹配，消费者就会感到满意；如果感知价值高于期望价值，消费者就会十分满意，从内心感到欣喜。

从购后的感觉来说，满意与否及程度如何还与他人对消费者购买的产品的评价有关。若周围的人大多对产品持肯定的意见，消费者就会感到比较满意；若周围的人大多对产品持否定意见，即使消费者原来感到比较满意，后来也可能转为不满意。

消费者满意度取决于产品或服务提供的价值。当然，应该清楚的是，不同的消费者对同一产品或服务的满意度可能是不同的，因为个人的感知价值和期望价值是不一样的。营销人员可以通过以下两种方式来影响消费者对产品的满意度：一是通过促销来创造合理的消费者期望；二是确保产品质量达到消费者期望的水平。

案例 3-4　蔚来异军突起的缘由："电池服务+用户体验"

蔚来是智能电动汽车品牌，该品牌没有走中国汽车品牌常走的路线，即放弃走"主打低端市场，以量取胜"的旧路线，而是直接对标 BBA（宝马、奔驰、奥迪），走以质取胜的路线，成交均价在 42 万元以上。2021 年 1 月和 2 月，上海蔚来 ES8 和 EC6 的交付量都超过了 BBA。这意味着长期以来欧美高端汽车品牌在中国高枕无忧的护城河出现了缺口，蔚来在中国高端市场抢走了欧美高端汽车品牌 6% 的市场份额。

汽车企业很多时候是以产品为中心的，较多关注技术本身，如车联网、智能化、人工智能或者自动驾驶，而较少关注用户的痛点。蔚来的创始人李斌强调，在移动互联网时代，要关注用户体验，要"傻傻地对用户好"。

蔚来发现了中国电动汽车车主的四大痛点。第一，电池贵。换电池一般8万元起，等于把未来多年的汽车能源费一次性付清，这对用户来说并不合理。第二，残值低。由于电池损耗严重，二手电动汽车的价格远低于同价位燃油车的价格。第三，电池升级快。电池技术不断升级意味着用户购买的电池在加速贬值。第四，充电时间长。电动车补充能源需要充电数小时，远长于燃油车加油的时间，这对车主来说是很不好的体验。

为了解决用户在电池方面的烦恼，蔚来提出了服务方案：卖车时创造性地将车和电池分开出售。用户可以只买车，而电池作为能源，可以按月付费，终身免费换电池。这样不仅解决了电池贵、残值低、电池升级快的后顾之忧，也给用户带来了比加油更方便的用车体验。

蔚来的"以用户为中心"的经营理念并非仅体现在电池服务上，还体现在用户体验的全链条上，口碑在线上线下的用户社群中不胫而走……全心全意为用户服务的蔚来积累了一大批忠实的粉丝。2021年4月，蔚来的第10万辆车下线，完成了汽车品牌的"成人礼"。蔚来的用户转介绍率达到了50%，即有一半的新用户是通过老用户介绍来购买的。

资料来源：卢泰宏，周懿瑾. 消费者行为学[M]. 北京：中国人民大学出版社，2021.

> **要领与启示：**
>
> 蔚来取得突破有多方面的原因，如充分利用中国基础设施和科技的红利，而定位高端市场，聚焦提升用户在数智化时代的体验是关键。蔚来专注于移动互联网时代的用户体验，提出并践行了"傻傻地对用户好"的理念，通过开展BaaS（Battery as a Service，电池即服务）业务，从根本上解决了中国电动汽车车主的四大痛点，让他们驾驶蔚来电动汽车无后顾之忧。同时，蔚来借助线上线下的用户社群，让好口碑不断扩散，为自身带来了大批忠实的粉丝，加速了产品的销售与市场的扩张。

3. 消费者不满意

对产品不满意的消费者是否采取外部行动取决于产品对消费者的重要程度、采取行动的难易程度和消费者本身的特点。需要注意的是，即使消费者不采取外部行动，也有可能对该产品和品牌产生不好的影响。

对产品不满意的消费者采取的行动通常有以下几种：向零售店或生产厂家投诉、停止购买、告知亲友、在社交媒体上发泄不满情绪、向民间组织或政府机构投诉、采取法律行动。对企业来说，消费者采取的最好的行动是向企业抱怨，因为这将给企业提供一个解决问题的机会，但绝大多数消费者会直接采取其他行动，如更换品牌和给予产品负面评价等。消费者的负面情绪越严重，越会大力对企业进行负面宣传，企业遭受的不良影响或损失越严重。

营销人员应该尽量避免让消费者不满，应有效地解决消费者的问题，同时应该尽量让消费者在不满时进行抱怨而不是进行负面宣传或更换品牌。

4. 消费者忠诚

让消费者满意是必须的，但仅仅停留在这一水平是不够的，企业应该以获得忠诚顾客为目标。因为虽然他们比那些对产品不满意的消费者更有可能成为重复购买者，但他们仍会更换品牌和产品，当然由于更换品牌的成本（搜寻、评估和接受另一个品牌的成本）过高，也会出现某些对产品不满意的消费者成为重复购买者的情况。但毫无疑问，他们会对产品进行负面宣传，一有机会就会接受竞争者的产品。

当消费者非常不满意时，对应的消费者忠诚度为零，消费者就会离企业而去；当消费者基本满意时，消费者忠诚度大约为35%，大部分消费者仍不会再次购买；只有在消费者满意的基础上，进而让消费者非常满意，消费者忠诚度超过了80%，大部分消费者才会再次购买。因此，消费者满意管理的目标是在消费者满意的基础上达到消费者忠诚。企业通过优化服务可以将普通消费者转变为忠诚顾客。

消费者（顾客）忠诚是指顾客忠诚于某品牌或企业的产品，并在某种程度上漠视竞争者的品牌或产品，对某品牌或企业具有情感上的偏爱，以一种友情的方式喜欢它。忠诚顾客在购买产品时不大可能收集额外信息，他们对竞争者的营销努力（如发放优惠券）采取漠视和抵制态度。顾客忠诚集中表现为顾客重复购买的程度。顾客满意与顾客忠诚之间的关系如图3-9所示。

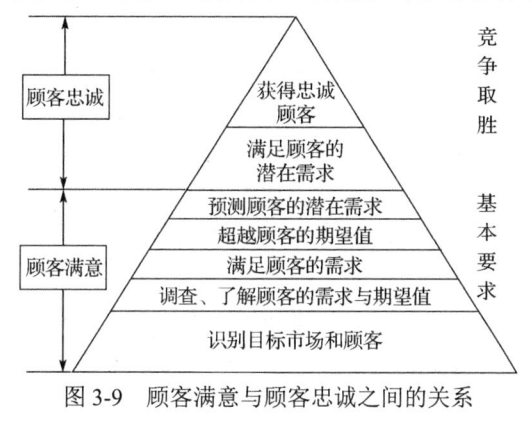

图3-9　顾客满意与顾客忠诚之间的关系

请扫码阅读资料"拥有忠诚顾客的10项原则"（线上资源3-7）。

3.3　组织市场购买行为

组织市场是与消费者市场相对应的概念。组织市场是指企业、政府部门和其他事业单位、社会团体等，为生产其他产品或服务，或者用来出售、出租给他人，又或者为履行部门、单位和团体的职能而进行购买的市场。组织市场包括生产者市场、中间商市场、非营利性组织市场等。

3.3.1　组织市场的特征与组织购买者的行为模式

在分析组织市场购买行为之前，需要了解组织市场的特征。由于组织购买者的行为模式是分析各类组织市场购买行为的基础，因此这里需要讨论组织购买者的行为模式。

1. 组织市场的特征

组织市场的最大特征是组织购买、集团消费。消费者购买是为了个人和家庭生活，而组织购买是为了履行组织的使命和职责。与消费者市场相比，组织市场具有以下特征。

（1）顾客数量少，购买规模大。组织市场上的顾客数量比消费者市场上的顾客数量少得多，但单次购买的规模、金额很大，许多行业的市场被少数买主或某大买主垄断。例如，汽车轮胎公司在产业市场上的购买者主要是汽车制造企业,数量仅有几家,多则数十家;而在消费者市场上,它的购买者可能是上亿名汽车所有者。在组织市场上,还有很多生产者顾客,它们的地域分布相对集中,以至于来自某些区域的采购在整个市场中占据了相当大的比重。

(2)派生的消费品需求。组织市场的需求是从消费者对消费品的需求派生出来的。例如,消费者市场对食物的需求,一般源于人们的生理、心理需求,受食物的价格、替代品供应及其价格、文化环境、传统习惯等影响,是一种直接反应。但食品加工商对大米、面粉和食品加工设备等的需求,则源于消费者对有关食物的需求。组织市场的需求会随着其下游或前端需求的变化而变化。这种需求的派生性往往是多层次的,并且是一环扣一环的。

(3)需求缺乏弹性。由于需求具有派生性,因此组织市场的总需求受价格变动的影响不大,价格弹性相对较小。例如,汽车生产商不会因为汽车轮胎的涨价而少购进轮胎。造成这种现象的主要原因是市场的需求取决于产品的生产工艺与生产特点,生产商在短期内不可能变更其生产方式和产品种类。如果原材料成本在制成品的总成本中所占的比重很小,那么这种原材料的需求也缺乏弹性。

(4)需求波动大。组织购买者对产品和劳务的需求比消费者更容易发生变化。在市场经济条件下,工厂设备等资本货物的行情波动会加速原材料的行情波动。如前所述,组织市场的需求是派生需求,消费者需求的少量增加会导致组织购买者需求的大幅增加,这被西方经济学者称为加速理论。有时消费者的需求只增减10%,就能使下游产业购买者的需求出现200%的增减。

(5)对产品相关知识水平要求较高,购买决策程序复杂。消费者不一定具备与所购产品相关的专业知识;而组织内部参与购买决策的人员多是由掌握较多产品知识、价格和市场信息的专业人员组成的,他们了解所购产品的性能、质量和规格等细节,其采购方法、谈判技巧也更专业。因此,供应商应当为组织购买者提供相关技术资料和一些特殊服务,如出售某些机械设备,在成交前要为对方提供试用服务或进行演示。

受购买目的制约,组织购买者会更多地考虑成本、利润等因素,购买行为更加理性。它们所购产品或服务的时效性、专用性强,可替代性低,它们不仅要求按时、按质、按量供应,对设计、性能和售后服务等也有较高的要求。组织内部参与购买决策的人员较多,购买决策程序更为复杂,决策过程更为规范。

(6)通常采用直接采购、互惠购买、租赁等形式。组织购买者直接从供应商处进货,尽可能避免、减少中间环节,尤其是那些价格昂贵或技术复杂、对其生产经营意义重大的采购项目,如大型发电机组、飞机等。组织购买者可能拥有更强的讨价还价能力,经常促使供应商在价格等方面做出让步,有时甚至要求供应商也购买它们的或它们推荐的产品或服务。组织购买者通过这种"我买你的,你也买我的"模式,形成互惠购买,甚至形成三边或多边的贸易关系。

厂房、写字楼、重型机器、车辆、飞机等单价高,加之机器设备等更新快,组织购买者通常需要融资才能购买,或者通过租赁方式获得。通过租赁方式获得时,承租人能得到一系列好处,包括获得较多的可用资本,得到出租人最新的产品、上乘的服务等;出租人则最终将得到较多的净收益,并有机会将产品出售给那些无力支付全部货款的人。

2. 组织购买者的行为模式

组织购买者的行为模式如图3-10所示。

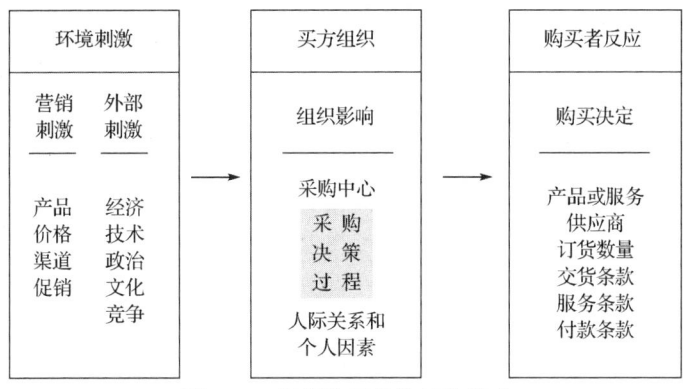

```
┌──────────────┐      ┌──────────────┐      ┌──────────────┐
│  环境刺激    │      │  买方组织    │      │ 购买者反应   │
├──────┬───────┤      ├──────────────┤      ├──────────────┤
│营销  │外部   │      │  组织影响    │      │  购买决定    │
│刺激  │刺激   │      ├──────────────┤      ├──────────────┤
│      │       │  →   │  采购中心    │  →   │ 产品或服务   │
│产品  │经济   │      │ ┌──────────┐ │      │ 供应商       │
│价格  │技术   │      │ │ 采购决策 │ │      │ 订货数量     │
│渠道  │政治   │      │ │  过程    │ │      │ 交货条款     │
│促销  │文化   │      │ └──────────┘ │      │ 服务条款     │
│      │竞争   │      │ 人际关系和   │      │ 付款条款     │
│      │       │      │  个人因素    │      │              │
└──────┴───────┘      └──────────────┘      └──────────────┘
```

图 3-10　组织购买者的行为模式

（1）环境刺激。组织购买者面临的环境刺激主要分为两类。①营销刺激，来自特定的供应商。作为营销者，供应商致力于创造、交付和传播顾客价值，提升产品或服务对顾客的吸引力，增强产品和品牌的竞争力等。这些都会对购买者形成刺激，通常体现在购买者对具体产品或服务、价格水平、购买地点、获取路径及促销等方面的感受和评价。同时，这些也是供应商的可控因素，构成市场营销组合和不同的营销方式，成为影响购买者决策的最具体、最直接的"小环境"。②外部刺激，包括宏观环境、竞争因素等的影响，属于不可控因素，是构成整个市场的"大气候"。这些因素会影响需求，决定着市场的总体趋势，对购买者决策具有重要影响。同时，供应商通过各种市场营销手段形成的环境刺激，也受制于宏观环境。

（2）买方组织和购买者反应。在组织内部，购买行为主要取决于两个方面，即采购中心和购买决策过程。它们既会受组织内部人际关系和个人因素的影响，也会受外部环境刺激的影响。在诸多因素的共同作用下，购买者最终做出反应，决定如何满足自身的需求。

其中，供应商需要关注和重视以下问题。①买方"买的是什么"和"当作什么来买"。例如，买方需要的是完全进入产品的产业用品、部分进入产品的产业用品，还是不进入产品的产业用品。②企业用户一般需要做出哪些购买决策，怎样做出这些决策。③买方内部一般都有谁参与购买决策和购买过程，他们的介入程度如何，可能产生什么影响。④影响用户购买决策的主要因素。例如，环境刺激和内部因素会如何作用，会产生什么样的影响。⑤买方如何购买，不同购买决策过程的难点和供应商营销的重点是什么。

随着互联网的发展和普及，采购模式发生了很大的变化，有的购买者自建或联合建设采购网站，一些行业协会统一建设采购网站，还有大量的中介网站代理采购业务。互联网模式不但能够降低采购成本，而且能够提高采购效率，因此必然会对组织购买者的行为模式产生较大影响。

3.3.2　生产者用户的购买行为

生产者用户有不同的购买类型，购买类型不同，购买行为的复杂程度也不同。生产者用户作为购买者，参与购买的人员与购买的程序比较复杂。

1. 生产者用户的购买类型

生产者用户的购买类型可分为三种：直接重购、修正重购和新购。

（1）直接重购。这是一种在供应商、购买对象、购买方式都不变的情况下而购买曾经购买过的产品的购买类型。这是最简单的一种购买类型，通常由买方的采购部门组织落实，依据以往的要求向原供应商进货。买方所购买的大多是需要不断补充、频繁购买的产品或服务，如主要原材料、零部件、低值易耗品等，花费的人力较少，无须联合采购。原供应商不必重复推销，只需努力使产品或服务的质量保持在一定的水平，并设法降低成本，减少购买时间，维持稳定的客户关系。

（2）修正重购。购买者想改变产品的规格、价格、交货条件等，这时需要调整采购方案，包括增加或减少决策人数。买方可能与原供应商进行重新谈判和协商，甚至可能引发供应商的变更，原供应商要清楚自己面临的挑战，要积极改进产品规格和服务质量，大力提高生产率，降低成本，增强顾客黏性。未曾入选的供应商要抓住机遇，积极开拓，争取入选，成为新的供应商。

（3）新购。购买者首次购买某种产品或服务叫作新购。由于是首次购买，买方对新购产品"心中无数"。在这种情形下，通常买方有一整套标准和程序，并会考虑一批可能的供应商，从中进行筛选。新购的成本和风险越高，参与决策的人数就会越多，他们在收集信息方面所付出的努力就会越大，决策所花的时间也就越长。"新购"对所有可能的供应商来说是很好的机会。

生产者用户购买往往涉及相互关联或者成套的产品或服务的采购，这时购买者倾向从一个供应商那里购买成套的解决方案。购买者可能要求供应商提供所有零件，并将其组装成系统，而不是先分别购买再将所有零件组装在一起。在这种情况下，销售人员应努力将系统销售作为主要营销方式。①供应商要能出售一组相关联的产品，如不仅出售胶水，还出售喷涂器和干燥剂。②供应商要能出售系统的解决方案，如一个包括产品、库存控制、分销及其他服务的系统，以充分满足购买者对整体运营的需求。

请扫码阅读资料"伊利集团的供应链管理"（线上资源3-8）。

2. 影响生产者用户购买行为的主要因素

同消费者市场购买行为一样，生产者市场购买行为也会受各种因素的影响。影响生产者用户购买决策的主要因素是质量、价格、服务等基础性和经济性因素。在不同供应商产品的质量、价格和服务差异较大的情况下，生产者用户的采购人员会高度重视这些因素，认真收集和分析资料，理性地进行选择。而在不同供应商产品的质量、价格和服务基本没有差异的情况下，生产者用户的采购人员几乎无须花费力气进行选择，因为任何供应商的产品和服务都能满足生产者用户的需求，这时其他因素会对购买决策产生重大影响。

影响生产者用户购买行为的主要因素可概括为四个方面，即环境因素、组织因素、人际因素和个人因素，如图3-11所示。

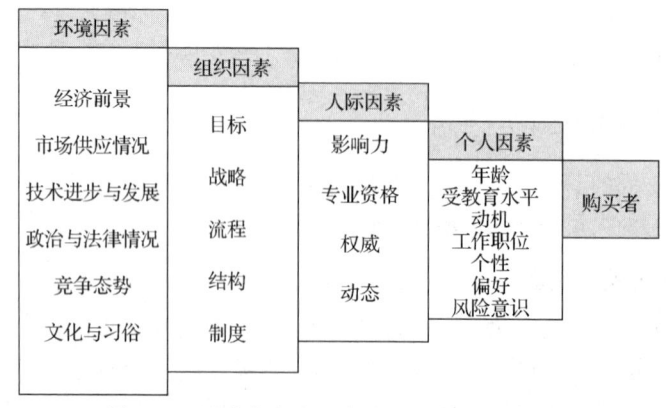

图3-11 影响生产者用户购买行为的主要因素

（1）环境因素。环境因素指企业无法控制的宏观环境力量，包括全球和国家的经济前景、市场供应情况、技术进步与发展、政治与法律情况、竞争态势、文化与习俗等。这些因素对产业发展影响甚大，从而也必然影响生产者用户的采购。例如，当经济前景欠佳，或者局势动荡，面临的风险较大时，生产者用户往往会缩减投资，减少采购量，这时供应商只有降价到一定的程度，生产者用户才会愿意购买并承担一定的风险。原材料的市场供应是否紧张，也是影响生产者用户采购的重要环境因素。一般生产者用户愿意购买并储存较多的紧缺物资，因为保证供应不中断是采购部门的主要职责。技术进步与发展、政治与法律情况、竞争态势等环境因素的变化，也会影响生产者用户的采购，供应商应密切注意，设法将环境威胁转化成营销机会。在我国，国家政策的变化是影响产业投资的一个关键因素，也是供应商需要关注，并加以预测的主要因素。此外，文化与习俗对组织的影响是潜移默化的，而且无处不在。文化与习俗不但会影响组织和外部相关者的关系，而且会影响组织内部成员之间的关系。

（2）组织因素。组织因素包括购买者的具体目标、战略、流程、结构、制度等。营销人员应尽量熟悉这些因素，因为它们决定了组织的正式购买行为。例如，组织结构规定了采购决策权的集中或分散。采购决策权的集中或分散取决于以下两点。①采购部门在公司中的地位，即采购部门是一个承担采购任务的专业职能部门还是仅仅是一个负责收集市场信息，向生产、技术部门提供建议的部门。②是各个子公司独立进行采购还是总公司统一采购。统一采购是指中心代理方与供应商进行洽谈，从而完成采购方的采购计划。这种做法不但有利于采购工作的专业化，动态适应企业的战略变化，而且有利于与供应商形成长期的合作关系。购买者的生产模式、管理制度也会对其采购产生重大影响。例如，精益生产使公司生产更多品种的产品，并使成本更低、时间更短、劳动力更省、质量更高。精益生产包括严格的质量控制、准时交货、供应商靠近重要客户、计算机订货系统、向供应商提供稳定的生产计划、单一供货来源和与供应商的前期合作。此外，营销人员需要了解购买者的总体战略，因为总体战略在很大程度上决定了其采购战略。例如，购买者若将发展战略定位为在行业中保持技术领先，则意味着其采购部门大概率会关注高新技术产品。营销人员应该将高新技术作为产品的卖点，这样才能更易得到购买者的青睐。

（3）人际因素。人际因素包括组织内部参与购买过程的各种角色的影响力、专业资格、权威、动态等。采购中心（小组）往往由很多相互影响的成员构成，各个成员的身份、地位、威信和感染力、说服力等各不相同，所以人际因素也会影响其购买决策。然而，分析人际因素往往很困难，因为这些参与者不会贴着标签，标明他们是"主要决策者"或"没有影响力的人"，采购中心最高级别的参与者也不总是最有影响力的。若参与者的人缘好，有专门技术，或者与其他重要的参与者有特殊关系，则可能影响购买决策。人际因素通常很微妙，营销人员应当尽可能理解这些因素，并围绕它们设计推销方案。

（4）个人因素。个人因素包括组织内部参与购买决策的人员的年龄、受教育水平、动机、工作职位、个性、偏好、风险意识等。生产者用户的购买行为虽是组织行为，但最终还是要由人做出决策并付诸实践的。因此，购买决策受每个成员的影响。供应商应了解采购决策人员的特点，并处理好他们之间的关系，这将有利于营销业务的开展。

请扫码阅读资料"华为的采购价值"（线上资源3-9）。

3. 生产者用户的购买决策过程

生产者用户的购买由多人参与，一般会有组织地做出购买决策。有多人参与的购买决策更容易做到科学、经济、理智，避免失误。

（1）购买决策过程的参与者。在企业中，除专职的采购者之外，通常还有其他人员参与购买决策过程。所有参与购买决策过程的人员构成采购中心，具体来说分为以下六种人员。

① 使用者。使用者是指将使用产品的人员。若企业要购买实验室使用的实验设备，则使用者是实验室的技术人员；若企业要购买打印机，则使用者可能是办公室的秘书。使用者往往是最初提出购买某种产品意见的人，他们在确定购买产品的品种、规格中起着重要作用。

② 影响者。影响者是指从内部和外部直接或间接影响购买决策的人。他们常常协助企业确定产品规格，并提供评估备选产品所需的信息。在众多的影响者中，企业外部的咨询机构和企业内部的技术人员是特别重要的角色。

③ 采购者。采购者是指具体执行采购决定的人。他们是有组织采购工作正式职权的人员，其主要任务是进行交易谈判和选择供应商，也可能协助确定产品规格。在较复杂的采购工作中，采购者还包括企业的高层管理人员。

④ 决定者。决定者是指有权决定购买产品和供应商的人。在一般的采购中，采购者就是决定者，或至少是审批者；而在复杂的采购中，决定者通常是企业的主管。

⑤ 批准者。批准者是指有正式职权批准采购者所提购买方案的人。

⑥ 信息控制者。信息控制者又称"守门人"，他们可以控制信息的"入口"及流向，从而对采购产生影响。例如，生产者用户的采购代理、技术人员，他们可以拒绝某些供应商，或者拦截供应商传递给采购中心某些参与者的信息。

应该指出的是，并不是所有的企业采购任何产品都需要上述六种人员参与决策。企业采购中心的规模和参与决策的人数，将因采购产品种类的不同、企业自身规模的大小及企业组织结构的不同而有所区别。在一些企业中，采购中心的成员只有一人或几人，而有些企业的采购中心由数十人组成，甚至有些企业还设有专管采购的副总裁。

对营销人员来说，关键是了解生产者用户（现实的和潜在的）采购中心的成员，以及他们各自所具有的决定权，采购中心的决策方式，以便采取具有针对性的营销措施。营销人员应当了解谁是主要的决策参与者，以设法影响最有影响力的人。

（2）购买决策过程。在生产者市场，用户的购买决策过程与消费者的购买决策过程有一些相似之处，但也有许多不同。生产者用户的购买决策过程大致分为八个阶段。

第一，提出需要。企业内部的某些成员提出要购买某种产品，以满足企业的某种需要，这是采购决策的开始。需要一般是由两种刺激引起的。①内部刺激。企业为了更好地生存与发展，决定开发、生产某种新产品，因此需要购置生产新产品的机器设备和原材料；当一些机器出现故障或损坏报废时，需要购买某些零部件或新的机器设备；当发现已采购的生产资料存在缺陷，不能满足企业生产经营的要求时，需要更换供应商。②外部刺激。购买者可能因参加一个展销会、看见一个广告或接到一个可以提供更好的产品或更低的价格的销售人员的电话而产生新的想法；工程技术人员通过有关的信息资料发现更好的替代品。在这一阶段，供应商应通过广告、人员推销等帮助或促使生产者用户发现问题，提出需要。

第二，确定总体需要。企业应当根据提出的需要从总体上确定产品的种类和数量。若需要的是标准品，确定总体需要较简单；若需要的是复杂产品，则应由采购者、工程技术人员、使用者协商确定所需产品的种类和数量。确定总体需要实际上就是在进一步明确问题及其性质的基础上，确定解决问题的基本方式，这一步骤的工作通常以待购产品的实际需要部门为核心进行，然后将建议提交给有关人员，进而确定所需产品的种类和数量。

第三，拟定规格要求。在确定总体需要后，还应对所需产品的规格、型号等技术指标进行详细说明，以便采购中心的有关人员选择和确定最佳的采购方案。这一过程往往需要价值工程小组的协助。价值分析是一种降低成本的方法，它通过仔细研究零部件，判断它们能否被重新设计、能否标准化或是否存在成本更低的生产方法，以帮助确定最好的产品特性。营销人员应向产品的潜在购买者说明产品的良好特性和规格、型号等。

第四，物色供应商。按照规格要求，采购者开始物色合适的供应商。采购技术复杂、价值很高的产品，需要花较多的时间物色供应商。采购者通常通过工商名录、网上搜索、其他企业推荐等来获取供应商名录，有时也可通过其他企业来了解供应商的产品及信誉。供应商应把自己的企业名称列入工商名录，建设网站，并在提升知名度的基础上树立信誉良好的形象。

第五，征求供应信息。一般来说，供应商需要为购买者提供一份产品或服务目录，或者指派一名营销人员。对复杂、昂贵的采购项目，需要每个供应商提供详细的供应方案或正式报告。因此，供应商要善于提交有竞争力的报价单，力求全面、准确地把自己产品的特性和优点介绍给购买者，以取得购买者的信任。从事复杂、昂贵的产品或服务销售的营销人员还应当精于调查研究、善于撰写并展示供应方案。供应方案应该能打动和赢得购买者，力求使企业从竞争中脱颖而出。

第六，选择供应商。采购者在得到供应商的有关资料后，要通过比较分析选择供应商。在选择供应商的过程中，主要考虑以下因素：①交货能力；②产品质量、价格、规格；③信誉；④维修服务能力；⑤生产技术水平；⑥结算方式；⑦管理和财务状况；⑧对顾客的态度；⑨地理位置。采购中心的成员会根据这些因素对供应商进行评估，并选出合适的供应商。购买者也许会选择一个或几个供应商。很多购买者之所以喜欢选择多个供应商，是因为这样可以避免完全依赖一个供应商，并且可以在一段时间内比较不同供应商的价格和绩效。

第七，签订合同。在选择好供应商以后，购买者就可以发订单，与供应商签订供货合同，明确所需产品的规格、数量、要求、交货期、保修条件、结算方式等。对于维护、维修和操作条款，购买者可能更青睐一揽子合同。一揽子合同是指建立一种长期的关系，在这种关系中，供应商承诺在特定的时间内根据协议的价格向购买者重复供应所需产品。

第八，评估与检查。在购进产品以后，采购部门会与使用部门联系，了解所购产品的使用情况，并请他们提供对产品的满意度，进而评估与检查供应商的合同履行情况，为以后的采购提供依据。评估与检查工作可能促使购买者继续、变更或放弃原先的采购安排。对供应商来说，经常了解购买者对产品的评价，及时改进产品、服务及营销工作，努力满足购买者的合理需要，是赢得购买者信赖和持续购买的重要条件。

产业购买决策的实际过程往往要复杂得多。在修正重购或直接重购的情况下，其中的某些阶段可能被缩短或跳过。每个组织会以自己的方式购买，而且几乎每次购买都有独特的要求。不同的采购中心成员会参与整个购买决策过程的不同阶段。零星商品的购买决策过程可能比较简单，而大宗商品的购买决策过程可能比较复杂，营销人员应当统筹管理好整个客户关系，而非仅注重一次销售。

案例 3-5	TSMC：作为合作者的供应商

台湾积体电路制造股份有限公司（TSMC）是全球第一家专业积体电路制造服务企业。它通过与客户在设计和制作集成电路产品方面的合作实现了业务的强有力增长，其服务对象既包括刚刚成立的公司，也包括英特尔这样的跨国公司。它承诺提供高效服务、始终如一的质量、有力的技术和物流支持。TSMC所在的市场竞争激烈且极度不稳定，要求有更短的设计周期、更优质的

产品质量。TSMC凭借高超的工艺技术、优质的制造和顾客服务成为世界级的值得信赖的芯片生产商。

TSMC的商业理念包括：正直、对关键业务持久重视；国际化、长期导向；将顾客看作合作者而非竞争者；通过全方位的努力打造品质、不断创新；营造充满活力的工作环境；保持交流渠道畅通；做一个好企业公民。TSMC的顾客服务组织以获得极高的顾客满意度为目标，如设计流程集成价值链提供快速的大规模生产、晶圆共乘服务，与顾客共同分担普通光罩成本，以降低设计费用。TSMC的网上工厂24小时为顾客提供工程和电子供应链的信息、分析服务、订单状态查询、订货、过程可靠性数据及其他信息，促进了TSMC和它在世界范围内的顾客在设计、运作和物流方面的合作。

资料来源：菲利普·科特勒，加里·阿姆斯特朗，洪瑞云，等. 市场营销原理[M]. 何志毅，等译. 北京：机械工业出版社，2006.

> **要领与启示：**
>
> TSMC以获得极高的顾客满意度为目标，充分考虑顾客的需求，通过与顾客在设计和制作集成电路产品等方面的合作，不但以更短的设计周期、更快速的市场进入和更优质的产品质量赢得了较高的市场份额，提升了竞争力，而且从顾客的角度为其降低成本提供了周到的服务、实施了与顾客的全面融合与流程对接，这是TSMC顾客增长的关键，也是任何企业实现持续发展的不二法则。

3.3.3 中间商的购买行为

中间商市场又称转卖者市场，由那些购买为了直接转卖（以获利）的买主组成。中间商市场的顾客包括各种类型的商业中间商（买卖中间商）和代理中间商，他们在生产者、消费者和组织机构之间架起"桥梁"，发挥中介的作用，促进商品流通。中间商市场的需求也是由消费者市场或其他相关终端市场的需求引申或派生出来的，并且具有组织购买的性质，与生产者市场有许多相似之处。

1. 中间商的购买类型

中间商的购买决策和购买行为，同样会因具体采购业务类型的不同而有所不同。中间商的购买类型一般分为以下几种。

（1）新产品采购。对于以前未经营过的新产品，中间商通常要决定是否进货及向谁进货。归根结底，他们所面对的关键问题是目标市场、潜在顾客能否接受新产品。因此，中间商的新产品采购与生产者用户的"新购"相似，都要经历提出需要、确定总体需要、拟定规格要求、物色供应商、征求供应信息、选择供应商、签订合同、评估与检查等阶段，购买行为较为复杂。

（2）选择最佳卖主采购。中间商确定需要购进的产品后，还需要寻找合适的供应商。这种购买行为的发生主要与以下情况有关。①市场货源充裕，中间商库容（场地）、资金等有限，所以只能购买其中的一部分，必须好中选优。②中间商拥有自己的品牌或打算自创品牌，需要找到愿意与其合作的制造商。例如，好市多、沃尔玛等零售商有许多自有品牌，他们在采购中通常会考虑这种情况。

（3）谋求更好交易条件采购。中间商希望现有的供应商能在交易条件上多给予优惠，因此与其反复洽谈，目的不是更换供应商，而是希望得到更多的利益。

随着互联网和信息技术的发展，中间商的采购过程得到优化。相关的管理软件在库存控制、计算经济订货量、管理供应商报价和填写订单等方面被广泛应用，采购过程变得更简单、科学。批发商和零售商可通过互联网，将所需产品的种类和数量等信息直接发送给供应商，供应商只要照单发货即可。批发商和零售商可实现"无库存采购"，供应商只需要储存适量的产品，依据签约中间商的通知及时配送即可。

2．影响中间商购买行为的主要因素

中间商的购买行为和生产者用户一样，也会受环境因素、组织因素、人际因素、个人因素等的影响。此外，还有以下因素会影响中间商的具体购买行为，供应商和营销人员需要有所了解。

（1）产品是否适销对路。中间商购买的目的是转手以获利，市场前景看好的产品和顾客喜欢的品牌，是他们愿意购买且会积极购买的对象。

（2）预期收益和利润率。中间商购买的产品即使能够转手获利，如果达不到预期收益和利润率，甚至低于行业的平均收益和利润率，中间商就不会行动，他们可能推迟决策或转向其他产品。

（3）能否得到供应商的促销支持。供应商的积极促销可为销售铺平道路，营造良好的销售氛围。对中间商来说，这有助于降低积压、滞销风险，加快销售和资金周转，提高自身的竞争力。

（4）产品、品牌与自身的定位是否一致或接近。例如，有的零售商为了树立高端形象，只经营知名品牌，拒绝销售低端产品。

（5）供应商的声誉和形象是否良好。在产品品质、价格、服务等差别不大的情况下，中间商更倾向声誉和形象良好的供应商。同样，期望以中高端形象出现在市场上的中间商往往选择具有良好声誉和形象的供应商。

3．中间商的购买决策

一般而言，中间商在开展采购业务时需要做出以下购买决策。

（1）确定购买时间和采购数量。由于中间商做的是"转手买卖"，他们对购买时间的要求通常很严格。采购者常常把下达订单的时间一拖再拖，甚至推延到最后一刻，以便更准确地把握消费者和终端买主的需要，使所购产品适销对路，避免库存积压。他们下单后又总是催促供应商尽快发货，以便迅速转手卖出，防止占用资金。

由于中间商的利润相对较低，他们通常以"勤进快销"的周转方式来谋取更多的收益，因此他们一般依据现有的存货水平和预期的需求水平确定采购数量。当然，他们偶尔也会大量订购，可能是出于降低采购成本或者从供应商那里获得更大折扣的考虑。供应商要努力了解中间商的意图，采取有效的方法和措施来吸引他们。

（2）选择供应商。很多消费者经常即兴购买、冲动购买，对供应商的选择相对随意。而中间商购买与生产者用户购买相似，更多的是理性购买，对供应商、品牌及产品的选择较为慎重。面对众多供应商，中间商一般根据交易条件、合作的诚意，以及当时的营销环境、产品销路、经营能力和自身的经营风格等加以选择。

（3）决定采购的货色。货色是指中间商经营的产品、服务及其搭配，也就是提供给潜在顾客的产品组合，一般取决于他们的目标市场战略和定位。从既能体现自身经营特色，又可最大限度吸引买主出发，中间商可从以下四种类型中进行选择。①独家货色：只经营一家供应商的产品，经营的产品多属于具有某种特殊性的产品，如专利、技术诀窍、厂商联营或合作企业的产品、奢侈品等。②专深货色：同时经营多家供应商的同类产品，有不同的型号、规格等。③广泛货色：经营多家供应商的多种产品，经营范围较广，但还没有跨行业、跨界。④杂乱货色：经营的是相互之间没有什么关联的产品。

（4）选择购买条件。购买条件直接影响中间商的效益，因此他们总是力争从供应商那里得到更多优惠。例如，他们会向供应商要求折扣、推迟付款或给予广告补贴；要求供应商及时、迅速交货；要求供应商承担产品破损、缺陷的责任，甚至包括产品不受欢迎或销路不畅的损失；要求在出现消费者投诉或其他产品质量问题时，供应商首先承担责任等。在购买条件中，价格是一个重要条件。由于中间商与消费者的联系更直接，并能迅速察觉消费者市场对价格的要求，因此中间商往往认为他们在价格、付款条件等方面，有充分的理由向供应商索要更多优惠。

3.3.4 非营利性组织的购买行为

非营利性组织泛指不以营利为目的、不从事营利性活动的组织。非营利性组织市场是指为了维持正常运作与履行职能而购买产品或服务的各类非营利性组织构成的市场。

1. 非营利性组织的类型

按照非营利性组织目标和职能的不同，可以将其分为三类：履行国家职能的非营利性组织、促进群体交流的非营利性组织和提供社会服务的非营利性组织。

（1）履行国家职能的非营利性组织。此类非营利性组织包括各级政府及其下属机构、保卫国家和人民安全的军队、保障社会公共安全的警察和消防队、管制和改造罪犯的监狱等。它们所形成的市场统称为政府市场。

政府市场与生产者市场一样，主要受环境因素、组织因素、人际因素和个人因素的影响，但在以下方面有所不同。①受社会公众的监督。虽然各国的政治经济制度不同，但是政府采购工作都受各方面的监督。②受国际国内政治形势的影响。例如，在国家安全受到威胁或出于某种原因发动对外战争时，对军费开支和军需品的需求会加大；在和平时期用于建设和社会福利的支出也会加大。③受国际国内经济形势的影响。在经济疲软时期，政府通常会缩减支出；在经济高涨时期，政府则会增加支出。各个国家的经济形势不同，政府用于调控经济的支出也会不同。美国前总统罗斯福在经济衰退时期实行"新政"，由国家投资大搞基础设施建设，刺激了经济增长。④受自然因素的影响。各类自然灾害会使政府用于救灾的资金和物资大量增加。⑤受非经济因素的影响。非经济因素在政府采购中扮演着非常重要的角色，如出于扶持的目的，政府购买者在选择供应商时可能更倾向经济不景气的公司、创新型公司或者某些民族企业等。

（2）促进群体交流的非营利性组织。此类非营利性组织旨在促进某群体成员之间的交流，促使他们积极沟通思想和情感，向他们宣传某种知识和观念，推动某项事业的发展，维护群体利益。此类非营利性组织包括各种职业团体、业余团体、专业学会和行业协会等。

（3）提供社会服务的非营利性组织。此类非营利性组织旨在为某些公众提供社会服务，满足其特定需要，包括学校、卫生保健组织、新闻机构、图书馆、博物馆、文艺团体、福利和慈善机构等。

各种各样的非营利性组织是庞大、复杂的社会组织体系的重要组成部分，也是组织市场的重要顾客。政府通过税收、财政预算等，掌握部分国民收入，形成一个潜力很大的政府市场。

2. 非营利性组织的购买特点

与其他组织的采购相比，政府采购由于资金来源的公共性、政府组织的非营利性，以及组织目标和购买目的不同，形成了非营利性组织的购买特点。

（1）总额限定。非营利性组织的采购经费总额是既定的，不能随意突破。例如，政府采购经费的来源主要是财政拨款，如果拨款不增加，采购经费就不可能增加。

（2）价格低廉。非营利性组织往往没有宽裕的经费，在采购时要求产品价格低廉。政府采购用的是财政资金，更会精打细算，追求用较少的钱办较多的事。

（3）质量保证。非营利性组织购买产品不是为了转售，也不是为了使成本最小化，而是为了维持组织运行和履行组织职能，所购产品的质量和性能应保证实现这一目的。

（4）受到控制。为了使有限的资金发挥较大的效用，非营利性组织的采购者受到较多的限制，只能按照规定的条件购买，缺乏自主性。

（5）程序复杂。非营利性组织购买过程的参与者多，程序较为复杂。例如，政府采购要经过许多部门签字盖章，受许多规章制度约束，需要准备大量的文件，填写大量的表格等。

3. 非营利性组织的购买方式

非营利性组织除具有特殊的购买特点之外，也有独特的购买方式，其购买方式通常包括公开招标选购、议价合约选购和日常性采购三种。

（1）公开招标选购。非营利性组织的采购部门通过传播媒体发布广告或发出信函，说明拟采购产品的名称、规格、数量和有关要求，邀请供应商在规定的期限内投标。有意争取这项业务的供应商要在规定的期限内填写标书，密封后送交非营利性组织的采购部门。招标单位在规定的日期开标，最终通常会选择报价较低且其他方面符合要求的供应商。

采用这种方式的非营利性组织处于主动地位，供应商之间会进行激烈的竞争。供应商在投标时应注意以下问题。①自身产品的品种、规格是否符合招标单位的要求。非标准化产品的规格不统一，这是投标的障碍之一。②能否满足招标单位的特殊要求。许多非营利性组织在招标时经常附带提出一些特殊要求，如提供较长时间的维修服务、承担维修费用等。③中标欲望的强弱。如果自身的市场机会很少，迫切地需要赢得这笔生意以维持经营，就应降低标价；如果还有其他更好的机会，只是来尝试一下，则可以提高标价。

（2）议价合约选购。非营利性组织的采购部门同时与若干供应商就某个采购项目的价格和有关交易条件进行谈判，最后与符合要求的供应商签订合同，达成交易。这种方式适用于复杂的工程项目，这些项目需要较高的研究开发费用且风险大。

（3）日常性采购。非营利性组织为了维持日常办公和组织运行会进行采购。这类采购金额较低，一般是即期付款、即期交货，如购买办公桌椅、纸张文具、小型办公设备等，类似于产业市场的"直接重购"。

请扫码阅读资料"互联网模式下的采购"（线上资源3-10）。

本章小结

1. 顾客价值。顾客价值是顾客对特定使用情景下有助于或有碍于实现自身目标的产品属性、这些属性的实效及使用的结果所感知的偏好与评价。顾客让渡价值是指总顾客价值与总顾客成本之差。总顾客价值包括产品价值、服务价值、人员价值和形象价值等；总顾客成本不但包括货币成本，而且包括时间、精神、体力等非货币成本。

2．消费者市场。消费者市场是指个人或家庭为了生活消费而购买产品或服务的市场。

3．消费者购买行为的影响因素。消费者的购买行为受文化因素、社会因素、个人因素和心理因素影响。文化因素主要包括文化、亚文化和社会阶层；社会因素主要包括参照群体、虚拟社群、家庭、社会角色、社会地位等；个人因素主要包括所处的家庭生命周期阶段、个性、生活方式、自我概念等；心理因素主要包括消费者的动机、知觉、学习、信念和态度等。

消费者的购买决策过程包括确认需要、收集信息、评价备选方案、购买决策和购后行为五个阶段。消费者购买行为的类型包括复杂的购买行为、减少失调感的购买行为、寻求多样化的购买行为和习惯性的购买行为。

4．消费者购后评价及效应。消费者购后的满意度将产生两种结果：一是重复购买和忠诚，二是转换品牌或不再使用此类产品。若消费者对产品不满意，他们会对产品做出负面评价。消费者满意度取决于产品或服务提供的价值。

忠诚是指顾客忠诚于某品牌或企业的产品，并在某种程度上漠视竞争者的品牌或产品，对某品牌或企业具有情感上的偏爱，以一种友情的方式喜欢它。

5．组织市场。组织市场是指企业、政府部门和其他事业单位、社会团体等，为生产其他产品或服务，或者用来出售、出租给他人，又或者为履行部门、单位和团体的职能而进行购买的市场。组织市场包括生产者市场、中间商市场、政府、非营利性组织市场等。

组织市场具有以下特征：顾客数量少，购买规模大；派生的消费品需求；需求缺乏弹性；需求波动大；对产品相关知识水平要求较高，购买决策程序复杂；通常采用直接采购、互惠购买、租赁等形式。

6．生产者用户的购买行为。生产者用户的购买类型可分为三种：直接重购、修正重购和新购。影响生产者用户购买行为的主要因素包括环境因素、组织因素、人际因素和个人因素。

生产者用户的购买决策过程大致分为提出需要、确定总体需要、拟定规格要求、物色供应商、征求供应信息、选择供应商、签订合同、评估与检查八个阶段。

7．中间商的购买行为。中间商市场又称转卖者市场，由那些购买了直接转卖（以获利）的买主组成。中间商的购买类型一般分为新产品采购、选择最佳卖主采购和谋求更好交易条件采购。

中间商的购买决策包括确定购买时间和采购数量、选择供应商、决定采购的货色、选择购买条件。影响中间商购买行为的主要因素：产品是否适销对路；预期收益和利润率；能否得到供应商的促销支持；产品、品牌与自身的定位是否一致或接近；供应商的声誉和形象是否良好。

8．非营利性组织的购买行为。非营利性组织泛指不以营利为目的、不从事营利性活动的组织。非营利性组织市场是指为了维持正常运作与履行职能而购买产品或服务的各类非营利性组织构成的市场。非营利性组织的购买特点：总额限定、价格低廉、质量保证、受到控制、程序复杂。

非营利性组织市场的购买方式通常包括公开招标选购、议价合约选购和日常性采购三种。

学习指导

本章的学习应重点理解顾客价值理论，并在此基础上，把握和比较各种类型市场的特征及其购买行为特点，注意影响购买行为的主要因素及分析的方法。在学习过程中，要注意不同类型市场的区别与联系，结合市场营销观念的内容分析顾客价值理论，并结合市场营销环境的内容，依据不同的购买对象（不同的市场），从市场营销哲学、企业对环境的适应性角度，结合现实或具体的案例思考企业应采取的营销对策，从而进一步加深对本章知识的理解。

关键概念：顾客价值、顾客让渡价值、消费者市场、文化、家庭生命周期、个性、自我概念、动机、知觉、学习、信念和态度、消费者（顾客）满意、消费者（顾客）忠诚、组织市场、生产者市场、中间商市场、非营利性组织市场。

思考与应用

1. 顾客价值的本质是什么？它与购买行为之间有何内在联系？
2. 关注顾客的购后反应对企业有何益处？
3. 结合某一具体选购品（手机、笔记本电脑等），说明其购买决策过程。
4. 近年来中国家用小汽车购买增速可谓惊人，根据影响消费者行为的因素对此进行分析。
5. 生产者用户的购买类型有哪些？影响生产者用户购买行为的主要因素有哪些？
6. 根据生产者用户购买决策过程的阶段，说明卖方的营销人员在各阶段如何做才能促使买方做出有利于卖方的购买决策。
7. 如果刚刚进驻中国、提供现代办公设备的外资企业欲进入中国政府市场，成为该市场的供应商，那么该企业应该怎样做？

案例分析

请扫码阅读案例：小米手机为什么火爆（线上资源3-11）

思考以下问题：

1. 小米是如何满足消费者的需求的？
2. 小米手机的目标客户是谁？他们有什么特征和需求？

线上资源3-11

第 4 章 市场营销调研与预测

名言警句

知可以战与不可以战者胜。

——《孙子兵法·谋攻篇》

本章要点

市场营销调研与预测是制订企业营销活动计划的基础性工作。市场营销调研是获取有价值的信息的重要途径，市场营销预测是对市场相关信息未来走势的科学判断。企业要想有效地履行营销职责，成功地开展营销活动，需要通过市场营销调研与预测获得有用的信息。本章主要介绍市场营销信息系统，市场营销调研的类型、过程及其计划的实施，市场营销预测的过程与方法等内容。

学习目标

- 熟悉市场营销信息系统的构成、信息来源和价值利用。
- 熟悉市场营销调研的过程。
- 掌握市场营销调研技术。
- 熟悉市场营销预测的过程。
- 掌握市场营销预测的方法。

导入案例

请扫码阅读案例：加多宝公司的营销洞察及其精准定位（线上资源4-1）
思考以下问题：
1. 2000年前后，导致加多宝公司的市场份额和销量都未增长的原因是什么？
2. 加多宝公司是如何发现凉茶产品的独特价值，使其销售额大幅提升的？

线上资源4-1

4.1 市场营销信息系统

在现代化浪潮的推动下，信息的重要性与日俱增，从某种角度而言，信息甚至可以直接等同于财富。营销的有效开展和管理需要大量及时、有效的信息支持。要想有效地履行营销职责，成功地开展营销活动，企业需要进行有效的顾客洞察，在此基础上才能进行科学决策。实际上，在企业市场营销的决策和管理过程中，每一步都离不开基于对顾客的及时了解和对市场的及时跟踪获得的有效信息。市场预测指的是对调研的信息进行分析，得出通常难以通过调研直接得出的相关结论，它是对信息的加工，所加工的信息主要反映未来的趋势和走向，对企业的营销决策具有巨大的支持作用。

4.1.1 市场营销信息

信息以物质介质为载体,传递和反映世界上各种客观事物的存在方式和运动状态,它是由信息源、信息内容、信息载体、信息传输及信息接收者等要素构成的统一整体。信息具有可扩散性、可共享性、可存储性、可扩充性和可转换性等特征。

企业开展市场营销活动,不但需要人、财、物等方面的资源要素,而且需要市场营销信息资源,它是市场营销活动的基本构成要素之一。

1. 市场营销信息的重要性

市场营销信息是市场营销活动的起点和基础,也是营销人员沟通的工具,如果市场营销信息不足或质量不高,就会影响营销人员的正确决策和有效沟通,也不会产生成功的营销。在信息大爆炸的数字时代,营销经理和其他管理人员会面临海量数据的困扰,如果得不到及时、准确的信息支持,就很难提出正确的营销战略和策略。市场营销信息的重要性主要体现在以下三个方面。

(1) 市场营销信息是创造顾客的基础。任何企业的营销活动都与顾客密切相关,要想创造顾客价值并与他们建立有意义的关系,营销人员需要对顾客的需求和想法进行及时、深入的洞察,而这样的顾客洞察源自良好的市场营销信息。企业只有通过各种途径,广泛地收集有关顾客需求和想法的信息,在分析研究的基础上,了解他们需要什么,并依据相关信息进行决策,才能获得更多的顾客。

(2) 市场营销信息是开发新产品的基础。在市场经济条件下,企业间的竞争主要是产品的竞争,因此开发新产品是企业在竞争中获胜的重要途径,而现代企业开发新产品的动机和方案往往需要借助市场营销信息。

(3) 市场营销信息是销售产品的向导。销售在企业营销活动中至关重要,较高的销售数量或销售额是企业营销的重要目标之一。只有向市场销售更多的产品,企业才能获得市场优势和竞争优势。美国管理学家托马斯·彼得斯曾说过:"任何企业的成败都取决于销售。"企业要想成功销售产品,就得进行营销决策,其中一项重要内容就是决定向谁销售产品、有什么特殊要求、销往何处、何时发货等。由于市场营销信息能帮助企业解决顾客的一系列问题,引导企业有效地进行产品销售,因此及时获取市场营销信息尤为重要。

案例 4-1　　　　　　　　卡夫的顾客数据及其利用

卡夫是一家巨型食品公司,大多数北美家庭都认可其品牌,包括乳酪、香肠和坚果等不同品类,在市场上品牌声誉很高。卡夫拥有大量有价值的营销数据,这些数据来源于其多年来与顾客的互动及其名为"镜子"的社交媒体监控中心。该监控中心在社交媒体上追踪顾客信息,从而获得巨量的顾客数据。卡夫还从顾客与《食品与家庭》杂志及其麾下众多品牌组合而成的 100 多个网站和社交媒体网站的互动中获取信息。卡夫拥有 2 万多种不同属性的顾客数据。卡夫首先对这些顾客数据进行高水平的营销分析,挖掘有价值的信息,然后根据这些信息制定大数据驱动的营销战略和策略,涵盖从开发新产品到创造更加聚焦和个性化的社交媒体内容等。例如,卡夫通过对顾客数据进行分析,确定了 500 多个特色目标市场,详细地了解顾客的需要和喜好,他们的饮食特点,如是否偏爱无麸质、低糖、低热量的食品,是否喜欢吃大量零食、家庭套餐,是否属于烹饪新手等。如果卡夫知道你不吃培根,那么你就不会收到卡夫的培根广告。

资料来源:菲利普·科特勒,加里·阿姆斯特朗.市场营销原理与实践(第 17 版)[M].楼尊,译.北京:中国人民大学出版社,2020.

> **要领与启示：**
> 卡夫高度重视对顾客数据的收集与利用，其通过各种渠道和手段与顾客进行个性化的数字互动，细致入微，长时间且广泛地获取顾客数据，从而做到了用恰当的信息以恰当的媒体在恰当的时刻瞄准恰当的顾客。同时，卡夫通过营销分析和数据挖掘发现了数据中深藏的"金矿"，运用大数据驱动的营销战略和策略，将顾客数据的价值发挥到了极致。

2．营销决策对市场营销信息的要求

企业收集信息是为了支持营销决策。营销决策对市场营销信息的要求如下。

（1）准确。市场营销信息的来源要可靠，收集、处理的方法要正确。

（2）及时。市场营销信息的价值在于时效性，获得信息、传递信息和处理信息的速度要快。

（3）恰当。在为决策者提供所需要的信息时，其数量和传送频率要恰到好处。信息量太少、传递间隔过长固然不好，但是信息量太大、无用信息过多，或者信息过于庞杂而理不出头绪，传递过于频繁，致使管理人员疲于应对也不行。

（4）系统。企业在营销活动中受到众多因素的影响和制约，如果仅得到一堆杂乱无章的信息，那么是无济于事的。因此，企业需要对有关信息进行分析，找出它们之间的内在联系，使它们变得有序。

（5）经济。收集、处理信息必然涉及费用支出，费用支出受企业预算的制约，总体来说不应超出所获信息可能给企业带来的收益，否则这一信息收集、处理过程就失去了价值。

请扫码阅读资料"沃尔玛的信息库"（线上资源 4-2）。

线上资源 4-2

4.1.2　市场营销信息系统的构成与信息来源

市场营销信息系统由致力于执行评估信息需求、开发需要的信息、帮助决策者使用信息等任务的一些人和程序构成，旨在形成和验证可操作的顾客洞察和市场洞察。企业应该设计和建立有效的市场营销信息系统，以便在适当的时间以适当的形式为决策者提供适当的信息，帮助他们为顾客创造价值及建立更加稳固的顾客关系。

1．市场营销信息系统的构成

市场营销信息系统主要为企业的营销经理及其他部门的经理提供服务，也可以为外部的合伙人（如供应商或营销服务机构）提供信息。市场营销信息系统的构成如图 4-1 所示，其起点和终点都是信息使用者（营销经理和其他信息使用者等），其作用机制如下。首先，市场营销信息系统和信息使用者进行交互，评估信息需求。例如，沃尔玛的零售链系统授权主要供应商获取大量信息，包括顾客的购买模式、储存水平及在过去的 24 小时内哪些商店出售了哪些商品等信息。理想的市场营销信息系统能够在信息使用者想要得到的信息和他们真正需要并能够得到的信息之间找到平衡点。事实上，有些营销人员寻求的是任何能够得到的信息，而不会认真考虑自己真正需要什么样的信息，甚至根本不知道自己应该寻求什么样的信息，从而忽略了他们本应该得到的一些信息。其次，市场营销信息系统应密切监测市场营销环境，以便在决策者必须做出重大营销决策时为其提供参考信息。企业应完善内部数据库，健全营销情报系统，有效地开展营销调研，丰富信息系统资源，保障信息资源的质量。企业还应在正确的时间以正确的形式将信息提供给信息使用者，帮助他们分析利用信息，以获取顾客洞察和市场洞察，从而进行营销决策和顾客关系管理等。

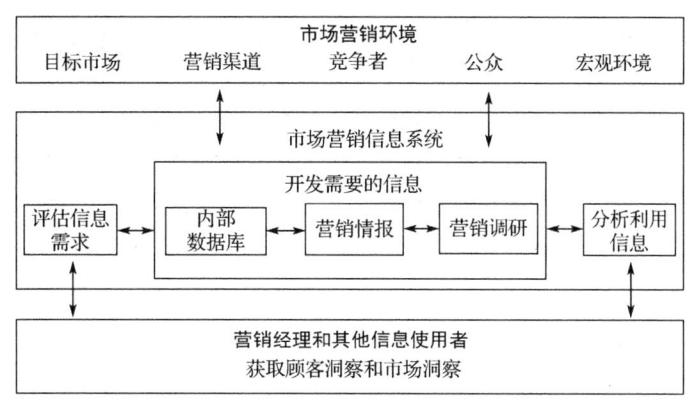

图 4-1 市场营销信息系统的构成

2. 市场营销信息系统的信息来源

营销人员可以从企业内部数据库、营销情报和营销调研中获得信息。

(1) 企业内部数据库。企业内部数据库是指企业内部建立的大规模数据库,即通过企业内部数据收集的关于顾客和市场的电子信息。企业内部数据库的信息来源可以是多个方面的:市场营销部门提供关于顾客特点、交易情况及网站浏览情况的信息;客户服务部门提供顾客满意度及服务过程中发现的问题等;财务部门提供财务报表,包括销售额、成本和现金流等数据;运作部门报告中间商的反馈和竞争者的最新动态等;市场营销渠道伙伴提供销售点交易数据;物流与仓储部门提供存货水平等。企业若能妥善利用这些信息,大概率可以获得理想的顾客洞察和竞争优势。

(2) 营销情报。营销情报是指通过系统地收集和分析所获得的关于消费者、竞争者和市场发展趋势的信息。营销情报可以帮助营销人员更好地理解消费者,评价和追踪竞争者的行为,以及获得关于机会和威胁的早期预警,从而帮助他们制定相关决策。营销情报可以通过实地观察、询问、瞄准竞争者的产品、在互联网上搜索、监测舆情等获得。营销情报可提供消费者对品牌的评价与认知,以及与品牌相关的其他有价值的信息。许多企业派出由训练有素的观察人员组成的团队与消费者打成一片,与他们一起使用和谈论企业的产品。此外,还有一些企业(如百事、万事达、卡夫和戴尔等)建立了监控中心,定期监测与品牌相关的消费者对产品的评价和他们的购买行为。

(3) 营销调研。在获得有关消费者、竞争者、行业和环境的常规情报信息之后,营销人员还需要基于一些特定的顾客信息和市场信息(如顾客对某款产品的消费心理与购买行为、促销的有效性等),进行产品的市场定位调整、促销组合决策,这就需要进行针对性的营销调研。营销调研就是围绕特定的营销问题或决策,对相关数据进行系统设计、收集、分析和报告。在获取营销情报时,营销人员需要主动对营销环境进行扫描和检测,而对营销调研需要进行更加专注的研究,以获取顾客洞察和市场洞察,进而帮助决策人员做出决策。

案例 4-2　　花王公司卓有成效的市场调研

日本花王公司(以下简称"花王")是一家比较关注营销调研的公司,其认为:市场中永远存在机会,消费者的需求在不断变化,企业间的竞争主要看谁能发现需求的新趋势和新特点。

花王有专门的"生活科学研究所",该研究所的主要职责是挖掘和发现新的市场需求。该研究所制订了详细的工作计划:一是每年定期对不同年龄层的消费者发放调查问卷,并将收到的各种答案录入计算机;二是邀请消费者担任"产品顾问",让他们试用花王的新产品,进而收集各种改进意见;三是让市场调研人员经常亲自逛市场,深入一线探听店员和消费者对花王产品的意见。该研究所的目的只有一个,就是得到真正准确的信息,而不是虚假的赞誉。

来自消费者的信息数不胜数,如何分析研究并取其精华,花王有其独特的方法。花王把所有信息分为两类:一类是期望值高的信息,即希望产品达到某种程度,或者希望获得哪种新产品;另一类是具体的改进建议。花王十分重视前者,因为其反映了消费者的期望。

凭借此方法,花王开发出的新型"多角度清扫器"一经面世,就获得了极高的销售量,迅速成为消费市场很"火"的产品。

资料来源:郭国庆,李军,任锡源.营销学原理[M].北京:对外经济贸易大学出版社,2008.

要领与启示:

满足顾客需求是每家企业的追求。企业应时刻关注顾客的需求信息,并据此提供能够满足这种需求的产品和服务。花王公司注重挖掘和发现顾客新的需求,并因此开发出日本市场上畅销的"多角度清扫器"。这告诉我们:企业的每个营销人员都应培养自己对市场进行观察的习惯且保持对市场的敏感性,善于从顾客的行为中发现其潜在的需求和对产品的感觉,时时刻刻想着顾客,这样才能抓住成长和发展的机会。

4.1.3 市场营销信息系统的价值利用

营销信息的价值体现在为使用人员做出正确决策提供依据。市场营销信息系统应当使营销经理及其他决策人员或每天与顾客打交道的人得到这些营销信息。在许多情况下,这意味着要为信息使用人员提供各种信息报告。

1. 及时、友好地将信息提供给信息使用者

通过企业内部数据库、营销情报和营销调研得到的信息应被合理分享和有效利用。通常,这些信息需要被进一步分析才能满足决策人员的要求。通过这些信息,决策人员可以获取关于顾客和市场的洞察,有助于提升营销决策水平。在分析过程中,营销管理人员可能需要运用高级统计分析技术、分析模型等,这样有助于深入地了解一组数据之间的关系。

随着环境与市场变化的加快,营销管理人员常常面临特定场合与现场决策,他们迫切需要及时获得有用的信息。例如,当营销管理人员与一个重要顾客沟通遇到困难时,就需要一份关于这个顾客上一年度销售额和利润率的报告;品牌经理则需要知道对最近广告宣传活动的热议人数。许多企业使用内联网和内部顾客关系管理系统来辅助实现这一目标。这些系统提供了可获得的研究和情报信息、顾客联系信息、报告、共享工作文件及更多的其他信息。有些企业的顾客关系管理系统向一线员工提供实时获取顾客信息的权限。当回头客来电时,系统会立即调出之前的交易数据和其他顾客信息,帮助销售代表更有针对性地做好顾客服务。此外,越来越多的企业允许大客户和价值网络成员通过外联网访问账户或获得其他需要的数据。供应商、客户、分销商和其他特定的价值网络成员可以访问企业的外联网,以便及时更新账户信息、安排采购和核对存货清单,实现顺畅运转。

借助现代网络通信技术,营销管理人员几乎可以在任何时间、任何地点直接进入企业的市场营销信息系统。他们在家庭、酒店,甚至地铁上均可通过笔记本电脑、平板电脑或智能手机进入市场营销信息系统。这样的市场营销信息系统让营销管理人员能够迅速获得需要的信息,并根据自己的需求进行选择。

2. 用大数据手段与分析工具提升信息的价值

信息的价值在于应用。营销人员应尽可能从庞杂的数据"矿"中筛选出"宝石"。正如一位营销经理所言:"这本质上是从大数据中获得大洞察的过程。我们可能需要丢掉99.99%的数据,才能发现行之有效的东西。"一位数据专家曾说过:"恰当的数据远胜大量的数据。"

营销分析涉及分析工具、技术和过程,营销人员通过营销分析从大数据中挖掘出有意义的信息,获得顾客洞察,评价营销成效与业绩。营销人员对通过追踪网络、社交媒体、顾客交易等获得的庞大而复杂的数据,进行营销分析,提炼出有价值的信息,让这些信息服务于营销实践。例如,某采用会员订阅制的流媒体平台建立了一个巨大的客户数据库,运用复杂而巧妙的营销分析获得洞察,然后据此向用户推荐节目,甚至还开发了自己专有的节目,以更好地服务用户。

3. 通过对顾客信息的整合分析增强顾客关系的韧性

市场营销信息系统可以高效地获取顾客接触点上的信息,这些接触点包括顾客与企业的各种联系:顾客购买、与营销团队的接触、服务与支持电话、网站访问、满意度调查、收付款和市场调查研究等。通常这些信息分散在整个企业的不同部门当中,深藏在各部门的数据库或记录中,没有放置于统一管理的数据仓库或数据银行当中。顾客关系管理是用来管理顾客个人信息的有效工具,由复杂的软件和分析工具组成,这些软件和分析工具由甲骨文、微软、赛仕软件等公司提供。顾客关系管理整合了企业的服务小组和营销小组所掌握的有关顾客的一切信息,提供了全方位的顾客关系视角,通过对信息的整合分析,可以用得到的结果指导企业建立更稳固的顾客关系。大多数企业都有被顾客信息"淹没"的经历。鉴于此,许多企业开始管理顾客的详细信息,并认真、谨慎地管理顾客接触点,最大限度地提高他们的忠诚度。

营销信息管理技术人员可以通过数据仓库并使用高端的数据挖掘技术来挖掘顾客信息的价值。数据仓库是存储着极为详细的顾客信息的"仓库",这些信息经过筛选后才能从中获得洞察。建立数据仓库的目的不是收集信息,因为企业已经把顾客的大量信息堆积在一起了。建立数据仓库的目的是对企业已有的信息进行整合。企业可以使用先进的数据挖掘技术对成堆的数据进行筛选,从而发现与顾客相关的有价值的规律。

通过实施顾客关系管理,企业能够更好地了解顾客,可以为其提供更高层次的服务,发展更密切的顾客关系。企业可以通过实施顾客关系管理来定位高价值的顾客,以更有效地对他们交叉销售自身的产品,并提供满足特殊顾客需求的定制产品或服务。

通过简单地安装一些新软件来改善顾客关系是不现实的。营销人员应该根据顾客关系管理的一些基本原则,采用高科技解决方案改善顾客关系,他们应该首先关注"关系",因为这是顾客关系管理的核心,而技术本身是不能建立可获利的顾客关系的。顾客关系管理失败最常见的原因是将顾客关系管理仅视作一种技术和软件解决方案。

4.2 市场营销调研

市场营销调研指的是针对企业特定的营销问题,运用科学的方法,有目的、有计划地设计、收集、整理、分析及解释市场营销各方面的数据和资料,并报告相关的数据和研究结果,提出解决问题的建议,为营销管理人员做出决策提供依据。市场营销调研包含获得决策所需信息的全部活动,这些信息与市场营销环境、市场营销组合、顾客及潜在顾客相关。营销计划及其实施、评价均离不开市场营销调研。市场营销调研是获得营销信息的重要渠道,调研人员的素质和能力对最终的结果影响很大。因为在调研过程中,他们承担着主要责任,包括确定问题、收集和处理数据、解释结果、提供建议,以及以便于管理人员利用的方式提供信息等。调研人员的责任心、专业能力、沟通能力和合作意识等均会影响调研的质量与结果。

4.2.1 市场营销调研的类型

根据调研问题、目的、性质和形式的不同,市场营销调研一般分为探测性调研、描述性调研和因果关系调研三种。

1. 探测性调研

探测性调研用于探询企业所欲研究问题的一般性质。当企业对所要研究的问题或范围不是很清楚,不能确定到底要研究什么问题时,就需要开展探测性调研,进行非正式的初步调研,以发现问题、形成假设。例如,某品牌一次性尿布的市场份额下降了,这是为什么?企业应弄明白是因为经济衰退了,广告支出减少了,销售代理的效率低,还是因为消费者的习惯改变了。企业需要调查消费者、中间商等,收集相关信息,从中发掘问题,找出市场份额下降的主要原因。

2. 描述性调研

描述性调研是通过详细的调研和分析,对市场营销活动的某个方面(如市场潜力和市场占有率、产品的消费群结构、竞争的状况)进行客观描述,对问题进行如实反映和回答,以寻求对策。在描述性调研中,企业可能会发现其中的关联因素,但并不能说明两个关联因素(变量)哪个是因、哪个是果。与探测性调研相比,描述性调研的目的更加明确,研究的问题更加具体。

3. 因果关系调研

因果关系调研的目的是找出关联现象或变量之间的因果关系。描述性调研可以说明某些现象或变量之间的相互关联,但要说明某个变量是否决定着或能够引起其他变量的变化就需要用到因果关系调研,而因果关系可以解释和鉴别某个变量受哪些因素的影响,以及各个因素的变化对变量的影响程度如何。例如,某航空公司曾一次性推出一系列新的服务项目,如电话服务、信函服务、自助餐服务、商务互动沟通服务、娱乐消遣服务,随后销售额大大提高,回头客也多了起来。那么,要想搞清楚到底是哪些服务项目促进了销售额的增长,就需要借助逐项因果关系进行分析与研究。

企业通常以探测性调研为开端,而后会开展描述性调研和因果关系调研。

4.2.2 市场营销调研的过程

市场营销调研是一项十分复杂的工作,要想顺利地完成调研任务,必须有计划、有组织、有步骤地开展,这样才能保证市场营销调研工作的高效率、高质量和可靠性。

市场营销调研的过程如图 4-2 所示,主要包括四个步骤:确定调研问题和调研目标、制订调研计划、实施调研计划、解释和汇报调研结果。

确定调研问题和调研目标 ⇒ 制订调研计划 ⇒ 实施调研计划 ⇒ 解释和汇报调研结果

图 4-2 市场营销调研的过程

1. 确定调研问题和调研目标

市场营销调研实施的第一步是明确为什么要进行调研，以及通过调研要达到什么目标。营销管理人员和调研人员需要弄清楚企业目前的营销状况和问题，并对调研有清晰的理解。通过这一阶段的工作，营销管理人员和调研人员应当就下列问题达成共识：调研问题当前的状况，问题的属性，以及具体的问题或通过调研检验的问题。

在开展市场营销调研的过程中，首要任务是识别存在的机会或面临的问题。如果外部环境发生变化，营销管理人员和调研人员会面临诸如此类问题：我们应该改变营销组合吗？应该如何改变？调研问题注重的是信息，即能够回答营销问题的具体信息。营销管理人员和调研人员需要判定到底需要什么样的信息及如何快速、有效地获得调研信息。

第一步往往是最困难的也是最重要的，因为它指导着整个调研过程。如果一个庞大而复杂的调研项目直到结束时才发现一开始就确立了一个错误的调研问题，则不但耗费了人力、物力，而且浪费了时间。因此，识别出真正的调研问题可以节省调研的时间和费用。

在确定调研问题之后，营销管理人员和调研人员需要进一步确定调研目标。通常，市场营销调研的目标包括三种：①探测性调研的目标可能是初步收集信息，确定问题并提出假设；②描述性调研的目标可能是描述产品的市场潜力及购买顾客的特征和态度等；③因果关系调研的目标可能是验证假设的因果关系。例如，如果企业把某款产品的价格下调10%，是否会促使该产品的销量增加？产品销量增加带来的收入能弥补产品价格下降带来的损失吗？在面对新问题的时候，营销管理人员往往会从探测性调研开始，再开展描述性调研和因果关系调研。需要注意的是，在确定调研问题和调研目标时，营销管理人员要避免把问题界定得过宽或过窄。

请扫码阅读资料"航空公司调研问题与目标的确定"（线上资源4-3）。

调研人员要想进一步提炼问题，可以采用情境分析的方法。为了将问题界定恰当，可以通过图书资料的检索和同企业管理人员沟通来获取有关企业及其经营环境的信息，其实这就是进行背景调查，这种调查就是情境分析。在情境分析过程中，调研人员试图重新提炼问题并提出研究假设。其中，研究假设是探测性的推断，假设若得到支持，则可能解决特定的问题。情境分析通常涉及对有知识的人士进行非正式访谈，他们可以是与顾客关系密切的中间人或对行业有所了解的其他人员。在与顾客关系密切的行业中，调研人员甚至会自己召集顾客进行访谈。如果营销管理人员从事的是不熟悉领域的调研活动，那么情境分析就显得尤为重要。营销管理人员需要确保自己能够理解问题的涵盖范围，包括目标市场的属性、营销组合、竞争状况及其他外部因素。情境分析的优势在于：与大规模调研相比，成本较低，可以提供很多信息，而且只需要很短的时间。在情境分析结束之后，企业往往可以确定哪些研究问题还没有得到解答。为了解答这些问题，企业需要确定到底还需要哪些信息及如何才能获取这些信息。

2. 制订调研计划

企业明确了调研问题和调研目标，就应将其转换为特定的信息需求。企业需要进一步制订调研计划，清楚地说明即将开展的调研项目的任务，并进一步细化为具体的资料来源、调研方法、调研工具、抽样计划和接触方式等，具体如表4-1所示。显然，调研计划应该包括获取什么数据、如何获取、谁来分析、如何分析及调研时间等内容。当然，营销管理人员还需要判定调研所花的时间和成本是否合理。

表 4-1 调研计划的内容

不同方面	具体说明
资料来源	二手资料、一手资料
调研方法	调查法、观察法和实验法
调研工具	调查问卷、心理学工具和扫描仪跟踪调查
抽样计划	总体与样本、抽样单位、抽样氛围、抽样程序
接触方式	电话、邮递、访谈、网上询问

3. 实施调研计划

在制订好调研计划以后，关键的任务是实施调研计划并分析调研的效果，具体内容包括为数据收集做好准备、实际收集数据及对所获数据的质量进行评估。这一阶段的任务往往取决于调研的类型及所需数据的类型，基本要求是尽可能获取有用的信息，同时满足时间、资金及保护隐私等方面的要求。在实施调研计划的过程中，对调研目标、数据收集等都必须进行严密的监控。具体而言，如果使用二手资料，它们必须有助于分析和解决问题，并且可以获得预期的回报；如果收集并使用一手资料，则需要对调查问卷等进行科学的设计、预先测试并检验其信度与效度。同时，调研人员应当获得符合统计要求的样本，面对面访谈应当提前安排，发邮件或打电话给选定的个体以提前做好准备。

4. 解释和汇报调研结果

在完成上述工作之后，调研人员已经收集到大量的原始资料。这时，这些原始资料处于一种分散和凌乱的状态，单凭这些资料，营销决策人员无法对市场形成清晰的认识和准确的判断。因此，必须对这些原始资料进行分析处理，使之清晰化、系统化、合理化，便于解释，这就是数据处理。数据处理是对得到的数据进行归纳整理，使之反映总体特征的过程。数据处理是一个非常弹性的环节，简单与复杂的数据处理在难度、工作量、成本等方面都相差甚远。复杂的数据处理往往既涉及对数据的检验、推断和建模等一系列活动，又涉及数据挖掘技术、人工智能、大型数据库技术、神经网络等技术。对于定量调研数据，经常会用到方差分析、聚类分析、相关分析、差分分析、结构方程模型分析、因子分析及回归分析等方法。

调研人员应该解释调研所得到的信息，得出结论并向营销管理人员报告。调研人员不应该用数字和复杂的统计技巧向营销管理人员解释所得到的信息，而应该将对决策有用的主要发现和洞察明确、精练地展示出来。但是，解释工作不应该只交给调研人员，调研人员是调研设计和统计分析方面的专家，而营销管理人员对自己面临的问题和决策更了解。营销管理人员也可能存在理解偏差，也许更倾向于接受与自己的预期相符的调研结果，而拒绝接受自己不希望看到的调研结果。在多数情况下，如果发现可以用不同的方法进行解释，调研人员与营销管理人员一起讨论将有助于获得最佳解释。因此，在解释调研结果时，营销管理人员和调研人员应当紧密合作。

4.2.3 市场营销调研计划的实施

在市场营销调研计划的执行阶段，要根据调研的目的和具体的调研目标，考虑信息的来源，选择合适的调研对象，采用适当的调研方法和技术，以获得完整、可靠的信息。这些在实践中得到优化的方法和技术，既包含一些基本的操作程序，又涉及一定的应用技巧，各种方法和技术都有优缺点及一定的适用范围。

1. 资料收集

调研人员所收集的资料包括一手资料和二手资料。其中，一手资料是指专为特定的研究项目收集的资料；二手资料是指以前为其他研究项目收集的资料，来源包括年度报告、专利与商标文件、各种论坛、商业出版物、政府机构、电子数据库、新闻、商业或行业协会、促销宣传、商务通信、咨询沟通等。由于收集一手资料的费用较高，调研通常从收集二手资料开始，必要时再采用各种调研方法收集一手资料。当然，调研人员也可以从企业外部购买有关资料。需要明确的是，基本上所有的营销调研都需要二手资料，因为这些资料能够被迅速收集，并且价格低廉。

2. 营销调研方法

营销调研方法一般分为三种，即调查法、观察法和实验法。

（1）调查法。调查法是营销调研中使用最普遍的一种方法。它把研究人员事先拟订的调研项目或问题以某种方式向被调查者提出，要求被调查者给予答复，由此获得被调查者的动机、意向、认知、态度、偏好、购买行为等方面的信息。调查法的主要优点是具有灵活性，可以在不同情况下获得不同的信息。调查法几乎适用于解决任何市场营销问题，一般通过打电话、发送电子邮件等方式进行。但是，调查法也存在一些问题：有时被调查者拒绝回答调研问题，可能因为他们不知道为什么会提这些问题；也可能因为他们不愿意回答陌生人的问题和讨论他们认为私密的话题；还可能因为他们太忙不愿意花时间回答问题；等等。此外，有时被调查者为了显示自己很聪明或见多识广，在不知道答案的时候会胡乱回答；或者为了帮助调研人员完成调研任务，会按照调研人员的意图回答问题。

（2）观察法。观察法指的是通过观察相关的人员和情景来收集原始数据。食品零售商可能通过观察交通模式、街区条件及具有较强竞争力的零售连锁品牌的网点分布，来评估新店的理想选址。调研人员常常观察消费者的行为，以探寻那些不可能通过传统的调查问卷或焦点小组访谈方法获得的细节和消费者洞察。例如，玩具公司通过设置实验室来观察儿童对新玩具的反应。营销人员不仅要观察消费者做什么，还要留意他们说什么。正如前文所说的，营销人员现在常常在社交媒体和网站上"倾听"消费者的交谈，收集那些自然形成的反馈，这样可以获得一些通过正式调研方法根本得不到的信息。

（3）实验法。实验法指的是在一定的控制条件下对所研究现象的一个或多个因素进行操纵，以测定这些因素之间的关系。它是因果关系调研中经常使用的一种行之有效的方法。例如，一家洗涤日用品公司生产了一定量的洗发剂样品，并想衡量这些免费样品对自身产品销售量的影响程度。该公司把小包装的洗发剂样品寄给被选择地区的一些家庭（即实验组），一个月后该公司给这些家庭寄去了面值5元的用于购买该公司大瓶洗发剂的抵金券。相同的抵金券也被寄给了同一地区的同样数量的其他家庭（这些家庭并没有收到小包装的洗发剂样品，即控制组）。这些抵金券被做了记号，以区分这两组家庭使用的数目。假设该公司给这两组家庭寄去的抵金券数量相同，均是150张，在实验组里抵金券的使用量为121张，而在控制组里抵金券的使用量为76张，两组相差45张，这个结果说明样品起到了促销作用。实验法的优点是十分科学，能够获得较真实的资料。但是，大规模的现场实验往往很难控制市场变量，会影响实验结果的内部有效性。而实验室实验正好相反，其内部有效性易于保持但外部有效性难以维持。此外，实验法周期较长，所需费用较高。

案例 4-3　　　　巴菲特——独具慧眼的"股神"

《福布斯》杂志于 2009 年 3 月 6 日发布 2008 年度全球富豪榜,"股神"沃伦·巴菲特由于所持股票大涨,身价猛增至 620 亿美元,问鼎全球首富。

那么,被称为"股神"的巴菲特,到底"神"在哪里呢?

巴菲特曾访问过两家公司,一家是当时牛气冲天、财力雄厚的甲公司,另一家是当时业绩平平、没有名气的乙公司。在甲公司的总裁办公室中,巴菲特看到办公桌上摆放着一叠极为高档的信笺。座谈时,甲公司的总裁在信笺上还没写几个字就随意把它扔进了废纸篓里。巴菲特看到的不是甲公司雄厚的财力,而是惊人的耗费。在乙公司的总裁办公室中,巴菲特看到的却是另一番景象,办公桌上摆放着一叠拆开的信封。乙公司的总裁说,这是他的一个习惯,收到信后,信封不丢掉,拆开后用反面作信笺。他不仅自己这样做,还要求公司全体员工都这样做。巴菲特看到的不是简陋的信笺,而是乙公司发展的后劲。

于是,巴菲特做出了一个惊人的决定:把当时牛气冲天、被众多投资者看好的甲公司的股票全部抛掉,转而购买当时股票业绩平平、几乎不为人所知的乙公司的股票。

不出巴菲特所料,几年后,甲公司陷入破产清算的境地,而乙公司的股票一路攀升,成为华尔街最坚挺、最受投资者欢迎的绩优股。

资料来源:马连福,张慧敏. 现代市场调查与预测[M]. 北京:首都经济贸易大学出版社,2009.

要领与启示:

"股神"巴菲特在访问两家公司之后,做出了出人意料的决定。从案例中,我们可以清晰地看到,巴菲特这样做并非头脑一热、心血来潮,而是基于其访问得到的信息:甲公司铺张浪费、乙公司十分节俭。两家公司总裁对信笺的使用看似是小事,但巴菲特由此推断出两家公司在经营管理上的迥异风格,以及它们未来的发展趋势。由此看来,"股神"之所以"神",是因为他没有人云亦云,而是根据访问获得的真实信息做出自己的判断。

3. 获得信息的方法

市场营销信息可以通过邮寄问卷、电话访问、人员访谈和网上营销调研获得。这几种获得信息的方法各有利弊。

(1) 邮寄问卷、电话访问。邮寄问卷可以用较低的人均成本收集大量的信息。与电话访问、人员访谈相比,被调查者回答邮寄问卷中的问题时会更加诚实,而且不受调研人员的影响。但是,邮寄问卷不够灵活,被调查者需要回答按固定顺序排列的相同问卷。同时,邮寄问卷通常需要较长的时间来完成,回收率低(完整地填写并寄回问卷的人数少)。此外,调研人员对邮寄问卷样本缺乏控制,即使有一份精心准备的邮寄名单,也不能保证谁会填写问卷。由于这一缺点,越来越多的调研人员倾向于选择更快速、更灵活、成本更低的网上营销调研。

电话访问是迅速收集信息的有效方法,它比邮寄问卷更灵活。调研人员可以向被调查者解释比较难懂的问题,也可以根据得到的答案跳过某些问题而询问其他问题。与邮寄问卷相比,电话访问的回复率更高,还可以更好地控制样本。调研人员可以方便地与具有某些特点的人交谈。但是,电话访问的成本比邮寄问卷的成本高,而且人们可能不愿意谈及比较私密的问题。同时,被调查者可能受调研人员的影响,如谈话方式、提问方式等都会影响被调查者的回答。不同调研人员的解释和记录也可能不同。在时间压力下,一些调研人员可能自己编造答案。此外,随着人们对促销骚扰的日益警觉和排斥,潜在的被调查者越来越多地直接挂断调研人员的电话。

（2）人员访谈。人员访谈有两种形式：个人访谈和焦点小组访谈。个人访谈可以在家里、办公室、街上、购物中心进行，这种访谈非常灵活。经过培训的访谈者可以引导访谈，解释复杂的问题，根据实际情况调整问题。他们可以展示真实的产品、广告或包装，观察对方的反应和行为。但个人访谈的成本较高，大约是电话访问的3～4倍。

焦点小组访谈指邀请潜在的消费者构成小规模群组，由训练有素的主持人引导，讨论一种产品或服务。参与者通常会得到一笔报酬。主持人鼓励自由、轻松地讨论，希望小组成员表达真实的情感和想法。同时，主持人引导讨论，"聚焦"某个主题，防止偏题，故而称为"焦点小组访谈"。

在传统的焦点小组访谈中，调研人员和营销人员关注焦点小组的讨论，并将参与者的意见记录或拍摄下来，以备日后研究。现在，调研人员可以在焦点小组访谈现场通过互联网与营销人员远程联系，使远离访谈现场的营销人员可以看到讨论的情况，及时获得所需要的信息。

焦点小组访谈是有效地了解消费者想法的调研方法。在焦点小组访谈中，调研人员不但可以倾听消费者的想法，而且可以观察他们的面部表情、肢体动作、互动及谈话方式。但这种访谈也存在一些不足：为了节省时间和成本，调研人员通常采用较小的样本规模，这样很难得到可推广的一般性结论。此外，参与焦点小组访谈的消费者在其他人面前并非总是真实地表达自己的想法。为了解决这些问题，一些调研人员开始修改焦点小组的设计。他们改变焦点小组访谈的环境，以帮助消费者放松心情，使消费者做出更加真实和自然的反应。例如，一些企业偏好"浸入小组"——一小群消费者在没有主持人的情况下直接、非正式地交谈。

（3）网上营销调研。互联网给市场营销调研活动提供了巨大的空间与便利。调研人员越来越倾向于通过网上营销调研来收集原始数据，包括互联网调查、网上小组讨论、实验，以及网上焦点小组访谈、品牌社区监测等多种形式。企业可以将互联网作为调查媒介，在自己的网站上发布问卷，或者以电子邮件的形式邀请人们回答问题，创建网上小组，让人们定期反馈或进行现场讨论、网上焦点小组访谈。调研人员还可以在网上进行实验。他们可以通过在不同的网页或同一网页的不同时间设定不同的价格、标题或产品属性，来比较不同的营销效果。他们可以利用网络创造虚拟的购物环境，测试新产品和市场营销方案。调研人员还可以通过跟踪浏览记录了解消费者的网上行为，包括他们如何访问网站及如何转到其他网站。

互联网尤其适用于定量调研。在进行市场营销调研并收集数据时，网络成为触达各种消费者群体的有效渠道。随着传统调查方式的应答率下降和成本提高，网上营销调研迅速取代邮寄问卷、电话访问，成为主要的数据收集方法。

网上营销调研具有邮寄问卷、电话访问和人员访谈等传统的调研方法不可比拟的优势，最明显的就是高速度和低成本。借助互联网，调研人员可以通过电子邮件等迅速、便捷地将网上调查问卷同时发送给众多被调查者，并且很快就可以得到回应，因为被调查者也是借助互联网传回信息的，而且调研人员在收到信息时，可以保存、评价和分享调研数据。

网上营销调研的费用通常远远低于邮寄问卷、电话访问、人员访谈等传统的调研方法的费用。网上营销调研的样本规模对成本的影响很小。只要准备好调查问卷，在网上调查10人和1万人或调查本地人和相距甚远的外地人之间的成本并没有太大的差别。

低成本使网上营销调研几乎能够被任何企业方便地使用，无论其规模是大还是小。实际上，由于互联网的发展，一度由调研专家主导的调研如今几乎任何调研人员都可以进行。即使是缺乏调研经验的小型企业，也可以借助网上调研机构，便捷地创造、发布和分发自己的调查问卷。

网上营销调研与传统的调研方法相比，具有更强的互动性和参与性，不易受调研人员的影响。因此，网上营销调研通常具有更高的回应率。调研人员要想调查一般很难接触到的顾客，可以借助互联网。上班族可以在自己方便的时间和合适的地点给予回应。许多调研人员原先大量使用互联网进行定量调研和数据收集，现在也采用定性的网络调研方法，如网上焦点小组访谈、网上追踪与行为锁定，通过互联网可以快速、低成本地获得顾客洞察。

① 网上焦点小组访谈。这是一种十分重要的基于网络的定性调研方法。调研人员可借助网络视频会议的形式随时随地进行焦点小组访谈，参与人员能够看到、听到，并且焦点小组可以使用任何语言现场互动，进行实时的、面对面的讨论，实现同步翻译。网络能够有效地将来自全球不同地域的人们低成本地联系在一起。调研人员可以在任何地方组建和监督网上焦点小组，以节省时间、精力和成本。此外，网上焦点小组访谈很快就可以得出结果。当然，网上定性与定量调研也存在一些弊端，主要问题在于难以控制网上样本。因为看不到被调查者，所以很难了解他们的真实身份。要想解决样本和网络情境问题，调研人员可以选择性地加入社群和样本群，或者建立自己的顾客社交网络，吸引顾客参与交流，从而获得顾客洞察。

② 网上追踪与行为锁定。近年来，营销调研人员不仅通过互联网来进行结构性的网上调查，建立焦点小组和网上社群，还通过互联网进行信息筛查，主动倾听顾客声音和观察市场反应，那些来自顾客自发的、未经组织的、自下而上的大量信息中蕴含着有价值的观点和看法。

网上追踪顾客动态既可能是监控顾客在企业品牌网站的评论，也可能是运用复杂的网络分析工具深入分析从新浪博客、微博、微信、QQ空间、百度贴吧、哔哩哔哩等上收集的海量顾客信息，以此实现网上倾听和观察，获得有价值的顾客洞察，了解顾客对品牌的看法。许多企业特别擅长网上追踪顾客动态并快速做出恰当的反应。因此，越来越多的企业设立社交媒体监控中心，以监测数字环境和分析与品牌相关的评论或议论，从而获得有价值的营销洞察。

顾客在互联网上关注的信息，如他们搜索什么、访问什么网站、如何购物，以及购买什么，对营销人员而言，简直就是一座诱人的"金矿"。营销人员应该致力于挖掘这座"金矿"，然后开展被称为行为锁定的实践，即营销人员利用网上数据瞄准特定的顾客，向他们递送广告和产品。例如，如果你在某个网站的购物车里加入了一部手机，后来没有付款购买，下次当你访问体育网站追看最新的比赛得分时，就很可能"恰好"看到该型号手机的广告。

网络分析和目标市场选择的最新发展将网络倾听向前推进了一步，从行为锁定发展到社交锁定。如果说行为锁定是追踪顾客在不同网站上的行为，那么社交锁定则是从社交网站上挖掘顾客的社交行为。研究表明，顾客的购物习惯与其朋友的购物习惯相似，对品牌广告的反应更是如此。因此，可能不仅是因为你最近搜索了某品牌运动鞋的信息，屏幕上就跳出一则该品牌运动鞋的广告（行为锁定），也可能是因为你关联的好友上周刚从某网站上购买了这个品牌的运动鞋，这就是社交锁定。

网络倾听、行为锁定、社交锁定等对营销人员通过网上大量的信息进行顾客洞察大有助益。然而，当营销人员越来越擅长使用社交网络及基于互联网的应用软件时，人们开始担心顾客的隐私问题。有些人认为，对顾客进行网上跟踪并有针对性地发布广告信息是非常可怕的。但网络营销支持者认为，行为锁定和社交锁定对顾客而言利大于弊，因为这样做能够为顾客提供他们感兴趣的广告和产品。

4．问卷设计

调查问卷是市场营销调研的重要工具之一。在大多数调研过程中，调研人员需要依据调研目的精心设计问卷。一般来说，问卷设计分为以下几个步骤。

（1）确定需要的信息。在问卷设计之初，调研人员首先要考虑的是达到研究目的、检验研究假设所需要的信息，然后在问卷中提出一些必要的问题，以获取这些信息。

（2）确定问题的内容。在确定了需要的信息之后，调研人员就要确定在问卷中要提出哪些问题或包含哪些调研项目。在保证能够获取所需信息的前提下，调研人员要尽量减少问题的数量，降低回答问题的难度。

（3）确定问题的类型。问题的类型一般分为以下三类。①自由问题。通过这类问题，调研人员可以获得较多、较真实的信息，但是被调查者因受不同因素的影响，各抒己见，使资料难以整理。②多项选择题。这类问题回答起来简单，资料和结果便于整理，需要注意的是，这些选择题既要包含所有可能的答案，又要避免过多和重复的答案。③二分问题。二分问题回答起来简单也易于整理，但有时可能不能完全表达出被调查者的意见。

（4）确定问题的词句或字眼。问题的词句或字眼对被调查者的影响很大，有些表面上看起来差异不大的问题，由于词句或字眼不同，被调查者会做出不同的反应。因此，对问题的词句或字眼应该斟酌使用，以免得到不正确的回答。

（5）确定问题的顺序。问题的顺序会对被调查者产生影响，因此在设计问卷时，调研人员应对问题的顺序加以考虑。原则上，前面的问题应该容易回答且具有趣味性，以激发被调查者的兴趣，针对被调查者个人的问题应在最后提出。

（6）问卷的试答。一般在正式调研之前，调研人员应对设计好的问卷在小范围内进行测试，目的是发现问卷的缺点，提高问卷的质量。

请扫码阅读资料"问卷设计问题时的'应该'和'不应该'"（线上资源 4-4）。

线上资源 4-4

5．抽样方法

大多数市场调研是抽样调研，即从调研对象总体中选取具有代表性的部分个体或样本进行调研，并根据部分个体或样本的调研结果推断总体。按照是否遵循随机原则，抽样方法分为随机抽样和非随机抽样。

（1）随机抽样。随机抽样就是遵循随机原则进行抽样，即调研总体中每个个体被抽到的可能性都是一样的，是一种客观的抽样方法。随机抽样主要包括简单随机抽样、等距抽样、分层抽样和分群抽样。

（2）非随机抽样。常用的非随机抽样方法主要包括以下几种。①任意抽样。任意抽样又称便利抽样，是纯粹以便利为基础的一种抽样方法。街头访问是对这种抽样最普遍的应用。这种抽样方法偏差很大，结果不太可靠，一般用于非正式调研。②判断抽样。判断抽样是指设计者根据自己的判断选取样本的一种方法，它要求设计者对母体有关特征有相当程度的了解。在利用判断抽样选取样本时，应避免抽取"极端"类型，而应选择"普通型"或"平均型"的个体作为样本，以提升样本的代表性。③配额抽样。配额抽样与分层抽样类似，要先把总体按特征分类，根据每类的大小规定样本的配额，再由调研人员在每类中进行非随机的抽样。这种方法比较简单，可以保证各类样本的比例，比任意抽样和判断抽样所抽取的样本的代表性强，因此在实际中应用较多。

在市场营销调研过程中，应注意避免下列常见错误。

（1）收集的资料过多。过分强调原始资料，会使整个调研耗时长、费用高，过多时间花费在阅读冗长的报告上，却难以从数据中得出有意义的结论。

（2）访问人员缺乏训练。调研人员耗费许多时间设计出了可行的计划和问卷，却由于访问人员对调研目标和问卷的理解不当而误事。此外，调研人员素质参差不齐，导致某些调研结果不甚理想，也会加深相关主管人员对调研工作的误解，认为市场营销调研不过是设计问卷、选择样本、进行访问、报告结果，这样就不能为决策部门提出有意义的建议。

（3）不善于利用外部力量。专业调研公司一般比企业附设的调研部门有更充足且训练有素的专业调研人员，能根据客户的要求在较短的时间内完成调研项目，更能减少企业内部人员主观因素对调研结果的干扰，但很多企业不善于利用外部力量。

案例 4-4　最佳应聘者的调研：巧妙的方法，准确的结论

某大型连锁超市因需设立新店，决定招聘销售部主任和营销员。通过几轮选拔，符合要求的求职者有60多人，最终将有10人被录用，其中成绩最佳者将直接被任命为销售部主任。

到了最后一轮考试，该超市对求职者的考题只有一道：在三天时间内调查清楚小区居民的购买力情况，用时短、信息准确者受聘。每个求职者都会拿到几张白纸和一个档案袋，档案袋上除写明求职者的自身情况之外，还有一栏特别注明交卷时间，因为交卷越早，获得的分数越高。

上午10:00，所有求职者准时出发。下午2:00，有一位叫刘军的年轻人第一个交了答卷，答卷马上被密封起来。第二天下午，陆续有人上交答卷。到了第三天的规定时间，共收回有效答卷53份。所有求职者在招聘会上当场拆封档案袋，公开宣读自己的调查结果，供评委会审议。

求职者们的调研方法与结论可谓五花八门。有的人采取了抽样调研法，即从小区22栋楼中选取数字为单数的11栋楼，再从每栋楼中选取一个单元，从每个单元中选取两个房号，查明每户家庭的人口、收入、消费支出情况，进而得出总体结论；有的人采取了电话调查法，即把电话打到每个家庭，征得主人同意后，然后逐项询问，这种方法不用出门，不过电话费可没少花；有的人采取了直接询问法，即站在小区门口，采访进出小区的人，请他们回答相关的问题。

最后，最早交卷的刘军被任命为销售部主任。因为他通过调研得出的结论与其他人得出的结论基本一致，但是所用的时间比其他人少很多。

他在发言中阐述了自己的秘诀：我没有接触小区的任何一个人，我只是查看了小区里的所有垃圾箱，根据垃圾的数量、包装、品牌等，估算出了这个小区居民的总体消费水平。

资料来源：陶柏军. 方法的重要性[J]. 中国保险, 2007（11）：1.

> **要领与启示：**
> 　　市场调研的方法很多。当时间紧、任务重时，高效、快速地进行调研十分重要。在此案例中，刘军采取了别具一格且十分有效的调研方法，节省了调研成本和调研时间，最终脱颖而出，获得了销售部主任的职位。此案例给我们的一个重要启示：市场调研不一定直接接触被调查者，可以利用相关关系，通过观察被调查者的相关者或相关事物，获得所需信息，从而获得想要的答案。

4.3　市场营销预测

随着经济的发展和社会的进步，人们的需求变得越来越个性化，对企业来说，满足顾客的个性化需求是创造价值和提升价值的关键。在瞬息万变的时代，市场营销预测的重要性和必要性更加凸显。企业可以在市场营销调研所获信息的基础上，通过一定的程序和方法，开展对未来市场状况的预测及对潜在顾客的精准营销，以更好地满足顾客的需求，提高顾客的满意度和幸福感，做到以变应变、主动应变，最终在市场上赢得主动权。

4.3.1 市场营销预测的框架与过程

预测是根据过去的经验和先前的观察对将要发生的事件所做出的基本描述，正如我们在日常生活中需要适当预测每天或每件事情的变化。类似地，市场营销预测就是着重估计现实的市场潜力和企业可能的市场份额占有状况。它是指在市场营销调研的基础上，运用科学的方法对相关影响因素进行分析研究，对未来的发展趋势做出推断，对可能的状况进行估计，并据此制定市场营销活动计划和相关决策。由此可见，市场营销预测实际上是一种涉及范围比较广泛、影响程度比较深的活动。例如，营销管理人员需要关注竞争对手会做出什么样的反应，销售量会有什么样的变化，市场需求会有什么样的改变，资源是否会被浪费，目标是否会实现等。

1. 市场营销预测的框架

营销管理人员需要对未来市场的变化做出精确的预测。图 4-3 所示为市场营销预测框架。环境是指企业所处的外部环境，包括政治法律环境、经济环境、人口环境、社会文化环境、技术环境、自然生态环境等。企业行动主要是指市场营销组合。竞争者行动是指竞争对手为了应对环境的变化、其他企业的竞争行动或提高自己的绩效水平，可能采取的行动。

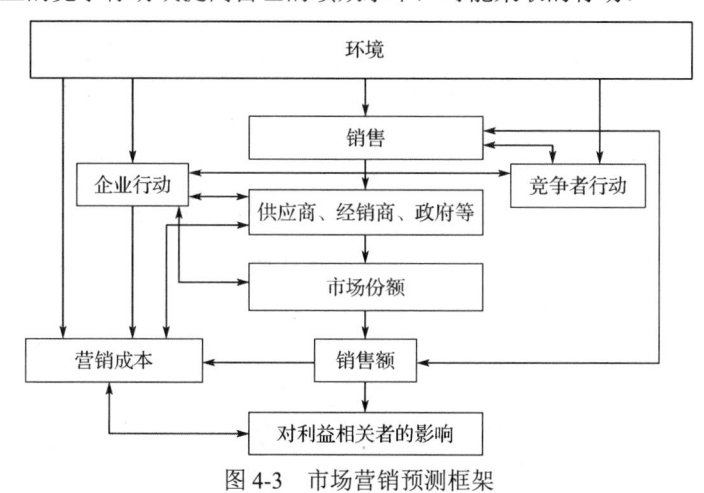

图 4-3 市场营销预测框架

供应商作为企业的合作伙伴，为企业提供原材料、配件等，经销商为企业分销产品，政府可能是企业的重要客户，因此供应商、经销商、政府等在企业采购与销售过程中与其直接打交道，这些主体的行动往往会对企业的市场营销绩效产生重要影响，包括市场份额、销售额、营销成本等，关注和预测这些主体的行动及对企业的影响很有必要。产品、价格、渠道和促销这些营销变量对市场份额产生的影响是直接的、重要的。销售额是企业最关心的问题之一，其在某种程度上体现了市场的反应。此外，营销成本也会影响营销计划。例如，如果企业的某项战略成本太高，该项战略可能不具备实施性，实施该战略可能意味着根本无利可图。对利益相关者的影响是指若把上述全部预测作为一种结果，必然会对每位相关者产生影响，包括顾客、雇员、股东、社区、供应商、民间社团、政府等。

2. 市场营销预测的过程

市场营销预测的涉及面较广，为了提高预测工作的效率和质量，企业应当按照一定的工作程序来进行。市场营销预测工作一般包括确定预测目标、收集和整理资料、选择预测方法、制定营销方案、预测分析与评价、编写预测报告六个步骤，如图 4-4 所示。这六个步骤是一个不断循环和逐渐完善的过程。

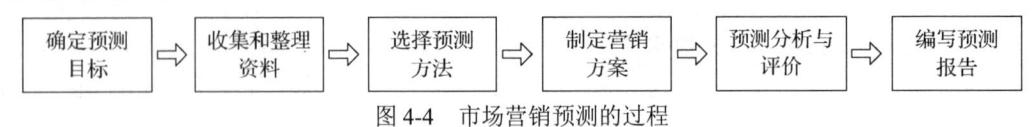

确定预测目标 ⇒ 收集和整理资料 ⇒ 选择预测方法 ⇒ 制定营销方案 ⇒ 预测分析与评价 ⇒ 编写预测报告

图 4-4 市场营销预测的过程

（1）确定预测目标。在进行市场营销预测时，首先，要确定预测对象，这里所说的对象一定要具体、准确和清晰；其次，要确定是短期预测还是长期预测，是需求预测还是销售预测，是总量目标预测还是分量目标预测，是资源投入目标预测还是产出效益目标预测，是成本预测还是盈利预测等。只有确定了预测目标，才能制订预测计划、收集和整理资料、成立预测小组、选择预测方法等。此外，还需要进一步明确市场营销预测的相关要求，如时间预期、成本效益预期等。

（2）收集和整理资料。企业需要通过调查获得充分的数据资料，采用定性和定量的方法对市场变动的规律与预测对象的发展趋势进行具体分析，并为预测模型提供必要的数据。一般来说，市场营销预测的资料包括历史资料和现实资料两大类，在收集资料时一定要以预测目标和具体要求为准，力求使资料具有规范性、实用性和准确性。

（3）选择预测方法。选择适当的预测方法和模型是取得准确预测成果的关键一步。在选择预测方法和模型时，企业应该综合考虑预测目标的具体要求、所收集到的资料情况、预测人员的专业技术水平等因素，因为每种预测方法和模型都有其适用条件及范围。在预测过程中，通常需要几种方法交叉使用，互相补充。

（4）制定营销方案。市场营销预测的作用之一是为制定相应的营销方案提供依据。从决策理论的角度来看，在决策过程中如果只有一个方案可供选择，通常是不科学的。因此，预测工作的最后阶段需要制定多种营销方案，并剖析各种方案的制定依据和利弊，以供管理层进行比较和做出最后的选择。

（5）预测分析与评价。预测分析与评价是通过判断、推理和归纳等手段，使感性认识上升为理性认识，从事物的表象深入事物的本质，从而预测市场未来的发展变化趋势。在分析评判的基础上，企业通常还要根据最新信息对原来的预测结果进行评估和修正，以使营销预测更具科学性和实用性，从而确保企业经营目标的顺利实现。企业结合实际运行中的具体状况，对前面的预测进行分析与评价，对未考虑的因素或新出现的情况进行分析和整理，往往可以进一步修正、补充和更新预测的相关资料，确保预测结果更加准确、可靠。

（6）编写预测报告。预测报告的内容应该涉及预测的主要活动过程，如预测目标和有关因素的分析结论、主要资料、预测方法的选择和模型的建立，以及对预测结论的评估、分析和修正等。完整的预测报告还应该包括题目和摘要等。

需要注意的是，在实践中，上述步骤不是截然分开的，而是相互联系的统一体。另外，一次预测并不代表预测工作的终结，预测是一个循环过程，需要根据企业的发展状况，不断纳入一些新因素，以便及时发现问题和解决问题，最终完成一份相对完善的预测报告。

4.3.2 定性预测的方法

预测既是一门艺术，也是一门科学。现代营销预测方法种类繁多，根据斯坦福国际咨询研究所的统计，有一二百种预测方法可供选择。各种预测方法的出现使市场营销预测的可靠性不断提高，丰富了市场营销预测这门科学。实践表明，要想取得符合客观实际的预测结果，需要综合使用各种有效的方法,而不能寄希望于只使用一种方法就简单地得出可靠的结论。常用的市场营销预测方法大体上可以分为两类:一类是定性预测,即建立在判断基础上的预测方法;另一类是定量预测,即建立在统计数据基础上的预测方法。

所谓定性预测,是指预测人员依靠熟悉业务知识、具有丰富经验和综合分析能力的人员,根据已经掌握的历史资料和直观材料,运用个人的知识、经验和分析判断能力,对事物的未来发展做出性质和程度上的判断,然后通过一定的形式综合各方面的意见,将其作为预测未来的主要依据。

1. 购买者意向调查法

购买者意向调查法是指营销管理人员通过直接询问购买者的意向来判断销售量的调查方法。如果购买者的意向是明晰的,这种意向会转化为购买行为,并且愿意向调研人员透露,这时这种方法特别有效,但在消费者数量很多的情况下,难以逐一调查,因此这种方法在产业用品和耐用消费品调查中用得较多。同时,由于购买者的意向会随着时间改变,因此适宜短期调查。

2. 销售人员意见法

销售人员意见法是综合利用销售人员对未来销售的判断加以预测。由于销售人员经常接近购买者,对购买者和竞争者有较全面、深刻的了解,因此比其他人有更丰富的经验和更敏锐的洞察力。

由于以下原因,销售人员所做的需求预测值往往要进行修正:①受其最近销售成败的影响,他们的判断可能过于乐观或过于悲观;②销售人员可能对经济发展形势或企业市场营销总体规划不了解;③为使其下一年度的销售额有较大的突破,以获得升迁或奖励的机会,销售人员可能故意压低其预测数字;④销售人员可能对这种预测没有足够的知识、能力或兴趣。

请扫码阅读资料"企业下一年度的产品销售预测举例"(线上资源 4-5)。

3. 专家会议法

专家会议法是指根据规定的原则选定一定数量的专家,以一定的方式组织专家会议,发挥专家集体的智能结构效应,对预测对象未来的发展趋势及状况做出判断的方法。

这种方法有助于专家交换意见,通过互相启发,弥补个人意见的不足;通过内外信息的交流与反馈,产生"思维共振",进而将产生的创造性思维活动集中于预测对象,在较短时间内得到富有成效的创造性成果,为决策提供预测依据。但是,专家会议法也有不足之处:有时心理因素影响较大;易屈服于权威或大多数人的意见;易受劝说性意见的影响;不愿意轻易改变自己已经发表过的意见等。

专家会议的人选应按照以下三个原则选取:①如果与会者相互认识,要从同一职位(职称或级别)的人员中选取,领导人员不应参加,否则可能对与会者造成某种压力;②如果与会者相互不认识,可从不同职位的人员中选取,并且无论成员的职位高低,都应同等对待;③与会者的专业应该力求与所论及的预测问题相一致。

4. 德尔菲法

德尔菲法又称专家意见法,是一种基于专家意见的预测和决策方法。这种方法采用匿名的方式,这些专家相互不见面,各自反复填写问卷,不发生横向联系,仅与调研人员产生联系。调研人员集结问卷填写人的共识及收集各方意见,在轮番征询专家意见之后,汇总预测结果,反馈给专家修改,直到取得一致的结果。德尔菲源于古希腊有关太阳神阿波罗的神话,传说阿波罗具有预见未来的能力。1946 年,美国的兰德公司首次用这种方法进行预测,后来这种方法被广泛采用。

德尔菲法的具体实施步骤如下。

（1）成立专家小组。按照课题所需要的知识范围，确定专家。专家人数的多少，可根据预测课题的大小和涉及面的宽窄而定，一般不超过 20 人。

（2）调研人员向所有专家提出所要预测的问题及有关要求，附上这个问题的背景材料，同时请专家提出还需要什么材料，然后由专家做书面答复。

（3）各位专家根据所收到的材料，提出自己的预测意见，并说明自己是怎样利用这些材料提出预测意见的。

（4）调研人员将各位专家第一次给出的判断意见进行汇总，列成图表，进行对比，再分发给各位专家，让专家比较自己同他人的不同意见，并修改自己的意见。调研人员可以把各位专家的意见加以整理，或者请其他更高水平的专家加以评论，然后把这些意见分发给各位专家，以便他们参考后修改自己的意见。

（5）调研人员将所有专家的修改意见收集起来，进行汇总，再次分发给各位专家，以便做第二次修改。逐轮收集意见，向专家反馈信息，是德尔菲法的主要环节。收集意见和信息反馈一般要进行三轮或四轮。在向专家进行反馈的时候，调研人员只给出各种意见，但并不指出发表各种意见的专家的具体姓名。这一过程重复进行，直到所有专家不再改变自己的意见。

（6）调研人员对专家的意见进行综合处理。

德尔菲法同专家会议法既有联系又有区别，德尔菲法不仅能发挥专家会议法的优点，还能避免专家会议法的缺点。但德尔菲法过程比较复杂，花费时间较长。

请扫码阅读资料"让专家告诉你：电子商务市场有多大"（线上资源 4-6）。

4.3.3 定量预测的方法

定量预测又称统计预测，是指运用一定的统计分析和数学方法对已掌握的比较完备的历史统计数据进行加工整理，借以揭示有关变量之间的规律性联系，用于预测或推测未来发展变化情况的方法。

定量预测的方法基本上可分为两种：一种是时间序列预测法，它以一个指标本身的历史数据的变化趋势，去寻找市场的演变规律，以此作为预测未来的依据，即把未来作为历史的延伸；另一种是因果分析预测法，包括一元回归分析预测法、多元回归分析预测法和投入产出法。其中，一元回归分析预测法和多元回归分析预测法被统称为回归分析预测法，这是因果分析法中很重要的一种方法，它从一个指标与其他指标的历史和现实变化的相互关系中，探索它们之间的规律性联系，以此作为预测未来的依据。

1. 时间序列预测法

时间序列预测法以企业过去的资料为基础，运用统计分析和数学方法预测企业未来的需求。

（1）时间序列预测法的依据。过去的统计数据之间存在着一定的关系，而且这种关系运用统计分析和数学方法可以揭示出来，同时过去的销售状况对未来的销售趋势有决定性影响，销售额只是时间的函数。

（2）时间序列预测法的主要特点。以时间推移研究和预测市场需求趋势，不受其他外界因素的影响。不过，当外界发生较大变化时，根据过去已发生的数据进行预测往往会产生比较大的偏差。

（3）产品销售时间序列的组成。①趋势。它是人口、资本积累、技术发展等方面共同作用的结果。利用过去有关的销售资料描绘出销售曲线就可以看出某种趋势。②周期。企业销售额往往呈现出某种波状运动，因为企业销售额一般受宏观经济活动的影响，而宏观经济活动总呈现出某种周期性波动的特点。周期因素在中期预测中尤其重要。③季节。它是一年内销售量变动的形式。"季节"在这里可以指任何按小时、月份或季度周期发生的销售量变动形式。这个组成部分一般同气候条件、节假日、贸易习惯等有关。季节形式为预测短期销售奠定了基础。④不确定因素。不确定因素包括自然灾害、战争、一时的社会流行风尚和其他干扰因素。这些因素一般无法预测，属于不正常因素，应当从过去的数据中剔除这些因素的影响，考察较为正常的销售活动。

（4）时间序列预测法的主要模型。时间序列预测就是要把过去的销售序列 Y 分解为趋势（T）、周期（C）、季节（S）和不确定因素（E）等部分，通过对未来这几个因素综合考虑，进行销售预测。

这些因素可构成线性模型：

$$Y=T+C+S+E$$

也可构成乘数模型：

$$Y=T\times C\times S\times E$$

还可以构成混合模型：

$$Y=T\times(C+S+E)$$

上述具体的预测模型，可参阅相关资料，这里不再赘述。

2．回归分析预测法

下面主要介绍因果分析预测法中的回归分析预测法。

回归分析预测法是在分析市场现象自变量和因变量之间相关关系的基础上，建立变量之间的回归方程，并将回归方程作为预测模型，根据自变量在预测期的数量变化来预测因变量。回归分析预测法是一种重要的预测方法，当我们在对市场未来的发展状况和水平进行预测时，如果能够将影响预测对象的主要因素找到，并且能够取得其数据资料，就可以采用回归分析预测法进行预测。它是一种具体的、行之有效的、实用价值较高的常用预测方法。

（1）回归分析预测法的分类。回归分析预测法有多种类型。依据相关关系中自变量的个数不同，可将其分为一元回归分析预测法和多元回归分析预测法。在一元回归分析预测法中，自变量只有一个；而在多元回归分析预测法中，自变量有两个或两个以上。依据自变量和因变量之间的相关关系不同，可分为线性回归预测法和非线性回归预测法。

（2）回归分析预测法的步骤。一般来说，回归分析预测法包含以下五个步骤。

第一步，根据预测目标，确定自变量和因变量。明确了预测的具体目标，也就确定了因变量。例如，预测的具体目标是下一年度的销售量，那么销售量就是因变量。通过调研和查阅资料，寻找与预测目标的相关影响因素，即自变量，并从中选出主要的影响因素。

第二步，建立回归预测模型。依据自变量和因变量的历史统计资料进行计算，在此基础上建立回归分析方程，即回归分析预测模型。

第三步，进行相关分析。相关分析是对具有因果关系的影响因素（自变量）和预测对象（因变量）所进行的数理统计分析处理。只有当自变量和因变量确实存在某种关系时，建立的回归方程才有意义。因此，作为自变量的因素与作为因变量的预测对象是否有关、相关程度如何，以及判断这种相关程度的把握性有多大，就成为进行回归分析必须解决的问题。进行相关分析，一般要找出相关关系，以相关系数的大小来判断自变量和因变量的相关程度。

第四步，检验预测模型与计算预测误差。回归分析预测模型是否可用于实际预测，取决于对回归分析预测模型的检验和对预测误差的计算。回归分析方程只有通过各种检验，且预测误差较小，才能将其作为预测模型进行预测。

第五步，计算并确定预测值。利用回归分析预测模型计算预测值，并对预测值进行综合分析，确定最后的预测值。

如果变量之间不存在相关关系，对这些变量应用回归分析预测法就会得出错误的结果。在应用回归分析预测法时应注意以下三点：用定性分析判断现象之间的依存关系；避免回归预测的任意外推；采用合适的数据资料。

本章小结

1. 信息与市场营销信息。信息以物质介质为载体，传递和反映世界上各种客观事物的存在方式和运动状态，它是由信息源、信息内容、信息载体、信息传输及信息接收者等要素构成的统一整体。从企业角度来看，营销决策对市场营销信息的要求包括准确、及时、恰当、系统和经济。

2. 市场营销信息系统。市场营销信息系统由致力于执行评估信息需求、开发需要的信息、帮助决策者使用信息等任务的一些人和程序构成，旨在形成和验证可操作的顾客洞察和市场洞察。企业应该设计和建立有效的市场营销信息系统，以便在适当的时间以适当的形式为决策者提供适当的信息，帮助他们为顾客创造价值及建立更加稳固的顾客关系。营销人员可以从企业内部数据库、营销情报和营销调研中获得信息。

3. 市场营销信息系统的价值利用。通过企业内部数据库、营销情报和营销调研得到的信息应得到合理分享和有效利用。市场营销信息系统应当使营销经理及其他决策人员或每天与顾客打交道的人得到这些信息，及时、友好地将信息提供给信息使用者。营销人员通过营销分析从大数据中挖掘出有意义的信息，获得顾客洞察，评价营销成效与业绩。

4. 市场营销调研。市场营销调研指的是针对企业特定的营销问题，运用科学的方法，有目的、有计划地设计、收集、整理、分析及解释市场营销各方面的数据和资料，并报告相关的数据和研究结果，提出解决问题的建议，为营销管理人员做出决策提供依据。市场营销调研一般分为探测性调研、描述性调研和因果关系调研三种类型。市场营销调研的过程主要包括四个步骤：确定调研问题和调研目标、制订调研计划、实施调研计划、解释和汇报调研结果。市场营销调研的方法有调查法、观察法和实验法。

5. 网上营销调研。调研人员越来越倾向于通过网上营销调研来收集原始数据，包括互联网调查、网上小组讨论、实验，以及网上焦点小组访谈、品牌社区监测等多种形式。调研人员可以利用网络创造虚拟的购物环境，测试新产品和市场营销方案，还可以通过跟踪浏览记录了解消费者的网上行为，进行行为锁定和社交锁定。

6. 问卷设计的步骤。调研人员需要依据调研目的精心设计问卷，包括确定需要的信息、确定问题的内容、确定问题的类型、确定问题的词句或字眼、确定问题的顺序和问卷的试答六个步骤。

7. 抽样方法。抽样方法分为随机抽样和非随机抽样。随机抽样主要包括简单随机抽样、等距抽样、分层抽样和分群抽样；常用的非随机抽样方法主要包括任意抽样、判断抽样和配额抽样。

8. 市场营销预测。市场营销预测就是着重估计现实的市场潜力和企业可能的市场份额占有状况。它是指在市场营销调研的基础上，运用科学的方法对相关影响因素进行分析研究，对未来的发展趋势做出推断，对可能的状况进行估计，并据此制定市场营销活动计划和相关决策。它一般包括确定预测目标、收集和整理资料、选择预测方法、制定营销方案、预测分析与评价、编写预测报告六个步骤。

9. 预测方法。定性预测的方法包括购买者意向调查法、销售人员意见法、专家会议法和德尔菲法；定量预测的方法包括时间序列预测法和回归分析预测法等。

学习指导

本章的学习应重点掌握市场营销信息的开发与利用的相关知识及技能，学会使用市场营销调研的相关技术及市场营销预测的基本方法。企业通过信息把营销人员、消费者及公众联系起来，并辨别与界定营销机会和问题，设计、改善和评估市场营销方案，监控市场营销行为，改进对市场营销过程的认识，帮助企业营销管理人员制定有效的市场营销决策。大家应学会运用常用的调研方法，进行简单的实地调研。尤其要适应网络背景下调研方法的使用，学会网上调研，以及数据的处理与分析。课外可以查阅市场营销调研与预测的报告，查阅专业期刊文献，以巩固和拓展本章知识，利用参加创新活动、参与科研项目的机会进行实践锻炼，提高市场调研与预测的实战能力。

关键概念：市场营销信息系统、市场营销调研、探测性调研、描述性调研、因果关系调研、网上焦点小组、行为锁定、社交锁定、市场营销预测、专家会议法、德尔菲法、时间序列预测法、回归分析预测法。

思考与应用

1. 什么是市场营销信息？为何市场营销信息在当代企业营销中如此重要？企业在营销活动过程中对信息的要求有哪些？
2. 市场营销信息的开发渠道有哪些？如何通过对顾客信息的整合分析增强顾客关系？
3. 什么是市场营销调研？其过程分为哪几个步骤？常用的市场营销调研方法有哪些？
4. 获得市场营销信息的方法有哪些？如何选用？
5. 如何有效地开展网上营销调研？请针对年轻人网上购物的心理和行为等，开展网上营销调研。
6. 结合社会实践，就你感兴趣的问题（如大学生消费、农村消费结构、城市住房情况、城市居民收入与消费等），设定调研的目标，按照调研的过程和步骤，制订计划和组织实施，撰写调研报告。

案例分析

请扫码阅读案例：我国新能源汽车市场销量预测（线上资源4-7）

思考以下问题：

1. 要想对我国2025年新能源汽车的销量进行预测，你认为调研人员应该具备哪些知识？需要掌握哪些专门的预测技术？
2. 请你根据案例对2025年新能源汽车的销量进行预测，并与实际销售数据进行对比。

第 5 章 企业战略规划与市场营销计划

名言警句

不谋万世者，不足谋一时；不谋全局者，不足谋一域。

——[清] 陈澹然

本章要点

企业战略规划对制订市场营销计划具有指导作用。营销人员在制订市场营销计划之前，应当弄清企业战略规划的思路，这样才能合理地制定市场营销的目标，使营销活动取得更好的效果。本章主要介绍企业总体战略规划、业务战略规划，以及市场营销计划及其制订步骤等内容。

学习目标

- 熟悉企业战略规划的内涵与层次。
- 了解如何规划投资组合。
- 掌握企业发展战略的类型及内涵。
- 掌握业务战略规划的步骤。
- 掌握市场营销计划的内容与制订步骤。

导入案例

请扫码阅读案例：战略差异导致生死两重天（线上资源5-1）

思考以下问题：

1. 娃哈哈为什么要进行战略转移？
2. 娃哈哈是如何进行战略转移的？

线上资源 5-1

5.1 企业战略规划

企业战略规划是指在企业的目标和能力与不断变化的市场机会之间建立平衡和维持适配的过程。企业战略规划中的使命和目标指导整个企业的发展，同时企业在规划中需要确定什么样的业务组合和产品最适合自身，以及给予每种业务和产品多少支持。相应地，对每种业务和产品都要制订详细的市场营销计划及其他职能部门的计划，以支持企业总体战略规划的实施。企业战略规划为市场营销计划及其他计划的制订提供了框架。

5.1.1 企业战略规划的内涵

英语"Strategy"（战略）一词来源于希腊语"Strategos"，意为"将军指挥战争的艺术"，是指军事上的重大部署，后来广泛应用于政治、经济等领域，一般指为达到特定目的而进行的全面考虑和统筹安排。企业战略是企业在分析自身所处的外部环境与内部条件的基础上，做出的具有全局性、长期性的关于自身经营与发展的构思和计划，它充分利用环境中的机会群，确定企业同环境的关系。企业战略规定企业的经营范围、发展方向和竞争策略，合理调整组织结构和分配企业资源，从而使企业获得优势。

企业战略具有全局性、未来性、系统性、竞争性、相对稳定性等特征。菲利普·科特勒曾经说过：战略的正确性比它是否能盈利更重要。战略将一个组织的主要目的、政策和活动等，按一定的顺序组合成一个紧密的整体。企业要想应对动态环境的挑战，掌握自身的命运，必须制定战略规划，通过战略规划促使其资源、能力、目标和环境达到长期平衡。当然，企业还需要配套制定战术层面的规划和具体操作层面的行动计划，以保证战略的实施。

5.1.2 企业战略规划的层次

企业战略规划可划分为三个层次，即总体战略、业务战略和职能战略。

（1）总体战略。总体战略是指企业层面的战略，它是指导企业一切行动的最高纲领，由企业管理层负责制定，涉及企业的全局和整体，影响企业的长期发展。总体战略一般分为三种形式：发展战略、稳定战略和收缩战略。

（2）业务战略。业务战略又称经营战略，是指根据总体战略的安排，考虑业务层面的战略并进行管理，主要考虑在既定的业务范围内，如何获取利润并在该领域形成竞争优势。

（3）职能战略。职能战略是指为了贯彻、实施和支持总体战略与业务战略，针对企业特定的职能部门制定的战略。根据职能部门在企业经营中扮演的功能角色，可将职能战略分为营销战略、人力资源战略、财务战略、生产战略、研发战略等。

以上战略共同构成了企业的战略体系，这个体系是在制定和实施战略规划的过程中企业管理层充分协商与密切配合的结果。

5.2 总体战略规划

总体战略决定的是整个企业长远的发展方向和基本部署。一般来说，总体战略规划包括以下活动：确定企业使命、建立战略业务单位、规划投资组合和制定发展战略。

5.2.1 确定企业使命

企业使命是核心价值观的载体与反映，是企业生存和发展的理由，是企业根本的、最有价值的、崇高的责任和任务，它回答的是"我们的事业是什么、我们要做什么、为什么这样做"等现实问题。例如，华为的使命是"把数字世界带入每个人、每个家庭、每个组织，构建万物互联的智能世界"；中国移动的使命是"创无限通信世界，做信息社会栋梁"；徐工集团的使命是"探索工程科技，为全球工程建设和可持续发展提供解决方案"；通用电气的使命是"以科技及创新改善生活品质；在对顾客、员工、社会与股东的责任之间求取相互依赖的平衡"；波士顿咨询公司的使命是"协助客户创造并保持竞争优势，以提高客户的业绩"。

彼得·德鲁克曾指出："企业遭遇失败和挫折的一个重要原因可能是很少对企业宗旨和使命进行适当的思考。"使命对企业来说非常重要，因为使命体现了企业全体员工的行为共识，是引导和激励全体员工持之以恒，为企业不断实现新的发展而努力奋斗的动力之源。弗雷德·史密斯（Fred Smith）提出，无论在美国的哪个地方，邮件送达的时间不能迟于第二天10:30，结果他创造了联邦快递。

企业在明确使命之前，应先明确彼得·德鲁克提出的五个经典问题，谨慎而全面地回答它们：企业是干什么的？顾客是谁？对顾客的价值是什么？业务将是什么？业务应该是什么？

企业在明确使命之后，为了向管理人员、员工传达使命，使他们具有使命感，并向顾客和其他利益相关者传达使命，一般会编制使命说明书，明确阐述企业目标、方向、机会等。一份优秀的使命说明书就像一只"看不见的手"，引导和激励企业全体员工步调一致地朝着同一目标前进。

请扫码阅读资料"知名公司的使命说明书"（线上资源5-2）。

线上资源5-2

在现代社会中，企业的所有业务都应当被看作顾客需求的满足过程，而不是一款产品的生产过程。一般来说，产品是阶段性的，而基本需求和顾客群体是长期存在的。例如，运输是一种基本需求，马车、轮船、汽车、火车、飞机等都可以作为产品满足这种需求，但马车在现代生活中已不易找到。企业使命说明书应该是市场导向型的，而非产品导向型的。表5-1所示为两种企业使命说明书定义的比较。

表5-1　两种企业使命说明书定义的比较

企　　业	产品导向型定义	市场导向型定义
华为	我们是全球领先的ICT（信息与通信）基础设施和智能终端提供商	我们把数字世界带入每个人、每个家庭、每个组织，构建万物互联的智能世界
中国建材	我们是建筑材料与无机非金属材料的提供商	我们用材料创造美好世界
沃尔玛	我们经营折扣商店	我们设置低价，给普通百姓提供和富人买相同东西的机会
露华浓	我们做化妆品	我们售卖生活方式和展示自我的方式；成功和地位；记忆、希望和梦想
Meta（脸书所属公司）	我们是一个在线社交网络公司	我们连接世界各地的人，帮助他们分享生活中重要的时刻
佳能	我们生产复印机	我们帮助改进办公效率

注：企业的使命会随着时间、环境的变化而变化。

2022年8月，上海汽车集团股份有限公司（以下简称"上汽集团"）以2021年度1 209亿美元的合并营业收入，名列《财富》杂志2022年世界500强第68位。"引领绿色科技，逐梦精彩出行"是上汽集团的愿景和使命，其传递了四个方面的内涵：①强调以用户为导向，不断满足用户对精彩出行的追求；②体现科技属性，通过科技赋能，培育壮大新动能，实现更智能、更可持续、更高质量的发展；③落实国家战略，凸显创新、绿色等新发展理念，融入和服务新发展格局，实现汽车强国梦；④传承合作文化，在更高水平的开放合作中，与伙伴、员工共创共赢，实现共同的目标。

由此可见，愿景和使命是企业文化的核心。围绕"碳达峰、碳中和"国家战略目标，上汽集团 2021 年发布了寓意"蓝色星球，旭日东升"的新 Logo、"引领绿色科技，逐梦精彩出行"的新愿景和使命，以及"用户为本、伙伴共进、创新致远"的价值观，致力于向技术升级化、业务全球化、品牌高档化、体验极致化的用户型高科技公司转型。

使命说明书应满足以下三个条件。①集中在有限的目标上。例如，"我们要生产质量最高的产品，并以最低的可能价格建立最广泛的分销网络和提供服务"，这一使命说明书听起来不错，却没有提供明确的指导。②强调主要政策和价值观。政策决定了企业如何处理与各利益相关者的关系，并确保员工在行动时能够保持一致性。③明确企业主要参与的活动范围。企业活动范围的确定如表 5-2 所示。

表 5-2 企业活动范围的确定

主要参与的活动范围	举 例
行业范围：从事的行业	徐工集团限于工程机械行业；蒙牛、雀巢限于快速消费品行业；3M 公司几乎什么行业都愿意进入
产品范围：生产的产品及其应用领域	利龙在中国经营和生产冷冻设备，圣祖德医疗用品为全世界心血管疾病患者的治疗提供高质量的产品
能力领域：掌握和支配的技术及其核心能力领域	日本电气公司（NEC）在计算机、通信和集成组建方面建立了核心能力，它能供应笔记本电脑、电视机、手机等
市场领域：想要服务的市场或顾客类型	保时捷主要生产高级轿车
纵向领域：从原材料采购到最终产品制造环节所需产品的供应程度	福特汽车公司拥有自己的橡胶园、玻璃制品厂和钢铁厂等
地理领域：希望开拓的区域	华为的业务遍及 170 多个国家和地区；联合利华在全球大多数国家都有经营业务

5.2.2 建立战略业务单位

为了降低风险，大多数企业会经营多种不同的业务，利用它们不同的成长潜力和创收能力，通过最佳的业务投资组合，使企业的优势和劣势与环境实现最佳匹配。这不仅有助于满足市场需求，还能极大地推动企业的发展。由于每项业务都有自己的特征，所面对的市场、环境也未必一样，因此每项业务都需要制定自己的战略。

战略业务单位是指一个拥有独立的使命和目标，并且可以独立规划其业务活动的单元，可以是一家企业、企业内的一条产品线，也可以是一款产品或某个品牌。通用电气有数十个战略业务单位，海尔的战略业务单位包括家用电器（电视机、空调、洗衣机）、手机、计算机等。

请扫码阅读资料"战略业务单位的特征"（线上资源 5-3）。

区分战略业务单位是为了将企业使命具体化，也就是将企业使命分解为各项业务或某一组业务的战略任务。区分战略业务单位需要以需求为导向。区分战略业务单位的主要依据是各项业务之间有无共同的业务主线。共同的业务主线是指当前的产品、市场与未来的产品、市场之间的一种内在联系。依据共同的业务主线区分战略业务单位可以使业务领域不致过宽或过窄。

5.2.3 规划投资组合

由于各个战略业务单位的现状和前景不同,因此资源配置必然不同。规划投资组合就是考虑如何将企业有限的资源在战略业务单位中进行合理分配,以形成竞争优势。规划投资组合分为两步:①分析当前的业务组合,并且决定每项业务今后的发展方向(哪些应该投入更多资金,哪些应该减少投入,哪些应该保持现状不再投入);②通过制定扩大或缩小业务规模的战略(企业将资源投入获利更多的业务,逐步淘汰效益较低的业务),形成未来的投资组合。

建立战略业务单位的目的是让它们能够制定独立的战略并合理配置资金,而实现这一目的的方法有很多种。下面介绍一种投资业务组合评价模型——波士顿矩阵,如图 5-1 所示。它是波士顿咨询公司提出的,用于解决业务组合平衡问题。

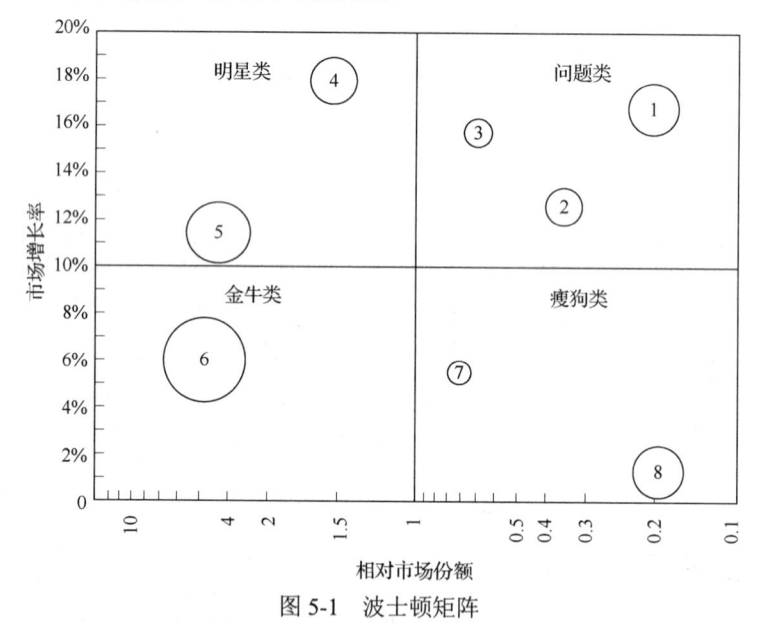

图 5-1 波士顿矩阵

在图 5-1 中,市场增长率表示业务所在市场的年销售增长率,以 10% 为临界值,大于 10% 的增长率被认为是高的;相对市场份额表示该战略业务单位的市场份额与该市场领导者的市场份额之比。0.1 表示该战略业务单位的销售额仅占市场领导者销售额的 10%;而 10 表示该战略业务单位是该市场的领导者,并且其销售额是位于市场第二位企业销售额的 10 倍。波士顿矩阵以 1 为临界值,将相对市场份额分为高、低两部分。矩阵中的圆圈代表企业所有的战略业务单位,圆心的位置表示各战略业务单位的市场增长率和相对市场份额,圆圈的面积大小表示各战略业务单位销售额的高低。波士顿矩阵将战略业务单位按它们在矩阵中的位置分成了四类。

(1) 问题类业务。问题类业务指的是市场增长率高而相对市场份额低的业务。大多数企业从问题类业务开始,试图进入一个高速增长的市场,该市场通常已经有领导者。问题类业务要求投入大量现金,因为企业只有进行投资,添置厂房、设备,招聘人员,才能满足迅速增长的市场需求,并且追赶市场领导者。企业在决定是否投资问题类业务时应当谨慎,思考是继续发展还是逐步淘汰。在图 5-1 中,一家企业在经营三项问题类业务时可能会面临挑战。

(2) 明星类业务。如果企业在问题类业务上取得成功,这些业务就变成了明星类业务。明星类业务是高速增长市场中的领导者,但这并不意味着明星类业务能给企业带来高收入,因为企业需要投入大量资金来维持市场增长并抵御竞争者的进攻。因此,明星类业务往往是现金消耗者而非现金生产者。

（3）金牛类业务。当市场的年销售增长率下降到10%以下，并且明星类业务在保持较高的市场份额时，它就变成了金牛类业务，可为企业带来大量现金收入。由于市场增长率低，企业不必大量投资，同时该业务还拥有规模经济和较高利润率的优势，因此企业可以用金牛类业务的收入支持其他业务。图5-1中显示只有一项金牛类业务，说明企业的市场地位较低，企业需要投入更多资金来维持其市场地位。

（4）瘦狗类业务。瘦狗类业务指的是市场增长率低、市场份额也低的业务。它们能为企业创造一些现金收入，但是盈利能力有限甚至可能亏损。在图5-1中，企业有两项瘦狗类业务，实际上有些多了。如果这些业务有望改善，如市场增长率回升或者有机会成为市场领导者，那么可以保留它们，否则企业需要考虑停止这些业务。

将各项业务定位后，企业可分析其业务组合是否健康。一般来说，市场份额越高，业务的盈利能力越强，利润水平自然也越高。市场增长率高的业务所需资源也多，因为它们要继续发展和巩固市场地位。如果一家企业有太多的瘦狗类业务或问题类业务，或者明星类业务和金牛类业务过少，那么其业务组合是不健康的。

一旦明确了业务组合，企业就应为每个业务单位确定目标、战略和预算。企业有四种不同的战略可以选择，即发展战略、维持战略、收获战略和放弃战略。

（1）发展战略，即增加投资，提高业务的市场份额。发展战略一般适用于市场增长率较高而市场份额较低的问题类业务，若提高它们的市场份额，就会使它们成为明星类业务。

（2）维持战略，即继续投资，维持较高的市场份额和大量的现金收入。维持战略一般适用于强大的金牛类业务。金牛类业务是企业主要的收入来源，所以企业需要确保这些业务持续产生现金流。

（3）收获战略，即增加短期现金回收，不考虑长期的影响。收获战略一般适用于发展不佳的金牛类业务，这类业务虽然能够产生较大的现金流，但是考虑到其发展前景不乐观，要逐渐减少这类业务的费用，如研发经费、设备更新费用等。这种战略也适用于问题类业务和瘦狗类业务。

（4）放弃战略，即出售或进行业务清算，以便将资源转移到更有利的领域。放弃战略一般适用于盈利能力弱、对企业发展不利的问题类业务和瘦狗类业务。

对于不同的业务，企业应该根据具体情况采用不同的战略，同一类业务在不同情况下，也要采用不同的战略。企业在制定战略之前要深思熟虑，做出正确的选择。

随着时间的推移，战略业务单位在矩阵中的位置可能会发生变化。每个战略业务单位都有生命周期。大多数业务都是从问题类业务开始的，问题类业务如果经营得成功就会变成明星类业务。然而，市场增长率不可能无限期持续增长，因为市场需求有"天花板"。可见，市场增长率最终会下降，但如果该业务仍保持较大的市场份额，就会成为金牛类业务。随着市场增长率的继续下降，该业务将变为瘦狗类业务，最终走向生命周期的终点。企业不能只顾眼前，而是应该关注每项业务的未来发展趋势。如果某项业务的实际发展与预期的不符，就应制定新的战略。

企业可能犯的最大错误之一是要求所有的战略业务单位达到相同的增长率或投资回报率。企业容易犯的其他错误包括：给金牛类业务的留存资金太少，不足以支撑这些业务的发展，或者留给它们的资金太多，使企业无法新的增长业务投入足够的资金；给瘦狗类业务投入大量资金，希望扭转局面，但每次都失败；保留太多的问题类业务，并给每项业务都投资；问题类业务没有得到足够的支持，或者放弃过早。企业高层管理者需要学会用动态的眼光与系统的思维，统筹和优化各类业务的投资组合，兼顾企业的当前利益和长远发展。

案例 5-1　　通用电气：提升优势从优化战略业务单位开始

1981年，韦尔奇接管通用电气时，该公司拥有约350个战略业务单位。1982年年初，韦尔奇用一支笔在一个本子上画了三个圆圈，表示他想要扶持的企业。第一个圈子包含核心企业（照明、大型家电、汽车制造、交通、汽轮机制造、承包设备制造），第二个圈子包含高科技企业（工业电子、医疗系统、工程材料、航空航天），第三个圈子包含服务业（信贷、信息服务、建筑和设计服务）。在韦尔奇"不是第一，就是第二"的理念下，通用电气对原有的业务进行了重新安排，用三个圆圈确定了公司未来发展的十几项业务，而对圆圈之外的众多业务则进行改革、放弃或出售。此外，韦尔奇采取了一系列出售、并购的举措，即出售缺乏竞争力的部门，同时并购可以为公司带来价值与利润的事业。在最初的两年里，通用电气出售了71项业务和众多生产线，回笼了5亿美元的资金，完成了118项投资交易，包括并购、合资投资，总投资大约10亿美元。这些战略使通用电气的11个事业部在市场上占据了领先地位。如果将其分开排名，有8个事业部可以独立进入《财富》杂志的500强企业榜单。

资料来源：杰克·韦尔奇，约翰·拜思. 杰克·韦尔奇自传[M]. 北京：中信出版社，2004.

要领与启示：
韦尔奇以行业竞争力为导向，重塑了通用电气的业务结构，对战略业务单位进行了规划和重组，并进行了组织上的变革。他对战略业务单位进行"瘦身"，放弃了71项业务和众多生产线，对保留的有潜力的业务（核心业务、高科技业务和服务业务）进行了集中投资。核心业务即通用电气的金牛类业务，是通用电气的稳定利润来源；高科技业务则是其明星类业务；服务业务是十分有竞争力的业务，同时可支撑其他两类业务所需。韦尔奇最初采取的战略举措为该公司日后的成功奠定了坚实的基础。

5.2.4　制定发展战略

投资组合战略决定了企业需要发展、扩大哪些业务单位，以及哪些业务单位应该被收购或放弃。同时，企业还要考虑如何开发新业务，以替代萎缩或淘汰的现有业务，否则会影响其预期目标的实现。

企业将现有业务单位所制订的业务计划进行汇总，便会得到总销售额和总利润，经常会出现预期的销售额和利润低于企业期望达到的水平的情况。如果未来期望的销售水平和预计销售水平之间存在差距，企业就应当制订一个新增业务的计划来填补这一缺口。战略计划缺口如图5-2所示。

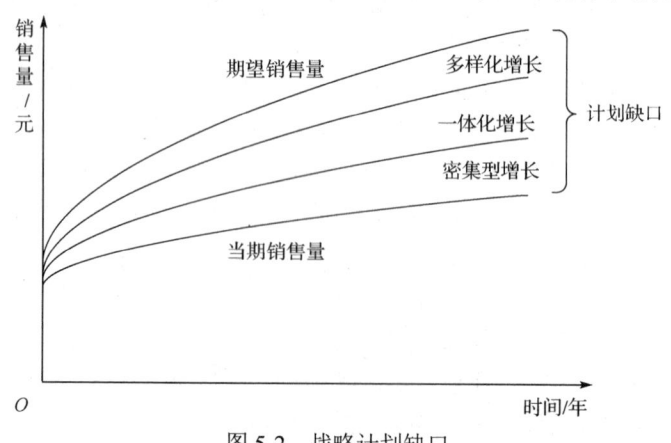

图5-2　战略计划缺口

企业可以通过三个途径填补这一缺口：一是在现有的业务领域中寻找发展机会——密集型增长；二是建立或收购与目前企业业务相关的业务——一体化增长；三是增加与企业目前业务无关但具有吸引力的业务——多样化增长。

1. 密集型增长

企业应提前审视是否存在改进其现有业务效果的机会。美国战略管理学家伊戈尔·安索夫在20世纪50年代提出了一种探索密集型增长的有用工具——产品/市场扩展矩阵，如图5-3所示。

	现有产品	新产品
现有市场	市场渗透	产品开发
新市场	市场开发	多样化

图 5-3　产品/市场扩展矩阵

密集型增长战略包括以下三种。

（1）市场渗透。企业考虑在现有市场上通过现有产品获得更高的销量和更大的市场份额，如促使现有顾客增加购买次数和购买数量，以及争取更多的顾客。

（2）市场开发。企业考虑为其现有产品开发新市场，如进入新的区域市场，或者在现有市场中寻找新的细分市场。

（3）产品开发。企业考虑为其现有市场开发具有潜在利益的新产品，如通过提供新产品或改进的产品来满足现有市场的不同需求。

2. 一体化增长

如果企业所在的行业还具有潜力，整合供应链可提高效益，那么企业可以考虑采用一体化增长战略增加新业务。一体化增长战略如图5-4所示。

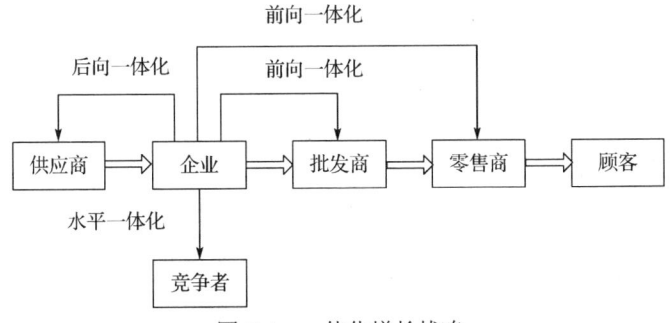

图 5-4　一体化增长战略

（1）后向一体化。后向一体化是指企业通过收购、兼并上游的供应商，以拥有或控制自己的供应系统，从而将业务扩展到上游领域的战略。这种战略主要适用于当供应商利润较高或有更好的机会时，通过扩展上游业务可以为企业赢得更多收益。此外，后向一体化有利于避免原材料短缺、减少成本受制于供应商的风险，并有可能通过控制原材料供应来制约竞争者。

（2）前向一体化。前向一体化是指企业通过收购、兼并下游的厂商，以拥有或控制自己的下游供应链环节，从而将业务扩展到下游领域的战略。例如，制造商、批发商可以自己开拓销售渠道；制造商可以将业务范围向前延伸，如从生产计算机芯片到制造计算机，从制造小型柴油发动机到生产农用汽车等。这种战略在为企业增加收益的同时，还加强了对下游供应链环节的控制，如渠道成员、顾客等，有利于获得市场主动权。

（3）水平一体化。水平一体化是指企业通过收购、兼并同行业的其他企业，或者实行各种形式的联合经营，实现扩大规模、增强实力，或者取长补短，共同开发和利用新机会的战略。

案例 5-2 联想：收购 IBM 的 PC 业务，全面进军海外市场

20世纪90年代，联想在中国 PC 市场上独领风骚。但随着国内市场的开放，戴尔、惠普等国际 PC 厂商的进入，方正、同方、TCL 等国内品牌的激烈竞争，使联想的 PC 业务受到影响。2000年，联想在国内的市场份额已经达到30%，发展空间开始受限，寻找新的发展道路迫在眉睫。

2001年，联想开始将部分产品销往国外，并在美国、英国、法国、德国、西班牙、奥地利建立了分公司，还开拓了多种海外营销渠道，但因成本过高，业务经营不理想。2003年，联想的国际化收入占其总收入的比例不到5%。

为了加快拓展海外业务，联想决定并购国外知名品牌。2004年12月8日，联想集团正式宣布收购 IBM 的 PC 业务，收购范围包括 IBM 全球的台式电脑和笔记本电脑业务。此次收购使联想获得了 IBM 在个人电脑领域的全部知识产权、遍布全球160多个国家的销售网络、约1万名员工，以及在接下来五年内使用"IBM"和"Think"品牌的权利。新联想的总部设在美国纽约，以中国为主要生产基地，在北京和罗利（位于美国北卡罗来纳州）设立主要运营中心。

资料来源：武勇，谭力文. 联想并购 IBM PC 的动机、整合与启示[J]. 经济管理，2006（12）：30-34.

要领与启示：

生存和发展是企业永恒的主题，选择发展战略是企业不可回避的现实问题。联想并购 IBM 的 PC 业务，显然采用了水平一体化的业务增长战略。通过这一战略，联想获得了"IBM"和"Think"的品牌使用权，以及相应的知识产权和全球的销售网络。联想快速提升了 PC 在国内外市场的竞争优势，并为其快速进入国际市场提供了品牌和渠道上强有力的支持。

3. 多样化增长

多样化又称多元化。如果企业在原有的行业中没有发展潜力和发展空间，或者在其他领域有更好的发展机会和前景，就可以采用多样化增长战略。发展机会对企业有很大的吸引力，而且企业可以成功地整合其业务力量来抓住这些机会。

（1）同心多样化。企业针对新市场、新顾客，以原有的技术、专长和经验为基础，增加新业务。例如，以生物技术见长的企业在生物农药市场上拓展生物清洁业务。

（2）水平多样化。企业针对原有市场、顾客，采用不同技术、专长，增加新业务。例如，以生产家用空调为主的企业拓展太阳能热水器、家用厨房设备业务。

（3）综合多样化。企业以新业务进入新市场，新业务与其现有的技术、市场及业务没有联系。例如，以金属矿产为核心主业的中国五矿集团进入房地产市场。综合多样化战略对企业来说风险最大，企业在规划新的发展方向时应十分慎重。

企业在选择新业务时应当慎重，要尽可能结合自身特长、资源的可获得性、投入大小、风险和收益情况等进行综合权衡。

企业多样化的程度及类型如图 5-5 所示，其按照多样化的程度定义了五类业务。单一型业务和主导型业务对应低程度多样化；相关约束型业务和相关联系型业务对应中高程度多样化；非相关型业务对应特高程度多样化。当一家企业的业务之间存在一些联系时，我们称该企业是相关型的，各项业务之间可能共享产品、技术、分销渠道等。各项业务之间的联系越多，说明企业的多样化程度越高。非相关多样化则是指各项业务之间不存在直接的联系。

多样化程度	类型	说明
低程度多样化	单一型业务	大于等于95%的收入来自某单一业务
低程度多样化	主导型业务	70%～95%的收入来自某单一业务
中高程度多样化	相关约束型业务	来自主导业务的收入低于70%，并且所有的业务共享产品、技术、分销渠道等
中高程度多样化	相关联系型业务（混合相关和非相关）	来自主导业务的收入低于70%，并且各项业务之间只存在有限的联系
特高程度多样化	非相关型业务	来自主导业务的收入低于70%，并且各项业务之间不存在联系

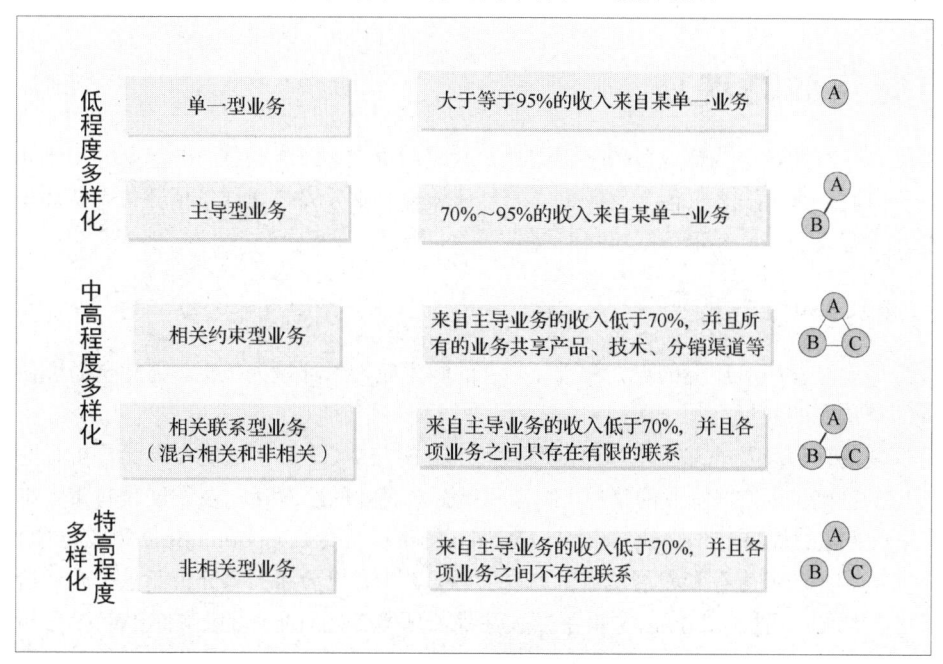

图 5-5　多样化的程度及类型

案例 5-3　　　　　　面对未来变化，罗技开启多品类战略

提到罗技，人们首先想到的是键盘、鼠标，罗技确实将键盘、鼠标做到了世界知名，但问题也来了：PC 时代日薄西山，依附于 PC 周边产品的厂商能"活下去"吗？而从罗技的情况来看，这个答案是肯定的，并且能"活得"很好。

罗技的第一大业务是键盘、鼠标及其他 PC 周边产品。为了满足用户的需求，罗技推出了高端的 MX 系列鼠标和多彩系列鼠标，同时还推出了技术创新产品，如可以一键多屏转换的多屏键盘系列，方便用户在手机、平板电脑、台式电脑之间进行多屏操作。这些进一步巩固了罗技在电脑周边市场的领导地位。罗技的第二大业务是游戏品类，这部分业务自 2012 年以来发展非常快，尤其在中国市场，保持了每年 30% 以上的高增速。罗技的第三大业务是音乐品类，包括蓝牙音箱和运动式蓝牙耳机，在欧美高端市场，罗技的 Jaybird 品牌运动式蓝牙耳机和 UE 品牌专业定制耳机表现尤为突出。罗技的第四大业务是视频会议系统。在这方面，罗技以低价、易操作、跨平台多软件合作的新模式，颠覆了高成本、复杂、难维护的固有模式，这部分业务的增速也非常快。罗技的第五大业务是新兴智能家居业务，其在快速布局阶段，未来有望成为强劲增长点。

资料来源：王旺旺. 开启多品类战略 未来变化会越来越大[N]. 经济参考报，2017-06-16.

> **要领与启示：**
>
> 罗技的多品牌战略围绕消费者一天的工作和生活展开。想象一下：消费者每天早晨跑步时戴着 Jaybird 耳机；到办公室后，使用罗技的键盘、鼠标，并用视频会议系统跟远方的客户交流，利用以 Spotlight 产品为代表的智能办公工具进行商务演讲；回到家后，则可以用罗技 Ultimate Ears 系列享受音乐，放松身心。罗技通过成功实施多样化、多品牌经营，围绕电脑周边产品，发挥其技术优势，包括传感器技术、音频技术、无线技术、光学技术、电池技术等，实现了更好的发展。

5.3 业务战略规划

业务战略是企业各个战略业务单位根据总体战略的要求，开展业务、进行竞争和建立相对优势的基本安排，是总体战略在各个业务单位的具体体现。业务战略规划包括评估企业环境、制定组织目标、选择竞争战略、形成战略执行计划等。

5.3.1 评估企业环境

企业战略是企业应对环境的谋划和准备，它的制定应当以环境为依据，因此全面评估企业环境是企业战略制定的前提。

企业环境的评估涉及外部环境和内部环境两个方面。SWOT 分析法是在全面分析企业所处的内外部环境的基础上，依据企业的目标，综合和概括对企业的经营活动及发展具有重大影响的因素，进而分析企业的优势（Strengths）、劣势（Weaknesses）、机会（Opportunities）和威胁（Threats），帮助决策者确定相应的生存和发展战略的一种方法。其中，优势和劣势分析侧重于企业自身实力及与竞争者的比较，而机会和威胁分析主要关注外部环境变化对企业的影响。SWOT 分析矩阵如图 5-6 所示。

内 部 环 境

优势（S）	劣势（W）
可以帮助企业实现目标的内在能力	可能妨碍企业实现目标的能力限制
机会（O）	威胁（T）
企业可以利用其优势的外部因素	可能影响企业业绩的外部因素

外 部 环 境

图 5-6　SWOT 分析矩阵

1. 外部环境分析

通常，企业应当关注和监测影响其业务的主要宏观环境因素，包括政治法律、经济、人口、社会文化、科技、自然生态等。同时，企业还应当关注和监测重要的微观环境因素，如顾客、竞争者、分销商、供货商等，因为这些会影响企业在相关市场的盈利能力。

外部环境分析的主要目的是识别环境中的机会和威胁。这有助于企业通过满足购买者的需求获得盈利的机会，并根据目标市场、成本、渠道、促销和投资回报率等因素来评估机会的吸引力和成功的概率。此外，外部环境分析还有助于企业应对发展中可能面临的挑战，帮助企业采取有效的营销行动，以防止对销售和利润产生负面影响。

2．内部环境分析

企业要想把握住机会，还需要拥有在机会中取得成功所必需的竞争能力。企业要定期检查自身的优势和劣势，这可以借助优势和劣势分析检查表。优势和劣势分析检查表如表 5-3 所示。

表 5-3 优势和劣势分析检查表

类目	体现企业优势和劣势的因素	绩效					重要性		
		特强	较强	强	中等	稍弱	弱	高	中	低
营销能力	信誉	—	—	—	—	—	—	—	—	—
	市场份额	—	—	—	—	—	—	—	—	—
	顾客满意	—	—	—	—	—	—	—	—	—
	顾客维系	—	—	—	—	—	—	—	—	—
	产品质量	—	—	—	—	—	—	—	—	—
	服务质量	—	—	—	—	—	—	—	—	—
	定价效果	—	—	—	—	—	—	—	—	—
	分销效果	—	—	—	—	—	—	—	—	—
	促销效果	—	—	—	—	—	—	—	—	—
	创新效果	—	—	—	—	—	—	—	—	—
	地理区域覆盖	—	—	—	—	—	—	—	—	—
财务能力	资金成本或可获得性	—	—	—	—	—	—	—	—	—
	现金流	—	—	—	—	—	—	—	—	—
	财务稳定性	—	—	—	—	—	—	—	—	—
制造能力	设备	—	—	—	—	—	—	—	—	—
	规模经济	—	—	—	—	—	—	—	—	—
	生产能力	—	—	—	—	—	—	—	—	—
	人力资源	—	—	—	—	—	—	—	—	—
	按时交货的能力	—	—	—	—	—	—	—	—	—
	技术与制造工艺	—	—	—	—	—	—	—	—	—
研发能力	新产品开发能力	—	—	—	—	—	—	—	—	—
	技术创新能力	—	—	—	—	—	—	—	—	—
组织能力	有远见和能力的领导	—	—	—	—	—	—	—	—	—
	具有奉献精神的员工	—	—	—	—	—	—	—	—	—
	创业导向和企业家精神	—	—	—	—	—	—	—	—	—
	柔性或响应能力	—	—	—	—	—	—	—	—	—
	价值观和企业文化	—	—	—	—	—	—	—	—	—

企业不需要去扭转自身所有劣势，也不需要对全部优势加以利用。企业需要解决的问题是利用已有优势来把握机会，还是去获取和发展新的优势，以获得更好的机会。

表 5-4 所示为某空调制造企业的 SWOT 矩阵分析及战略组合。

表 5-4　某空调制造企业的SWOT矩阵分析及战略组合

外 部 环 境	内 部 环 境	
	优　　势	劣　　势
	1. 技术开发能力强； 2. 进入市场较早； 3. 管理工作做得很好； 4. 产品声誉好； 5. 企业的知名度较高	1. 设备老化； 2. 资金不足； 3. 人力资源不合理； 4. 国际化经验较少
机　　会 1. 农村购买者日益增多； 2. 政府将限制空调进口； 3. 有四种型号的空调可能出口	SO 战略 　利用机会发挥优势，在限制进口的政策下抢占国内市场，发挥自身优势，加强协作，密切公众关系	WO 战略 　利用机会避开威胁，利用出口机会扭转国际化经验较少的劣势
威　　胁 1. 城市空调滞销； 2. 原材料价格上涨； 3. 竞争者有所增加	ST 战略 　利用优势避开威胁，利用高技术和开发能力提高产品质量，打开市场销路，打败竞争者	WT 战略 　扭转劣势应对威胁，扭转资金不足的劣势，应对原材料价格上涨的威胁

5.3.2　制定组织目标

企业应根据自身的总体目标（使命），结合 SWOT 分析的结果，在计划时间内制定具体的目标，并细化到每个部门和管理层级，而且应确保实现这些目标。目标用于描述在战略规划的时间内企业的追求，应明确希望取得的成绩。这些目标可以衡量，并可以转化为具体的计划管理、执行和控制措施。

一般而言，企业的目标是多个目标的组合，是一个目标体系，包括利润率、销售增长额、市场份额、风险分散、创新和声誉等。在制定组织目标时应使目标的层次与组织结构的层次相匹配。每个部门、每个组织的职能不同，由此制定的目标也会有所不同。企业制定的各种目标应当满足四个条件。

（1）目标按轻重缓急有层次地呈现。企业应该将迫切需要达到的和一定要达到的目标放在首位，如短期内进行转型这个关乎企业命运的目标。

（2）目标之间协调一致。只有协调一致的目标才能在实现过程中相互促进。多个目标有时会存在不协调的情况，甚至会出现此消彼长的情况。例如，销售最大化和利润最大化是很难同时实现的。实践证明，鱼和熊掌往往不可兼得。

（3）目标尽可能用数量表示。数量化能够使目标量化到每个指标，并使目标更明确，这样企业在努力实现目标的过程中会有一个更清晰的方向，执行起来也会更容易。同时，数量化目标有助于企业衡量是否达到了目标。

（4）目标应该符合现实。目标要在分析机会和优势的基础上制定，而非主观愿望的产物，应该符合现实且与使命相协调。制定过高或过低的目标都可能对目标的实现产生不同程度的影响。

5.3.3 选择竞争战略

目标指明企业欲向何处发展，战略则回答如何实现目标。而竞争战略则指明企业获取竞争优势的途径。竞争优势是指企业在某些方面胜过竞争者，并提供竞争者无法提供的顾客价值。

竞争战略是企业在市场竞争中采取的行动方针，旨在获取竞争优势，其核心是在某一特定产业或市场中建立竞争优势。企业如果具有竞争者缺乏的特殊能力，能更有效、更经济、更迅速和更高价值地为顾客提供所需的产品和服务，就具备了竞争优势。企业的竞争优势是由其应对潜在进入者、现有竞争者、替代品提供者、顾客、供应商的能力综合决定的。迈克尔·波特在《竞争战略》一书中提出了三种基本竞争战略，即成本领先战略、差异化战略和聚焦战略，如图 5-7 所示。

	差异性	低成本
整个产业	差异化战略	成本领先战略
细分市场	聚焦战略	

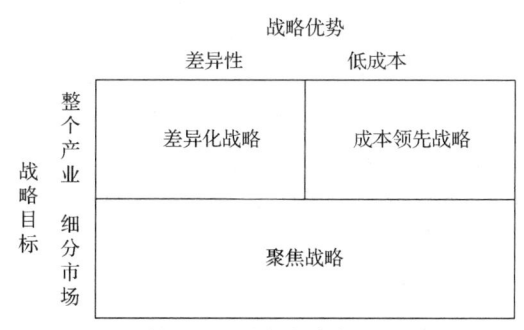

图 5-7 三种基本竞争战略

成本领先战略是指企业通过降低产品生产和销售的成本，在保证产品和服务的质量的前提下，使自己的产品价格低于竞争者的价格，从而迅速提高销售量和市场占有率的竞争战略；差异化战略是指企业通过独特的营销活动，使产品、服务或品牌形象等方面具有独特性，吸引顾客并获取溢价，从而获取竞争优势的战略；聚焦战略是指企业在分析外部环境和内部环境的基础上，针对某一个或几个特定的细分市场提供产品和服务，充分利用企业资源，最大限度地满足一部分顾客的特殊需要，以争取局部竞争优势的战略。

需要注意的是，现代竞争是合作竞争，竞争战略的目标不仅在于击败对手，更在于赢得优势。因此，竞争战略需要考虑企业之间的合作，应在合作的基础上进行竞争。

5.3.4 形成战略执行计划

业务战略规划需要形成战略执行的具体计划，只有明确每个阶段的任务和实施时间，企业才能保证战略的落实。如果企业想要取得技术优势，就应当用相应的计划来支持其研究与开发部门，包括开发尖端产品、训练销售人员、制订广告计划等。

为了保证战略的执行，计划过程应当有企业不同层次的人员参与。不同层次的人员在表述战略、确保资源分配、统一战略目标和行为中扮演着不同的角色。

有许多因素会影响战略执行计划的制订。

（1）环境。稳定的环境允许企业进行长期规划，并可能采用集中的计划制订方式，因为不需要频繁应对市场的变化。

（2）产品的宽度。当产品变得更加多元化时，企业的核心能力、价值链的协同和关联会变得更加复杂。在这种情况下，战略计划就要从注重各部门间的合作转变为以简明的财务目标为基础。

（3）领导与管理风格。在企业中，尤其是在小型企业中，领导与管理风格对战略制定、计划制订与执行会产生不可忽视的影响。

请扫码阅读资料"最佳管理公司具备的要素"（线上资源5-4）。

5.4 市场营销计划及其制订步骤

菲利普·科特勒曾指出，企业、部门与业务单位的计划在营销过程中应该是一体的。营销计划不仅需要反映这三者之间的协调性和统一性，还需要确保营销战略与实施计划的一致性。正如博纳玛（Bonoma）所言，好的市场营销战略可能由于没有有效地实施而失败，不好的市场营销战略也很难通过恰当的实施获得成功。

营销在企业战略规划中具有重要作用，主要体现在以下几个方面。首先，营销提供了一个指导性思想——营销观念，它强调企业战略应围绕重要客户建立营利性的客户关系。其次，营销通过帮助识别有吸引力的市场机会和评估企业利用这些机会的潜力，向战略规划的制定者提供有用的信息。最后，在战略业务单位中，营销为实现这些业务目标提供支撑，一旦确定业务目标，营销的任务就是协助落实，以实现盈利。

营销作为企业的重要职能，与企业的其他业务密切相关。依据现代营销理念和价值系统（价值链）的思想，企业的所有活动都旨在为顾客创造价值和传递价值。

价值链是一种工具，用于识别能创造更多客户价值的方法。企业每个部门的活动都可以被视为企业内部价值链的一个环节，每个部门都开展价值创造活动，以支持企业的产品，如设计、生产、营销、交付和提供附加服务等。每个部门的活动都在一个特定的业务中相互关联，共同创造价值并产生成本。企业的成功不仅依赖各部门的价值创造活动，还依赖这些活动之间的协调。

这些相互关联的活动可以用价值让渡过程来表示，如图5-8所示。

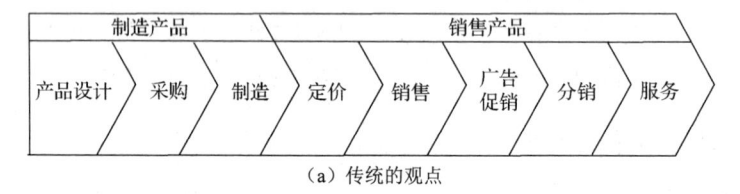

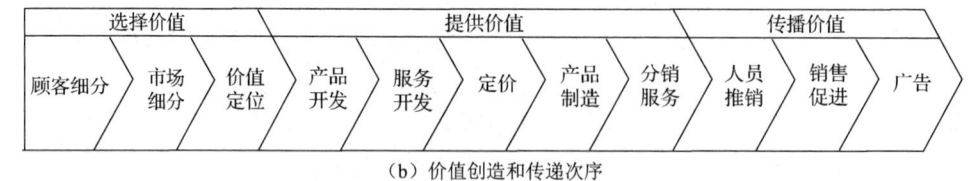

制造产品：产品设计 → 采购 → 制造 → 定价 → 销售 → 广告促销 → 分销 → 服务

（a）传统的观点

选择价值：顾客细分 → 市场细分 → 价值定位；提供价值：产品开发 → 服务开发 → 定价 → 产品制造 → 分销服务；传播价值：人员推销 → 销售促进 → 广告

（b）价值创造和传递次序

图5-8 价值让渡过程

营销计划是指导和协调营销努力的核心工具，主要分为战略和战术两个层次。基于市场机会分析，战略营销计划主要是确立目标市场和企业的价值主张；而战术营销计划主要是制定具体的营销策略，涵盖产品特色、促销活动、定价策略、渠道管理和售后服务等方面。

不同层次的营销经理（公司级、部门级、业务级或产品级）都应按照以下步骤制订营销计划，即分析市场机会、选择目标市场、制定营销战略、设计营销组合、进行营销控制等。

请扫码阅读资料"市场营销计划的优点和计划缺乏引发的问题"（线上资源 5-5）。

5.4.1 分析市场机会

通过对市场营销环境进行监测、研究，并综合分析市场结构、消费者的需求和行为，识别和评价市场机会，是企业营销人员的首要任务。

营销学认为，只要消费者有需求，就有市场机会。消费者的需求是广泛的，因此市场机会很多，要想识别市场机会，应该在企业和消费者之间构建良好的沟通和互动平台，鼓励消费者及时发出声音，甚至是抱怨，这不仅有助于及时解决他们的问题、满足他们的需求，更重要的是企业可以从中挖掘和探索新的市场机会。在现代营销中，市场调研是不可缺少的工具，它可以帮助营销人员了解消费者的需求和行为，估算市场规模。营销人员通过二手资料、组织小组座谈会等，获取必要的信息并进行分析。总之，这些努力有助于企业清晰地把握每个潜在的市场机会。

企业营销人员在寻找到各种"市场机会"的基础上，首先检查市场机会与企业的使命、目标等是否一致，并对这些市场机会进行评估，以确定哪些市场机会适合本企业。因此，除了分析市场结构、了解消费者行为、研究市场营销环境，营销人员还需要全面、客观地评估企业自身能力、竞争地位，以及优势与劣势等。

5.4.2 选择目标市场

在对市场机会进行评估后，企业需要确定进入哪个市场或者进入某个市场的子市场，这涉及企业目标市场的选择。营销实践证明，市场细分是企业选择目标市场的有效策略之一。

案例 5-4　　把握机遇：华为成为智能网联汽车增量零部件供应商

2021 年，全球智能手机出货量达到 3.4 亿台，同比增长 24%，增长率创下自 2015 年以来的新高。但此前一直位于前三名的华为，此次手机出货量却大幅下跌，甚至已经跌出前五名。尽管在手机市场上的表现不完美，但华为打开了新的大门：短短两天就卖了 3 000 多辆赛力斯华为智选 SF5 汽车。华为与赛力斯合作的这款智选 SF5 汽车，也成为首个进入华为线下旗舰店和零售店的智能汽车。2021 年 4 月 20 日晚间，华为消费者业务 CEO 表示赛力斯华为智选 SF5 汽车已经正式入驻华为旗舰店，在 7 月底计划进入华为 200 家零售店，到年底将扩展到 1 000 家。其实，华为在 2021 年进入新的市场并非偶然，而是环境变化、市场需求和先期研发等因素综合作用的结果。早在 2014 年，华为就成立了智能网联汽车中心，并于 2019 年正式成立一级部门——智能汽车解决方案业务部。该部门推出众多产品，涉及车载操作系统、智能驾驶、智能座舱、智能网联、智能电动、智能车控和智能车云服务等领域。

资料来源：[1] 余胜海. 华为不造车的逻辑[J]. 经理人，2021（07）：59.
[2] 刘回春. 华为回应传言：不造车而是帮助车企造好车[J]. 中国质量万里行，2021（1）：91-92.

要领与启示：

在"美国禁令"和芯片断供的双重压力下，华为面临运营商业务和消费者业务同时下滑的局面。在运营商业务方面，华为的5G设备遭到了一些国家的限制使用；在消费者业务方面，华为则受到芯片短缺的困扰。除了这些，随着阿里巴巴、百度和腾讯的"围剿"，华为的云服务也面临激烈的市场竞争。华为需要一个新的突破口，进军未来前景广阔的新能源和智能汽车领域，无疑是华为做出的明智的选择。

5.4.3 制定营销战略

要想获得成功，企业应当比竞争者更好地满足目标消费者的需求，因此需要整合营销战略，以迎合消费者的需求，并有效地应对竞争者的挑战。

制定具有竞争力的营销战略要先对竞争者进行彻底的分析，企业要不断地将其产品传递的价值、顾客满意度、价格、渠道和促销策略等与竞争者的情况进行比较，以识别自身的潜在优势和劣势。企业要弄清楚以下问题：面对的竞争者是谁？竞争者的目标和战略是什么？竞争者的优势和劣势是什么？它们将如何应对企业可能采用的不同竞争战略？

企业采用的营销战略应根据其在行业中的定位来确定。在市场上占主导地位的企业（市场领导者）与市场挑战者的竞争战略是不同的。同样，在市场上处于一般地位的企业（市场跟随者）和小企业（市场补缺者）选择的目标市场和采用的竞争战略也大不相同。

5.4.4 设计营销组合

企业在确定了整体营销战略之后，就应设计具体的营销组合了。营销组合是现代营销的主要理念之一。营销组合是指企业根据目标市场的需求，全面考虑企业的任务、目标、资源及外部环境，对企业可控制的要素加以组合和应用，以满足目标市场的需求，实现企业的目标。营销组合的具体要素可概括为四组变量，也就是"4P"，即产品（Product）、价格（Price）、渠道（Place）和促销（Promotion），具体如图5-9所示。

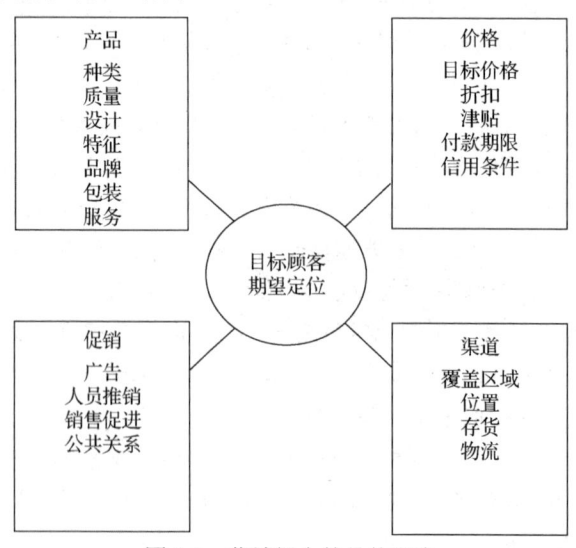

图5-9 营销组合的具体要素

产品是指企业向目标市场提供的产品和服务组合；价格是指顾客购买产品而支付的现金数

量；渠道包括企业为使目标顾客接近和得到产品而进行的各种活动；促销包括企业为传播其产品的优点并说服目标顾客购买而进行的各种活动。

一个有效的营销方案应该协调营销组合的所有要素，通过向顾客传递价值来实现企业的营销目标。营销组合构成了企业在目标市场上进行市场定位的策略组合。

请扫码阅读资料"营销计划的内容"（线上资源 5-6）。

线上资源 5-6

5.4.5 进行营销控制

企业在执行营销计划的过程中难免会发生意外，营销部门应当进行持续的营销控制。营销控制是指度量和评价市场营销战略、取得的业绩，采取纠正措施来保证目标的达成。营销控制过程如图 5-10 所示。

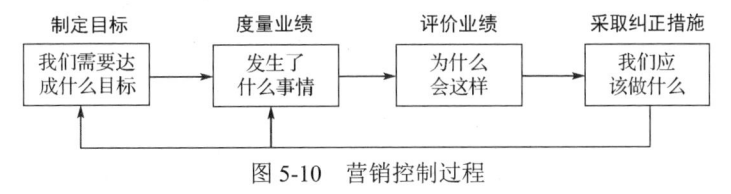

图 5-10 营销控制过程

营销控制包括四个步骤：①制定目标；②度量业绩；③评价业绩（分析实际业绩和预期业绩存在差距的原因）；④采取纠正措施（以缩小实际业绩和预期业绩的差距，可能需要改变方案甚至改变目标）。

营销控制大致可分为运营控制和战略控制。运营控制依据年度计划检查运营中的业绩表现，必要时采取纠正措施，确保实现设定的销售额、利润和其他目标。此外，运营控制还包括评估不同产品、区域、市场和渠道的盈利能力。因此，根据控制的目的，可以将运营控制分为年度计划控制、盈利能力控制、效率控制。战略控制用于检查企业的基本战略是否与市场机会相匹配。随着时间的推移，营销战略和方案可能会过时，因此企业需要定期评价整体目标和效益，并对自身进入市场的总体方式进行重新评价。不同类型的营销控制如表 5-5 所示。

表 5-5 不同类型的营销控制

控制的类型	主要负责人	控制的目的	运用的方法
年度计划控制	中高层管理人员	检查目标是否达成	销售分析、市场份额分析、财务分析、以市场为基础的评分卡分析
盈利能力控制	营销审计人员	检查哪些地方盈利、哪些地方亏损	产品、地区、顾客群体、细分市场、销售渠道的盈利情况
效率控制	直线管理者和职能管理者、营销审计人员	评价和提高经费使用效率、评价营销控制的效果	销售队伍、广告、促销和分销的效率
战略控制	高层管理人员、营销审计人员	检查企业是否在市场、产品和渠道等方面寻求到了最佳机会	营销效率等级考评，营销审计，营销基础表现，社会责任与企业道德评价

战略控制的一个主要途径是营销审计。营销审计对企业的环境、目标、战略和活动进行综合、系统、独立和定期检查，以发现问题和机会，并为制定行动方案、提高营销绩效提供有用的信息。营销审计覆盖了业务中营销的所有领域，而不仅仅是几个问题，涉及营销环境、营销战略、营销组织、营销体系、营销生产率、营销职能几个维度，通常由客观、有经验的第三方执行。营销审计的内容如表 5-6 所示。

表 5-6　营销审计的内容

维　　度	具　体　内　容
营销环境	（1）宏观环境：政治法律、经济、人口、社会文化、科技和自然生态的主要趋势给企业造成的威胁和带来的机会。 （2）任务环境：①市场和顾客。市场的规模、区域分布和利润会发生什么变化？主要细分市场有哪些？顾客如何做出购买决策？顾客如何评价企业的产品质量、价值和服务？②营销体系的其他因素。谁是主要竞争者？他们的战略、优势和劣势是什么？企业的渠道运作如何？哪些趋势影响了供应商？哪些关键公众提出了问题
营销战略	（1）企业使命和营销目标：使命的定义是否清晰？使命是否以市场为导向？企业是否为指导营销计划和表现设定了清晰的目标？ （2）营销战略：企业是否拥有有效的营销战略，以确保实现其目标？ （3）预算：企业是否为细分市场、产品、区域和营销组合要素安排了足够的资源预算
营销组织	（1）正式结构：营销活动是否围绕职能、产品、市场和区域进行规划？ （2）职能效率：营销人员是否能与销售部门进行有效沟通？是否能很好地培训、监督、激励和评价营销人员？ （3）跨职能效率：营销人员是否能与运营、研发、采购、人力资源、信息技术等部门的员工很好地合作
营销体系	（1）营销信息体系：是否能提供准确、及时的信息？是否能有效地利用营销调研？ （2）营销计划体系：是否准备好了年度计划和战略计划？它们是否被充分利用？ （3）营销控制体系：年度计划的目标是否实现了？管理层是否定期分析产品、市场和渠道的销售额和盈利率？ （4）新产品开发：是否有效的新产品开发程序？推出的新产品是否取得了成功
营销生产率	（1）盈利率分析：企业不同产品、市场、区域和渠道的盈利情况如何？企业是否应该进入或退出一些细分市场？ （2）成本效率分析：营销活动是否导致额外成本？应该如何降低成本
营销职能	（1）产品：企业的产品目标是什么？是否应该放弃一些产品？是否应该推出新产品？改进某些产品的质量、特性和设计是否可以使企业从中获利？ （2）价格：企业的定价策略和程序是否恰当？产品价格是否与顾客感知的价值相符？ （3）分销：企业的分销目标和战略是什么？现有的渠道是否应该改变？是否应该增加新渠道？ （4）促销：企业是否有很好的广告、销售促进和公共关系方案？销售力量是否足够强？销售人员是否接受了系统的培训、监督和激励

本章小结

1. 企业战略规划。总体战略规划包括确定企业使命、建立战略业务单位、规划投资组合和制定发展战略。企业使命是核心价值观的载体与反映，是企业生存和发展的理由，是企业根本的、最有价值的、崇高的责任和任务，它回答的是"我们的事业是什么、我们要做什么、为什么这样做"等现实问题。企业使命应以市场为导向而非以产品为导向。

2. 战略业务单位。战略业务单位是指一个拥有独立的使命和目标，并且可以独立规划其业务活动的单元，可以是一家企业、企业内的一条产品线，也可以是一款产品或某个品牌。

3. 规划投资组合。规划投资组合就是考虑如何将企业有限的资源在战略业务单位中进行合理分配，以形成竞争优势。波士顿矩阵将战略业务单位按它们在矩阵中的位置分成了四类：问题类业务、明星类业务、金牛类业务和瘦狗类业务。

4. 企业实现业务发展的途径。一是在现有的业务领域中寻找发展机会——密集型增长；二是建立或收购与目前企业业务相关的业务——一体化增长；三是增加与企业目前业务无关但具有吸引力的业务——多样化增长。

5. 业务战略规划。业务战略规划包括评估企业环境、制定组织目标、选择竞争战略、形成战略计划等。SWOT 分析法是在全面分析企业所处的内外部环境的基础上，依据企业的目标，综合和概括对企业的经营活动及发展具有重大影响的因素，进而分析企业的优势、劣势、机会和威胁，帮助决策者确定相应的生存和发展战略的一种方法。企业有三种基本竞争战略：成本领先战略、差异化战略和聚焦战略。

6. 影响战略执行计划制订的因素：环境、产品的宽度、领导与管理风格。

7. 市场营销计划的制订步骤：分析市场机会、选择目标市场、制定营销战略、设计营销组合、进行营销控制等。

8. 营销在企业战略规划中的作用。首先，营销提供了一个指导性思想——营销观念，它强调企业战略应围绕重要客户建立营利性的客户关系。其次，营销通过帮助识别有吸引力的市场机会和评估企业利用这些机会的潜力，向战略规划的制定者提供有用的信息。最后，在战略业务单位中，营销为实现这些业务目标提供支撑，一旦确定业务目标，营销的任务就是协助落实，以实现盈利。

9. 营销控制。营销控制是指度量和评价市场营销战略、取得的业绩，采取纠正措施来保证目标的达成。营销控制的类型有年度计划控制、盈利能力控制、效率控制和战略控制。战略控制的一个主要途径是营销审计。营销审计对企业的环境、目标、战略和活动进行综合、系统、独立和定期检查，以发现问题和机会，并为制定行动方案、提高营销绩效提供有用的信息。

学习指导

　　学习本章需要注意培养自己规划和分析总体战略、制定业务战略的初步能力，以及制订市场营销计划的能力。企业总部负责制定总体战略规划，以指导整个企业的运营；总部决定给每个业务部门提供多少资源，以及决定发展和放弃哪些业务。当然，每个业务部门，包括职能部门和战略业务单位，也必须制定规划，以充分利用企业给予的资源，支持企业的总体战略。现实中，企业的战略业务单位通常是某个业务部门或子公司。每个战略业务单位的各个产品层次也要制订营销计划，以达到某个特定产品市场的预定目标。本章的主要内容包括企业的总体战略制定、业务战略制定和市场营销计划制订三个层次，具体内容按照这三个层次展开，这样有助于我们看清企业总体战略、业务战略和市场营销计划之间的密切联系，更易掌握相关内容。

　　关键概念：战略、企业使命、战略业务单位、波士顿矩阵、密集型增长、一体化增长、多样化增长、SWOT 分析法、成本领先战略、差异化战略、聚焦战略、营销组合、营销控制、营销审计。

思考与应用

1. 企业使命的作用是什么？如何确定企业的使命？
2. 以波士顿矩阵为投资组合分析工具，说明企业理想的业务在四个象限中的分布。
3. 企业的业务发展战略有哪些？选择时主要考虑哪些因素？
4. 以某一企业的成长为例，说明其是如何把握发展机遇、制定业务发展战略的。
5. 业务战略规划包括哪些内容？
6. 对某一企业进行相关调研，并进行SWOT分析。
7. 企业制定的目标应满足哪些条件？
8. 收集某一企业的营销计划，并对其合理性进行分析。

案例分析

请扫码阅读案例：LWN公司锂离子聚合物电池的营销计划（线上资源5-7）

思考以下问题：

1. LWN公司在发展中遇到了哪些环境挑战？竞争者在哪些方面对其构成了威胁？
2. LWN公司在营销计划中是如何应对环境和竞争者挑战，实现其营销目标的？

线上资源5-7

第 6 章 目标市场营销战略

名言警句

只有一种取胜战略，那就是，精心确定目标市场并提供一种卓越的价值。

——菲利普·科特勒

本章要点

正确选择目标市场，明确企业的服务对象，是制订企业营销计划的首要内容和基本出发点。企业要想在市场竞争中获得优势，就需要依据消费者需求的差异性进行市场细分，选择合适的目标市场，并使其产品和服务在目标市场上具有鲜明的个性，从而为消费者所青睐。本章主要介绍市场细分的内涵、作用和原则，目标市场确定，目标市场营销战略的类型及选择依据，市场定位的步骤与途径等内容。

学习目标

- 熟悉市场细分的内涵、作用和原则。
- 掌握细分市场评估应考虑的因素。
- 掌握目标市场营销战略的类型及选择依据。
- 掌握市场定位的步骤与途径。

导入案例

请扫码阅读案例：王老吉精准"去火"的新定位（线上资源 6-1）

思考以下问题：

1. 王老吉凉茶为何要重新定位？
2. 王老吉凉茶重新定位成功的原因有哪些？

线上资源 6-1

6.1 市场细分

随着时代的发展、社会的进步和消费观念的变化，消费者对产品的多样化、个性化需求日益突出，购买行为多样性的特点越发明显。企业吸引市场上的全部消费者，并通过适当的手段满足其需求的目标大概率是不会实现的。以消费者需求为导向，识别出能提供有效服务且极具吸引力的细分市场，提高产品的销售份额，在市场竞争中占据主动地位，才是明智之举。由于消费者的需求是动态且无限的，而企业的资源是有限的，企业不应一味地在整个市场上寻求竞争优势，而应结合特定的市场环境和自身的资源条件选择特定的目标市场，实施有针对性的市场营销战略。

6.1.1 市场细分的内涵和作用

市场细分是美国营销学家温德尔·史密斯（Wendell Smith）于1956年在总结西方企业营销实践经验的基础上提出的。市场上的顾客总是有差异的，他们具有不同的需求，追求不同的利益和价值。温德尔·史密斯认为，市场细分是一种战略，企业应对市场进行细分，而不应仅停留在产品的差异化上。

1. 市场细分的内涵

市场细分又称市场分割，是指企业根据自身条件和营销意图，以需求的某些特征或变量为依据，区分具有明显特征和不同需求的消费者群体的过程。市场细分的内涵如下。

（1）市场细分的客观依据是现实和潜在消费者对某种产品需求的差异性。例如，男性和女性对服装有不同的需求和偏好，根据性别差异可以将服装市场分为男性服装市场和女性服装市场。

（2）市场细分的对象是对某一特定产品有现实和潜在需求的顾客群体，而不是产品本身。例如，可以根据消费者的购买力和消费水平的差异，将服装市场细分为高档、中档、低档市场。

（3）分割而成的消费者群体常被称为细分市场或子市场，这些群体是整体市场的一部分。在同一整体市场中，不同细分市场中的消费者对某种产品的需求具有显著的差异；而在同一细分市场中，不同消费者对某种产品的需求则具有明显的共性。

（4）市场细分的目的在于帮助企业发现和评价市场机会，正确选择和确定目标市场。

2. 市场细分的作用

市场细分是目标市场营销的理论基础，在现代市场营销活动中具有重要作用。

（1）有利于发现市场机会。现代营销活动以消费者需求为中心，企业营销决策的起点是寻找和发现具有吸引力的环境机会。这些环境机会能否发展为市场机会，取决于两点：①与企业战略目标是否一致；②是否比竞争者更具优势并能够获取显著的收益。通过市场细分，企业可以发现消费者的不同需求，进而确定哪些产品在市场中竞争激烈，以便紧急开发新产品。

请扫码阅读资料"日本钟表厂迅速打入美国市场的奥秘"（线上资源6-2）。

市场细分对中小企业尤为重要。与实力雄厚的大企业相比，中小企业资源有限，技术水平相对较低。通过市场细分，中小企业可以根据自身的经营优势，选择那些大企业未涉足的细分市场，集中力量满足该特定市场的需求，在整体竞争激烈的市场条件下，在某一局部市场取得较好的经济效益，从而保证生存和持续发展。

线上资源6-2

（2）有利于了解目标市场的特点。若不进行市场细分，企业在选择市场时就可能是盲目的，缺乏对各个细分市场特点的认真分析，从而无法进行有针对性的市场营销。

（3）有利于制定市场营销组合策略。市场营销组合是企业综合考虑产品、价格、促销和渠道等因素而制定的市场营销方案。对每个特定市场而言，存在一种最佳的市场营销组合形式，而这种最佳组合是市场细分的结果。

（4）有利于增强企业的竞争力。企业的竞争力因受客观因素的影响而存在差异，通过有效的市场细分可以改变这种差异。在进行市场细分以后，每个细分市场上竞争者的优势和劣势就会显露出来。企业只需抓住市场机会，利用竞争者的弱点，同时有效地开发自身的优势资源，就能用较少的资源将竞争者的顾客转化为自己的顾客，从而提高市场占有率并增强竞争力。

案例 6-1　　小西家作：让妈妈们放心的烘焙品牌

小西家作创办于广州，早期是媒体人转型经营的一家烘焙小店，产品有生日蛋糕、蛋糕卷、蛋糕配件等。其以"无色素、无添加剂，最优食材，手工制作"的理念经营，赢得了不少粉丝和忠诚顾客。如今，它已从私房蛋糕工作室发展为在广州市场享有很高知名度和美誉度的烘焙品牌。其所拥有的微信活跃粉丝数量在广州同行中位于前列。

小西家作的发展稳健而快速。2012 年 4 月，它在广州珠江新城成立了一间工作室；2013 年 1 月，它的第一家实体店营业；2016 年，它与第三方即时配送公司合作，开通了同城配送；2017 年 6 月，小西家作进驻广粤天地，开设实体堂食店；2019 年 3 月，它上线美团外卖；2019 年 12 月，佛山首店开业。

小西家作的典型顾客群体是那些家中有一两个小朋友，对食品安全高度敏感，年龄为 28～45 岁的妈妈们。这一群体有较高的消费能力和购买力，对产品质量的要求极高。小西家作无论是在选材上还是在工艺流程上，都坚持以自家人食用的标准来确保产品质量。小西家作杜绝使用保鲜剂、防腐剂、泡打粉等，摒弃了传统蛋糕店普遍存在的一些不良行业习惯，如滥用色素、使用罐头水果而非新鲜水果进行装饰、单纯追求好看等。小西家作将蛋糕的保质期缩短至一天，坚持当天订单当天制作的原则，秉承"对家人的食品安全标准就是对客人的标准"的理念。

由于得到了妈妈们的极力推荐，小西家作形成了良好的口碑效应。小西家作产品的食用场景逐渐从生日庆典延伸到公司下午茶、同学会、朋友聚餐等。提起小西家作，人们会默认其选材严谨，让人十分放心。

资料来源：吴健安，钟育赣. 市场营销学[M]. 7 版. 北京：清华大学出版社，2022.

要领与启示：

小西家作的成功在于找准了细分市场，并充分掌握了该市场消费者的需求与行为特点，而且设法迎合，赢得了消费者的青睐。如今，食品的健康与安全超越了很多因素，成为人们日益关注的焦点，妈妈们对孩子饮食的关注度极高。健康安全、让人放心的青少年食品市场具有巨大的规模和潜力，小西家作的创始人通过自身经历发现了其中潜藏的机会，将其作为目标市场并开展精准营销，从而实现了快速发展。

6.1.2　消费者市场细分

消费者对产品需求的差异性是市场细分的依据。消费者对某种产品的需求及其购买行为受多种复杂因素的影响，这些因素被称为市场细分变量。在进行市场细分时，企业可以从多种变量中选择一种或多种主要变量作为市场细分的依据。同时，在细分某一整体市场时，同一行业中的不同企业或同一企业因经营条件或经营目标发生变化，所选择的细分标准也会有所不同。消费者市场细分所依据的变量较多，可概括为四大类：地理变量、人口变量、心理变量和行为变量。

1. 地理变量

以地理变量为标准细分市场就是根据消费者所处的地理位置进行市场细分，如地理区域（国家、省市、沿海、内陆、南方、北方、城市、农村等）、地形、气候、人口密度、城镇规模、交通运输和通信情况等一系列因素。由于地理变量影响消费者的需求和对市场营销策略的反应，因此它是消费者市场细分的基础。

各地区受地理位置、自然气候、传统文化、经济发展水平等因素的影响,形成了不同的消费习惯和偏好,表现出不同的需求特点。例如,我国北方冬季寒冷干燥,南方温暖潮湿,因此对御寒用品的需求不同。我国地域广阔,各地居民的饮食口味有明显的差异,有着"南甜、北咸、东辣、西酸"的说法。另外,我国南北方水质有显著的差异,因此销往不同市场的洗衣粉需要添加不同的化学物质,以应对软水和硬水的问题。城市、郊区或小镇、乡村的生活空间和环境等存在诸多差异,城市居民偏向小巧便携的产品,而农村居民偏向结实耐用的产品。

2. 人口变量

人口变量主要涵盖各种人口统计数据,如年龄、婚姻状况、职业、性别、收入、受教育程度、生命周期阶段、国籍、民族、宗教信仰、社会阶层等。人口细分是市场细分的主要依据之一,因为消费者的需求、偏好及产品使用率都与人口变量密切相关。此外,人口变量易于量化,对评估目标市场的规模至关重要。人口细分可以从以下几个方面进行。

(1) 年龄。消费者的需求和能力会随着年龄变化。例如,不同年龄的儿童需要不同的玩具,企业需要为不同年龄的儿童提供不同的玩具,在产品包装上标注"适用于 0~3 岁儿童"等内容,这样消费者只要知道孩子的年龄,就能选购到合适的玩具。又如,化妆品公司会根据不同年龄消费者的皮肤问题推出不同功能的产品,以满足消费者的不同需求。欧莱雅集团在中国市场上为 18~25 岁的女性提供性质温和的品牌碧欧泉,为 25~40 岁的女性提供高雅并注重功效的品牌兰蔻,为 30 岁以上的高收入女性提供奢华品牌赫莲娜。

需要注意的是,在一个变化加速、日益多元化的世界中,仅凭年龄来进行市场细分可能过于简单。例如,同样是 40 岁的人,有的人已经送子女上大学了,有的人才刚刚迎来新生婴儿。因此,更有效的细分变量是生命周期阶段,即依据一个人主要关注的事情,如上大学、毕业求职、结婚、生子、照顾年迈的父母等。通过考虑和分析这些关注点,营销人员更容易发现适宜的市场机会。

(2) 性别。性别是影响消费者行为的一个重要因素。在服装、化妆品、手表、汽车等市场上,消费者因性别不同而有不同的消费倾向,性别早已成为常用的市场细分变量之一。

请扫码阅读资料"购买决策男女有别"(线上资源6-3)。

(3) 收入。收入也是广泛应用的市场细分变量之一,因为任何产品或品牌进入市场时,消费者必须具有购买力,否则任何营销努力都是徒劳的。20 世纪 90 年代初,IBM 发现中国的低收入水平严重影响了个人电脑的销售,IBM 的电脑质量很好,但是其高昂的售价超出了许多中国消费者的承受能力。于是,IBM 开始研发符合中国市场的经济型电脑,最终取得了良好的销售业绩。

线上资源 6-3

消费者的实际收入直接决定其购买力、生活方式及对未来的期望,可以说它对消费者的需求具有决定性的作用。住房、旅游、化妆品、汽车、家具、家电等行业在细分市场时均应考虑收入因素。此外,企业还应当认识到,在经济发达的国家和地区,一旦人均收入达到一定水平,收入并不总是决定某些需求的主要因素。

(4) 职业与受教育程度。消费者的职业不同也会引起不同的需求。例如,教师、演员、农民对服装、鞋帽和化妆品等产品的需求有较大的差异。此外,消费者受教育程度的不同也会体现在价值观和审美观上,进而影响其具体的消费行为和需求特点。

此外，消费者的种族、国籍、宗教信仰等也是影响其购买行为的重要因素。例如，我国的少数民族人民与汉族人民在饮食、服装方面有较大的差异；中国人、美国人、俄罗斯人、伊朗人、埃及人由于信仰不同，在消费习惯和禁忌上差异很大。

请扫码阅读资料"儿童家具市场及其规模"（线上资源6-4）。

3. 心理变量

以心理变量为标准细分市场就是根据消费者的心理特征将其划分为不同的群体。即使处于相同的地理环境中，具有相同人口统计特征的消费者，在心理构成方面也可能有显著的差异，如态度、兴趣和行为。心理变量包括生活方式、个性、购买动机、价值观、追求的利益等。由于心理变量不同，消费者的生活方式、购物方式和动机也不同。随着社会结构的多样化，个性化追求使消费者心理因素变得更加复杂。总体来说，心理细分可以从以下几个方面进行。

（1）生活方式。生活方式是指一个人或群体在消费、工作和娱乐等方面的特定习惯与倾向。生活方式直接影响人们对各种产品的兴趣，因此不同的生活方式会导致消费倾向和需求的差异。消费者的生活方式对企业的营销具有重要影响，对生产经营化妆品、服装、饰品等的企业而言，尤其值得关注。例如，有的女性生活简朴，喜欢简约、素雅的服装；而有的女性追求时尚，喜欢新潮的服装。

（2）个性。个性在消费者市场细分中的作用日益显著。在注重个性化的时代，消费者的个性化需求越来越明显，他们倾向与自身个性特征相契合的产品。以品牌汽车为例，尤其是高档品牌汽车，在强调车型本身的独特性的同时，更要能够引起目标消费者的共鸣。例如，奔驰在广告中宣称自己"领导时代，驾驭未来"，其S系列轿车以"舒适享受、传承创新和智慧内涵"为卖点；宝马强调纯粹的驾驶乐趣，其7系列轿车以"领袖、掌控、完美和力量"为卖点。

（3）购买动机。动机是指驱使个体发动和维持行动的内部状态，是人类行为背后的心理机制。购买动机则特指驱使消费者实现个人消费目标的内在力量。购买动机包括对产品耐用性、经济性、安全性的追求，以及满足自尊需求等多种类型。

（4）价值观。消费者的价值观，特别是核心价值观近年来也被营销人员用来细分市场，因为核心价值观比行为和态度更深入，并在相当长的一段时间内，在基本层面上决定人们的选择和需求。研究表明，具有不同核心价值观的人群倾向于参加不同的活动、购买不同的产品，并偏爱不同的媒体。分析不同国家和地区消费者的核心价值观主导类型，对制定营销策略有很大的帮助。

此外，社会阶层也被用来进行市场细分，尤其是在汽车、服装、家用电器、休闲活动等方面，许多企业为特定的社会阶层设计产品和提供服务。

由于消费者心理需求具有无限性、多样性、时代性、可诱导性，企业在根据消费者的心理变量细分市场时应当深入调查，以全面理解消费者的不同心理特征及其变化趋势。尽管心理变量相较于地理变量、人口变量更难以量化和把握，但它仍然是企业认识和理解消费者的有效依据。

请扫码阅读资料"全球性的价值细分"（线上资源6-5）。

4. 行为变量

行为变量包括购买时机、寻求利益、产品使用情况、使用频率、忠诚度、所处阶段、对产品或品牌的态度等方面。根据这些变量或其组合，将消费者分成不同的群体就是行为细分。许多营销人员认为行为细分是进行市场细分的最佳起点。

（1）购买时机。企业可以根据消费者购买和使用产品的时机细分市场。例如，商家会在春节前推出很多礼盒包装的产品，在中秋节前推出各种各样的月饼；文具商店会在新学期开始时促销一些学习用品；在情人节当天，一些餐厅会专门为情侣准备情侣套餐等。抓住有利时机开展营销活动，可更有效地为消费者提供产品和服务，取得事半功倍的效果。

（2）寻求利益。根据寻求利益细分市场也是一种有效的方法，因为消费者对同类产品追求的利益可能存在很大的差异。例如，牙膏的消费者有的是为了洁齿，有的是为了防龋防酸，有的要求口味清爽，有的希望价格低廉。又如，航空公司的乘客主要有两类：一般乘客要求顺利、经济地到达目的地，而工商界人士特别重视节省时间和舒适度，对票价不那么在意。斯堪的纳维亚航空公司基于这种差异，于1982年率先为工商界人士设立了宽敞舒适的商务舱，并提供一系列高档服务；为一般乘客设置了紧凑的座位，并给予折扣优惠。这种做法取得了显著的竞争优势，后来其他航空公司纷纷效仿。

（3）产品使用情况。企业可以根据产品使用情况，将消费者分为"从未使用者""曾经使用者""准备使用者""初次使用者""经常使用者"五种类型。从未使用过产品的消费者可能意味着一定的市场潜力，例如怀孕的准妈妈就是奶粉和其他婴儿用品的潜在消费者；即将毕业的大学生可能是未来汽车市场的重要用户。对于曾经使用过产品的消费者，企业有必要了解他们的产品体验及转换品牌的原因。对于准备使用产品的消费者，企业应想方设法对他们进行"促销刺激"。对于初次使用产品的消费者，企业应努力提高他们对产品的忠诚度。对于经常使用产品的消费者，企业应重视维持其购买频率，并引导他们成为品牌口碑的积极传播者。

（4）使用频率。按照消费者使用频率的不同，通常企业需要先划分使用者和非使用者，而后再把使用者划分为少量使用者和大量使用者。尽管大量使用者在市场总人数中所占比例较小，但其消费量占消费总量的比重很大。例如，玩具的大量使用者是学龄前儿童，化妆品的大量使用者是成年女性，啤酒的大量饮用者是中青年男性。掌握这些情况可以帮助企业明确应重点开发的市场。例如，对美国啤酒市场的一项研究表明，喝啤酒的人群占总人口的32%。其中，一半是少量饮用者，其消费量占总消费量的12%；另一半是大量饮用者，其消费量占总消费量的88%。调查显示，大量饮用者多为劳动阶层，年龄集中在25至50岁，他们每天收看电视的时间超过3.5小时，大多偏爱体育节目。了解这些信息无疑有助于企业在制定价格和广告策略时做出正确的决定。

（5）忠诚度。企业可以根据消费者的忠诚度来进行市场细分。消费者可能忠诚于一个品牌、商店或企业。营销人员根据消费者的忠诚度将他们划分为不同的群体，通常可以划分为以下四类。①专一的忠诚者。他们始终购买同一品牌，如品牌A。②动摇的忠诚者。他们同时喜欢两种或两种以上品牌，如交替购买品牌A和品牌B。③转移的忠诚者。他们经常转换品牌，不固定购买某一品牌，如一段时间忠诚于品牌A，另一段时间忠诚于品牌B、C、D或E。④犹豫不定者。他们从来不表现出对任何品牌特别忠诚，可能倾向价格较低的品牌，也可能追求多样化，喜欢选择新的品牌。

每个市场都同时存在上述四类消费者，企业可以对其进行分析，从中找出营销方面存在的问题，以便及时解决。例如，营销人员认真分析专一的忠诚者，可以准确地知道目标市场的消费者情况，从而制定有针对性的产品和服务战略，满足其需求；认真分析动摇的忠诚者，可以识别主要竞争者，并采取相应措施，争取更多的市场份额；研究转移的忠诚者，可以了解营销工作中的薄弱环节，并加以改进和弥补；研究犹豫不定者，可以考虑采用奖励等手段促销，持续吸引并激励他们购买。

（6）所处阶段。消费者在购买产品过程中经历了多个阶段，包括知晓、认识、喜欢、偏好、确信、购买等。企业应当根据消费者所处的阶段，采用相应的营销策略。例如，对那些不了解企业产品和品牌的消费者，应重点介绍产品的优势、销售地点等，提高品牌的知名度，促使他们进入对产品感兴趣、决定购买阶段。随着他们对品牌认知度的提升，企业应运用各种营销手段说服和刺激消费者购买品牌的产品。

（7）对产品或品牌的态度。消费者对某些产品或品牌的态度可分为五种：热情、肯定、冷漠、拒绝和敌对。企业可以通过调查分析，对不同态度的消费者采取不同的营销策略。通常情况下，对于持热情、肯定态度的消费者，企业需要经常与他们接触，举办他们感兴趣的活动，积极与他们互动，促使他们成为企业产品和品牌的"铁粉"，鼓励他们传播关于企业产品和品牌的正面信息；对于那些持冷漠态度的消费者，企业也可以举办一些他们感兴趣的活动，吸引他们参与，使他们对企业产生好感，设法改变他们的态度；对于持拒绝和敌对态度的消费者，改变他们的态度可能不切实际，应尽可能避免与他们接触，以防对企业造成不良影响。在顾客关系营销中，需要根据顾客的行为与态度区别对待，尤其要留住优质或核心顾客，以促进顾客关系的长远和全面发展。

5. 多种变量

对某个特定市场而言，细分市场的数量越多，同一细分市场内消费者的相似程度就越高。在更加同质化的细分市场中，营销人员可以更精确地按照消费者的需求定制产品，从而获得更高的消费者满意度。但这也意味着为市场提供服务需要更高的成本，包括研发、生产、物流、促销等方面的开支。因此，营销人员应该在实现较高消费者满意度所需的细分市场数量和为更多细分市场提供服务所增加的成本之间寻找平衡点。

互联网的发展促使企业经营进入信息化、大数据时代，通过大数据分析，企业可以获得丰富的有关消费者的消费信息，并运用消费者的人口变量、行为变量等来描述消费者，获得消费者画像。这些画像能够帮助企业对消费者信息进行全面分析，结合其他相关信息，提炼出消费者的特征标签，从而进行精细化的市场细分，为目标消费者提供个性化的产品和服务。例如，个体在使用微博时的态度和行为与其所属的群体（如社会背景信息）密切相关，企业可以通过分析微博用户的特征对其进行细分。

消费者画像在大数据时代是进行市场细分、个性化推荐和实现精准营销的重要工具。它旨在能够很好地描述消费习惯或特定偏好的消费者属性，这些属性既可以是人口变量（如性别、年龄、收入、职业等），也可以是行为变量（如搜索引擎日志、反馈数据）。每个具体的画像群体代表着特定的细分市场，可以帮助企业更好地了解消费者的需求、动机，从而采用正确的营销沟通方式。在营销领域，消费者画像是在已知事实和数据的基础上，通过数据模型整理出每个消费者相对完整的档案。消费者画像是消费者信息标签的集合，是关于消费者不同类型行为、数据所反映的总体特征的集合。一个典型的消费者画像往往包括以下几个方面。

（1）人口变量：年龄、性别、收入、受教育程度等。

（2）心理变量：休闲偏好、美食偏好、设备使用、购买力等。

（3）行为变量：线上行为变量（网站浏览行为、邮件使用、搜索行为等）、线下行为变量（出行规律、差旅习惯、购物场所等）、社交行为变量（社交人群、社交软件使用等）。

案例 6-2　　　　　　　　　　"情侣苹果"畅销的背后

圣诞节那天，一位老妇人在某高校俱乐部门前摆了一个苹果摊，因天寒地冻，问者寥寥。后来，在一位热心教授的建议下，她买来红彩带，将苹果两个两个扎在一起，并大声叫卖："卖情侣苹果啦！两元一对！"路过的一对对情侣对此很感兴趣，他们很喜欢"成双成对"的祝福，两筐苹果很快卖光了。

"情侣苹果"给人以新鲜感，用红彩带将两个普通的苹果扎在一起并称为"情侣苹果"，对很多喜欢过圣诞节的年轻人十分具有吸引力，使苹果在不易销售的大冷天也很畅销。"两元一对"给人以受惠感，扎在一起也解决了一次只买两个"单独的"苹果所带来的麻烦，不必过秤也不必讨价还价。挑选好苹果后，只需支付两元即可离开，有情趣的人甚至可能一边与同伴讨论苹果一边品尝。

资料来源：编辑部. 情侣苹果[J]. 现代商业，2009（1-2）：97.

要领与启示：

成双成对的情侣给了教授灵感，其对产品的定位十分巧妙，用红彩带将苹果两个一扎，称为"情侣苹果"，对情侣十分具有吸引力。这就是一个成功进行目标市场定位营销的案例。在当前竞争激烈的环境下，吸引消费者光顾成为每个企业关注的话题、了解消费者的兴趣不仅需要智慧，还需要创新的勇气和胆识。与其坐以待毙，不如审时度势地做出改变，要知道，吸引消费者和迎合消费者同样重要。

6.1.3　组织市场细分

组织市场细分和消费者市场细分有许多相似之处。组织市场细分的主要特征是既专注于组织，又关注组织内部的购买者个体，以及组织购买决策的其他相关者。我们可以根据地理变量、人口变量（行业、企业规模）、追求的利益、使用频率、忠诚度等对组织市场进行细分，同时还需考虑其他变量，如组织经营模式、采购方法、形势因素和采购人员的个人特征等。

1. 组织市场的细分变量

几乎所有的企业都服务于组织市场，如家具公司、文具公司和快餐公司等，可能面对众多的客户，如政府、学校、医院、法院、宾馆等。这些客户对产品的需求有较大的差异。为了更好地服务客户，赢得市场优势，企业需要对其进行细分，并根据不同细分市场的特点提供合适的产品。博纳玛和夏皮罗提出了生产者市场的细分变量（见表6-1），人口变量最为重要，其次是经营变量。

表6-1　生产者市场的细分变量

细分变量	具 体 内 容
人口变量	行业：我们应把重点放在哪些购买此类产品的行业上？ 企业规模：我们应把重点放在何种规模的企业上？ 地理位置：我们应把重点放在哪些地区
经营变量	技术：我们应把重点放在客户特别关注的哪些技术上？ 使用频率：我们应把重点放在经常使用产品的客户、偶尔使用产品的客户身上，还是从未使用过产品的客户身上？ 客户需求：我们应把重点放在需要很多服务的客户身上，还是只需少量服务的客户身上

续表

细分变量	具体内容
采购方法	采购组织：我们应把重点放在采购组织高度集中的企业上，还是采购组织相对分散的企业上？ 权力结构：我们应侧重工程技术人员占主导地位的企业，还是财务人员占主导地位的企业？ 与顾客的关系：我们应选择现在与我们关系牢固的企业，还是选择理想的企业？ 总的采购策略：我们应把重点放在乐于采用租赁、服务合同、系统采购的企业上，还是采用密封投标等贸易方式的企业上？ 购买标准：我们应选择追求高质量的企业、重视优质服务的企业，还是注重性价比的企业
形势因素	服务要求：我们是否应把重点放在那些要求迅速交货或提供服务的企业上？ 特定用途：我们应将力量集中在本企业产品的特定用途上，还是将力量平均分配到各种用途上？ 订货量：我们应侧重大量订货的客户，还是少量订货的客户
个人特征	购销双方的相似点：我们是否应把重点放在那些价值观与本企业相似的企业上？ 对待风险的态度：我们应把重点放在敢于冒风险的客户身上，还是不愿冒风险的客户身上？ 忠诚度：我们是否应选择对本企业产品非常忠诚的客户

表 6-1 列出了营销人员在确定其细分市场时应该考虑的问题。例如，一家轮胎企业首先应当确定为哪些行业服务。它可以向汽车制造商及卡车、农用拖拉机、铲车公司销售产品。企业应根据选择的目标行业进一步进行细分，对大客户和小客户分别制订计划。

细分市场的常用依据有产品、技术、采购原则、决策过程及买卖双方的关系等。尽管深入收集、比较和分析信息是很耗时间的且有时很难做到，但是这些步骤能帮助企业更准确地了解客户的特定需求，从而制定更有效的营销组合策略并赢得客户。在对组织市场进行细分时，企业还应当注意以下问题：①客户的购买策略；②不同客户对风险的不同看法；③购买者对风险的基本评估和态度；④客户所受到的环境影响。

2．组织市场的混合变量

由于没有一个单独的变量能够确保营销人员成功细分组织市场，因此生产者市场常采用一种综合的市场细分方法——序列细分法。它与消费者市场中将几个变量综合运用类似，但其细分过程通常是基于一个主要变量，然后逐步深入细分。

例如，一家纺织原料生产企业可首先根据最终用户这一变量来进行市场细分，把重点放在沙发制造企业上；其次，该企业可把重点放在年销售额在 6 000 万元以上的沙发制造企业上；最后，该企业可把重点放在年销售额在 6 000 万元以上，并且希望购买高质量、价格适中纺织原料的沙发制造企业上。纺织原料生产企业的市场细分如图 6-1 所示。

第一阶段（最终用户）：沙发制造企业
第二阶段（销售额）：年销售额在 6 000 万元以上的沙发制造企业
第三阶段（寻求利益）：年销售额在 6 000 万元以上，并且希望购买高质量、价格适中纺织原料的沙发制造企业

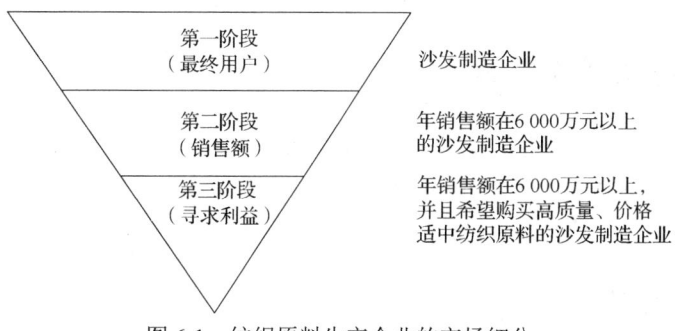

图 6-1 纺织原料生产企业的市场细分

6.1.4 市场细分的原则

无论是消费者市场还是组织市场，企业在实施市场细分时都可选择不同的变量。因此，在同一市场中，可能存在多种市场细分方案，但有效的市场细分应当具备一定的条件，否则可能毫无意义。

1. 可衡量性

可衡量性是指有关细分市场特征的数据资料，如市场的范围、规模、购买力和分布情况，应该能够衡量和推算。以冰箱市场为例，在注重产品质量的情况下，有多少人注重价格，有多少人注重耗电量，有多少人注重外观或注重多种特性。虽然获取和量化这些资料比较复杂，但只有这样才能判断和识别每个细分市场，帮助企业做出有效的营销决策。如果无法明确界定和测量市场的大小，市场细分就失去了意义。

2. 可进入性

可进入性是指企业有能力克服各种壁垒和障碍，顺利进入所选择的细分市场并为其提供服务。可进入性受企业所处的营销环境和自身资源的影响。毫无疑问，企业只有具备可进入细分市场的条件，才能通过有效的经营活动在市场中站稳脚跟，扩大市场份额，并最终取得竞争优势。

3. 可营利性

可营利性是指所选择的细分市场有足够的需求量且有一定的发展潜力，能够确保企业长期稳定的利润。如果对企业的产品而言，细分市场的规模太小，销售量有限，那么它不是合适的细分市场。例如，对年产百万辆以上的汽车公司来说，专门为身高 1.5 米以下的人设计和制造汽车可能得不偿失。

4. 可区分性

细分市场在概念上应该能够被明确区分，并对不同的营销组合方案有不同的反应。如果已婚与未婚女性对香水销售的反应基本相同，就不应对这两个群体进行市场细分。

5. 相对稳定性

市场细分的主要变量在经营周期内应保持相对稳定。如果这些变量变化太快或变动幅度太大，细分市场就会变得动荡不安，可能会导致市场的分裂和重组。企业可能尚未实施其营销方案，目标市场就已发生了翻天覆地的变化。

请扫码阅读资料"反细分战略"（线上资源 6-6）。

6.2 目标市场的选择

在市场细分的基础上，企业需要描述各个细分市场的特征，认真评估各个细分市场，根据自己的营销目标和资源条件选择合适的目标市场。只有这样，企业才能制定适当的营销战略，进而发挥市场细分和目标市场营销的积极作用。

6.2.1 细分市场描述

在进行细分市场描述时需要找到关键因素，并以清晰易懂的方式将可供选择的细分市场呈现给决策者，以便他们能够做出正确的决策。细分网格是一种有效的方法，通过网格形式将关键的成功因素和市场状况列出，并结合顾客对这些因素的认知来描述各细分市场的特征，从而帮助决策者对各细分市场形成清晰的认识。图 6-2 所示为发动机市场细分网格。

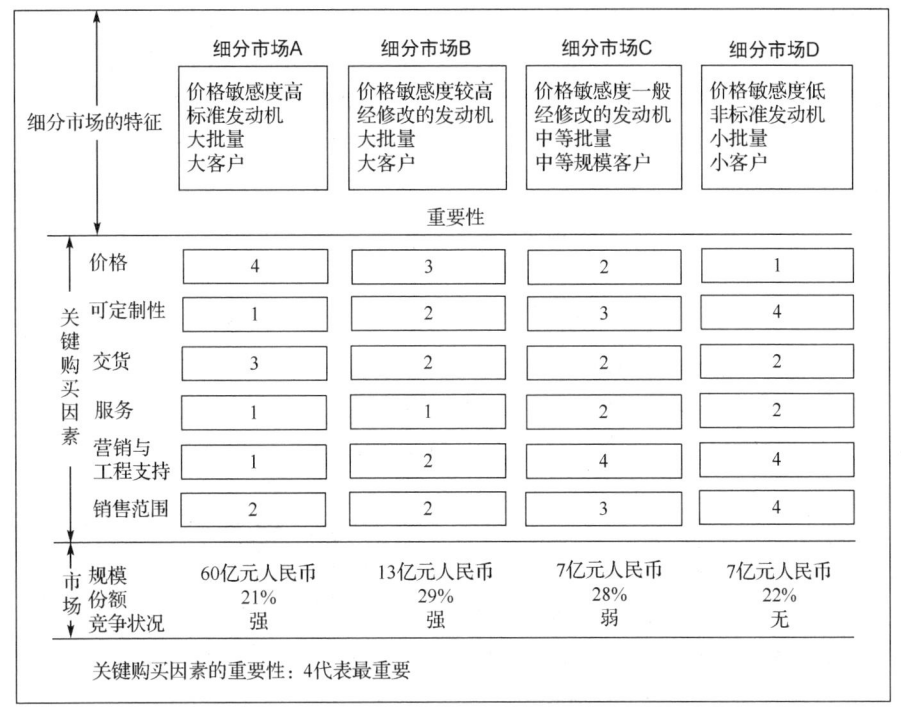

细分市场的特征	细分市场A	细分市场B	细分市场C	细分市场D
	价格敏感度高 标准发动机 大批量 大客户	价格敏感度较高 经修改的发动机 大批量 大客户	价格敏感度一般 经修改的发动机 中等批量 中等规模客户	价格敏感度低 非标准发动机 小批量 小客户
	重要性			
价格	4	3	2	1
可定制性	1	2	3	4
交货	3	2	2	2
服务	1	1	2	2
营销与工程支持	1	2	4	4
销售范围	2	2	3	4
规模	60亿元人民币	13亿元人民币	7亿元人民币	7亿元人民币
份额	21%	29%	28%	22%
竞争状况	强	强	弱	无

关键购买因素的重要性：4代表最重要

图 6-2　发动机市场细分网格

6.2.2　目标市场确定

细分市场的描述主要关注各子市场的客观情况，一个细分市场能否作为企业的目标市场，还要根据其他条件和因素加以评估。

1. 细分市场评估

细分市场评估需要综合衡量细分市场在规模和潜力、吸引力、与企业目标的一致性和拥有的资源等方面的表现。

（1）细分市场的规模和潜力。适度的规模是相对于企业而言的。大型企业可能偏好销售量很高的细分市场，而对销售量低的细分市场不感兴趣；小型企业由于实力较弱，则会有意避开较大规模的细分市场。市场潜力关系到企业销售额和利润的增长，但极具发展潜力的市场也常常是竞争者激烈争夺的目标，这会影响企业在该市场中获利。

（2）细分市场的吸引力。一个细分市场吸引力的大小是企业是否进入该市场的决定性因素之一。在评估细分市场的吸引力时，常采用迈克尔·波特的"五力"模型。决定一个市场或一个细分市场长期盈利潜力的因素有五个：竞争者、潜在进入者、替代品、购买者和供应者。在一个细分市场中，如果有众多实力相当的竞争者，或者该市场已有多家颇具实力的竞争企业，那么该细分市场的吸引力就较低。潜在进入者既包括其他细分市场的同行，也包括当前不在本行业经营的企业。如果一个细分市场容易进入，那么它的吸引力也会降低。替代品从某种意义上限制了该细分市场的潜在收益。替代品的价格越具有吸引力，该细分市场实现盈利的可能性越小，其吸引力也会降低。购买者和供应者对细分市场的影响体现在其议价能力上。如果购买者的议价能力强，或者供应者有能力提高产品价格或降低所提供产品的质量，那么该市场的吸引力会降低。

（3）与企业目标的一致性和拥有的资源。在选择目标市场时，企业还应考虑自身的目标和拥有的资源。尽管某些细分市场有吸引力，但如果它们与企业的长期目标不一致，那么进入这些市场也无助于实现企业目标，甚至会分散企业的资源。此外，只有拥有充足的资源，企业才能在市场竞争中占据有利地位。因此，即使某细分市场符合企业的目标，企业也必须具备在该市场上取得成功所需的各种资源，否则该细分市场也不适合作为目标市场。

2. 确定目标市场时应注意的事项

在进行具体决策时，除了考虑细分市场的规模和潜力、吸引力、与企业目标的一致性和拥有的资源，企业还应注意以下事项。

（1）以差别优势抢占先机。在市场竞争中，企业应当针对目标市场的变化特点，抢先设计新产品，抢先投入生产，以抢占市场先机。企业在制定目标市场竞争战略时，应当注意分析自己相对于竞争者的差异化优势，以便能够用自身优势攻击竞争者的弱点。企业需要确定核心战略和策略，并通过放大差异化优势，同时与其他战略、策略相辅相成，形成有机整体，从而实现整体竞争效能的最大化。

（2）立足长远与及时应变。在目标市场中，企业应具备战略思维，从动态的环境中把握未来的发展方向和趋势，根据长期目标选择现实的目标市场，力争站得更高、看得更远，不计较一时的得失，注重深谋远虑，正所谓"不畏浮云遮望眼，自缘身在最高层"。市场变化快速，只有持续关注和研究市场，充分了解和把握需求的动态变化趋势，适时调整经营方向和竞争策略，才能在竞争日趋激烈的市场中取得主动权和优势。

（3）市场集中与分散。大多数企业，尤其是中小型企业，信奉市场集中的原则，在可能的目标市场中选择一个投入企业的全部力量。由于市场能力、生产规模、市场占有率的限制，集中力量于单一目标市场有助于企业更好地了解市场状况和顾客需求，减少分散经营的支出和管理费用，建立强有力的市场地位，获得良好的声誉，并有可能获得超过行业平均利润的收益。实力雄厚的企业可以覆盖多个细分市场，发挥其资源优势，分散风险，提高利润空间和盈利能力。市场选择的五种模式如图6-3所示。

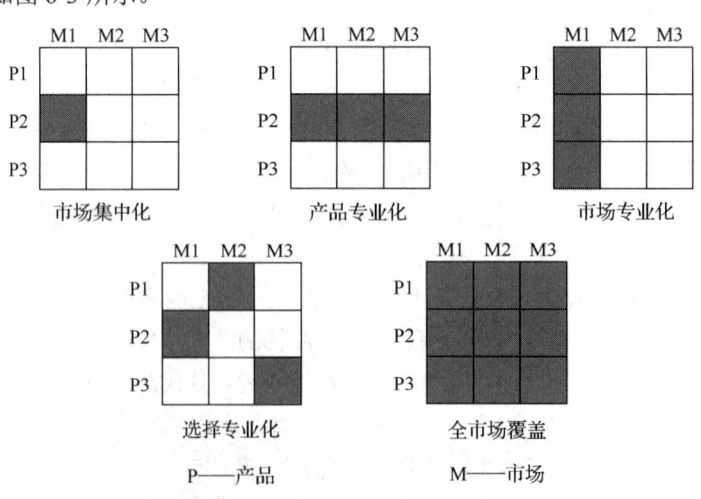

图6-3 市场选择的五种模式

（4）稳中求变。目标市场具有相对稳定的特征，一旦确定了目标市场，企业就需要投入人力、物力和财力,实施目标市场营销战略,更好地满足顾客需求,建立企业和产品的信誉,提高市场份额,稳固市场地位。此外,企业还应当不断开拓和创新市场,因为企业的目标市场会随着市场需求的变化而变化。因此,目标市场的决策不是一成不变的,市场细分应当定期进行,这样才能发现机会并把握住机会。

案例 6-3　　　　　　　　汇源集团:从果汁饮料市场中获得新生

在碳酸饮料盛行的20世纪90年代初,汇源集团就开始专注于各种果汁饮料市场,因为汇源集团看到了其中的商机。中国果汁饮料行业正处于快速发展的历史机遇期。全国人均果汁年消费量远远低于发达国家。根据国际社会发展经验,在人均年收入达到1 000美元之后,人们对食品的数量需求得到满足,开始对口味、营养和品种提出更高的要求。越来越多的人开始倾向选择健康饮品,果汁作为健康饮品的重要组成部分,尤其受消费者青睐。此外,中国传统饮食理论认为食补胜于药补,果汁的医疗保健作用开始被广泛认可。在碳酸饮料、矿泉水、茶饮料的竞争过程中,饮料的健康功能不断增强。按照这一规律,天然果汁饮料自然会十分受欢迎。

虽然当时国内已经有一些小型企业开始零星生产和销售果汁饮料,但大部分由于起点低、规模小而难以有所发展。汇源集团看准机会,在全国率先大规模进入果汁饮料行业,并采用先进的生产设备和工艺,获得了那些小型果汁饮料企业无法比拟的优势。"汇源"果汁充分满足了人们对营养健康的需求,汇源集团凭借其100%纯果汁、专业化的"大品牌"战略和令人眼花缭乱的新产品占领了较大的市场,推出了鲜桃汁、鲜橙汁、猕猴桃汁、葡萄汁、木瓜汁、蓝莓汁、酸梅汁等产品,并对果汁饮料行业进行了市场细分。经过几年时间,汇源集团跃升为知名的饮料生产企业,其销售收入、市场占有率、利润等均名列前茅,成为果汁饮料市场的领导者。

资料来源:[1]张浩."汇源"不要"竭源":深度市场细分时代的"汇源"品牌复兴策略[J].农产品市场周刊,2006(38):30-34.

[2]周春兵.从汇源果汁谈深度动态市场细分[J].市场营销导刊,2004(8):62-63.

要领与启示:

汇源集团面对变化快速的市场环境,持续关注和研究饮料市场,充分了解和把握行业动态,特别是营养健康趋势。通过适时调整经营方向和竞争策略,并迅速推出新的果汁饮料,汇源集团抢占了市场先机。它有效地利用了相对于竞争者的差异化优势,最终在竞争日趋激烈的市场中获得了主动权和优势。

6.2.3　具体的目标市场营销战略

目标市场指企业选择为其服务的、具有相似需求或特征的消费者群体。在选择具体的目标市场营销战略时,企业要考虑多方面因素,以确保选择的战略既与企业的资源匹配,又适合产品的可变性程度。常见的目标市场营销战略有无差异性营销战略、差异性营销战略和集中性营销战略,如图6-4所示。

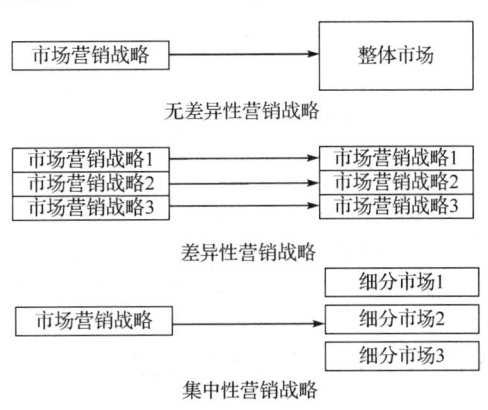

图6-4　常见的目标市场营销战略

1. 无差异性营销战略

企业把整体市场看作一个大目标市场，不进行细分，用一种产品、统一的市场营销组合对待整体市场，这种战略叫作无差异性营销战略。

实行该战略的企业一般基于两种不同的指导思想。一种是从传统的产品观念出发，强调需求的共性，不重视需求的差异。因此，企业为整体市场生产标准化产品，并实行无差异性营销战略。在20世纪60年代前，美国可口可乐公司一直实行无差异性营销战略，以单一的品种、标准的瓶装和统一的广告宣传内容，长期占领世界非酒类饮料市场。在大批量生产、销售的产品导向时代，大多数企业采用无差异性营销战略经营。另一种是企业经过市场调查，认为人们对某些特定产品（如食盐）的需求大致相同或差异不大，因此可以采用无差异性营销战略。从这个意义来讲，无差异性营销战略符合现代市场营销理念。

采用无差异性营销战略的最大优势是成本较低。大批量生产、销售必然会促使产品单位成本降低；无差异的广告宣传可以节省促销费用；不进行市场细分相应地减轻了市场调研、产品研发及制定多种市场营销战略等带来的成本压力。

但是，无差异性营销战略对市场上很多产品是不适宜的，因为消费者的需求和偏好十分复杂，某个产品或品牌受到市场普遍欢迎的情况很少。即使某个产品或品牌能一时赢得某一市场，如果竞争者都效仿，也会造成市场上局部竞争非常激烈，而其他部分的需求不能得到满足的局面。

2. 差异性营销战略

差异性营销战略把整体市场划分为若干需求大致相同的细分市场，然后根据企业的资源及营销实力，为各个细分市场制定不同的市场营销组合策略。或者说，企业采用多个市场营销组合策略，不同的市场营销组合策略服务于不同的细分市场。

采用差异性营销战略的最大优势是有针对性地满足具有不同特征的消费者群体，提高产品的竞争力。然而，这种战略会由于产品品种、销售渠道、广告宣传的多样化，导致市场营销费用大幅度增加。可见，差异性营销战略的优势也是它的劣势，因此只有同时提高销售量，该战略才有意义。

3. 集中性营销战略

集中性营销战略是将整体市场划分为若干细分市场后，只将其中一个或少数细分市场作为目标市场，并制定相应的市场营销组合策略，实行集中营销。其指导思想是把人、财、物集中在某个细分市场上或几个性质相似的小型市场归并而成的细分市场上。采用此战略的企业不追求在较多的目标市场上获得较小的市场份额，而是追求在少数目标市场上获得较大的市场份额。

集中性营销战略又称"弥隙"战略，是弥补市场空隙的意思。它适合资源较少的小型企业。若这些小型企业与大型企业硬性抗衡，那么无异于以卵击石。如果市场集中，小型企业可以节省大量的营销费用并增加盈利，同时由于生产、销售渠道和促销的专业化，也能更好地满足特定消费者的需求，从而取得优越的市场地位。

这一战略的不足之处在于企业承担的风险较大。如果目标市场的需求突然发生变化，目标消费者的兴趣随之变化，或者市场上出现了强有力的竞争者，企业就可能陷入困境。

6.2.4 目标市场营销战略的选择

在选择目标市场营销战略时，需要综合考虑企业的资源、产品的同质性、产品的生命周期阶段、市场的特征、竞争者的战略等。

1．企业的资源

企业的资源能够反映企业在研发、生产、技术、销售、管理和资金等方面的综合实力。如果企业的资源雄厚且市场营销管理能力较强，则可选择差异性营销战略；如果企业的资源有限，则宜选择集中性营销战略或无差异性营销战略。

2．产品的同质性

同质性产品主要是一些初级产品，如粮食、石油、钢材、铁矿石等，虽然产品在品质上或多或少存在差异，但顾客一般不加以区分或难以区分。因此，同质性产品的竞争主要表现在价格和提供的服务上。该类产品适于采用无差异性营销战略。而对于服装、化妆品、汽车、家用电器等顾客具有异质性需求的产品，可根据企业的资源情况，采用差异性营销战略或集中性营销战略。

3．产品的生命周期阶段

新产品上市时往往会将较单一的产品投放市场，产品的价格和销售渠道呈单一化的特点，因此新产品在引入阶段可采用无差异性营销战略。产品进入成长或成熟阶段之后，竞争加剧、同类产品增加，若继续采用无差异性营销战略就难以奏效，所以应调整为差异性营销战略或集中性营销战略。

4．市场的特征

如果顾客的需求、偏好较为接近，对市场营销刺激的反应差异不大，可采用无差异性营销战略；反之，则应采用差异性营销战略或集中性营销战略。

5．竞争者的战略

如果竞争者采用无差异性营销战略，那么企业选择差异性营销战略或集中性营销战略有利于开拓市场，提高竞争力。如果竞争者采用差异性营销战略，那么企业不应以无差异性营销战略与其竞争，而应选择对等的或更深层次的集中性营销战略。

6.2.5 目标市场营销战略的实施

在为目标市场确定好营销战略之后，战略实施也不容忽视，只有灵活实施和严格控制战略的实施，才能更好地应对环境的变化，最终形成竞争优势。具体而言，目标市场营销战略的实施应注意以下两个方面的问题。

1．细分市场之间的联合与归并

当企业实施差异性营销战略、选择若干细分市场作为目标市场时，应密切关注各细分市场之间的关联性。根据某些细分市场在原材料采购、制造设备及销售渠道方面的共性，可将其重新归并为新的细分市场，其销售场所的装饰、仓储等成本会随着产品品种或数量的增多而降低。

2．有计划、有步骤地进入细分市场

当企业确定将若干细分市场作为目标市场后，应有计划、有步骤地进入各个细分市场。当然，进入细分市场的步骤和顺序并不是一成不变的，在很大程度上应视竞争者的战略而定。这对企业有两点好处。一是可以减少竞争。企业可以发挥自身的优势，集中力量进入竞争者尚未进入或自身具有优势的细分市场,对单一细分市场进行集中营销,大大提升获胜的可能性。二是可以减少风险。企业基于在第一个细分市场获胜的经验,可以对第二个细分市场灵活地采用专业化的战略,如此逐步推进,使自身稳步发展。

6.3 市场定位

1972年,广告经理艾尔·里斯和杰克·特劳特率先提出"市场定位"的概念。他们认为,定位是对现有产品的创新实践,是根据潜在顾客的心理采取的行动,即让产品在潜在顾客的心中占据一个适当的位置。

6.3.1 市场定位的内涵

市场定位是指企业根据竞争者的产品在市场中所处的位置,根据顾客对某产品的重视程度与需求状况,以及自身的条件及产品在市场中所处的位置,塑造本企业产品独特的个性或形象,进而通过特定的营销模式,使顾客接受产品,确定本企业及产品在目标市场中的位置。简单而言,市场定位就是确定产品在市场中适当位置的过程。表6-2所示为市场定位示例。

表6-2 市场定位示例

企业/品牌	产品类别与差异化途径	市场定位
乐百氏	纯净水;经过27层净化	"乐百氏纯净水经过27层净化"的宣传为其品牌的"纯净"提供了一个有力的支持点,给人"很纯净,可以信赖"的印象,如今可以说是家喻户晓
舒肤佳	清洁剂;通过"内含抗菌成分'迪保肤'"的实验,证明产品可以让人们把手洗干净	提出"除菌"的概念,以"除菌"为轴心,力求做到"有效除菌护全家",如今已在市场上占据了一席之地
采乐	去头屑药物;通过杀灭真菌清除头屑	"普通洗发水只能洗掉头发上的头屑,采乐则从杀灭真菌入手,针对根本",在洗发水领域中地位颇高

因此,市场定位的实质是使企业与行业中的其他企业区分开来,使顾客能够明显地感觉到差异,从而给顾客留下特殊的印象,通过影响顾客的心理,增强产品的竞争力。产品定位、竞争性定位是与市场定位密切相关的概念。产品定位是指企业的产品在目标市场中与竞争者的产品相比所处的位置;竞争性定位则强调在目标市场中,企业和竞争者的产品及市场营销组合之间的不同之处。

6.3.2 市场定位的步骤

顾客对竞争产品的感知、印象在吸引其购买和维持企业的竞争地位上具有重要的作用。正确的市场定位通常建立在市场营销调研的基础上,因此应当全面了解影响市场定位的各种因素。

1. 影响市场定位的因素

在进行市场定位时,应综合考虑竞争者、顾客和企业自身三个方面的因素。

(1)竞争者的定位。要密切关注竞争者的产品定位,包括产品特色和在顾客心中的形象,并评估竞争者的优势。

(2) 顾客对产品的评价标准。要弄清顾客对所要购买产品的主要偏好，以及他们评价产品优劣的依据。一般来说，顾客对不同产品的评价标准是不同的。例如，对于空调，顾客主要关注的是功能、质量、价格、能耗、款式；对于饮料，顾客主要关注的是口味、价格、营养。

(3) 企业在目标市场中的潜在竞争优势。企业要确认自身在目标市场中的潜在竞争优势。通常，企业的竞争优势体现在成本领先和差异化两个方面。成本领先指的是企业能够以比竞争者更低廉的价格销售相同质量的产品，或者以相同的价格销售更高质量的产品。差异化则是指企业的产品在质量、功能、品种、规格、外观、品牌、服务等方面具备独特优势，且与顾客需求相匹配。为了实现这一点，企业应当深入了解目标市场的需求特点及这些需求被满足的程度，这是取得竞争优势、实现产品差异化的关键。

2. 市场定位的具体步骤

市场定位的具体步骤包括确定产品定位的依据、分析目标市场的竞争状况和确定本企业产品的市场位置。下面以 H 企业要进入冰箱市场为例，说明市场定位的具体步骤。

(1) 确定产品定位的依据。通过市场调查，H 企业了解到顾客最关注的是产品的功能与价格，因此可以依据产品的功能与价格绘制市场定位图，如图 6-5 所示。

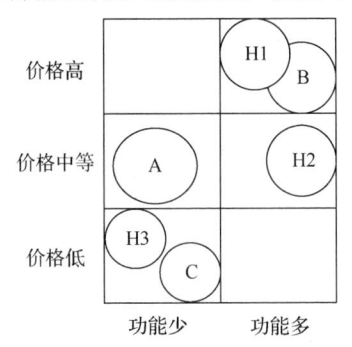

图 6-5 依据功能与价格绘制的市场定位图

(2) 分析目标市场的竞争状况。H 企业应将现有竞争者的状况在市场定位图中展示出来。通过市场调查了解到，该市场上已有 A、B、C 三个生产商。可以用圆圈表示 A、B、C 三个生产商，圆圈的大小代表它们的产品销售量，圆圈的位置则反映它们在市场中的区位和产品特色。生产商 A 生产的是价格中等、功能少的产品，其市场规模最大；生产商 B 生产的是价格高、功能多的产品；生产商 C 生产的是价格低、功能少的产品，其市场规模最小。

(3) 确定本企业产品的市场位置。在分析目标市场的竞争状况之后，H 企业就可以将竞争者的产品、成本、促销、服务等进行对比，根据本企业的条件来判定竞争优势，选择合适的市场定位战略，做出正确的市场定位决策了。

由图 6-5 可知，如果市场上对价格高、功能多的冰箱需求多，并且本企业比生产商 B 的实力强，能开发出功能更多的产品，则可以采用 H1 定位方案；如果本企业能以较低的成本生产出具有较多功能的产品，则可以采用 H2 定位方案，因为在这个市场上没有竞争者，较易获得成功；如果在有利可图的市场中，有与现有竞争者共同满足同一市场部分需求的可能，则可以采用 H3 定位方案。

市场定位应该根据具体情况来确定，在不同的情况下可以采用不同的方案，即使在相同的情况下，也有多种方案可供选择。因此，企业需要正确运用定位策略来进行布局。

6.3.3 市场定位的战略

市场定位作为一种竞争战略,展示了一款产品或一家企业与类似的产品或企业之间的竞争关系。若市场定位的战略不同,则竞争态势也不相同。

1. 避强定位

避强定位指的是避开与强有力的竞争者直接对抗,选择需求的"空隙",填补市场"空白",通过发展目前还没有的某种特色进行定位,如图 6-5 中的 H2 定位方案。其优点是能够迅速在市场上站稳脚跟,并在顾客心中树立一种独特的形象。由于市场风险较小、成功率较高,这种定位策略常被企业采用。其挑战在于发现真正具有战略意义的需求"空隙",突出产品的特色,确保在技术和经济上可行,以获得更多顾客的认可和喜爱。

2. 迎头定位

这是一种与在市场上占据支配地位的最强竞争者"对着干"的定位战略,在图 6-5 中,如果 H 企业选择与实力强大的生产商 A 相同的市场,其采用的就是迎头定位战略。显然,迎头定位战略有时会带来风险,但很多企业认为可以激励自身进步,一旦成功,将会获得巨大的市场优势。例如,可口可乐与百事可乐在碳酸饮料市场上的竞争,以及波音与空中客车在民航市场上的竞争等。实行迎头定位策略时,应当知己知彼,特别是要清楚自己的实力,不一定要压垮对方,只要能够平分秋色就算是取得了成功。

一般来说,采取迎头定位战略需要考虑以下几点:①形成的市场及其潜力可否容纳两家或两家以上直接对抗的企业;②企业是否拥有比竞争者更充裕的资源等;③企业能否以比竞争者低的成本提供质量更优的产品;④定位与企业一贯的形象、品牌声誉、能力等是否匹配。

3. 重新定位

重新定位指的是对销量低、市场反应差的产品进行二次定位,旨在摆脱困境,重新获得增长与活力。企业面临的困境可能源于企业决策失误,也可能是竞争者有力反击或出现了新的强有力的竞争者造成的。不过,有时重新定位并非因为企业已经陷入困境,也可能是因为产品的销售范围意外扩大。例如,一款专为青年人设计的服装也受到了中老年人的欢迎,那么这款服装就需要被重新定位。

是否必须进行重新定位,企业通常需要考虑以下两点:①重新定位的成本,即改变原有的定位并建立新形象所需投入的资源和费用;②重新定位的效益,即新特色、新形象可能带来的效益,这取决于重新定位能够吸引的顾客及其购买力、竞争者的数量与实力及潜在顾客的价格承受能力等。

企业的市场定位应当是一个动态的过程,需要根据新的环境、需求、企业战略不断进行调整。但要避免定位频繁变动,以免新定位与原有定位发生冲突。假如企业原本生产的是做工精致、质量上乘的高档手表,并且其经典而时尚的设计被消费者视为身份、地位的象征。如果企业转而生产低档手表,力图争夺低价市场,那么原有产品的形象可能会受到损害,从而陷入"赔了夫人又折兵"的不利境地。

6.3.4 差异化定位的途径

差异化定位指的是着力宣传那些能够对目标市场产生重大影响的差异,以确立企业产品或品牌在顾客心中的独特位置。

1. 差异化定位的总体决策

企业既可以选择单一差异化定位，也可以选择多重利益差异化定位，这取决于具体情况。

（1）单一差异化定位。单一差异化定位使企业更容易与目标市场沟通，同时有助于员工对企业目标的清晰理解，从而更容易实现组织的定位重点。这种定位的关键在于长期坚持，确保差异在较长时间内保持一致，并选择一个能够成为"第一"的差异点，最好是"独一无二"的。

（2）多重利益差异化定位。当两家或更多企业都宣传自己在某一属性上表现最好，或者当各种利益点（如良好的质量、安全的特点等）已经成为市场准入的必要条件时，以多种利益定位就变得尤为重要。通过这种方式，企业可以在目标细分市场中找到新的空缺。例如，沃尔沃汽车曾同时定位为"最安全"和"最耐用"，因为安全性和耐用性通常被认为是相容的；高露洁牙膏则强调"加氟加钙"，使牙齿"更坚固、更洁白"。需要注意的是，企业推出的差异不宜过多，以免降低可信度并模糊产品定位。

2. 产品差异化定位的途径

差异化定位需要体现在产品上。为了确定具体的产品差异，需要考虑几个因素：产品差异对目标顾客的重要性、企业实施产品差异的能力、所需时间、竞争者的模仿能力等。基于这些因素，企业应做出相应的决策，选择那些真正能够增加企业竞争优势的产品差异。

（1）产品导向。根据产品和服务的特点来设计定位，广告创意、诉求和表现方式都应围绕品牌的定位展开。例如，在洗发水市场中，洗发水本身兼具感性和理性的特质，品牌有飘柔、海飞丝、潘婷、力士等，每个品牌都有独特的市场定位，且主要以产品特点为导向。

以大宝化妆品公司为例，尽管其在实力和研发能力上不及许多欧美国际化化妆品公司，但它在市场上依然长盛不衰。这主要是因为该公司在特定领域的竞争对手少。它较早推出的 SOD 蜜产品，面向工薪阶层市场，其需求特点是经济实惠。该公司通过其独特的产品特点——"吸收特别快，适合普通人的大宝"，牢牢占据了工薪阶层这一市场细分领域。

（2）目标市场导向。目标市场导向以消费者为核心，首先需要了解消费者希望得到什么样的利益，然后明确企业能够提供哪些产品和服务来满足这些需求。

维珍集团在进入竞争激烈的美国电信市场时，曾受到市场分析家的质疑，因为它既没有电信行业的背景，也没有电信巨头的资金实力和良好的客户基础。然而，维珍集团通过研究 16~18 岁的消费者市场，发现现有电信供应商不能很好地满足这一目标客户群体的需求。通过与客户沟通，维珍集团选择提供音乐下载、黑名单铃声、取消最低值套餐等特色服务，并以新颖的宣传方式，迅速赢得了年轻客户的青睐。

（3）情感心理导向。情感心理导向是一种基于人们心理需求的定位策略，超越了单纯的产品利益导向。这种导向关注顾客的情感和心理需求。例如，一块普通的手表可能不会引起特别关注，但是如果它是一对情侣表中的一块，那么这块手表的情感价值就会显著提升。又如，男性产品通常传递成功、睿智、稳健等契合男性需求的情感诉求。

洋河蓝色经典的广告词"世界上最宽广的是海，比海更高远的是天空，比天空更博大的是男人的情怀"，不但巧妙地将产品与蓝色经典系列联系起来，而且激发了包容万物的情怀，与成就伟业的男人梦想相呼应。此广告语成功地采用了情感心理导向，契合了目标客户的情感需求。

（4）竞争导向。有的企业在推出新产品时，产品本身在功能和特点上并没有很大的变化，但在营销定位上赋予了产品和品牌新的概念，成功激发了消费者的购买欲望。由于市场上竞争品牌众多，消费者对某一产品的忠诚度较低，他们容易被其他企业的新产品和新颖的广告吸引。为了应对这种多变的消费行为，企业需要不断推出新产品，促使他们继续购买。

潘婷从第一代产品强调含有维生素 B_5 开始，不断推出升级版洗发水。无论是增加维生素种类、改良配方，还是让粗糙的头发顺滑或使脆弱的头发强韧，每一代新产品都激发了消费者想要尝试的欲望。

（5）利益导向。消费者往往因为产品和品牌能给自己带来利益而购买，因此营销人员可以针对消费者的利益来制定策略。利益既可以是产品利益，也可以是品牌利益。产品利益是指产品如何满足消费者的需求，而品牌利益主要是消费者获得的心理感受，如消费者感到很有品位、有档次、能够体现身份等。服务水平的高低是品牌形象的重要标志，优质的服务也可能是消费者追求的利益点。

（6）激情导向。激情导向的定位方式常见于饮料、运动产品，以及方便食品等领域，这些品牌给人们呈现的是活力和激情。相比之下，一些品牌未能有效塑造其特征和个性，虽然这些品牌可能付出了努力，但结果只"混了个脸熟"，而没有在消费者心中树立起形象，导致消费者缺乏对产品和品牌的认同感。

（7）价值导向。在现代社会，许多产品本身的差异并不大，其使用价值也越来越相似。因此，要突出产品之间的差异，主要需要从与产品相关的无形方面入手，满足消费者在精神和心理上的需求。以价值为导向的定位实际上是在满足消费者的消费心理。消费者对品牌的偏好往往不是因为产品本身能够给他们带来什么利益，而是产品给人的心理感受，即品位与个性的结合。要想满足消费者对品牌追求的"虚荣"心理，塑造品牌概念和突出品牌价值至关重要。

3. 其他定位途径

综合营销咨询专家迈克尔·特里西（Michael Treacy）和弗雷德·威尔西马（Fred Wiersema）提出的定位观点：企业要想使其产品在市场中保持领先地位，需要从不同的方面寻求突破。

（1）加强现有定位。下面用一个例子来说明。在汽车租赁行业中，Hertz 公司一直处于领先地位，Avis 公司并不回避这一事实，而是将自身定位为第二位，强调"我们是行业第二，但是我们要迎头赶上"。这种定位策略帮助 Avis 赢得了消费者的信任。

（2）寻找一个未被占领的领域。根据消费者关注的利益，企业可以寻找一个未被占领的领域，获得先入为主的优势。例如，无油烟的不粘锅、无霜冰箱、不掉尘的除尘布等产品，都是通过填补市场空白而获得成功的实例。

（3）反定位或重新定位。农夫山泉曾强调"天然水"和"纯净水"的差别，使一些品牌陷入被动。农夫山泉通过这种方式反击了竞争者，并用"农夫山泉有点甜"来突出自身产品的特征，从而赢得了较大的市场份额。

（4）提出高级俱乐部概念。凯迪拉克在进入中国的奢侈轿车市场时提出了"BBC"概念。BBC指的是宝马（BMW）、奔驰（Benz）和凯迪拉克（Cadillac）。其巧妙地利用了高级俱乐部概念，将自身定位为与这些顶级品牌处于同一水平，从而迅速赢得了消费者的认可。

（5）产品领先。产品领先的企业通常通过主动放弃原有产品，不断开发新产品或更好的产品来占领市场。许多电子行业的企业都秉持产品领先的定位，如华为的 Mate 系列手机。华为于 2013 年 3 月推出了 Mate 1，在 2014 年 3 月发布了 Mate 2，2014 年 9 月发布了 Mate 7，之后陆续推出华为 Mate 8、Mate 9、Mate 10、Mate 20、Mate 30，并于 2020 年 10 月、2022 年 9 月分别发布了 Mate 40 系列、Mate 50 系列，直至 2023 年 8 月底 Mate 60 正式上市，前后经历了 11 代。Mate 60 不仅在硬件配置、性能上达到了业界领先水平，还以其超可靠的玄武架构、全焦段超清影像、双向北斗卫星消息等独特功能，展现了华为的技术创新实力。

（6）运作卓越。选择运作卓越定位的企业往往提供中间产品，并以低廉的价格和优质的服务吸引大量消费者。这种定位需要以高效的分销系统、一流的业务流程和高标准的操作程序为基础。例如，美国西南航空公司采用多种方法降低成本，提供简洁而舒适的服务。它只使用一种类型的飞机，以优化维修和缩短往返时间，而且在飞行期间不提供饮食服务，从而为较偏远机场之间的短途航线提供低价服务。

（7）亲近消费者。选择亲近消费者定位的企业不仅提供产品，还致力于解决消费者的问题，从而与消费者建立亲密关系。例如，英国航空公司了解到头等舱中的乘客在飞行时喜欢睡觉，因此为乘客提供免打扰的飞行体验，并为乘客提供睡衣、枕头和羽绒被等。该公司还为高价值乘客提供早餐、淋浴间、更衣室，并提供熨衣服务等。

市场竞争通常围绕产品领先、运作卓越和亲近消费者三方面展开。然而，企业在这三方面同时胜出是非常困难的，因为每种定位都要求特定的管理制度和运作体系。成功的企业常采用的方法是在其中两方面达到行业平均水平，然后将另一方面作为核心定位点，力求在这方面超越竞争者。

案例 6-4　泡泡玛特品牌定位的成功变迁与强化

泡泡玛特的创始人在 2010 年成立公司时，将其定位为一家与众不同的杂货铺，旨在吸引以"Z 世代"为核心圈层的年轻人，尤其是一、二线城市的"潮人"。店内主要销售新潮且富有创意的产品，包括家具、文具、玩具等。

2015 年，泡泡玛特发现从日本引进的潮流玩具品牌 Sonny Angel 的销售额非常高，占整体销售额的一半以上，并且复购率很高。这使泡泡玛特认识到：过多的选择反而会淡化顾客对品牌的认知。于是，泡泡玛特开始减少产品，淘汰那些看起来很潮但销售不佳的产品，并将重心转移到 IP（Intellectual Property，知识产权）上，尤其是独家代理或完全自有的 IP。

自 2015 年起，泡泡玛特和中国香港设计师 Kenny 达成了 Molly 形象的独家授权，并迅速解决了商业化问题，决定采用盲盒销售形式。2016 年 8 月，首个"Molly Zodiac"盲盒系列在泡泡玛特的天猫旗舰店上线，取得了巨大的成功。截至 2020 年上半年，泡泡玛特共运营了 93 个 IP 项目。

随后，泡泡玛特将自己比作"中国的迪士尼"。显然，这有助于人们更快地知晓泡泡玛特，但也产生了负面影响，因为迪士尼的强势 IP 靠内容支撑，并通过电影、主题乐园、周边产品行销全球，而泡泡玛特的产品仅相当于迪士尼周边产品的一小部分。因此，在上市前，泡泡玛特调整了定位，强调"中国的泡泡玛特"，专注于艺术家挖掘、IP 孵化运营、消费者触达及潮玩文化推广与培育，构建了覆盖潮流玩具全产业链的综合运营平台。同时，泡泡玛特的广告设计精准洞察了目标顾客的需求，通过简洁的场景和语言，以及温暖的画面，有效地吸引了年轻顾客。截至 2020 年上半年，泡泡玛特营业收入排名前五的 IP 分别为 Pucky（1.19 亿元）、Dimoo（1.17 亿元）、Molly（1.12 亿元）、The Monsters（0.7 亿元）、BOBO and COCO（0.33 亿元）。

资料来源：王悦彤. 泡泡玛特品牌定位的变迁与强化[J]. 营销界，2021（11）：139-141.

> **要领与启示：**
>
> 　　泡泡玛特最初定位为新潮且富有创意的杂货铺，在调整经营模式之后，其将重心转移到 IP 上，定位为"中国的迪士尼"。此后，它专注于覆盖潮流玩具全产业链的综合运营，并强化了"中国的泡泡玛特"这一定位。其品牌形象变得越来越清晰，辨识度也逐渐提高。泡泡玛特能够及时把握市场需求，抓住机遇，进行准确定位和品牌强化，公司发展也从 IP 驱动转向品牌驱动。可以说，正确的定位策略帮助其取得了成功。

本章小结

　　1. 市场细分是指企业根据自身条件和营销意图，以需求的某些特征或变量为依据，区分具有明显特征和不同需求的消费者群体的过程。市场细分对企业有以下作用：有利于发现市场机会；有利于了解目标市场的特点；有利于制定市场营销组合策略；有利于增强企业的竞争力。

　　2. 消费者市场细分所依据的变量可概括为四大类：地理变量、人口变量、心理变量和行为变量。这些变量要根据消费者的需求差异综合运用，往往要经过多次细分，才能筛选出符合企业条件的细分市场，并将其作为企业的目标市场。生产者市场的细分变量分为五类：人口变量、经营变量、采购方法、形势因素、个人特征。市场细分原则包括可衡量性、可进入性、可营利性、可区分性、相对稳定性。细分市场评估需要综合衡量细分市场在规模和潜力、吸引力、与企业目标的一致性和拥有的资源等方面的表现。

　　3. 常见的目标市场营销战略包括无差异性营销战略、差异性营销战略和集中性营销战略。在选择目标市场营销战略时，需要综合考虑企业的资源、产品的同质性、产品的生命周期阶段、市场的特征、竞争者的战略等。

　　4. 在进行市场定位时，应综合考虑竞争者的定位、顾客对产品的评价标准、企业在目标市场中的潜在竞争优势。市场定位的步骤：确定产品定位的依据；分析目标市场的竞争状况；确定本企业产品的市场位置。市场定位的战略：避强定位、迎头定位、重新定位。

　　5. 企业既可以选择单一差异化定位，也可以选择多重利益差异化定位，这取决于具体情况。其他定位途径：加强现有定位；寻找一个未被占领的领域；反定位或重新定位；提出高级俱乐部概念；产品领先；运作卓越；亲近消费者。

学习指导

　　本章的学习要结合市场购买行为理论和营销环境分析理论，加深对市场细分的理解，掌握市场细分的各种方法。重点理解市场细分的内涵、依据，市场定位的实质和途径，掌握消费者市场细分和组织市场细分的方法，能综合考虑各种因素选择目标市场，结合具体情况，运用市场定位的战略和差异化定位的途径，进行准确的市场定位。在学习的过程中，注意对市场相对稳定性和动态性的理解。若没有市场的相对稳定性，企业就没有必要细分市场，也无法制定和实施营销组合策略，进而就无法实现企业目标。市场的动态性为企业提供了市场深度细分的基础，从而使企业获得新的发展机遇，可以说动态性为企业营销创新提供了动力。具有前瞻性视野的企业总能通过对市场和顾客的分析发现新市场，并把握市场先机。

本章关键概念：市场细分、目标市场、无差异性营销战略、差异性营销战略、集中性营销战略、市场定位、避强定位、迎头定位、重新定位。

思考与应用

1. 市场细分的内涵和依据是什么？
2. 市场细分的作用是什么？
3. 企业怎样选择目标市场？
4. 企业如何进行市场定位？
5. 请帮助一家旅行社选取一个角度对中国的旅游市场进行细分，并从中选取合适的目标市场。
6. 从理论和实践的结合上，论述市场定位三大战略的运用。
7. 试对家具类产品在线用户的特征进行描述，并对其进行细分。

案例分析

请扫码阅读案例：屈臣氏为何成为高品牌价值的创造者？（线上资源 6-7）

思考以下问题：

1. 屈臣氏是如何进行品牌定位的？
2. 屈臣氏通过哪些途径提升了品牌价值？

线上资源 6-7

第 7 章 企业竞合战略

名言警句

故上兵伐谋，其次伐交，其次伐兵，其下攻城。

——《孙子兵法·谋攻篇》

本章要点

市场经济既是竞争的经济，也是合作的经济。实际上，企业应根据自身实力和行业竞争态势，寻找对自身有利的生存和发展空间。尽管企业试图避免直接竞争，但总会遇到竞争对手。如何对待这些竞争对手呢？这就需要相应的竞争战略。合作是为了更好地实现企业的竞争目标，作为一种手段，合作本质上是一种利益博弈。本章主要介绍竞合战略及其选择、基本竞争战略、竞争者位势战略、合作战略等内容。

学习目标

- 熟悉竞合战略的概念、竞合战略观念的演变和竞合战略的选择。
- 掌握基本竞争战略的类型。
- 掌握竞争者位势战略的类型，以及其各自的特点和运用。
- 熟悉合作战略的类型和形式。

导入案例

请扫码阅读案例：本田与雅马哈的摩托车行业霸主争夺战（线上资源7-1）

思考以下问题：

1. 本田摩托车行业霸主地位受到威胁的原因是什么？
2. 本田是如何击败雅马哈，夺回行业霸主地位的？
3. 本田与雅马哈之间的这场争夺战带给你哪些启示？

线上资源7-1

7.1 竞合战略及其选择

竞争是企业或个人的一种市场行为。资源是有限的，市场也是有限的，因此任何企业要想生存和发展，就必然会与相关企业进行角逐，实现优胜劣汰。企业合作同样是市场行为，通过合作，企业可以实现资源共享、优势互补、风险和成本共担，进而获得更好的发展。随着经济全球化的推进，环境更加动荡、复杂，资源逐渐稀缺，专业化水平越来越高，企业间的合作变得更加普遍，企业间的关系逐渐从竞争转向竞合。

7.1.1 竞合战略的内涵

"竞合"指的是在竞争中进行合作,即企业为了实现共同利益而相互协调和联合,寻求双方或多方的共同经济利益。该概念最早是由美国耶鲁大学管理学院的拜瑞·内勒巴夫(Barry Nalebuff)和哈佛商学院的亚当·布兰登勃格(Adam Brandenburger)于 20 世纪 90 年代中期提出的。他们认为,创造价值是一个合作过程,而获取价值自然需要通过竞争。这个过程不能孤军奋战,必须相互依赖,企业需要与顾客、供应商、员工及其他相关人员密切合作。两位学者首次将"Cooperation"和"Competition"组合成"Coopetition",表示在竞争中求合作,在合作中有竞争。全球化和信息网络技术的快速发展使单一企业无法击败所有竞争对手或满足顾客的所有需求。因此,全球 500 强企业都提倡"竞合"战略,平均每家企业有几十个主要的战略联盟和合作伙伴,形成"你中有我、我中有你"的合作与竞争格局,谋求共同发展。

从 2008 年第一条高铁开通运营,到智能型动车组在世界上首次实现时速 350 公里自动驾驶,中国高铁的发展速度令人惊叹。这些成就被普遍认为是中国举国体制下合作模式的典范。中国高铁技术创新不仅依靠产学研的三方合作,更是通过政府调控下的寡头竞争实现的,这种集竞争与合作于一体的模式被认为是创新成功的关键。一方面,国务院及相关部门以项目制形式集中全国人才,通过产学研合作模式推动技术创新;另一方面,政府通过有意识的产业调控,引进技术系统,形成行业内寡头竞争格局,激发了企业自主创新的积极性。

竞合战略是企业在市场竞争与合作中获取竞争优势的行动方略,已成为 21 世纪企业国际化战略的趋势。根据竞合思维,单纯将企业外部力量视为竞争或合作都是片面的。竞合不是一味地竞争,而是在竞争的基础上进行合作,以实现双赢。竞争与合作是不可分割的整体,通过在合作中竞争和在竞争中合作,实现共存共荣和共同发展。因此,企业在市场角逐中不仅要学会竞争,还要学会合作,在合作中增强竞争力,这才是正确的战略思维。合作并非回避竞争,而是更有效地打造核心竞争力。善于竞争且敢于竞争,善于合作且敢于合作,是现代市场经济对企业的要求,也是企业持久发展的必然规律。

7.1.2 竞合战略观念的演变

市场行为实际上反映了人们在特定环境下的互动关系。从最初的纯粹竞争战略到如今的竞合战略,这一转变体现了人们对市场演进和环境变化的适应。竞合战略观念的演变大致分为对抗性竞争、宽容性竞争和合作性竞争三个阶段。

1. 对抗性竞争

企业在初期的竞争行为一般表现为极强的对抗性,其行为特点可以概括为:①以对抗性的眼光看待竞争者,认为与竞争者是不相容的,将竞争者视为威胁,对竞争者的存在感到恐惧;②竞争手段具有明显的对抗性,主要是价格竞争,以低价吸引消费者,从而打击竞争者,力图将其逐出市场;③竞争的目的是控制和消除竞争者,从而在某一市场或行业中获得垄断地位。

2. 宽容性竞争

随着市场的发展和企业的日渐成熟,企业会发现一味地与竞争者对抗,试图通过消灭竞争者来逃避竞争的做法风险很大。①竞争是永恒的,消除竞争者以独占市场不但不经济,而且几乎不可能。在现实经济社会中,竞争无处不在,因为它体现了企业之间的基本关系,只要有企业存在,就会有竞争,试图消灭竞争者就像试图在现实世界中消灭摩擦力一样。②直接对抗的价格竞争是一把"双刃剑"，尽管它可能会击败竞争者，但也会侵蚀企业自身的实力。价格战不但会导致企业被价格挑衅困扰，忽视顾客、技术创新和营销技能提升，而且会使整个行业的价格保持在低水平，从而影响对再生产的投入，减缓行业进步的进程，并束缚市场需求的扩张。③通过消灭竞争者来逃避竞争和控制市场的做法会受到政府的反垄断管制。

宽容性竞争形式意味着企业不再以对抗的眼光看待竞争者，也不再单纯地采取价格竞争的手段，而是接受且包容竞争者。在竞争方式上，除了必要的价格竞争，企业更倾向采用非价格竞争手段，如品牌推广、广告投放、新产品迅速推出及服务强化等。这集中体现了市场细分的理念。宽容性竞争要求企业在整体营销方面展开竞争，不但可以避免对抗性竞争带来的损失，而且可以使企业在细分市场上站稳脚跟，通过不断创新来寻找市场机会，建立和强化竞争优势。

请扫码阅读资料"红海战略与蓝海战略"（线上资源7-2）。

3. 合作性竞争

宽容性竞争容忍竞争者的存在，企业通过市场营销的手段和策略与竞争者共存，但并未充分认识和利用竞争者的价值。合作性竞争则认为竞争者具有战略价值，双方可能在特定的时期基于共同的目标结成战略伙伴，达成合作，从而实现双赢。

当今竞争环境正发生以下变化：①顾客的需求越来越个性化，顾客越来越挑剔、期望越来越高；②顾客忠诚度降低，顾客流失严重，同时科学技术的迅猛发展和信息技术的全球扩散使知识变得唾手可得；③高科技的产业化及其向传统产业的全面渗透使企业的技术水平、管理水平不断提高；④全球化的市场和普及化的信息技术使同类产品之间的差异越来越小，同质性增加。这些变化削弱了差异化竞争战略的优势。此外，企业内部经过多年整合变得越来越雷同，大家都在提升效率、降低成本、改进质量和服务，使内部改善空间越来越小，效果也越来越有限。一旦过去视为竞争优势的高效率、低成本成为基本要求，仍在这一水平竞争的同业企业能够得到的利润增量将大幅减少。因此，企业需要重新审视与顾客、供应商、竞争者的关系，采用合作战略，最终实现共赢。自20世纪90年代起，通过建立伙伴关系共享资源，以合作性竞争提高生产力和赢得竞争优势，成为一种不容忽视的趋势。

事实上，企业与顾客、供应商及竞争者之间不仅存在分歧和对立，还存在共同的利益，这正是合作性竞争战略的基础。当互相对抗的企业在某些利益上达成一致时，就具备了合作的基础。如果这些企业能够从整体上考虑，在具有共同利益的领域和环节上进行合作，组成一个合作团队，共同面对其他竞争者，那么其竞争力将比独立作战时强，所获得的利益也会更多。

请扫码阅读资料"传递卓越的顾客价值而获得领先地位的战略"（线上资源7-3）。

7.1.3 竞合战略的选择

现实中，许多企业过于关注竞争者并试图超越竞争者，结果在快速变化的环境中迷失了自我。由于企业的资源与能力有限，如果企业将过多的精力用在关注竞争者上，必然影响其对顾客及其他利益相关者的关注，而竞争的本质是通过为顾客提供卓越的价值获得领先地位。这种只注重紧握拳头与竞争者竞争，而忽视张开双臂与顾客、供应商、同行及其他利益相关者合作的做法，往往会导致企业四面受敌，阻碍多赢合作关系的建立。

事实上，商场上既存在利益分割的矛盾，也存在共创市场的可能。调整心态有助于发现互惠发展的机会。所谓"商场如战场"的提法实际上有待商榷。战场上通常只有一个胜者，并可能需要使用武力争夺地盘；而商场上可以实现共赢，通常依靠智力争取顾客。在商场上，只要行业有利可图，竞争者就会再生，行业的新进入者可能比现有的竞争者更强大。

在处理竞争与合作的关系时，由于竞争往往从对眼前利益的争夺开始，而合作则基于双方利益的互让，因此不仅要求合作方良好沟通、相互理解，还要求有创新的思维与方法，以突破竞争思维定式，探索实际存在的合作机会。真正的企业经营之道，应该符合老子所说的"天之道，利而不害；圣人之道，为而不争"。也就是说，在互利互惠的基础上，实现企业自身的发展。

请扫码阅读资料"'重复囚徒两难'对策模型"（线上资源7-4）。

7.2 基本竞争战略

与宏观环境相比，行业环境对企业的战略竞争力和利润的影响更为直接。因此，在分析竞争时，应当关注特定行业中影响竞争的各种力量。哈佛大学战略管理学家迈克尔·波特在研究行业竞争程度的影响因素基础上，提出了著名的"五力"模型。该模型可解释不同行业竞争程度的差异，并可作为企业在考虑开拓新业务时的分析工具。同时，迈克尔·波特提出的成本领先战略、差异化战略和聚焦战略为企业提供了可选择的方案，以抵御竞争压力并获取竞争优势。

7.2.1 行业竞争环境分析

迈克尔·波特认为，企业所处行业的盈利水平和竞争能力主要由五种基本竞争力量决定：购买者的议价能力、同行业竞争者的竞争能力、潜在进入者的威胁、替代品的威胁、供应商的议价能力。这些力量的构成和强度共同决定了行业竞争的本质及现有企业在该行业中的平均盈利能力。著名的"五力"模型如图7-1所示。

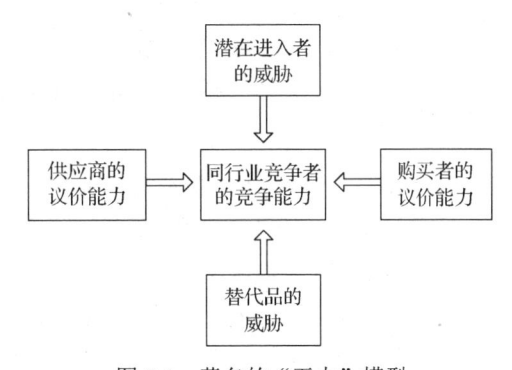

图7-1 著名的"五力"模型

"五力"模型扩展了竞争分析的范围。在研究竞争环境时，企业不仅要关注与其直接竞争的企业，还应当考虑更广泛的因素，识别潜在的客户和提供相关服务的企业，以便明确当前的和潜在的竞争者。例如，通信行业包括媒体公司、电信运营商、娱乐公司及生产手机等设备的企业。通过研究相关行业，企业可以识别出潜在的竞争者，这些竞争者的产品和服务可能会与自身的产品和服务相竞争。

在研究行业环境时，企业还应当意识到供应商可能会变成竞争者（通过前向一体化），采购商也是如此（通过后向一体化）。例如，在制药行业，一些企业通过并购分销商或批发商来实现整合和后向一体化。此外，进入新市场的企业，如果其产品对现有产品的替代性很强，则也有可能成为新的竞争者。

请扫码阅读资料"'五力'模型分析法"（线上资源7-5）。

7.2.2 成本领先战略

企业竞争战略中一个重要的部分是使成本低于竞争者的成本。一旦成本领先，企业的竞争优势便显而易见。由于企业的成本低于同行，因此在以行业平均价格销售产品时，它所获得的利润高于行业平均水平。如果其他企业进行削价竞争，其利润就会降低甚至亏本，而拥有低成本优势的企业则可以从容应对,因为它仍然具备盈利的空间。

1. 成本领先战略的资源基础

采用成本领先战略的企业应达到以下资源要求。

(1) 雄厚的资本实力。低成本通常与大规模生产相关联。大规模生产在采购、管理成本分担、专业化生产、生产能力利用方面具有优势,而这些都体现在成本的降低上。采用成本领先战略的企业只有具备雄厚的资本实力,才能满足大规模生产的需求。

(2) 独特的加工工艺。如果企业掌握着独特的加工工艺,在成本控制过程中领先于竞争者,该企业就具备了实施成本领先战略的良好基础。

(3) 卓越的价值链管理。价值链管理对成本控制至关重要。①经验优势。对于规模经济明显的行业,企业在物质积累和产量方面的优势会反映在成本优势上,企业在这方面的经验越多,其成本就越低。②运作效率。成本优势还体现在对资源的充分利用上,包括对人力资源、物质资源和无形资产等的利用,如资产流转率越高、固定成本率越低,成本优势就越大。③价值工程管理。通过研究不同群体的需求特点,去除不必要的功能,或者通过等寿命设计减少质量浪费,可以降低产品的成本。

(4) 低成本分销。成本优势取决于产品的最终成本,分销成本是总成本的重要组成部分,因此拥有低成本的分销渠道是形成成本优势的关键途径。

(5) 产品易于制造。采用成本领先战略的企业,其产品应易于制造,工艺简单,制造成本低,并适合大规模生产。

2. 成本领先战略的优势及潜在风险

在实施成本领先战略之前,除了考虑相关的资源因素,还应明确其优势及潜在风险。

(1) 优势。实施成本领先战略的优势包括:①即使在竞争激烈的市场环境中,处于低成本地位的企业也可获得高于行业平均水平的收益;②低成本有助于企业在面对巨大的买方压力时保护自己;③低成本有助于企业抵御来自供应商的威胁,使企业在面对供应商产品涨价时具有较高的灵活性;④导致低成本的各种因素通常以规模经济或成本优势的形式创造进入壁垒;⑤低成本企业可以采取降低价格的方法保持、维护现有顾客,提高顾客转向使用替代品的成本,从而减少替代品对企业的冲击。

(2) 潜在风险。实施成本领先战略的潜在风险包括以下几点。①通常需要巨大的前期投资,并且会产生一定的初始亏损。若出现具有破坏性的变革技术并在生产中得以应用,则会使企业原有的成本优势消失。同时,成本领先企业的资产专用性较强,技术变革可能使这些资产失去价值。②竞争者模仿的风险。竞争者可能通过学习或更高水平的设备投入,在成本上超越自己。③有些低成本企业过于关注成本,忽视了顾客需求的变化,导致产品开发投入不足。④成本膨胀削弱了保持足够价差的能力。随着地区经济和行业经济的发展,成本膨胀的压力会逐步显现,使企业保持低成本优势变得越来越困难。20世纪70年代,日本企业凭借低成本优势进入全球制造业市场,但随着日本经济的发展,这种优势逐渐消失,制造业开始向其他国家和地区转移。

3. 成本领先战略的实现途径

采用成本领先战略的企业需要控制可能导致成本增加的因素,严格控制成本上升,并寻找降低成本的途径。

(1) 实现规模经济。根据经济学原理,产量越大,单位产品成本越低。因此,为了实现成本领先，通常选择同质化程度高、技术成熟、标准化的产品进行规模化生产。

（2）做好供应链管理。与上游供应商（如原料商、能源供应商、配件厂家等）建立良好的合作关系，以获得廉价、稳定的资源，并在一定程度上影响和控制供应商，形成资源性壁垒。企业应与供应商建立互利、平等的长期战略合作关系，同时获取供应成本优势。

（3）塑造企业成本文化。追求成本领先的企业应着力塑造一种注重细节、精打细算、讲究节俭、严格管理、以成本为中心的企业文化。

（4）生产技术创新。技术革命或创新可以显著降低成本，提高生产效率。例如，美国铝业公司通过生产工艺上的专利垄断铝市场多年，杜邦公司凭借其在产品和生产工艺上的专利取得了经济上的长期成功。

案例 7-1　　　　成本领先战略：格兰仕的成功之路

在波士顿咨询公司2006年评选出的新兴市场100家具有全球竞争力的企业中，有44家来自中国。格兰仕就是通过成本领先战略成长起来的。1993年，格兰仕从一家生产羽绒制品的企业转型进入电器制造业，生产微波炉。同年，格兰仕引进了当时世界上最先进的微波炉生产线，年产量为1万台。1995年，格兰仕成为中国微波炉市场份额最大的企业。1998年，格兰仕成为世界微波炉市场产量最高的企业和全球最大的微波炉生产基地。格兰仕的成功来源于其"成本控制—成本优势—价格优势—销量优势—规模优势"的循环模式。初期，格兰仕通过低价和大规模市场宣传手段快速扩张，在取得市场领先地位后，用低价巩固并加强市场地位。2000年，格兰仕微波炉的年产销量约为3 000万台，占全球市场的35%，国内市场份额超过70%。由于巨大的成本差距，一些国外企业放弃了在本国生产，把生产线转移至格兰仕，格兰仕以制造商的身份为其提供低成本的产品。

低廉的成本使格兰仕的盈利能力大大超过了国内外同类企业，其成本控制能力极强，市场份额迅速扩大。原本在中国市场占据重要地位的国外企业纷纷被挤出市场，国内一些小企业也退出了生产。

资料来源：刘已洋，张沈伟，龚敏. 格兰仕成本领先战略的成功之路[J]. 日用电器，2008（04）：14-20.

要领与启示：

格兰仕凭借成本优势在进入市场后所向披靡，并迅速成为微波炉市场的领导者。格兰仕在降低成本方面采取了以下措施：降低劳动力成本、扩大规模经济优势、采用灵活的国际合作形式来减少设备投入，同时提升设备的技术优势等。

7.2.3　差异化战略

与采用成本领先战略的企业追求效率不同，采用差异化战略的企业更注重产品和服务上的独特创造能力，并且确保这种创造能力被顾客充分认识和接受。

1. 差异化战略的能力支撑

采用差异化战略的企业应当具备以下能力。

（1）较强的营销能力。与价格优势不同，差异化的价值是模糊且不确定的，要想让顾客认识到这种差异化的价值，需要较强的营销能力。

（2）独特的加工工艺。差异化的产品和服务需要一个载体来实现，如独特的外形、高精度、耐用性等。劳力士手表就是一个凭借独特的加工工艺而闻名全球的例子。

（3）高效的创新能力。除了个别特殊行业，不断推出新产品，以独享创新利益，是奉行差异化战略企业的重要盈利模式。例如，英特尔通过将不同产品的开发周期重叠，平行开发三代不同的处理器，以缩短开发时间。

（4）雄厚的基础研究能力。基础研究能力是创新能力的支撑，尤其是在技术更新迅速的行业中，如电信设备行业。华为在国内拥有多个研究所、众多全球研发中心，并设立了众多全球联合创新中心，这些机构如同"华为的大脑"，推动华为技术的不断革新与更替。

（5）良好的技术和质量声誉。声誉和品牌价值是差异化的突出表现。可口可乐的前总裁曾声称："即使一把火将公司烧得精光，凭借品牌也能立马起死回生。"

（6）悠久的历史或独特的技能。对某些行业来说，悠久的历史极为重要，如化妆品、服装、食品等。悠久的历史带来可信赖感。北京同仁堂是著名的老字号，其注重药材质量，制作工艺讲究，恪守"炮制虽繁，必不敢省人工；品味虽贵，必不敢减物力"的古训。因此，北京同仁堂的中成药在市场上享有很高的声誉。

（7）高度合作的销售渠道。实施差异化战略的企业对销售渠道的要求高于实施成本领先战略的企业。与大众销售渠道不同，差异化的产品和服务往往需要独特的销售渠道，其畅通程度也决定了差异化的产品和服务最终能否实现其商业价值。

上述能力对于不同的行业，甚至同一行业的不同企业，实施差异化战略是必要的，但并非所有的能力都必须具备，也不是这些能力都需要达到相同水平才能成功实施差异化战略。

2. 差异化战略的优势及潜在风险

实施差异化战略除了应考虑相关的能力要求，还应考虑其优势及潜在风险。

（1）优势。实施差异化战略的优势包括：①差异化战略利用顾客对产品特色的偏爱和忠诚，降低了对产品价格的敏感性，从而使企业可以避开价格竞争，在相关领域获得持续的经营优势，使利润增加而不必追求低成本；②顾客的偏爱和忠诚形成了较高的进入壁垒，竞争者要突破这种"独特性"需要付出很大的代价；③产品差异使企业获得较高的边际收益，企业可以借此应对竞争者的威胁；④由于顾客缺乏选择余地，其对产品价格的敏感性下降，差异化也减轻了来自购买者的压力；⑤采用差异化战略并赢得顾客忠诚的企业，在面对替代品的威胁时，通常处于比竞争者有利的地位。

（2）潜在风险。实施差异化战略的潜在风险包括：①实现产品差异有时会与争取占领更大的市场份额相矛盾，通常无法兼顾这二者；②企业实现产品差异化意味着以高成本为代价，如广泛的研究、高质量的材料和周到的顾客服务等，导致产品价格通常高于行业平均水平。然而，并非所有顾客都愿意或有能力支付因产品独特性所带来的较高价格，从而导致目标市场较为狭窄，无形中扩展了竞争者的市场空间和价格优势。

值得注意的是，差异化或许可以使企业的产品避开成为"大路货"的命运，但有时无法避免激烈竞争和利润微薄的情况。虽然竞争程度可能会有所变化，但是可能会使利润持续下降，因为问题的本质不是缺少差异化，而是没有进入壁垒。以豪华轿车行业为例，第二次世界大战以后，凯迪拉克和林肯在美国极受欢迎，并获得高额的利润。较高的利润水平吸引了其他企业进入，它们试图分一杯羹。在美国豪华轿车市场，20世纪70年代主要进入的是奔驰、捷豹和宝马等欧系品牌；到20世纪80年代，讴歌、雷克萨斯和英菲尼迪等日系品牌纷纷进入。随着可供选择的豪华轿车品牌越来越多，凯迪拉克和林肯的销量与市场份额开始下降，而它们的固定成本却没有减少,包括产品开发费用、广告费用、服务网络的维护费用等。由于分摊到每辆车上的固定成本有所增加,因此每辆车的利润空间被压缩。

企业在产品差异化上还需要投入资源,并在广告、产品开发、销售与服务、采购、分销等方面进行投资。此外,还需要高效运营,以确保其回报率高于竞争者,这是企业取得成功的关键。

3. 差异化战略的实现途径

差异化战略要求与产品和服务相关的有形及无形要素与众不同,寻求顾客感兴趣、能为其带来独特价值的特色。

(1)产品差异化。产品差异化主要体现在形式、特色、耐用性、一致性、可靠性、可维修性、风格、设计等一个或多个方面的独特性。

(2)形象差异化。消费者往往因为企业或品牌形象的不同而做出不同的购买决策,形象能形成不同的"个性",以便消费者识别。

(3)服务差异化。当产品差异化不明显时,企业可以通过服务差异化来提高产品附加值。服务差异化可以体现在订货的便利性、交货的速度、安装、客户培训、客户咨询、产品维修保养等一个或多个方面的独特性。

(4)人员差异化。人员差异化体现在员工的礼貌、态度、可靠性、工作胜任能力、沟通能力、反应速度等一个或多个方面的独特性。

(5)渠道差异化。企业可以通过不同的分销渠道,如直销、经销商、代理商等,来寻求渠道的差异化,为顾客提供更多的便利,以获取竞争优势。

7.2.4 聚焦战略

有些企业由于自身资源、技术水平的不足,或者缺乏品牌优势,无法实施成本领先战略和差异化战略。在这种情况下,它们可以利用有限的资源和专业优势,采用聚焦战略,专注于一个特定的细分市场,以获取竞争优势。

1. 聚焦战略的优势及潜在风险

在实施聚焦战略的过程中,企业可能面临以下优势及潜在风险。

(1)优势。实施聚焦战略的优势有以下几点。①目标市场明确。聚焦战略通常针对较狭小的目标市场,执行效率高,易于决策和管理。②顾客响应度高。实施聚焦战略的企业通常与顾客关系密切,能够深入理解顾客的需求,并且能够对他们的需求变化快速感知和响应。③替代品的威胁小。聚焦战略可以针对竞争者的薄弱环节或无法细分的市场发挥差异化或成本领先的优势,在局部市场上取得竞争优势。由于市场相对狭小,顾客忠诚度一般较高,替代品的威胁小。④顾客讨价还价能力有限。由于产品或服务贴近顾客的需求,同时缺少替代品,顾客对企业的依赖程度高,从而抑制了顾客的讨价还价能力。⑤产品或服务质量高。狭小的目标市场使企业更便于集中力量提高产品质量和营销水平。⑥创新能力强。聚焦战略要求企业提供定制化的产品和服务,这使企业容易发现尚未满足的市场需求,促进创新。⑦新市场机遇多。实施聚焦战略的企业更容易发现新开拓市场中的机会,有能力扩展细分市场或在现有市场中深入挖掘,从而使产品和服务更加专业化。

(2)潜在风险。实施聚焦战略的潜在风险有以下几点。①盈利能力有限。实施聚焦战略的企业面临的目标市场较狭小,产品的产量有限,市场成本和产品更新费用高,从而限制了盈利能力。

②与供应商的谈判能力弱。由于采购数量较小,企业在与供应商谈判时处于不利地位。③细分市场缩小或消失。随着技术的发展和顾客偏好的变化,原有的狭小市场(利基市场)缩小或消失。④企业转换成本高。由于企业通常会集中力量和资源于狭小的利基市场,当市场差异化消失、顾客偏好变化或新技术带来替代品时,企业难以及时应对突发的市场变化,转换成本高,从而面临巨大压力。⑤竞争激烈。如果细分市场的发展潜力较大,就会吸引众多竞争者参与竞争,从而降低利润率。

2. 聚焦战略的实现途径

总体来说,聚焦战略是从成本和差异化中寻找战略切入点,具体到细分市场和产品,包括顾客聚焦、地区聚焦、产品线聚焦等。

(1)顾客聚焦。企业将忠诚的顾客群体作为经营重点,可以划分为不同性别、职业、年龄、收入、爱好等的顾客群体,突出他们的心理特点和个性偏好。例如,斯沃琪手表聚焦有活力并追求时尚的年轻顾客;而劳力士手表瞄准高收入、追求高品位的顾客。

(2)地区聚焦。企业把重点放在某个特定区域内,如城市或乡村、工业区或文化区,针对不同地区的文化特点、传统习俗等提供产品。

(3)产品线聚焦。企业把产品线的某一部分作为经营重点,专门为某类产品的中间品、零配件等提供产品和服务。例如,一些小型计算机软件公司专门提供防病毒软件,从而成为"防病毒专家"。

案例 7-2   **小米手机的差异化战略**

2011年,小米手机进入智能手机市场并取得了较好的业绩,这主要是通过实施差异化战略实现的。小米用高端的配件、极具竞争力的价格,开发了能够灵活切换的MIUI系统;运用口碑营销、事件营销、微博营销和饥饿营销等新型营销手段,以"距顾客近一些,服务细一些"为宗旨,采取"互联网+快速配送"销售模式,利用微博、论坛等平台,提供系统升级、App下载和维修等服务。其供应链采取电商预订模式,以销定产,并获得预付款。小米将手机制造与移动互联网开发相结合,发挥产业链的整体优势。根据官方资料,2013年,小米共销售手机1 870万台(同比增长160%),实现含税收入316亿元(同比增长150%)。

在智能手机市场中,小米面临众多竞争者。它将差异化战略贯彻到公司运营的各个方面和层次,使自身尽可能保持独特性。这种独特性使小米具有明显的竞争优势,从而在智能手机市场中获得快速发展。因此,小米在市场竞争中取得了成功,而没有以牺牲自身利润为代价。

资料来源:袁东阳,马颖,程一木. 差异化战略与竞争优势的可持续性:理论与案例研究[J]. 技术经济,2014(5):118-124.

要领与启示:

小米的成功从根本上讲源于其多方面和多层次的差异化战略,而非低成本战略。低成本战略是指对同质产品实施低价策略。尽管小米手机的价格较低,但这种低价与手机的价值相匹配——小米手机的销售并不是对高端机型的倾销。虽然小米的强势进入使智能手机市场的竞争更为激烈,但在智能手机价格方面,并未出现大规模的"降价潮"或"价格战"。因此,不能仅根据手机的价格就判定小米实施的是低成本战略。

7.3 竞争者位势战略

行业和目标市场相同的不同企业拥有的资源和实力差异较大，因此它们所追求的市场地位也有很大的不同。实力雄厚的企业追求成为市场领导者或市场挑战者，试图维护现有地位，并引领产业的发展和未来；实力较强的企业可能紧跟市场领导者，力争保持领先地位；实力一般或较弱的企业则可能满足于市场追随者或市场补缺者的地位，紧跟产业发展，避免与实力强劲的对手直接竞争。因此，同一目标市场上的企业由于竞争位势的不同，其竞争目标和竞争战略也有所差异。

7.3.1 竞争者位势的类型

一般来说，企业在市场中的竞争地位是由其绝对市场占有率决定的。绝对市场占有率在40%左右的企业往往是市场领导者；绝对市场占有率在30%左右的企业往往是市场挑战者；绝对市场占有率在20%左右的企业往往是市场追随者；绝对市场占有率在10%左右的企业往往是市场补缺者。总体来说，在一个不完全竞争的市场上，企业一般可分为四种类型。

（1）市场领导者：在行业中具有绝对竞争优势的企业，一般占有最大的市场份额，其营销行为会对市场产生很大的影响。

（2）市场挑战者：在行业中仅次于市场领导者的企业，同样具有较大的竞争优势，有能力向市场领导者发起挑战，争取取代市场领导者的地位。

（3）市场追随者：在竞争力上远不如市场领导者和市场挑战者的企业，这些企业往往无法通过自身的行为影响市场的发展趋势，只能跟随市场竞争力强的企业开展经营活动。

（4）市场补缺者：一些虽然竞争力不强，但并不追随市场主流趋势，而选择市场上大多数企业所忽略的或不愿进入的市场作为目标市场的企业，这些企业往往因这样的市场没有巨大的竞争压力而获得经营上的成功。

在市场上处于不同地位的各类企业的竞争战略是不同的，企业应当根据自身的地位和市场的具体情况制定相应的竞争战略。但这些战略通常并非应用于整个企业，而是应用于企业的某个特定市场。例如，IBM、微软、宝洁和迪士尼这样的大公司可能在某些市场上是领导者，而在其他市场上是挑战者或追随者，甚至是补缺者。

7.3.2 市场领导者的竞争战略

市场领导者往往在行业内拥有较高的市场占有率，在产品价格变动、新产品开发、市场覆盖率的改变、销售方式的选择等方面具有支配地位。但树大招风，这种企业往往面临众多其他企业的竞争威胁。因此，市场领导者应当保持高度警惕，采取适当的竞争策略，以维护自身的竞争优势。

1. 扩大市场需求

当产品的市场需求扩大时，受益最大的往往是处于领导者地位的企业。因此，促进产品需求量的不断增长、扩大市场容量是市场领导者维护竞争优势的积极措施。通过以下三种途径可以达到扩大市场需求的目的。

（1）寻找新的使用者。当产品具有吸引新的使用者的潜力时，企业寻找新的使用者是扩大市场总规模的简便途径。例如，引导男性使用化妆品，将产品销售到国外等。

（2）挖掘产品的新用途。企业通过发现并推广产品的新用途来扩大市场。

(3)引导使用者多使用产品。企业通过提高使用率、增加使用量、扩展使用场所等方式扩大市场。

2. 维护市场占有率

在市场领导者面临的竞争者中，总会有一些实力雄厚的企业。在防御其他企业的强攻时，维护现有的市场占有率是市场领导者守住阵地的有效竞争战略。市场领导者可采取的防御方式有以下几种。

（1）阵地防御。阵地防御是指市场领导者在现有市场四周构筑相应的"防御工事"。典型做法是企业向市场提供多种产品、扩大分销覆盖面，并在同行业中采用低定价策略。这是一种较为保守的竞争策略，长期实施可能会使企业滋生不思进取的思想。美国的福特汽车公司和克莱斯勒汽车公司由于采用这种策略，从曾经的顶峰跌落。而美国可口可乐公司不固守单一的可乐饮料市场，持续创新进取，没有给竞争对手太多机会，维持了其市场领先地位。

（2）侧翼防御。侧翼防御是指市场领导者针对在市场上最易受攻击的部分，建立较强的业务经营实力或表现出更强的进取意向，以此向竞争者表明其是有所防备的。例如，20世纪80年代中期，当IBM公司在美国连续丢失个人计算机市场和计算机软件市场份额后，加强了对小型计算机市场的营销力度，率先采用改良机型并降低产品售价，以抵御其他计算机公司的进攻。

（3）先发制人防御。这是一种以进攻的姿态进行积极防御的做法，即在竞争者欲发动进攻的领域或可能的进攻方向上，首先进行打击，使其无法进攻或不敢轻举妄动。例如，日本精工公司在世界各地市场销售2 000多种钟表产品，使竞争者很难找到其没有涉足的领域。

（4）反击防御。当市场领导者受到竞争者攻击时，进行主动的甚至大规模的进攻，而不仅仅是防守。

（5）运动防御。运动防御是指市场领导者将其业务活动范围扩展到其他领域，一般是与现有业务相关的领域。例如，施乐公司为了保持在复印机市场的领先地位，从1994年开始积极开发计算机复印技术和相应软件，并重新定义公司为"文件处理公司"，而非仅是"文件复印公司"，以应对计算机技术对办公文件处理领域的影响。

（6）收缩防御。当市场领导者的市场地位受到来自多个方面的竞争威胁时，企业可能会由于短期资源不足或竞争能力的限制，采取放弃较弱业务领域或业务范围，集中资源于主要市场范围或业务领域的策略，这就是收缩防御。收缩防御并不意味着放弃现有细分市场，而是在特定时期集中企业优势以应对来自各方面的竞争威胁。

3. 提高市场占有率

市场占有率与投资收益率密切相关，一般情况下，企业的市场占有率越高，其投资收益率就越高。许多企业将市场占有率作为营销目标，市场领导者可以利用经济规模的优势来降低成本，提高市场占有率。提高市场占有率的策略主要有以下几种。

（1）产品创新。产品创新是市场领导者维持现有市场地位的主要竞争策略。例如，华为不断推出新产品。

（2）质量提升。质量提升也是市场领导者采用较多的竞争策略，即不断向市场提供高于平均水平的产品。这种策略可以帮助企业从高质量产品中获得更高的投资收益率，或者在高质量产品市场容量有限时，维持品牌声誉或产品号召力。

（3）多品牌营销。在企业销路较多的产品项目中，通过采用多品牌营销策略，使消费者在转换品牌时仍购买本企业的产品。

（4）广告投入。市场领导者往往在一定时期采用高强度、高频次的广告，促使消费者保持对品牌的印象，提高对品牌的熟悉度。

（5）销售促进。市场领导者可以通过销售促进工作来维持市场份额，如优化售后服务、提供更多质量保证、建立更多销售和顾客服务网点。

市场领导者在采用提高市场占有率的竞争策略时，需要考虑相关成本及其对企业长远发展的影响，注意采用合理的营销组合策略，发挥其整体作用。此外，企业还需要注意避免引发反垄断问题。

请扫码阅读资料"如何认识与管理优势来源和局限性"（线上资源7-6）。

7.3.3　市场挑战者的竞争战略

处于市场挑战者地位的企业通常具有相当的规模和实力，在竞争战略上具有较大的主动性，它们可以随时向市场领导者或其他企业发起进攻。然而，作为市场挑战者，盲目进攻不仅愚蠢，还可能带来负面效果。要想挑战成功，应当明确企业的营销目标和挑战对象，并且选择合适的进攻策略。

1. 确定挑战目标

明确企业的竞争对手和主攻方向是市场挑战者成功的基础。一般而言，市场挑战者的挑战目标可以分为以下三种。

（1）向市场领导者挑战，旨在夺取市场份额和产品优势。

（2）向与自身实力相当的企业挑战，旨在提高自身市场份额，改变市场地位，提升竞争力。

（3）向力量薄弱的小企业挑战，旨在夺取其市场份额或进行兼并，扩充自身实力。

2. 选择竞争战略

市场挑战者发起挑战是一种主动的进攻行为，具体的竞争战略有以下几种。

（1）正面进攻。当市场挑战者的实力明显高于挑战对象时，可以选择正面进攻。例如，经营和挑战对象相同的产品，进行价格竞争，或者采用势均力敌的促销措施，集中力量攻击挑战对象的主要市场阵地。这种竞争战略主要攻克挑战对象的强项，胜负往往取决于双方力量的对比。

（2）迂回进攻。当挑战对象的实力强大、正面防御严密时，市场挑战者可以选择迂回进攻。例如，选择挑战对象忽视的细分市场进攻，或者选择挑战对象销售薄弱、服务较差的区域进攻。这种竞争战略集中优势力量攻击对方的弱点，成功的可能性较大。

（3）游击进攻。如果市场挑战者的规模较小、力量不足，可以选择游击进攻，即根据自己的力量针对挑战对象的不同方面进行小规模的、时断时续的进攻。例如，进行有限度的降价、不定时高强度促销或与中间商联合行动等，影响对方的士气，争取消费者。

（4）包围进攻。包围进攻是指在对方市场领域内从多个方面同时发起进攻，使其首尾难顾。包围进攻主要用来对付那些从单一方面进攻会迅速反应的挑战对象。

（5）侧翼进攻。集中优势力量攻击对方的弱点，可从两个方向实施。①地理市场方向。一是建立比挑战对象更强有力的分销网点，以"拦截"竞争对手的顾客；二是找到挑战对象没有覆盖的市场，即"空白区"，并占领这些区域。②细分市场方向。填补挑战对象产品线的空缺或因营销组合定位单一而留下的空缺。比尔·盖茨利用各大型计算机公司操作系统的不兼容，推出了通用性较强的计算机操作系统，从而在市场中脱颖而出。

7.3.4　市场追随者的竞争战略

正面竞争往往导致两败俱伤，许多企业因此避免与市场领导者发生正面冲突。对相当一部分中小企业而言，产品创新所需的大量人力、财力、物力及相应的市场风险，使其难以承担。因此，在营销实践中，许多企业采用追随战略，进行产品仿造或改良，在投资少、风险小的基础上，获取较高的利润。一般而言，市场追随者可选择三种追随战略。

1. 紧密追随

市场追随者在开展营销活动的所有市场范围内，都尽可能仿效市场领导者，以利用先行者的优势打开市场并获取一定份额。但紧密追随并不是直接复制市场领导者的产品或策略，以免招致其报复。

2. 保持距离追随

市场追随者在营销策略的主要方面紧跟市场领导者。例如，选择相似的目标市场、提供类似产品、维持相似的价格水平、模仿其分销渠道等。但在企业营销策略的其他方面，则发展自己的特色，以和市场领导者有一定的差异。

3. 选择性追随

市场追随者根据自身条件，部分仿效市场领导者，选择性追随，同时在其他方面根据自身特点进行创新。例如，企业可以主动细分和集中市场、进行有效的研究和开发等，力求在其他企业未曾想到或无法做到的领域争取一席之地。

7.3.5　市场补缺者的竞争战略

除了寡头竞争行业，在其他行业中，都存在众多小企业，这些小企业大多为更小的细分市场或某细分市场的空缺领域提供产品或服务。中国台湾地区有不少摄影器材制造商，专为世界大公司主流产品生产配套产品，如快门线、脚架套等。中国台湾地区也是世界上最大的计算机配套产品生产地之一。由于这些小企业填补了市场空缺，因此许多大企业可以集中精力生产主要产品。

市场补缺者成功与否的关键在于能否找到理想的细分市场。规模较小且大企业不感兴趣的细分市场，称为补缺基点。作为市场补缺者，应设法找到一个或多个安全的且有利可图的补缺基点。理想的市场补缺基点应具有以下特点：①有足够的市场需求或购买量；②具有成长潜力；③是其他竞争者不愿意经营或忽视的；④企业在此方面具有特长或技术；⑤企业能够通过建立顾客信誉保卫自己，防止其他竞争者的攻击。

补缺战略的关键在于专业化，即在一个较小的领域追求较大的市场份额。补缺也可以使小企业获得发展或取得较高的利润。

无论企业是市场领导者、市场挑战者、市场追随者，还是市场补缺者，都要密切关注竞争者的行动，找到最有效的竞争战略，并经常调整战略，以适应快速变化的竞争环境。然而，如果企业花费过多时间和精力追踪竞争者，而忽视了以顾客为导向的问题，就不但背离了企业的使命，而且与营销理念不符。因此，企业需要同时关注顾客和竞争者，在以顾客为导向和以竞争者为导向之间寻求平衡，并记住保持营利性顾客关系对企业至关重要。

请扫码阅读资料"抗衡苹果，谁能在华为之后挑战高端手机？"（线上资源7-7）。

7.4 合作战略

当今，任何一家企业都不可能单独控制所有信息、所有产品、所有技术和所有的价值增值环节。在资源日益稀缺、专业化水平越来越高的情况下，企业要摆脱传统的激烈竞争，需要通过组织间的合作，充分利用各组织的信息资源，实现合作共赢，开拓出新的价值增长空间。因此，达尔文式的市场竞争秩序开始渐渐被生态系统式的合作竞争秩序所取代。经济世界的运行并不都是强者驱逐弱者的过程，企业间也存在与自然界类似的"生物依存链"。各企业联合起来，营造并努力维护共生的经济生态环境，这一理念日益被广大企业家接受。企业间的关系逐渐由竞争关系转向竞合关系，由契约关系转向准市场关系。

7.4.1 合作战略的原则

合作战略是企业间实现共同目标的一种有效方式。合作各方的努力与投入程度，以及合作行为的协调，对合作的成功至关重要。除了共同的目标、相容的价值观与文化、有效的协调机制，合作各方还应考虑彼此的利益，遵循公平分配收益的原则。公平不仅是道德问题，合作各方只有对获取的收益满意，合作才能维持下去。合作结果的稳定性取决于其公平程度，任何一方不满都可能导致合作失败。如果一方感觉其贡献得不到应有的回报，一开始就会拒绝合作。经济学家在纳什研究合作研发收益分配的基础上提出了较为完善的公平分配原则，下面集中介绍三项。

1. 个体理性原则

这是公平的首要条件，即各方在合作中所得收益应不低于不参与合作所得收益。显然，如果不参与合作的收益更高，任何企业都不会继续合作。用博弈论的术语描述，该条件被称为个体理性原则，即合作对任何个体而言都是理性选择，合作回报至少不低于拒绝合作的回报，否则合作将无法持续。很多时候，仅这一项原则就能决定合作收益的分配方案。例如，某种信息技术产品的生产涉及多家企业：有的负责制造组件，有的负责装配设备，有的负责软件开发，有的负责将设备、软件和服务支持整合为面向终端客户的解决方案。产业链上的所有企业都希望通过合作使终端产品的价格最高、成本最低。除了达成总体收益最大化的目标，如何在组件制造、设备装配、系统集成和支持服务等环节分配收益也是需要妥善解决的问题。

从个体理性原则出发，合作各方可以提出以下解决方案。假设组件制造和设备装配环节都不存在进入壁垒，"在位"企业也没有什么竞争优势，而系统集成商在软件开发和服务支持方面具有一定的规模经济效益和客户锁定优势。如果组件制造商和设备装配商不愿意合作，新进入者或内部竞争将使其利润减至资本成本水平。此时，不合作时的最高收益仅仅等于其资本成本。系统集成商则不同，它们具有竞争优势，即使在非合作状态下，其收益也高于资本成本。如果组件制造商和设备装配商不愿意合作，系统集成商就可以轻易找到愿意以资本成本合作的替代者。此时，系统集成商在谈判合作时能够争取到合作后的全部额外收益，无须与不愿意合作的组件制造商和设备装配商分配。可以说，组件制造和设备装配环节的竞争态势迫使从业者在没有额外收益的情况下进行合作。

个体理性原则具有广泛的适用性。没有明显竞争优势的企业即使参与合作，也不可能期望获得超过其资本成本的回报,那些期望通过与沃尔玛、微软和英特尔等巨头合作而长期繁荣的企业,可能仅仅是一厢情愿。当然,这些巨头一般也不会要求供应商、经销商和其他合作方的收益低于其资本成本,否则可能导致合作方退出,而无法找到替代者。

2. 对等原则

具有竞争优势而迫于竞争压力参与合作的企业,如果它们的条件相同,就有资格参与合作收益分配,并应该平均分配合作收益。基于对等原则,合作各方的长期收益应高于平均水平,否则收益低于平均水平的其他企业将可能不满,从而放弃合作。各方均认可对等原则有助于维持合作,防止因争夺合作收益而导致整体受损。如果业内有两家企业具有竞争优势,就要求这两家企业参与合作,此时任何一方放弃的收益都会流入另一方,因此收益应当平均分配。无论这两家企业在规模、能力或其他方面的差别有多大,如果合作所得收益超出非合作状态下两家收益总和的部分平等地依赖这两家企业,它们应有同样的资格获得该收益。任何一方对于合作都不可或缺,若其中一方试图获得高于平均水平的收益,将破坏合作关系,最终损害双方利益。因此,合作中主动约束自我行为对取得长期合作的成功非常重要。

3. 线性不变原则

合作收益按照企业的相对经济地位成比例地进行分配,这就是线性不变原则。当多家具有竞争优势的企业都处于产业链的同一环节,并且成比例地划分市场时,线性不变原则就显得尤为重要。例如,如果有两家企业,其中一家企业的规模和实力是另一家企业的两倍,那么其所得收益也应该是另一家企业的两倍。

7.4.2 合作战略的类型

与竞争战略相比,竞合是合作战略的主要特征。企业通过合作实现更高层次的竞争,而竞争又促使更深层次的合作,在合作与竞争的循环运动和协同作用中,它们不断进步和发展。需要注意的是,合作的主体主要是企业,但并不限于企业,还包括政府、研究院、高校等组织。根据竞争与合作的程度,合作战略可以分为松散型、竞争主导型、合作主导型、竞合对等型四种类型,如图 7-2 所示。

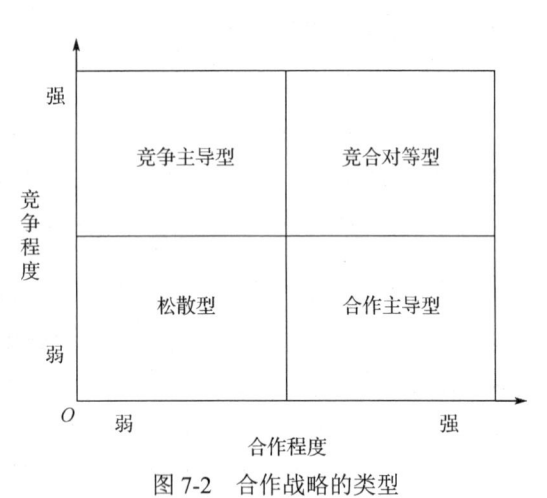

图 7-2 合作战略的类型

1. 松散型

松散型合作战略是指企业之间的合作性和竞争性都较弱的合作战略。这种合作战略通常建立在企业之间自然依附和协作的基础上。例如,小型供应商、销售商等依赖大型制造企业或核心企业,后者为它们提供信息和技术上的指导,企业之间的管理主要靠自然的协作关系,而不是明确的契约。

随着互联网的发展,网络中心联盟越来越多,成为松散型合作的一种重要形式。通常这些联盟有一个中心企业,各企业都是网络中的节点,彼此之间的联系较为松散。它们可以在网络平台上灵活进出,从而保持网络的动态平衡和发展性。例如,虚拟企业与实体企业,企业与高校、科研机构、政府、非营利性组织之间的合作。

松散型合作战略中没有明确的股权和契约关系，企业之间因为实力不同而自然形成一种协作关系。此外，松散型合作战略还体现在同一产业链不同环节的企业之间，它们为了统一零部件标准、产品生产标准而形成联盟。这些联盟的主要目标是维持战略的灵活性和创造附加价值。

2. 竞争主导型

竞争主导型合作战略是指同一行业或市场相近、竞争激烈的企业之间为了设置进入壁垒、维持市场份额或避免价格战而形成的合作形式，如价格联盟、市场垄断联盟等。这种合作战略竞争关系显著，合作关系脆弱，主要是为了避免过度竞争而进行比较被动的合作，并非为了创造更广泛的价值空间，有时也会违背市场规律。

3. 合作主导型

合作主导型合作战略是指在研发、生产、经营等领域有密切关系的企业，为了开拓新的价值空间和扩大市场份额，通过优势互补、资源协同而形成的共赢合作形式。成员之间合作意愿强烈、合作关系持久而紧密。这种战略类型包括合资、相互持股、共同研发、知识联盟等形式。

在这种合作战略下，企业之间依赖度高，任何一方的"背叛"行为都会对合作造成重大影响。合作企业之间长期建立的信任、承诺等关系会使"背叛者"付出巨大的成本，因此能有效降低机会主义行为发生的可能性，使合作关系更为稳定。例如，微软和英特尔之间的合作就是合作主导型合作战略。企业之间的互动水平较高，双方不是将保持灵活性和保护核心能力作为战略目标，而是将相互学习作为管理者的首要任务，双方共同目标的实现比各自利益最大化或采取机会主义行为更加重要。

4. 竞合对等型

竞合对等型合作战略是指企业之间形成既高度合作又高度竞争的合作关系。在这种合作战略下，企业之间的竞争与合作相互依存、相互促进，即竞争促进了合作，合作促使产生了更高质量、更高层次的竞争。该战略分为以下几种情况。

（1）一些企业在某些领域或市场中为了共同的利益保持高度合作关系，而在其他领域或市场中保持高度竞争关系。

（2）在价值链的一些阶段进行合作，而在其他阶段成为潜在的竞争对手。例如，在研发阶段合作，而在销售阶段竞争。例如，IBM与西门子公司的合作，即在联盟内部集中于知识与技术的创新，并在芯片设计、制造和测试等方面共享新技术，但在其他方面仍保持竞争关系。

（3）合作拓宽了既有市场，企业从合作中获得了更多的利益。例如，21世纪初，海尔集团与日本三洋电机株式会社联手，在日本成立了三洋海尔株式会社。海尔集团是世界白色家电500强之一，提供的产品款式等具有非常强的竞争力，而三洋电机株式会社在基础元器件，如集成电路制造方面颇具实力。如果将优秀的产品款式与优质的基础元器件相结合，制造出的产品必然更加完美。双方以这种优势互补的方式合作，可以为消费者提供更好、更新的产品。

（4）企业之间联合制定产业、行业标准或与实力强大的企业进行谈判，以抵御其他垄断标准或增加谈判筹码，争取扩大联合利益。例如，在通信行业的标准竞争中，巨头们形成了不同的合作阵营。在制定TDMA（时分多址）移动通信标准时，欧洲的通信公司（包括德国的西门子、芬兰的诺基亚等）通过合作推广GSM（全球移动通信系统）标准，打败了日本公司的标准。因此，为了分散产品研发的技术风险和成本，竞争对手们往往会实施合作战略，共渡难关。

以上四种合作战略的比较如表 7-1 所示。

表 7-1 四种合作战略的比较

不同方面	合作战略的类型			
	松 散 型	竞争主导型	合作主导型	竞合对等型
公共收益	*	*	****	***
私有收益	*	****	***	***
保持灵活性	***	*	**	****
增加附加值	****	*	***	**
保护核心能力	**	****	*	***
组织学习	*	***	****	**
依赖程度	*	*	****	***

* 表示程度或重要性:"****"表示非常高或非常重要,"***"表示高或重要,"**"表示一般,"*"表示低或不重要

案例 7-3　谷歌、英特尔、泰格豪雅三方联盟:抢占智能手表市场

在手表行业,苹果公司率先推出了高档智能手表 iWatch,最初定价为 10 000~17 000 美元。瑞士的手表供应商普遍认识到,如果无法对此进行回应,那么将面临巨大的挑战。因此,瑞士的手表供应商纷纷采取措施,积极加入市场竞争。泰格豪雅相信谷歌和英特尔可以带来独特的科技创新,其自身则可以提供一个成功的瑞士奢侈手表供应商所具备的声誉和能力。谷歌有足够的实力证明其软件可以高效地驱动可穿戴设备,英特尔也想展示其芯片如何应用于这些设备。泰格豪雅致力于设计和生产技术更复杂的手表,以满足懂技术的消费者的需求。全球市场的快速扩张,加上苹果公司率先入市的举动,促使谷歌、英特尔、泰格豪雅三方形成联盟,共同推出时尚的智能手表。

资料来源:迈克尔·希特,R.杜安·爱尔兰,罗伯特·霍斯基森.战略管理:概念与案例[M].刘刚,等译.北京:中国人民大学出版社,2017.

> **要领与启示:**
> 采用合作战略的一个关键原因在于,一些企业虽然看到了某个机会,但是由于缺乏相应的资源或资源有限,往往不得不放弃。它们有时会寻求与行业内外其他拥有资源的企业合作。泰格豪雅缺乏科技技能去完成一款有竞争力的智能手表,而谷歌缺乏设计能力,也无法独立完成智能手表的生产。不同领域的企业结合在一起就是为了追求它们认为有价值的、可共享的目标,谷歌、英特尔、泰格豪雅之间的合作就是为了共同设计和生产智能手表。

7.4.3　合作战略的形式

随着经济全球化和科学技术的迅猛发展,环境的不确定性不断增加,企业在激烈的竞争中单靠自身难以求得生存和发展。这促使竞合时代的到来,企业开始积极主动地与其他企业开展不同程度和形式各异的合作。

1. 虚拟式经营

虚拟式经营是指为了适应市场与环境的急剧变化,一家企业或多家企业以资源为核心,以资

源的整合和外取为宗旨，以内部机构的精简和外部协作的强化为目标，以灵活与适应为原则，由众多相关企业通过一种网络式的联盟，完成向市场提供产品或服务，在竞争中最大限度地实现资源的最佳组合和快速发展的经营模式。其实质是将有限的资源集中在附加值高的功能上，而将附加值低的功能虚拟化。

虚拟式经营可以实现以下目标。①虚拟式经营有利于精简组织结构，从而提高企业对市场的反应速度和判断决策能力，化解经营风险，在企业规模没有显著扩大的情况下，迅速提高经济效益。②在虚拟组织网络中，企业之间更注重建立双赢或多赢的合作关系，以协同竞争为基础，实行资源和利益共享、风险共担。③虚拟式经营摒弃传统的企业内部结构框架，仅保留最关键的功能，将其他功能虚拟化。这种方式一方面减少了企业对资金的占用，优化了资本结构，分散了投资风险；另一方面通过新的资源组合和经济活动的延伸，降低了交易成本。④虚拟式经营将有限的资源集中在高附加值的功能上，通过整合外部资源实现创新发展，不断提高专业化水平，这有助于企业全力打造核心竞争力。

2．连锁经营

连锁经营在商品流通行业中是一种全球性的潮流，是流通产业发展到一定历史阶段的必然产物。在过去的一个半世纪中，连锁经营凭借其规模化经营、拓展流通渠道、方便消费者等诸多优势获得了迅速发展。特别是自 20 世纪 50 年代以来，在电子技术、超级市场销售技术和不断完善的法律法规的强有力支撑下，连锁经营企业获得了高速发展。从 20 世纪 80 年代起，这一发展势头更加迅猛，已显著超出了原有的行业范围。

目前，连锁经营已成为世界商业零售业和流通业最重要的业态，并被视为最具经济效益的一种商业组织形式。连锁经营几乎包括商业零售业和流通业的所有形态。世界商业零售业 500 强企业大多采用连锁经营方式。从商业网点的分布来看，只有通过连锁经营，才能迅速形成规模效应，商业企业才能在零售业和流通业获得规模效益。

3．战略联盟

战略联盟是指两家或两家以上企业为了实现共同的战略目标而建立的合作性利益共同体。建立战略联盟的主要目的是实现企业间的优势互补，增强它们的长期竞争优势。例如，格兰仕为了提升消费者体验，曾与苏宁、国美结成了"国民家电 品质生活"战略合作伙伴，在全国核心门店建设品牌专厅，供应微波炉、电蒸炉、电烤箱、洗碗机等品质家电，一站式满足消费者对高品质消费的需求。据了解，在这些核心门店，格兰仕经常举办美食分享活动。加盟企业之所以能实现联盟、建立竞合关系，主要取决于各企业所拥有的异质性优势资源的互补性，这种互补性对联盟的效果起着决定性作用。因此，战略联盟本质上是一种"竞合"安排，涉及拥有互补性资源能力体系的企业之间的合作。

战略联盟既可以是横向的竞争关系，也可以是连接上下游的纵向关系。事实上，战略联盟的成员可以涵盖整个价值链。因此，战略联盟是在正式或非正式协议的基础上，积极从事获取未来市场份额的活动，其方式灵活多样，包括合作营销、共同开发产品、合作开拓市场空间、共同进行专用性资产的投资等。

战略联盟对营销的意义在于能够增强企业实力和降低风险，同时帮助联盟成员迅速获得新技术、进入新市场并扩大市场份额。

请扫码阅读资料"战略联盟的特点、优势与风险"（线上资源 7-8）。

线上资源 7-8

4. 业务外包

业务外包是指企业根据投入产出效益最大化的原则，将一些部门或业务转包给其他更加擅长和专业的企业进行管理或经营的行为，包括生产外包、人力资源外包、市场分析外包、广告外包、客户关系管理外包等。

业务外包是顺应供应链环境下竞争的趋势而产生的，它强调企业将主要精力集中在核心业务上，充分发挥自身的优势和专长，同时将非核心业务交给具备相关优势和专长的合作企业来完成，从而实现"专业的人做专业的事"。这与传统的"大而全""小而全"的企业模式有很大的不同。

企业通过业务外包的合作经营方式可达到以下目的：一是分担风险，如新产品开发的风险、技术创新的风险等；二是加速业务重组，如将企业不擅长或低效的业务外包给高效的专业企业；三是提高效率，优化资源配置。

5. 品牌战略合作

品牌战略合作是指两家或更多家企业利用自身的营销资源和优势，进行品牌传播方面的合作，其主要意义在于合作方营销资源的共享与整合。这样可以为企业节省大量营销费用，并达到事半功倍的效果。例如，美泰公司旗下的著名玩具品牌"芭比娃娃"自1959年上市以来，一直致力于与服装、珠宝、日用品、电子产品等品牌进行联合促销，而很多时尚品牌在进行品牌推广时也倾向与芭比娃娃联合推出新品，如Burberry芭比、Vera Wang芭比。这为美泰公司节省了大量的新产品开发费用，穿上了时尚新品的芭比娃娃也成了各品牌的"代言人"。因此，收藏芭比娃娃成为很多人的爱好。

企业间进行品牌战略合作时，应当确保合作方的目标群体具有高度的一致性，并且品牌形象也应一致。否则，品牌之间的差异可能会引起冲突，从而影响产品营销的效果。

案例7-4　　跨界"联姻"：易果生鲜与海尔商业模式合作创新

在"互联网+"行动计划的推动下，生鲜电商得以快速发展，2016年的市场规模达到913.9亿元。但由于生鲜农产品具有非标准化和易腐变质的特性，生鲜电商的经营难度大。此外，商业模式趋同导致同质化竞争。例如，壹桌网和美味七七均定位于高端消费市场，进行价格补贴，并采用自仓自配的重资产运营模式，最终经营失败。生鲜电商易果生鲜与家电企业海尔进行跨界合作，基于海尔智厨冰箱构建了厨房场景的商业模式，这是生鲜电商跨界合作的典型案例。

易果生鲜将购买程序、溯源体系、菜谱资源等植入海尔智厨冰箱终端，消费者通过海尔智厨冰箱一方面可进行产品选购或预订，另一方面可获取生鲜农产品种植、采摘、检验、配送等环节的数据信息及与食材相关的菜谱知识。易果生鲜通过海尔智厨冰箱图像识别、RFID（射频识别）等技术获取生鲜农产品消耗信息和消费者生活习惯信息，进而挖掘出消费者的个性化需求。基于消费者的个性化需求，易果生鲜对生鲜农产品原有的采购、分销、配送等各环节进行优化和重构，由单一生鲜农产品销售商向以生鲜农产品为中心的服务商转变，实现商业模式创新。合作半年时间，易果生鲜通过海尔智厨冰箱获取订单量达30 000单，客单价高达150元；而作为合作方的海尔，通过易果生鲜交叉销售模式，海尔智厨冰箱的销量突破5 000台，市场份额高居行业第一，海尔在家电智能化转型上实现新的突破。

资料来源：张旭梅，邓振华，陈旭，吴胜男．"互联网+"生鲜电商跨界合作商业模式创新[J]．重庆大学学报，2019（06）：50-60.

> **要领与启示：**
> 生鲜电商基于"互联网+"工具和思维，与行业外企业进行合作，以更好地为消费者提供所需的生鲜农产品；通过商业模式创新进行优势资源整合和业务流程再造，发挥资源的协同效应，实现业务融合发展。它们具有相似的目标消费者、相关联的业务流程，并在市场定位、营销渠道、业务模式等方面进行了融合，在产品、内容、场景等方面进行了跨界合作。双方共同挖掘消费者注重的产品属性，形成共同的品牌认知和价值理念，建立产品关联，并在合作的内容上进行互通，从而实现双方价值的互动和共赢。

竞争与合作是实现目标的不同手段，不存在优劣之分。在商场上，有时需要竞争，有时需要合作，有时还需要在不同层面同时采取竞争与合作的做法。在错误的时间、错误的地点，与错误的对象进行错误的竞争或合作，必将给企业带来损失。此外，竞争与合作有良性和恶性之分。良性竞争会促使双方进步，恶性竞争可能导致两败俱伤。企业应根据具体情况，评估竞争与合作的长短期效应，选择合适的策略。

本章小结

1. 竞合战略。竞合不是一味地竞争，而是在竞争的基础上进行合作，以实现双赢。竞争与合作是不可分割的整体，通过在合作中竞争和在竞争中合作，实现共存共荣和共同发展。竞争与合作是实现目标的不同手段，不存在优劣之分。

2. 基本竞争战略。基本竞争战略包括成本领先战略、差异化战略、聚焦战略。在选择基本竞争战略时主要考虑企业资源、顾客需求、市场规模、竞争者的战略等。

3. 竞争者位势战略。竞争者位势战略是在梯级式的竞争结构中，明确本企业的竞争地位，对不同位势的竞争对手确立相应的对策。根据企业在目标市场所处的地位，可以将企业分为四种类型，即市场领导者、市场挑战者、市场追随者、市场补缺者。

4. 合作战略。合作战略可以划分为松散型合作战略、竞争主导型合作战略、合作主导型合作战略、竞合对等型合作战略。各种类型合作战略的竞争与合作程度不同，在公共收益、私有收益、保持灵活性、增加附加值、保护核心能力等方面均有所区别。合作战略的形式包括虚拟式经营、连锁经营、战略联盟、业务外包、品牌战略合作等。

学习指导

我们需要从市场经济的需要和营销环境的变化来理解企业之间的竞争与合作。在本章学习过程中，要注意学会根据外部环境和内部条件制定竞争战略，灵活运用各种合作方式，既要有竞争意识，又要有合作思维。基本竞争战略是企业构建竞争优势的重要途径，要从本质上去理解各种战略的资源基础、优势、潜在风险和实现途径。实际上，企业的市场地位所反映的竞争者位势决定了其竞争战略的选择范围，也就是说，企业不能盲目竞争。合作战略有利于企业更好地利用外部资源，充分发挥自身核心资源的优势，并且能够减少环境的不确定性给企业带来的威胁。本章的内容涉及企业战略管理，读者可阅读这方面的文献，并了解有关竞争与合作的案例，从中得到启发。

关键概念：竞合战略、成本领先战略、差异化战略、聚焦战略、市场领导者、市场挑战者、市场追随者、市场补缺者、虚拟式经营、连锁经营、战略联盟、业务外包、品牌战略合作。

思考与应用

1. 试述竞合战略观念演变的三个阶段。
2. 企业在合作中要实现合作战略利益而避免机会主义，"重复囚徒两难"对策模型给我们带来哪些启示？
3. 试述三种基本竞争战略的本质、优势、潜在风险和实现途径。
4. 市场领导者如何保持自己的竞争优势？
5. 市场挑战者可以采用哪些进攻战略？
6. 市场追随者可以采用的竞争战略有哪些？如何在这些战略实施中创造特色和优势？
7. 简述聚焦战略与市场补缺者的竞争战略的异同。
8. 简述合作战略的原则、类型和特点。
9. 了解国内手机、汽车和饮料行业，列举这些行业的市场领导者、市场挑战者、市场追随者、市场补缺者，分析它们的竞争战略及主要竞争对手的优势和劣势。

案例分析

请扫码阅读案例：任天堂游戏良性循环终结的原因何在？（线上资源7-9）

思考以下问题：

1. 任天堂起初在游戏行业崭露头角的原因有哪些？
2. 如何从竞争与合作两个方面解读任天堂的成功和失败？
3. 你从本案例中得到了哪些启示？

线上资源7-9

第 8 章

产品策略

名言警句

质量是维护顾客忠诚的最好保证。

——杰克·韦尔奇

本章要点

产品是价值的载体。只有能够满足顾客需求，为顾客创造更高价值的产品，才能够赢得顾客，获得市场优势。产品策略是市场营销组合中最重要的策略，它影响定价策略、渠道策略和促销策略等的制定。本章主要介绍产品组合策略、产品生命周期策略、新产品开发策略、品牌策略和包装策略等内容。

学习目标

- 了解产品的概念和层次。
- 熟悉产品的分类、产品组合和具体的产品组合策略。
- 掌握产品生命周期理论和产品生命周期不同阶段的营销策略。
- 熟悉新产品开发的原则和过程。
- 掌握品牌的作用、品牌资产及具体的品牌策略。
- 掌握包装策略。

导入案例

请扫码阅读案例：花西子如何展现东方浪漫的彩妆产品？（线上资源8-1）

思考以下问题：

1. 花西子是如何展现东方浪漫的彩妆产品的？
2. 花西子彩妆的成功给你带来哪些启示？

线上资源 8-1

8.1 产品组合策略

企业的营销活动以满足市场需求为中心，而产品对于满足市场需求至关重要。产品是价值的载体，企业的产品只有比竞争对手的产品更好地满足市场需求，才能获得顾客的青睐。产品策略影响并决定着其他市场营销组合要素，是企业制定价格、分销和促销策略的基础，对企业市场表现的好坏具有重要影响。因此，产品要素在营销组合要素中居于核心地位。

8.1.1 产品的概念

产品有广义和狭义之分。狭义的产品指的是能够满足顾客需求的有形物品;广义的产品又称市场提供物,指的是提供给市场的,供顾客购买、使用且能满足顾客某种需求或欲望的任何东西,包括物理形体、服务、事件、人物、地点、组织、创意及实体的组合。市场营销学中的产品还包括体验、财产权和信息等。下面选择一些产品进行介绍。

（1）商品：又称实物产品或有形产品,指的是那些看得见、摸得着的产品,如手机、电视机、计算机等。

（2）服务：它可以是产品的一部分,如海底捞在提供食物的同时提供的服务,也可以是独立的活动,如教师的授课、律师的辩护、医生的诊断等。随着经济的发展,越来越多的经济活动集中在服务提供上,服务的内容包括酒店住宿、汽车租赁、美容美发、产品维修、管理咨询等。

（3）体验：又称经历。企业通过协调多种类型的产品,创造出营销体验。例如,游览迪士尼乐园、攀登珠穆朗玛峰等都是一种体验。

（4）事件：营销人员可以宣传定期发生的事件,如奥运会、企业周年纪念、大型贸易展览、艺术表演等活动或盛会。

（5）人物：名人效应营销已经成为重要的商业活动。许多运动员和艺人在个人营销方面做得很出色,如专业体育品牌"李宁"的创建者是"体操王子"李宁。其实,每个人都在有意识或无意识地对自己进行营销,以赢得社会和公众的认同与接纳。

（6）地点：包括城市、地区甚至整个国家,都积极争取吸引游客和投资。如今,越来越多的城市开始对自己进行营销,如成都、南京、三亚等纷纷推出城市名片,向公众展示自身的特色。

（7）财产权：指对不动产（如房屋）或金融资产（如股票和债券）的所有权。财产权可以买卖,买卖过程包含营销,如房屋买卖、证券交易等活动。

（8）组织：越来越多的组织（包括非营利性组织）进行自我营销,以建立良好的社会形象。例如,企业通过各种公共关系活动塑造良好的形象。

（9）信息：在信息产业快速发展的今天,信息可以像有形产品那样被生产和销售。例如,人们在购买光盘时,购买的不是光盘本身,而是其承载的知识信息。

（10）创意：市场营销活动往往围绕推广创意展开,无论是企业提供物的营销理念,还是独特的想法。例如,牙膏生产商将其产品的传播理念定为"用清新的嘴品尝生活",这种理念就是创意的推广。

8.1.2 产品的层次

在营销策略中,产品是企业用来引导和满足顾客需求的关键因素。营销人员需要从整体产品的概念出发考虑问题。产品不仅指具有特定物质形态和用途的实物,还包括所有能满足顾客某种需求和利益的非物质元素,如包装、售后服务、广告、咨询、送货等。产品的三个层次如图 8-1 所示。

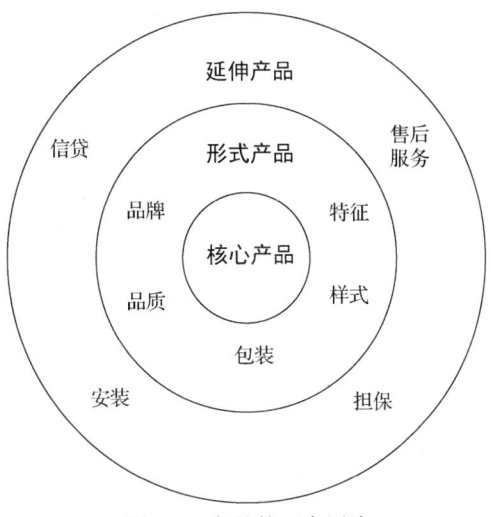

图 8-1 产品的三个层次

（1）核心产品。核心产品是指企业向顾客提供的基本效用或利益，是核心顾客价值，它是整体产品概念中最基本、最主要的层次。例如，旅游者出行不是为了获取观光地的入场券，而是为了感受人文风貌、欣赏自然风光或获得阅历和知识；顾客购买化妆品并不是需要化学物品，而是为了满足对美的需求；顾客购买平板电脑，不仅仅是购买一台平板电脑，更是购买娱乐、自我表达及与亲朋好友保持联系的工具。因此，企业关注的重点应该是顾客如何感知产品价值，而不是经销商如何看待产品。营销人员向顾客销售的任何产品，都应当具备反映顾客核心需求的基本效用。

（2）形式产品（实体产品）。形式产品是指产品的基本形态，即核心产品实现的具体形式，或者满足目标市场特定需求的方式。形式产品包括一系列基本属性，从影响顾客购买决策的角度来看，主要包括品质、体积、样式、特征、品牌、包装等。形式产品是产品基本效用的有形物质载体。例如，旅馆的房间应包括床、浴室、毛巾、桌子、衣柜、卫生间等；平板电脑属于形式产品，它的品牌、外观、大小、风格、款式及其他属性被精心地组合在一起。因此，营销人员应努力寻求更完善的有形载体，以更好地满足顾客的需求。

（3）延伸产品。延伸产品又称扩展产品或附加产品，代表顾客注重的无形利益，主要指通过对产品提供安装、信贷和售后服务等而给顾客带来的附加价值。例如，IBM 公司向用户提供整套计算机体系，包括硬件、软件、安装、调试、传授使用与维修技术等一系列附加服务；旅馆提供免费接送、儿童看护、美容、健身等附加服务；平板电脑制造商及分销商向顾客提供快速维修、免费咨询电话服务，并且让顾客有机会接触丰富的应用软件和配件的网站等。随着人们需求和企业竞争的日益多样化，顾客对产品附加价值的要求越来越高，这一领域的竞争越来越激烈。

整体产品概念整合了产品的实体性和实质性，将产品的基本利益与非物质形态的效用有机结合起来，其内涵和外延都以顾客需求为标准，体现了以顾客需求为核心的现代营销观念。

8.1.3 产品的分类

产品的范围极其广泛，各种类型的产品都有与之相适应的市场营销组合策略。我们可以按照多种标准对产品进行分类。例如，按照形态可以将产品分为有形产品和无形产品，实体产品是有形的，服务是无形的；按照用途可以将产品分为消费品和产业用品，前者通常由个人或家庭购买，后者通常用于企业的生产。

1. 有形产品和无形产品

（1）有形产品。有形产品是指具有实物形态的产品，根据产品使用期限的不同又分为耐用品和非耐用品。

耐用品通常指使用年限较长、价值较高、不容易磨损和损坏的有形产品，如空调、彩电、汽车等。耐用品通常价值较高、利润丰厚，因此需要更多的人员去推销。企业也需要提供更多的保证，如维修、保养及其他服务，以确保产品在寿命期内能正常工作或使用。

非耐用品通常指使用时间较短、价值较低、容易磨损和损坏的有形产品，如卫生纸、毛巾等。非耐用品通常具有一种或多种用途，消费快，购买频率高，价格上升幅度不大，因此需要通过广告宣传来吸引顾客试用并形成偏好。

（2）无形产品。无形产品是指没有具体实物形态的产品，包括劳务、服务等，如运输服务、医疗服务、理发、修理等。无形产品具有无形性、同步性、异质性、易逝性的特点，因此对质量控制、供应商的信用和适用性的要求较高。

2. 消费品和产业用品

（1）消费品。消费品是指由最终消费者购买并用于个人消费的产品。根据消费者的购买习惯，可将消费品分为便利品、选购品、特殊品、非渴求品。

便利品是指消费者频繁购买且几乎不需要付出任何购买努力的产品，如香烟、肥皂、报纸等。

选购品是指耐用程度较高，消费者在购买时会对其适用性、质量、花色、价格、款式等进行比较的产品，如服装、家具等。

特殊品是指具备独特特征或品牌标记，并且许多消费者愿意付出特殊购买努力的产品，如奢侈品、摄影器材等。

非渴求品是指消费者不了解或即使了解也没有兴趣购买的产品，如刚上市的新产品、专业性强的图书等。

（2）产业用品。产业用品是指企业制造产品所需的原材料和零部件或用于业务活动的产品。产业用品按其使用目的可分为材料和部件、资产项目、供应品和服务。

材料和部件是指直接用于产品生产、构成产品实体的产品，其价格一次计入产品成本，包括原材料、半成品和部件等。

资产项目是指部分进入产成品的商品，主要分为不动资产和附属设备资产。不动资产包括厂房建筑、固定设备等；附属设备资产包括轻型制造设备、办公设备等。

供应品是指不构成最终产品的项目，如办公用品；服务则是指非物质实体产品，是为出售而提供的活动、利益，如产品售中服务、售后服务和企业咨询服务等。

8.1.4 产品组合

生产或经营多种产品是企业扩大销售、分散风险的有效手段之一，对产品及其数量采取正确的决策成为满足顾客需求和获得稳定经济效益的重要条件。因此，企业需要分析产品结构，并根据企业资源和市场环境的特征，确定最佳的产品组合。

1. 产品组合的含义

在现实生活中，大多数企业不止生产经营一种产品，因此如何统筹安排这些不同的产品，形成合理的产品组合就成了企业内部管理的重要问题。

产品组合是指企业提供给市场的全部产品线和产品项目的组合或结构,用于描述企业的业务经营范围。其中,产品线是指产品在技术和结构上密切相关、具有相同使用功能但规格不同的一组产品,用于满足同类需求。产品项目是指产品线内不同品种、规格、质量和价格的特定产品。

请扫码阅读资料"小米生态链产品线组合"(线上资源8-2)。

线上资源8-2

2. 产品组合的评价指标

产品组合的评价指标包括宽度、长度、深度和关联度。产品组合的宽度是指企业拥有的不同产品线的数量;产品组合的长度是指产品项目的总数;产品组合的深度是指产品项目中每个品牌所含花色、规格等的数量;产品组合的关联度是指各条产品线在用途、生产条件、分销渠道等方面相互关联的程度。

这些指标极大地影响了企业的营销活动。增加产品组合的宽度可以扩大企业的经营范围,使企业获得更多发展机会,从而可以更充分地利用各种资源;增加产品组合的长度和深度可以使企业提供更多种类的产品,进而更好地满足消费者的多样化需求;增加产品组合的关联度则有助于企业发挥在其擅长领域的优势,减少进入不熟悉行业的经营风险。

3. 具体的产品组合策略

产品组合策略是指根据企业生产与经营能力和市场环境做出的关于产品品种、规格及生产比例的决策。最佳产品组合是动态优化的过程,需要通过不断调整产品线来实现。因此,企业必须经常了解、分析、评价每种产品的销售额和利润。图8-2所示为产品线中的产品品种对销售额和利润的贡献。

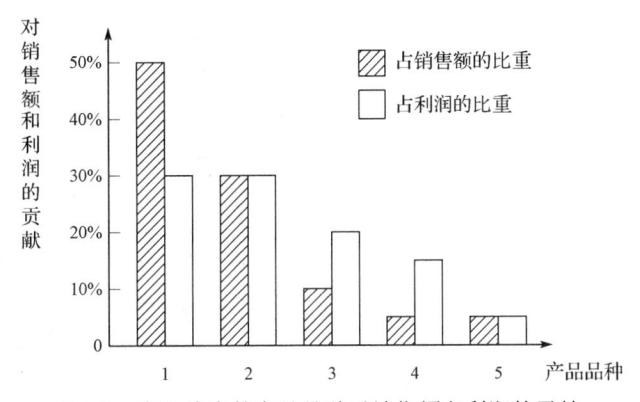

图8-2 产品线中的产品品种对销售额和利润的贡献

企业需要了解、分析竞争对手的产品线情况,并将此作为决策的依据。企业需要做出以下几个方面的决策。

(1)产品线长度决策。产品线长度决策依赖企业的定位和市场细分的程度。希望拥有完善的产品线或高市场份额的企业倾向较长的产品线,而追求高额利润的企业在产品项目的选择上十分慎重,不轻易增加新项目。当竞争对手细分市场并通过开发独特的产品来满足这些细分市场的需求时,较短的产品线可能会面临危机。因此,较短的产品线在保持差异化优势的同时,还必须针对竞争对手进行独特的市场定位。近年来,产品线不断扩张,其原因包括:①生产能力的富余使企业通过开发新产品进入更多细分市场,从而实现利润的增长;②企业提供的产品越全面，越能满足顾客的需求；③增加产品项目是控制货架空间的一种手段，有助于限制竞争对手产品线的扩张。

企业产品线的扩张主要有两种方式：产品线扩展和产品线填补。

企业通过超出现有范围来增加产品线长度的做法叫作产品线扩展。通常的做法有以下几种。

第一，向下扩展，即企业在高档产品线中增加低档产品项目。例如，惠普前些年推出了面向低端中小企业的"打印市场攻略"，一口气推出了多款专为个人及中小企业用户定制的黑白激光打印机。企业向下扩展其产品线的原因可能包括：企业在高档产品市场受到攻击，决定通过扩展低档产品市场进行反击；企业发现高档产品市场增长缓慢；企业最初进入高档产品市场是为了树立质量良好的形象，随后要向下扩展；企业为了填补市场空白增加低档产品项目，避免被竞争对手抢占先机。在采取向下扩展方式时，企业可能面临的风险包括：新的低档产品可能会蚕食掉高档产品的市场份额，导致整体业绩下滑；竞争对手可能将产品项目转移到高档品类进行反击；经销商可能不愿意或者没有能力经营低档产品，因为这些产品的盈利能力较低，并且可能损害经销商的形象。

第二，向上扩展，即企业在现有产品线中增加高档产品项目。企业采取这种方式可能是为了抓住高档产品较高的增长率和利润，或者为了将自己定位为具有完整产品线的制造商。向上扩展的风险包括：高档产品的竞争对手可能进入低档产品市场，以进行反击；潜在顾客可能不相信新厂商能生产优质产品；企业的销售代表和分销商可能因缺乏技能而不能很好地为高档产品市场服务。

第三，双向扩展，即企业同时向上和向下扩展产品线。这种方式通常适合定位于市场中端的企业。

产品线填补是在现有产品线范围内增加产品项目，以延长产品线。

大多数消费品生产企业在成长期通过调整产品属性来增加其产品线长度。例如，美国吉列公司从"喷射式"剃须膏出发，研发了须后冷霜、烫发机和吹风机等产品。产品线填补的动机包括：获取增量利润；满足因产品线不足而销售额下降的经销商的需求；充分利用生产能力；争取成为领先的具有完整产品线的企业；填补市场空隙，防止竞争对手侵入。采用这种做法需确保产品项目间存在显著的差异，并且消费者能区分各个产品项目。

案例 8-1　五芳斋：产品组合的爆破让其成为全年销售的产品

粽子原本是端午节期间的食品，但如今也可作为日常休闲食品。经过对市场调研信息的梳理和分析，五芳斋认为，在合理进行产品线结构组合规划的基础上，企业还应关注目标消费者的需求，以满足消费者需求为导向进行产品线的整合与规划。除了关注消费者需求和合理的产品结构，企业还需要考虑产品价格对消费人群的覆盖问题。在综合考虑以上因素的基础上，产品规划还需要考虑渠道和产品组合策略，以满足不同终端对产品的要求。基于这些思考，五芳斋对其产品组合进行了补充与优化。

（1）做强现有产品。企业的销量和利润主要来源于老产品，所以产品线整合与规划的重心应该放在现有主力产品上。企业通过改进现有产品和优化产品结构，进一步巩固主力产品的市场地位。

（2）培育新产品。通过对现有产品线的盘点分析，开发和培育以目标消费群体与功能为基础的新产品，提炼全新的卖点，逐步打造企业未来的明星产品。

（3）探索高端产品。调整现有产品线中高端产品的形式，探索高价位产品，如礼盒装产品，

（4）拓展低端市场。通过小包装或单个包装的产品形式调整，向低价位延伸产品线，抢占市场份额，建立产品的市场标杆。

五芳斋的产品线经过调整后变得更加丰富和科学了，最终形成了依靠低价产品占领竞争市场、通过老产品巩固核心市场、通过新产品塑造品牌新形象及通过高价位产品赚取额外利润的产品结构。五芳斋在产品形态上实现了从季节性产品到全年性产品的覆盖。

资料来源：联纵智达研究院. 我们的营销真案例[M]. 北京：中华工商联合出版社，2014.

> **要领与启示：**
> 从市场竞争的角度来看，企业的产品组合应像战斗机集群一样，不同产品扮演不同的角色、承担不同的任务，形成合力，形成立体化的攻防体系。产品是营销的基石和核心，销售体系的构建同样以产品为核心。消费者对品牌的认知70%来自对产品的使用感受，一个强势的品牌必然有强势的产品，企业领导在产品开发与创新上投入时间和精力是明智的。

（2）产品线现代化决策。产品线现代化决策是强调把现代化的技术设备应用到生产过程中，因为产品线生产方式落后会影响企业产品的品质、生产成本和市场营销效率。

（3）产品线特色化决策。产品线特色化决策是指在每条产品线中推出一个或几个特色产品项目，以吸引消费者，从而满足不同细分市场的需求。企业通常会推出低档或高档产品来形成自己的特色。一般而言，产品线特色化决策是以低档产品吸引消费者，使之充当"开拓销路的廉价品"；或者以高档产品为标识，树立产品线形象和声誉。

（4）产品线削减决策。产品线削减决策是指采用专业化组织形式，减少本企业生产的滞销产品或亏损产品项目。其优点是提高生产效率与产品质量，降低成本，使企业扩大畅销产品的生产，获得长期稳固的利润。例如，日本有一家原本生产雨衣、游泳衣、尿垫等产品的小型企业，由于同类产品竞争激烈，经营者果断做出决策，扬长避短，另辟蹊径，专注于生产婴儿尿垫，在激烈的市场竞争中获得了优势，一跃成为日本的"尿布大王"。

8.2 产品生命周期策略

产品在市场上的销售情况及盈利能力会随着时间的推移而发生变化，经历从引入、成长到成熟，再到衰退的过程。每个阶段有不同的经营特点，会面临不同的挑战和机遇，企业需要在不同阶段制定相应的营销策略。

8.2.1 产品生命周期理论

企业需要跟随产品、市场和竞争者等诸多因素的变化调整自己的营销策略。产品生命周期理论是一种有用的分析工具，它能引导企业在产品生命周期的不同阶段关注营销、财务、制造、采购和人力资源等策略的动态调整问题。

1. 产品生命周期的概念

产品生命周期是指产品从投入市场到退出市场的全过程，包括引入期、成长期、成熟期和衰退期四个阶段。

产品生命周期是产品的市场寿命，而非产品的使用寿命，反映产品在市场上生存的时间。产品退出市场，并非由于其本身的质量原因，而是由于市场上出现了能更好地满足顾客需求的新产品，原有产品逐渐失去魅力。因此，产品生命周期的长短主要由市场因素决定，如科学技术的发展水平、产品更新换代的速度、顾客偏好的变化及竞争的激烈程度等。产品的使用寿命即产品的自然寿命，是指产品从投入使用到损坏直至报废所经历的时间，其寿命的长短受产品的自然属性、使用强度、维修保养程度及自然磨损等因素的影响。

产品的生命周期表明任何产品的市场寿命都是有限的，产品的新陈代谢是不可避免的。在产品生命周期的不同阶段，产品的市场占有率、销售额、利润额各不相同，每个阶段都对销售者提出了不同的挑战。企业需要认真分析和识别产品所处的生命周期阶段，并根据各阶段的特征调整营销策略。

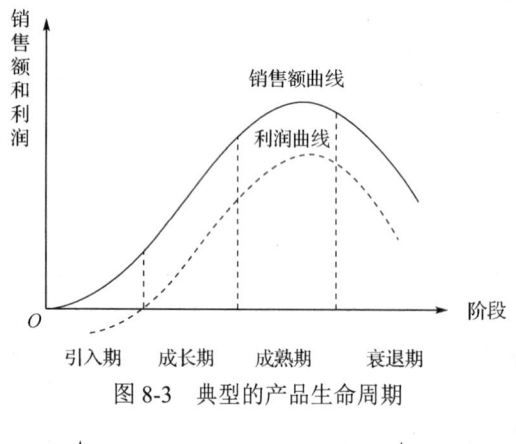

2. 产品生命周期的形态

产品生命周期的形态分为典型和非典型两种。典型的产品生命周期要经历引入期、成长期、成熟期和衰退期，呈钟形曲线，如图 8-3 所示。

但是，并非所有的产品都呈现这种典型的产品生命周期。一项研究表明，产品生命周期有 6~17 种不同的形态，图 8-4 所示为三种非钟形产品生命周期。

图 8-3 典型的产品生命周期

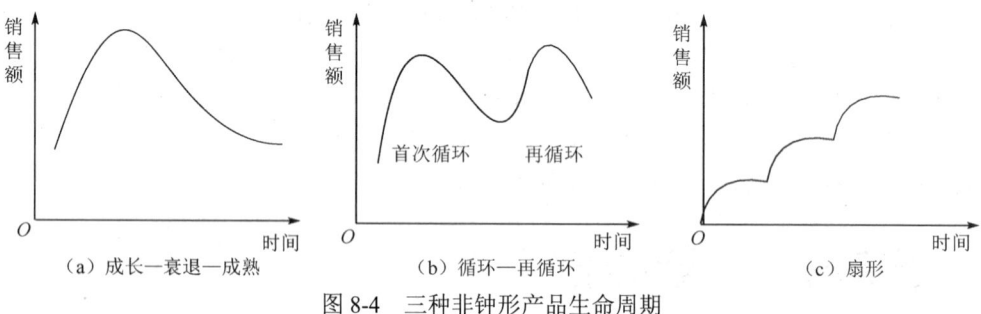

图 8-4 三种非钟形产品生命周期
（a）成长—衰退—成熟　（b）循环—再循环　（c）扇形

图 8-4（a）所示为"成长—衰退—成熟"的形态。小型厨房设备往往具有这种特征，如电动刀具在最初引入时销量迅速上升，然后稳定在一定水平上。这一稳定水平之所以能维持，是因为后期使用者首次购买与早期使用者更换产品。

图 8-4（b）所示为"循环—再循环"的形态，常常用来描绘新药的销售。制药企业积极推销其新药，于是出现了第一个周期；后来产品销量下降，企业对其发起第二次促销，于是产生了第二个周期。

图 8-4（c）所示为常见的"扇形"形态。由于企业不断发现产品的新特征、新用途，或者发现新的市场、目标顾客群体，产品的生命周期不断延长。例如，尼龙的销售就体现了这种特征，因为其许多新的用途被接连发现，如制作降落伞、袜子、衬衫、地毯等。

3. 产品生命周期不同阶段的特征

企业在开展营销活动时，需要判断其产品所处的生命周期阶段，并了解各阶段的特征。企业应根据产品生命周期各阶段的特征，确定营销的重点和目标，采取不同的战略和营销组合，以适应市场的变化，增强市场竞争力。产品生命周期各阶段的特征、营销目标和战略如表 8-1 所示。

表 8-1 产品生命周期各阶段的特征、营销目标和战略

		引入期	成长期	成熟期	衰退期
特征	销售	销售少	销售快速增长	销售高峰	销售下降
	成本	每个顾客高成本	每个顾客平均成本	每个顾客低成本	每个顾客低成本
	利润	几乎没有甚至亏损	利润增长	高利润	利润缩减
	顾客	创新者	早期使用者	中期使用者	落后者
	竞争者	较少	逐渐增加	数量稳定开始减少	数量减少
营销目标	—	建立产品知名度并增加试用	实现市场份额最大化	在维持市场份额的同时实现利润最大化	减少开支并获取品牌收益
战略	产品	提供基本产品	提供产品延伸、服务和担保	品牌多样化	淘汰疲软产品
	定价	成本加成定价	市场渗透定价	与竞争者差不多或比竞争者低的价格	削价
	分销	选择性分销	密集分销	更密集分销	选择性分销
	广告	在早期使用者和经销商中建立产品知名度	在大众市场建立知名度	强化品牌差异点和利益	降低到维持忠诚顾客所需的水平
	销售促进	大力进行销售促进，以吸引试用	利用大量顾客的需求，减少销售促进	增加销售促进，鼓励品牌转换	减少到最低水平

（1）引入期。引入期是指新产品试制成功并进入市场试销的阶段。这一阶段的主要特征：只有少数企业生产，市场上竞争者较少；顾客对新产品接受度低，销售增长缓慢；需做大量广告宣传，推销费用高；生产批量小，试制费用高。在这一阶段，因为产品引入成本高，利润几乎没有甚至亏损。由于高风险和高费用，少数产品在引入期伴随革命性的发明。但是更多产品在引入期的情况是新包装的便利食品、新型号的汽车等，而非重大产品革新。

（2）成长期。成长期是指产品经过试销并取得成功后，转入批量生产和扩大销售的阶段。这一阶段的主要特征：顾客对产品已经熟悉并接受，销售快速增长；产品基本定型，生产规模扩大，成本下降，利润不断增长；竞争者纷纷进入，竞争趋向激烈。新进入的企业使产品更加多样化，同时这一阶段也常常出现垄断性竞争。

（3）成熟期。成熟期是指产品经过成长期，销售增长速度明显减慢，到达高峰后转入缓慢下降的阶段。这一阶段的主要特征：产品的工艺、性能较为完善，质量相对稳定，产品被大多数顾客接受；市场需求趋于饱和，销售增长缓慢并呈下降趋势；企业利润达到峰值，之后呈下降趋势；同类产品之间的竞争加剧，一些低效的企业无法承受这种压力而放弃了这个市场。

（4）衰退期。衰退期是指经过成熟期，产品逐渐被同类新产品替代，销售量出现急剧下降趋势的阶段。这一阶段的主要特征：产品销售由缓慢下降变为快速下降，销售出现负增长；顾客的兴趣已转移到新产品上；产品价格已降到最低。大多数企业已无利可图，竞争者纷纷退出市场。

8.2.2 产品生命周期不同阶段的营销策略

由于企业面临竞争者的挑战、经济环境和顾客兴趣与需求的变化，在产品生命周期内，企业需要多次修正其营销策略。因此，在产品生命周期不同阶段，企业需要制定一系列与之相适应的

策略，在市场中赢得主动。

1. 引入期的营销策略

在这一阶段，企业需要让潜在顾客了解新产品的特征、用途和优点，因此需要花费大量经费吸引分销商，同时付出极大的促销努力，而这时利润很低甚至亏损。引入期营销策略的重点是使产品尽快被顾客接受，缩短市场投放时间，扩大销售，迅速占领市场并推动产品进入成长期。根据促销费用和价格，引入期的营销策略可以分为四种类型：快速撇脂策略、缓慢撇脂策略、快速渗透策略和缓慢渗透策略。引入期的营销策略如图8-5所示。

	促销费用 高	促销费用 低
价格 高	快速撇脂策略	缓慢撇脂策略
价格 低	快速渗透策略	缓慢渗透策略

图 8-5　引入期的营销策略

（1）快速撇脂策略。快速撇脂策略旨在通过高价格和强力促销迅速提高产品的销售额，获得较高的市场占有率。企业采取这种策略的前提：潜在顾客不太了解产品，但有能力也愿意尝试以较高的价格购买新产品。如果企业面临潜在竞争对手的威胁或希望尽快树立品牌形象，会采取此策略，以领先于竞争对手或迅速赢得顾客对产品品牌的喜爱。例如，苹果公司在推出新款手机时，通常会投入大量的广告费用，并通过设置较高的价格迅速收回投资。

（2）缓慢撇脂策略。缓慢撇脂策略旨在以高价格、低促销费用将新产品推入市场，目的是获取更高的利润和尽可能节省费用。这种策略适用于以下市场环境：产品销售面较窄，市场容量有限；大多数顾客已经对产品有所了解，对价格的敏感性较低；产品技术复杂，潜在竞争对手较少。例如，法国达索飞机制造公司为客户提供的私人飞机，由于购买者通常是富豪，并且飞机的技术比较复杂，因此采取了缓慢撇脂策略。

（3）快速渗透策略。快速渗透策略是一种通过低价格和大规模促销活动推出新产品的营销策略，旨在迅速进入市场，获得尽可能高的市场占有率，并吸引顾客购买。这种策略适用于以下市场环境：市场容量庞大，潜在竞争激烈；产品需求弹性大，价格敏感性强；顾客对产品的了解相对不足；企业具有规模经济效益。

（4）缓慢渗透策略。缓慢渗透策略是一种以低价格、低促销费用推出新产品的营销策略。它要求市场容量大，顾客了解企业的产品，并且产品需求弹性大。即使以低价格销售，企业仍能获得不少的利润。例如，洗发水、香皂等产品的生产企业通常采取这种策略。

2. 成长期的营销策略

在产品成长期，企业应当从多方面增强产品竞争力，把保持和提高产品质量放在首位。这一阶段营销策略的重点在于强化产品的市场地位，尽可能提高销售增长率和市场占有率，以应对日益激烈的市场竞争。企业具体可采取以下方法。

（1）改进产品质量。企业要不断改进产品质量，为产品添加新的功能，提供新的产品特色、款式等，以提高产品的竞争力，满足顾客更广泛的需求，吸引更多的顾客进行购买。

（2）扩大规模、降低价格。企业通过扩大生产规模，产生规模效应，降低成本，以便在适当的时机采取降价措施，刺激需求扩大，使那些对价格敏感的顾客产生购买欲望，并采取购买行动。另外，在行业竞争日趋激烈、市场平均利润水平下降的情况下，通过扩大规模、降低价格可以阻止新竞争者的加入，而企业还有余力寻找和进入新的尚未饱和的细分市场。

（3）进入新的细分市场或开拓新的分销渠道。企业可以根据产品和市场的特点，寻求进入新的细分市场，以提高市场占有率或增加销售额，也可以开拓新的分销渠道，提高分销能力，创造新的竞争优势。

（4）树立品牌形象。这一阶段的重点之一是企业要把广告宣传的重心，从纯粹介绍产品转为树立产品的品牌形象，使产品具备差异化优势，增加顾客的购买信心，使企业的产品不仅能维持老顾客，更能吸引新顾客，从而提高企业在社会上的美誉度。

3．成熟期的营销策略

产品的成熟期又可分为三个阶段：成熟期中的成长阶段，这时后期使用者逐渐加入购买者行列，但产品销售增幅不如以前；成熟期中的稳定阶段，这时潜在顾客已购买企业的产品，产品销售量增长与购买者增长成正比，如果购买者增长为零，则产品销售量达到顶峰；成熟期中的衰退阶段，早期使用者开始尝试购买其他企业的新产品，导致销售量下滑。一般来说，与产品的引入期和成长期相比，成熟期的持续时间更长，这时企业营销策略的重点是采取恰当的策略延长成熟期。

（1）市场改良策略。这种策略通过扩大市场来增加成熟产品的销售额，而并不改变产品本身。企业可以通过提高品牌使用者数量和品牌使用者的使用率争取市场机会。

提高品牌使用者数量的策略主要有三种。①转变非使用者。营销人员可以通过努力把非使用者转变为产品使用者。例如，航空公司通过低价机票吸引以前倾向乘坐火车的乘客。②进入新的细分市场。企业可以根据地理和人口统计等变量的共同特点努力进入新的细分市场。例如，强生公司曾将婴儿产品推广至成人市场。③争取竞争对手的顾客。企业可以通过各种营销手段吸引竞争对手的顾客。例如，中国移动曾通过各种资费套餐成功吸引众多中国联通和中国电信的用户。

提高品牌使用者的使用率的策略主要有三种。①增加使用次数。企业可以鼓励顾客更频繁地使用产品。例如，牙膏的营销人员可以通过广告宣传每天刷三次牙比刷两次牙更有益口腔健康。②增加每次使用量。企业可以鼓励顾客在每次使用产品时增加使用量。例如，洗发水制造商可以向用户暗示，每次洗头发时使用两次洗发水效果更好。③开发新的用途。企业可以帮助顾客了解产品的多种用途，以增加顾客对产品各种用途的认识。例如，手机制造商在手机具备了通话和短信功能后，逐步为其添加了拍照、播放音乐和视频等功能。

（2）产品改进策略。产品改进策略包括质量改进、特点改进和式样改进。质量改进注重增加产品的功能特性，如耐用性、可靠性、速度、口味等；特点改进注重增加产品的新特点，如尺寸、重量、材料、添加物、附件等，以优化产品的多功能性、安全性或便利性；式样改进注重满足顾客对产品的美学诉求。

（3）市场营销组合改进策略。企业可以通过改进市场营销组合达到延长产品成熟期的目的。企业可以通过改变定价、分销渠道和促销方式，提高产品竞争力，增加市场对产品的需求。常用的措施有：以降价、打折的方式进行促销；增加广告支出，改变广告媒体组合；增加销售人员的数量，加快交货速度，提高服务质量等。

4．衰退期的营销策略

产品进入衰退期后，应根据市场需求情况，保持适当的生产量，以维持一定的市场占有率，并准备退出市场，同时积极开发新产品。企业具体可以采取的策略如下。

（1）继续维持策略。企业可以继续沿用以往的策略，保持原有的细分市场，使用相同的分销渠道，维持合理的定价和促销方式，将销售量保持在一定水平，待时机合适时再逐步退出市场。

（2）收缩战线策略。企业可以收缩战线，大幅减少促销费用，将销售集中在最有利的细分市场和产品上，以减少开支并增加利润。

（3）放弃撤离策略。对于已无利可图的产品，企业应该立即停止生产，并慎重选择产品的淘汰方式，力争将损失降至最低。

请扫码阅读资料"电视谈话栏目的营销策略"（线上资源8-3）。

8.3 新产品开发策略

产品是企业生存和发展的基础。随着科学技术和经济的迅速发展，产品更新换代的速度越来越快，产品生命周期越来越短，竞争也日益激烈。因此，企业要不断创新，努力开发新产品。从长远来看，新产品的推广有助于开拓新市场、扩大销量、获取丰厚利润和提升市场竞争力。可见，新产品开发与推广是一项具有战略性的营销决策。

8.3.1 新产品的内涵

市场营销学以整体产品概念为基础，认为任何在功能或形态上有所改进，与原有产品产生了差异，为顾客带来了新利益的产品，或者企业向市场提供的过去未生产的产品或采用新的品牌的产品，都可以称为新产品。根据创新的程度，可以将新产品分为以下几种类型。

（1）全新型新产品。全新型新产品指应用新原理、新技术、新结构、新材料研制成功的前所未有的产品。例如，最初研制成功并投入使用的汽车、电视机、电灯、计算机及化学纤维等，都属于此类产品。这些产品的问世往往源于科学技术的重大突破，其普及使用将极大地改善人们的生活。不过，全新型新产品的推出十分困难，绝大多数企业难以做到。

（2）换代型新产品。换代型新产品指在原有产品的基础上，部分采用新技术、新材料或新元件等，使结构和性能显著改善的产品。例如，Windows Vista 就是 Windows XP 的换代产品。一般而言，这类产品要求顾客改变原有的消费模式。

（3）改进型新产品。改进型新产品指对老产品在质量、结构、功能、材料、花色等方面做出改进的产品，旨在使性能更加优良、结构更加合理、精度有所提高、功能更加齐全、式样更加新颖、材料更加易于获得、成本显著降低、耗费减少并节约能源等。

（4）仿制型新产品。仿制型新产品指市场上已经存在，企业首次仿制并投入市场的产品。这类产品对较大范围的市场来说已不是新产品，但对企业来说，是用新工艺、新设备生产出来的与原有产品不同的产品。

案例 8-2　　　　　　　　　　海尔：敏锐洞察消费者需求

张瑞敏曾说："说顾客的要求不合理是不行的，开发出适应顾客要求的产品，就能创造出一个全新的市场。"他不是说说而已，而是真的做到了。

1996年，四川一位农民投诉海尔洗衣机排水管总是堵塞，售后人员上门维修时发现，这位农民用洗衣机洗红薯，由于泥土较多，因此容易堵塞。进一步调查发现，四川农民夏天用洗衣机洗衣服，冬天则用它来洗红薯。1998年4月，海尔推出了一款特别的洗衣机，它不仅具有一般双桶洗衣机的功能,还可以洗红薯、水果甚至蛤蜊,售价仅为848元。首次生产的1万台洗衣机投放农村市场后,立刻被抢购一空。

在美国市场,海尔小冰箱的销量非常好。调研发现,许多美国大学生喜欢在宿舍里使用海尔小冰箱,因为海尔小冰箱台面美观,还能放置物品和兼作电脑桌。受此启发,海尔迅速开发出一种带折叠台面的小冰箱,实现了一物两用,而且节省了空间。改良后的小冰箱深受美国大学生的喜爱,其市场份额迅速提升。后来,海尔又开发了带电脑桌的小冰箱,巩固了在这个细分市场中的地位。

资料来源:菲利普·科特勒,凯文·莱恩·凯勒,卢泰宏. 营销管理[M]. 卢泰宏,等译. 北京:中国人民大学出版社,2010.

要领与启示:

海尔根据四川农民用洗衣机洗红薯的需求,开发出了一款价格实惠、功能多样的洗衣机,并且使该款洗衣机在农村大受欢迎;海尔以美国大学生希望小冰箱有兼作桌面的功能为出发点,开发出带折叠台面的小冰箱,使改良后的小冰箱在大学生群体中广受青睐。本案例给我们的启示:企业应以目标市场顾客需求为新产品开发的依据,注意挖掘他们的现实和潜在需求,真正体现以市场为导向。这将有助于企业赢得市场。

8.3.2 新产品开发的原则

新产品失败的比例非常高。研究显示,美国新消费品的失败率为95%,欧洲新消费品的失败率为90%。尽管新产品失败的原因多种多样,但是如果企业在研制和开发新产品时能够遵循一些基本原则,毫无疑问将有助于提高新产品开发的成功率。

(1)市场导向。新产品开发的目的是满足消费者尚未得到充分满足的需求,企业能否成功开发新产品的关键在于其能否满足市场需求。因此,企业应当通过深入的市场调研和科学预测,分析消费者需求变化的趋势及对产品质量、性能、款式、包装等方面的要求,研发满足市场需求的新产品。不能满足市场需求或市场需求量过小的产品,均不宜研发。

(2)资源匹配。企业应根据自身的资源、设备条件和技术实力来确定产品开发方向,有的产品尽管市场需求较大,但如果企业缺乏必备的资源、技术和市场开发能力,就不能盲目跟风,应当量力而行。

(3)特色创新。产品的核心在于其独特性,只有新颖别致的产品才能形成特色优势。这种特色可以体现在功能、造型或其他方面,以满足不同消费者的特殊偏好,从而激发其购买欲望。

(4)效益保证。新产品开发应当以经济效益为中心,这是由企业的经济性决定的。企业需要对拟开发的产品项目进行技术经济分析和可行性研究,以确保投资回收和预期利润的实现。

请扫码阅读资料"新产品失败的因素"(线上资源8-4)。

8.3.3 新产品开发的过程

新产品开发的过程包括八个阶段,即创意产生、创意筛选、概念发展与测试、营销计划制订、商业分析、产品开发、市场试销、商品化,如图8-6所示。

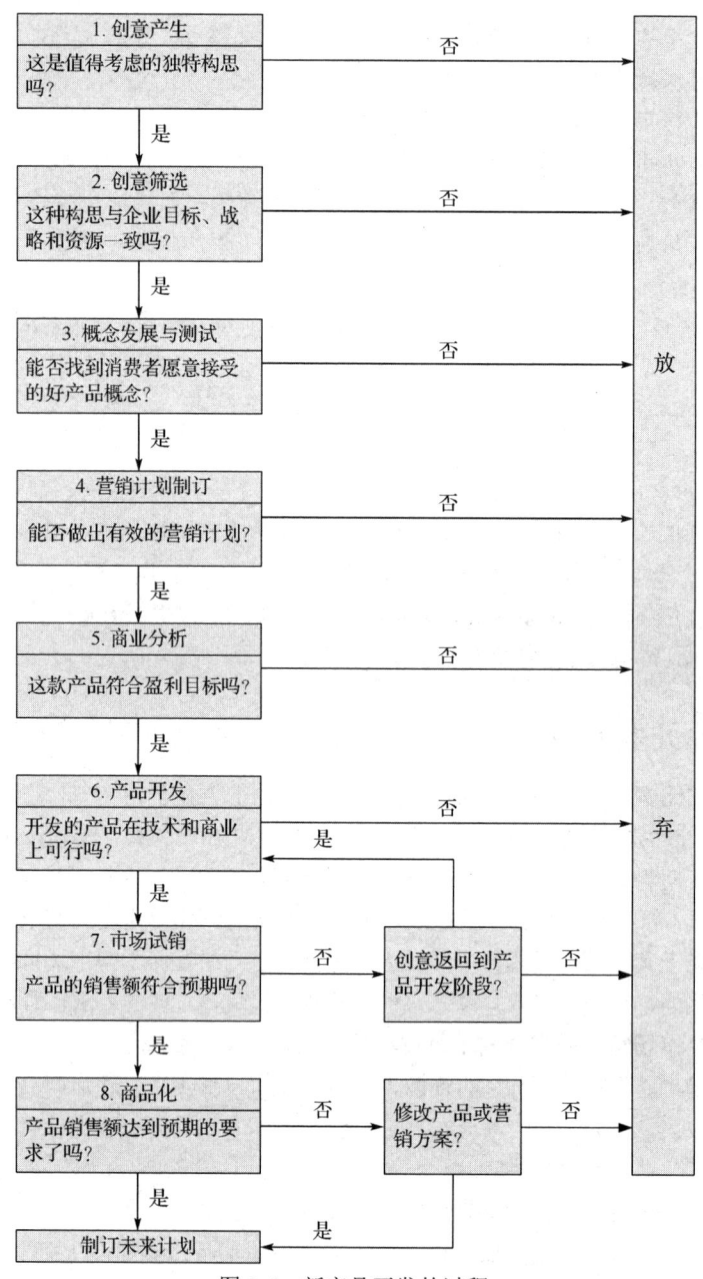

图 8-6 新产品开发的过程

1. 创意产生

所谓创意，是指新产品开发的设想。虽然并不是所有的创意都能转化为实际产品，但寻求尽可能多的创意能为新产品开发提供较多机会，这也是企业重视创意开发的原因所在。新产品创意的来源因企业、行业、产品的新颖性而异。一般而言，创意主要出自以下几个方面。

（1）用户。用户是产品创意的重要来源，尤其是在工业品领域，如科学仪器和生产设备，创意主要依靠使用者的反馈和建议而产生。另外，企业还可以通过市场调研、销售报告、消费者座谈会、售后跟踪调查等了解消费者对产品的新要求。但应注意的是，来自用户的创意一般属于产品改良性质的，很少有全新产品的创意。

（2）企业员工。企业员工也是产品创意的重要来源，尤其是在产品改良和产品线扩展方面的建议。企业应特别重视研发部和工程部人员、销售人员、产品经理、广告人员、市场研究人员的创意，因为他们直接与产品或消费者接触。

（3）分销渠道。分销领域的批发商和零售商了解产品市场行情及消费者的总体反映，因此能够提出具有代表性的产品改进和扩展建议。但在采纳这些建议之前，企业应当先从最终消费者那里进行验证。

（4）竞争对手。竞争对手是企业产品创意的重要来源之一。在竞争激烈的行业中，企业通常密切关注竞争对手的新产品，并通过不断推出更先进的产品来争夺市场份额。

（5）政府部门和科研机构。政府部门负责专利的申请、注册、发布，而科研机构进行广泛的基础和应用研究，发表大量的论文和研究报告，有时还寻找将新研究成果商业化的合作伙伴。因此，它们是企业产品创意的重要来源。

（6）传统产品。传统产品经过长时间的市场考验，虽然有些现在已不再流行，但认真研究其历史和衰败原因，可以找出问题所在，并从中得到启示。

（7）其他来源。除了上述来源，企业还可以从行业杂志、行业协会、广告中介、咨询机构、商业实验室及国外的新产品创新信息中获取创意。

请扫码阅读资料"寻求好构思的方法"（线上资源 8-5）。

线上资源 8-5

2．创意筛选

产品计划若包含太多的创意，则企业将面临高昂的成本，因此创意筛选十分重要。企业需通过多轮筛选，排除不符合目标或不可行的创意，以节省时间和费用。在筛选阶段，企业应当避免两种错误：一是"误舍"，即草率放弃有缺陷但可改正的创意；二是"误用"，即将错误的创意投入开发和商品化。

对于筛选后的创意，企业可以根据技术先进程度、产品独特性、产品质量、市场需求、经济效益等评定要素来予以评估。新产品创意评定表如表 8-2 所示。

表 8-2 新产品创意评定表

评定要素	加权（A）	评定等级（B）					得分（A×B）
		很好（5）	好（4）	一般（3）	差（2）	很差（1）	
技术先进程度	0.15	√					0.75
产品独特性	0.15		√				0.60
产品质量	0.15			√			0.45
市场需求	0.15			√			0.45
经济效益	0.20		√				0.80
市场竞争力	0.05				√		0.10
原材料供应	0.05				√		0.10
设备利用	0.05					√	0.05
劳动力利用	0.05					√	0.05
合计	1.00						3.35

3. 概念发展与测试

任何一种产品创意都可以转化为多个产品概念，并且是企业希望提供给市场的产品设想。这些设想往往是初步的和轮廓性的，需要进一步将其发展成消费者易于理解的形式。对于成熟的产品概念，企业需认真评估，从中挑选出最具潜力的概念，并分析其可能面临的竞争情况，据此制定产品或品牌定位策略。此外，企业还应在消费者中对概念进行测试。通过了解产品概念的吸引力，企业可以评估其市场潜力，从而决定是否进一步开发该产品概念。

请扫码阅读资料"概念测试的方法"（线上资源 8-6）。

4. 营销计划制订

对经测试入选的产品概念，企业需制订一个初步的产品进入市场的营销计划。营销计划应包括三个部分：第一部分描述目标市场的规模、结构、特点和消费者购买行为，以及新产品的市场定位、可能的销售量、市场占有率、利润率等；第二部分包括产品的定价策略、分销渠道策略和营销预算；第三部分涉及对新产品长期销售量和利润的预测，以及产品生命周期不同阶段的营销组合策略。

5. 商业分析

商业分析的任务是在初步制订的营销计划的基础上，对新产品概念从财务上进行分析，判断它是否符合企业目标，衡量产品概念的商业吸引力。商业分析包括两个步骤。

（1）预测销售额并推算成本与利润。企业应参照市场上类似产品的销售历史，并考虑各种竞争因素，以分析新产品的市场容量和市场占有率，从而预测可能的销售额，并推算成本与利润。

（2）在预测新产品的销售额后，营销、财务等部门应在综合预测各个阶段营销费用和其他开支的基础上，进一步估算各年度的财务收益与利润。适用的成本利润分析法包括盈亏平衡分析法、现金流量法、投资回报率法及利润贡献法等。例如，吉列在推出感应剃须刀前的商业分析显示，新产品会给公司带来巨大的销售收入。事实上，感应剃须刀在推向市场那一年的销售量很高，远远超出了企业的预期。

6. 产品开发

产品开发是将产品概念交给研发部门，将其转化为具体的产品模型或样本的过程。与之前几个阶段相比，产品开发阶段需要投入更多的时间和费用。样本研制出来后，还需进行一系列严格的功能测试与消费者测试。功能测试是在实验室中检验新产品的性能质量是否符合规定的标准。消费者测试则通过试用样品等方式收集消费者对产品的反馈，以发现问题并进行改进与完善。从商业性和技术性的角度来说，推向市场的产品需要具备能够体现产品概念中关键利益的特征，并且这些主要特征符合消费者的感知偏好。

7. 市场试销

企业对设计的新产品测试结果满意，并不意味着该产品一定能受到目标消费者的欢迎。因此，需要在可信的消费者环境中进行市场试销，即将产品投放到有代表性的小范围市场进行试销，以检验产品是否适合市场，是否确实提供了消费者所追求的利益，并收集有关改进产品和降低成本的建议。具体而言，对于消费品，企业希望通过试销手段了解消费者在产品的试用、首次购买、再购买、购买频率等方面的情况，并了解愿意经营该产品的经销商的数量、承诺和要求；对于工业品，企业希望通过试销手段了解产品在实际运作中的性能，发现影响购买行为的关键因素、消费者对不同价格与销售方法的反应，探索市场潜力及最佳的细分市场等。

8．商品化

商品化是新产品开发过程中的最后一个阶段，即企业将试销成功的新产品进行大批量生产和销售。在这一阶段，企业应谨慎地确定新产品的生产规模，并制定相应的营销策略。这包括确定新产品的投放时间、投放地点及投放方式，以便顺利地扩大销售和开拓市场。新产品商品化的具体方法如下。

（1）直接投放法。直接投放法指省略实地销售测试阶段，直接将产品推向市场。这种方法适用于风险较小的新产品，以避免错失市场机会，如现有产品的改良成果、基于市场成功产品的仿制品、价格高昂的特殊品。对于部分工业品，也可以通过互联网直接与目标消费者沟通，从而省略实地销售测试阶段。

（2）以点带面法。以点带面法指在实施实地销售测试的基础上（只是在某地区测试），将产品推向全部市场。大部分消费者都采用此方法，大型食品、家居、个人保健品公司一般会将一些小城市作为测试市场。例如，美国某公司在墨西哥、菲律宾、中国试投其新研发的洗头水获得成功后，便直接向更广泛的区域推出该洗发水，并取得了良好的效果。

（3）渠道优选法。渠道优选法指企业在多个分销渠道中选择一个渠道试销产品，待测试通过后，再将产品推广到其他渠道。值得注意的是，该方法中不同渠道所涉及的消费群体应具有类似的新产品偏好，否则可能会出现产品销路不畅等问题。

总之，企业在商品化阶段既要加快产品面市速度，避免丧失先机，又要尽量规避风险，最大限度降低失败带来的损失。合理地权衡利弊是商品化阶段取得成功的关键。例如，美国通用电气曾研制出一种新型防火塑料，若大量生产，则需要巨额的固定资产投资，而利用现有设备只能进行小规模生产。该公司选择了后者，虽然销售量不高，却获得了理想的利润。

案例 8-3　　如何让新产品超出顾客预期的体验

一项研究表明，由顾客直接参与新产品开发的企业与那些没有这样做的企业相比，前者的资产回报率更高，并且运营收入增长更快。可见，顾客介入程度对新产品开发及其成功有积极的影响。

财捷集团遵循"为欢乐而设计"的产品开发理念，认为产品应该提供超出顾客预期的体验，使顾客高兴。该产品开发理念始于对顾客的深刻理解，甚至比顾客更了解他们自己。每年，财捷集团要举行约1万小时的"跟我回家"活动，设计人员会现场观察顾客在家里和工作场合如何使用产品。这一过程帮助设计人员识别顾客可能未曾意识到的问题和需求。在顾客观察的基础上，"为欢乐而设计"的下一步是"扩展、精简"——首先开发多个基于顾客需求的产品创意，然后从中筛选一个或几个能够很好地解决顾客问题的创意。"为欢乐而设计"的最后一步是将优秀的创意转化为能够使顾客感到愉悦的产品和服务，并在整个开发过程中不断收集顾客反馈。财捷集团始终坚持且在其文化中融入"为欢乐而设计"的理念，其设计创新副总裁说："你可以感觉到它不是仅在你的脑子里，而是渐渐深入内心，成为一种本能。我们希望将这一理念植入我们的产品中。"

资料来源：菲利普·科特勒，加里·阿姆斯特朗. 市场营销原理与实践（第17版）[M]. 楼尊，译. 北京：中国人民大学出版社，2020.

> **要领与启示：**
>
> 许多产品开发不成功并非技术方面的问题，而是因为没有准确掌握顾客的真正需求，尤其是潜在需求。新产品开发成功的关键在于立足于顾客需求。因此，企业要以顾客为中心进行新产品开发。新产品开发最好的方法是从理解顾客需求开始，最终解决顾客问题，并让顾客参与其中。当今的创新型企业越来越倾向走出研究室，与顾客直接互动，以寻找和捕捉新的顾客价值。

目前，市场的显著特征之一是企业提供了极其丰富且差异性较小的产品，尤其是核心功能上的差别不明显。在这种产品丰富且差异性不明显的买方市场条件下，企业应该通过在消费者心中建立独特的品牌认知获得竞争优势。

8.4 品牌策略

品牌是企业的一项重要战略资产，它可以将企业的产品和服务与竞争对手的产品和服务区分开来，使企业具有个性和特色。品牌还是企业吸引并维系消费者的重要手段。对企业来说，品牌日益成为生存和发展的核心要素之一。强势品牌意味着市场地位和利润，营销实际上就是品牌的竞争。

8.4.1 品牌概述

进入 20 世纪，随着品牌营销实践的发展，企业界和学者逐渐认识到品牌的重要性。为了更好地进行品牌决策，我们需要从品牌的内涵、特征等入手，掌握其本质。

1. 品牌的内涵

品牌的定义多种多样，其中美国市场营销协会的定义被广泛接受，认为品牌是"一种名称、术语、标记、符号或设计，或这些元素的组合，旨在识别某个销售者或某群销售者的产品和服务，并与竞争对手的产品和服务区分开来"。品牌本质上是向消费者传递信息的载体，它触摸不到却极其重要，代表着与消费者的一种契约关系，并传递产品和服务的质量与价值。品牌的内涵通常包括以下六个方面。

（1）属性。品牌首先代表特定产品的属性，不同品牌的产品因属性差异而有所不同，消费者可以据此区分和选择产品。例如，海尔品牌代表着高质量的产品、优质的售后服务等，这些属性使海尔在竞争中脱颖而出。

（2）利益。消费者真正购买的是利益，这种利益促使购买决策的形成。因此，需要将品牌属性转化为功能性或情感性利益。例如，梅赛德斯-奔驰具有工艺精湛和昂贵的属性，因此可将"工艺精湛"转化为功能性利益，将"昂贵"转化为情感性利益。

（3）价值。品牌的价值指可以兼容多个产品的理念，是品牌向消费者承诺的功能性、情感性及自我表现性利益，体现了制造商的某种价值观。品牌的价值超越了企业实体和产品本身，与品牌的知名度、认同度、美誉度、忠诚度等密切相关，能给企业和消费者带来效用。例如，耐克品牌代表着人性化的设计、高科技材料和高质量产品等。

（4）文化。品牌的内涵是文化，品牌属于文化价值的范畴，是社会物质形态和精神形态的统一体，是现代社会消费心理和文化价值取向的结合。例如，麦当劳体现了快餐文化。

（5）个性。品牌的个性是其存在的灵魂，也是品牌与消费者沟通的心理基础。消费者对品牌的喜爱往往源于对品牌个性的认同。例如，提到阿迪达斯，消费者会联想到活力四射的足球运动员或充满生机的绿茵场。

（6）用户。品牌暗示了特定的消费者类型。品牌将消费者区分开来，这种区分不仅从消费者的年龄、收入等方面体现出来，还体现在消费者的心理特征和生活方式上。例如，劳斯莱斯的用户与奇瑞QQ的用户在收入和生活方式上存在显著的差异。

品牌的内涵不仅在于向消费者传递品牌的属性和利益，更传递品牌的价值、个性及在此基础上形成的品牌文化。品牌属性、品牌利益、品牌用户、品牌价值、品牌个性及品牌文化紧密相连，共同构成品牌的内涵。其中，属性、利益和用户是品牌的基础，价值和个性是在此基础上的提炼，而文化是进一步的升华。

2．品牌的特征

从本质上说，品牌代表着购买方从销售方获得的产品特征、利益和服务的承诺。对品牌拥有者或社会而言，品牌的特征如下。

（1）重要的无形资产。品牌拥有者能够借助品牌不断地获取利益，因此品牌是有价值的，而且是无形的，它不仅能使企业的无形资产显著增加，还能作为商品进行交易。

（2）排他专有性。排他专有性是指品牌拥有者在经过法律程序认定后，享有品牌的专有权，未经许可的企业和个人不得仿冒或侵权。虽然产品可能被竞争对手模仿，但品牌是独一无二的。企业通过提供优质的产品和服务建立品牌信誉，而品牌信誉有助于品牌忠诚度的提升，同时强化品牌的专有性。

（3）表象性。表象性是指品牌虽然不具有独立实体，但是需要一系列物质载体来实现有形化。品牌的直接载体有文字、图形、颜色、符号等，间接载体有产品质量、服务、知名度、美誉度等。

（4）扩张性。品牌作为企业区别于竞争对手的工具，具有识别功能，企业可以利用这一特点展示品牌的市场开拓能力。此外，品牌的扩张性特点还可以帮助企业利用品牌资本进行市场扩张。

3．品牌与商标的联系和区别

品牌与商标是一对极易混淆的概念，二者既有联系，又有区别。有时这两个概念可以互相替代，但更多情况下，需要对这两个概念进行准确区分和使用。

（1）品牌与商标的联系。品牌与商标都是用来识别不同生产经营者的不同种类、不同品质产品的商业名称及其标志。商标不仅仅是一种标志或标记，它通常还包括名称。在品牌注册形成商标的过程中，这两部分往往被一起注册，并共同受到法律保护。在企业的营销实践中，品牌与商标都用于区分商品来源，帮助消费者识别商品，从而促进竞争。可见，品牌与商标都是传播的基本元素。

（2）品牌与商标的区别。①概念不同。品牌是市场概念，反映企业的经营策略；商标是法律术语，体现知识产权的内容。商品商标指的是商品生产者或经营者为使自己的商品在市场上同其他商品生产者或经营者的商品相区别，而使用于商品或其包装上的，由文字、图案或文字和图案的组合所构成的标记。②内容不同。商标仅仅包括静态的文字、图案或二者的组合，而品牌既包括静态的文字、图案，也包括动态的管理、维护和公关活动等。③使用的区域范围不同。商标有国界，品牌无国界。④使用的时效不同。品牌的时效取决于市场，而商标的时效取决于法律。⑤法律效力不同。商标分为注册商标和非注册商标，注册商标需要到国家知识产权局进行注册，并受到法律保护；而品牌则不同，是否使用品牌及如何使用品牌不一定需要法律机构的评审，因此未注册商标的品牌不受法律保护。

此外，品牌与商标的延伸形式也有所不同。品牌发展到一定程度可以从某一品类延伸到其他品类。例如，娃哈哈从营养液延伸到果奶，再到纯净水等。品牌的延伸没有改变品牌，因为品牌的名称、标志等没有改变。然而，我国法律规定，当品牌延伸到新的品类时，必须作为新商标重新办理商标登记注册。因此，商标延伸需要申请注册，并标明用于哪些产品。

8.4.2 品牌的作用

品牌可以帮助消费者识别产品或服务的来源或生产者，从而要求特定的生产商或分销商对其行为负责，在市场营销中具有重要作用。在市场上，同类产品的不同品牌常常表现出显著的销售差异，有的品牌受到消费者热捧，而有的品牌无人问津。因此，建立一个优秀的品牌对提高企业知名度和信誉度至关重要。

1. 品牌对企业的作用

（1）品牌体现了产品或企业的核心价值，有助于向市场传递产品的属性和个性，因此能有效促进产品销售。

（2）品牌受到法律保护，建立品牌可以保障企业的合法权益。

（3）品牌对企业的市场行为具有约束作用，促使企业关注长远利益，并兼顾消费者利益和社会利益。

（4）良好的品牌有助于树立企业形象，品牌上印有企业的名称，可以起到宣传作用，当建立品牌后，企业的声誉通常会显著提升。

2. 品牌对消费者的作用

（1）品牌能够帮助消费者规避购买风险，降低购买成本。

（2）品牌代表产品的品质、特色，"认牌"购买可以有效缩短消费者的选择时间。

（3）品牌是企业对消费者的承诺，企业为了维护品牌形象，会向消费者提供质量可靠的产品，这有利于保护消费者权益。

（4）消费者往往对名牌产品具有较高的兴趣，企业树立有品位的品牌形象，可以满足消费者对品牌产品的精神需求。

3. 品牌对经销商的作用

（1）品牌能够对经销商的销售产生促进作用，经销商还可以利用消费者对名牌产品的偏爱，用名牌产品带动其他产品的销售。

（2）借助产品品牌，经销商可以识别供应商，从而区分不同供应商提供的同类产品。

（3）长期经营名牌产品的经销商通常能够在消费者心中建立良好的声誉，从而提升经销商的社会形象。

（4）可以有效约束各品牌经销商的经营行为，有助于维护地区和行业稳定、有序、公平的竞争环境。

案例 8-4   **飞鹤乳业：危机中崛起的民族品牌**

2019 年 11 月，飞鹤乳业（以下简称"飞鹤"）在香港交易所上市，成为中国历史上首发市值最大的奶粉企业。当年，飞鹤实现销售额 137 亿元人民币，在中国市场的销售占比首次超越惠氏，成为中国婴幼儿奶粉市场的领军者。

2015 年，飞鹤提出"更适合中国宝宝体质"的品牌战略。凭借专属产业集群的产品优势和科技研发实力，飞鹤通过举办形式多样的线下消费者互动活动，成功将品牌植入消费者心中。2019 年，飞鹤累计举办线下活动超过 30 万场，母婴店等线下渠道对销售额的贡献度约为 85%。2019 年，飞鹤的市场占有率达 11.8%，首次超越惠氏，销售额突破百亿元。在中国婴幼儿奶粉市场中，飞鹤由追随者成为领导者。在发展过程中，飞鹤几经风雨，如价格战、国际品牌冲击，但每次它都能摆脱危机并借势崛起。

2020 年年初，飞鹤以强劲的发展势头开启新的一年，但突如其来的新冠疫情给世界经济带来了巨大冲击。零售业遭受重创、物流受阻等对飞鹤这家线下销售占比较高的企业无疑是前所未有的挑战。2020 年 1 月，一些城市的销售门店被关闭，这在给飞鹤的线下销售带来冲击的同时，也为其营销升级及销售渠道融合提供了机遇。面对新冠疫情带来的困境，飞鹤的线下营养顾问变身为线上营养顾问，并将地面推广活动转移到线上，不仅节省了线下推广费用，还取得了显著的获客效果，新增客户数量较上一年同期明显上涨。

资料来源：朱睿，李梦军. 飞鹤乳业：危机中崛起的民族品牌[J]. 清华管理评论，2021（Z2）：132-142.

> **要领与启示：**
> 在奶粉这个竞争激烈的市场中，飞鹤经历了价格战、国际品牌冲击等，但每次它都能摆脱危机并借势崛起，一跃成为行业领军者。其成功的原因在于始终坚持以产品质量安全为核心的经营理念，并根据消费者需求储备相关有形和无形资产。正是有了这样的储备，才使飞鹤在几次危机中成功调整战略，成为崛起的民族品牌。

8.4.3 品牌资产

品牌有价已经是不争的事实，它能给企业带来财富，同样的产品贴上不同的品牌标签，价格就会有所不同，市场占有能力也会有很大的差异。由于品牌的真实价值通常不会在企业财务报表中体现出来，因此品牌是一种特殊的资产。

1. 品牌资产的概念

"品牌资产"是 20 世纪 80 年代在营销领域出现的一个重要概念。一般认为，品牌资产是指产品或服务所附加的价值，它反映了消费者对品牌的想法、感受和采取的行动，以及品牌带给企业的市场份额和盈利能力。

对品牌资产的认识可以从多种角度进行，因此出现了品牌资产的三种定义。①基于财务的定义。这种定义认为品牌资产的本质是无形资产，必须为这种无形资产提供财务价值，实现品牌资产的货币化。这种观念满足了品牌作为资本运作的需要，但忽视了品牌的长期增长，也未能揭示品牌资产的内部运行机制。②基于市场的定义。这种定义认为品牌资产的大小应体现在品牌自身的成长与扩张能力上，关注品牌未来的成长，如品牌延伸力。这种观念开始关注品牌资产与消费者的关系，但其重心仍然局限于品牌的长期成长及计划。③基于消费者感知的定义。这种定义认为品牌资产的核心在于为消费者建立品牌的内涵。这种观念基于品牌关系理论，主张品牌资产主要体现为品牌与消费者的关系，把消费者视为品牌资产形成和评估的焦点。

由于品牌资产可以反映消费者对品牌的想法、感受和采取的行动，因此从消费者感知的角度理解品牌资产被广泛接受。后续有关品牌资产形成和评估的内容也以此为基础展开。

请扫码阅读资料"2022年全球品牌价值排行榜"（线上资源8-7）。

线上资源8-7

2. 品牌资产的形成

品牌资产的形成依赖营销人员帮助消费者建立正确的品牌知识结构。这一过程包括品牌元素的选择、支持性营销活动的设计及品牌联想的建立等内容。

（1）品牌元素的选择。品牌元素包括所有可以识别并使品牌具有差异性的图案、文字等，如品牌名称、标识、口号等。恰当的品牌元素对品牌资产的建立至关重要，许多国际知名品牌都拥有广受欢迎的品牌元素，如耐克的"对钩"标识和"Just Do It"口号。

好的品牌元素可以帮助企业建立更多品牌资产，因此企业需要对品牌元素进行严格筛选，具体标准有六个。①易记忆。这对消费者从令人眼花缭乱的商品中迅速识别目标品牌有很大的帮助。②有意义。品牌元素应能表明产品的特点或消费群体的特征。③可爱。品牌元素应在视觉、口碑或其他方面被消费者喜爱。④可转换。品牌元素应能用来介绍新产品，跨越地域、文化的界限，适用于不同的市场细分群体。⑤可适应。品牌元素应具备良好的适应性和更新能力。⑥可保护。品牌元素需要能够被法律保护，且不易被竞争对手模仿或复制。

（2）支持性营销活动的设计。要想真正取得品牌经营的成功，需要全方位的营销支持，因为一个受消费者喜爱的品牌不仅仅依赖广告，还需要产品或服务的创新。

除广告之外，消费者还可以通过多种渠道接触和了解一个品牌：个人观察和使用、朋友推荐及与企业人员交流。品牌接触包括消费者对品牌、产品或服务的了解、体验和分析活动。消费者通过品牌接触，可以对品牌形成积极的或消极的评价，因此企业必须通过系统的营销工作来引导消费者的品牌接触行为。

（3）品牌联想的建立。品牌联想是塑造品牌形象、建造品牌资产的重要途径。品牌本身作为一个符号，可以和特定的实体联系起来，从而提升品牌的差异性。换言之，品牌资产可能由与品牌相关的、被人记住的其他信息所创造。建立品牌联想的角度多种多样。例如，最简单的品牌联想可能是品牌反映了企业产品的特点；更复杂的联想可能是产品为消费者带来的特殊利益、企业文化等。

3. 品牌资产的评估

品牌资产作为企业无形资产的核心，其准确评估不但和企业价值息息相关，而且与企业未来的发展规划密不可分。常用的品牌资产评估工具是戴维·艾柯（David Aaker）提出的艾柯模型。戴维·艾柯认为，品牌资产是由品牌忠诚度、品牌意识、感知品质、品牌联想和品牌的其他资产构成的。艾柯模型如图8-7所示。

图 8-7 艾柯模型

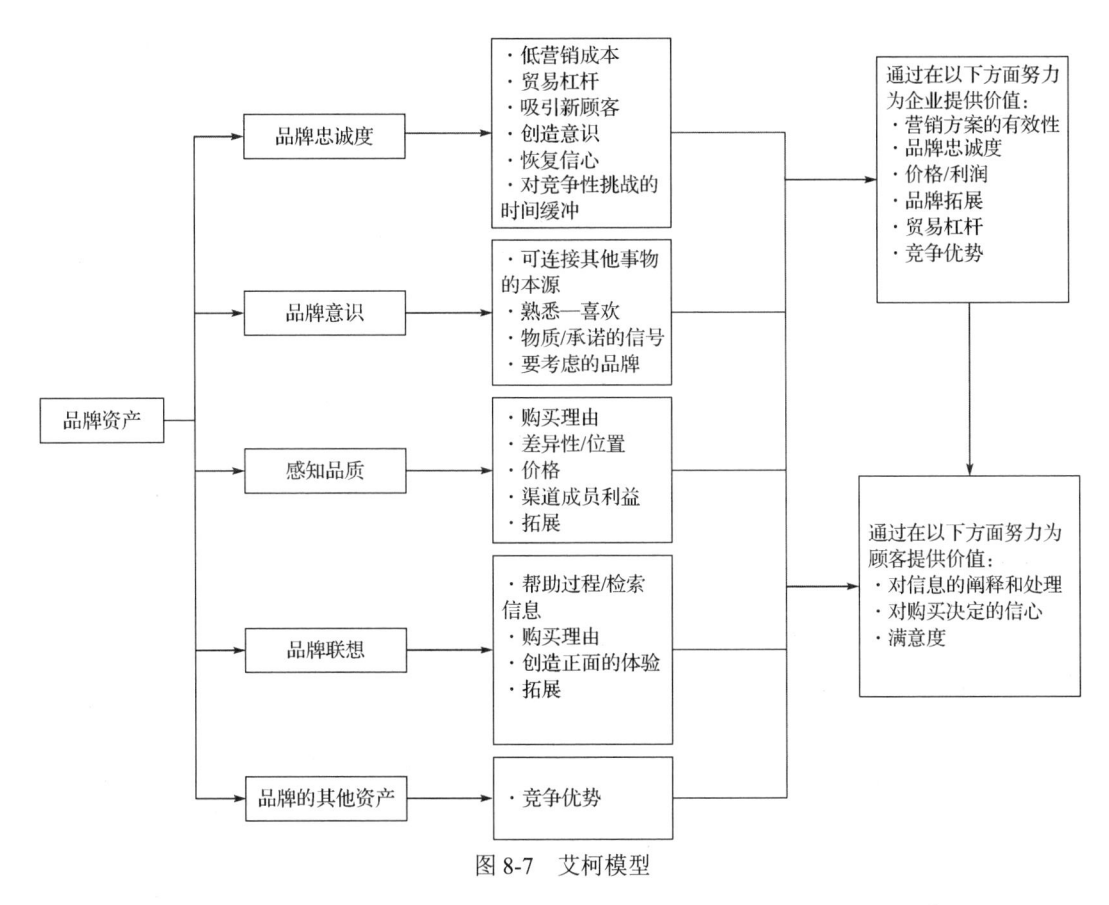

（1）品牌忠诚度反映顾客的重复购买和口碑传播，是评估产品价值的重要指标。

（2）品牌意识体现顾客对产品的熟悉程度，是品牌价值最简单的形式。如果一款常见的产品给顾客一种信任感，顾客更有可能考虑购买。

（3）感知品质是品牌向顾客传达的有关企业或产品的品质信息。企业的声望主要取决于它的产品和服务，如吉列公司因其剃须刀和刀片而出名。企业的声望有时也与其所在地等有关。

（4）品牌联想指顾客看到某特定品牌时，其记忆中所引发的对该品牌的各种想法，包括感觉、评价、品牌定位等。这些想法可能来自顾客的使用经验、朋友的口口相传、广告信息及市场上的各种营销活动。

（5）品牌的其他资产，如产品专利和注册商标，对产品和服务也具有重要价值。企业在开发新产品或进入新领域时，有时需要花费巨额成本从外部购买产品专利或支付使用费，以获得被他人抢注商标的使用权。因此，企业在进行品牌管理时，应特别关注这些产品专利和商标的注册问题。

8.4.4 具体的品牌策略

为了使品牌在市场营销中更好地发挥作用，企业必须进行品牌决策，并采取适当的品牌策略。具体而言，这些策略包括品牌化策略、品牌归属策略、品牌数量策略、品牌延伸策略和品牌再定位策略。具体的品牌策略如图 8-8 所示。

```
品牌化策略          品牌归属策略          品牌数量策略          品牌延伸策略          品牌再定位策略
是否使用            使用谁的            使用几个            如何利用现有          品牌应再
品牌               品牌                品牌                 品牌                 定位吗

·使用品牌           ·制造商品牌          ·统一品牌            ·产品线延伸          ·再定位
·不使用品牌          ·中间商自有品牌       ·个别品牌            ·品类延伸            ·不再定位
                   ·许可品牌            ·分类品牌            ·多品牌策略
                   ·共有品牌            ·家族品牌
```

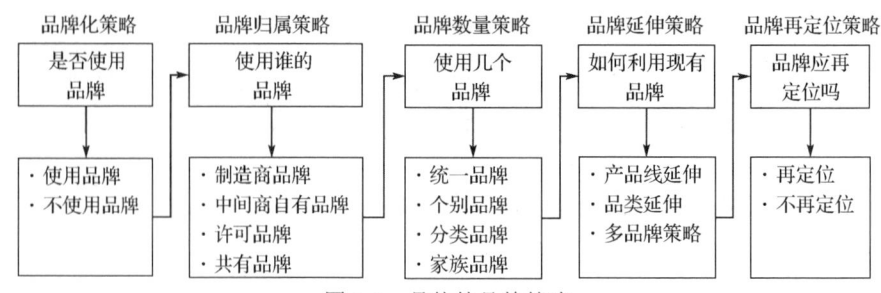

图 8-8 具体的品牌策略

1. 品牌化策略

企业采取品牌化策略的目的是决定是否使用品牌。在历史上，许多产品不使用品牌，到了中世纪，行会要求手工业者把商标标记在产品上，以保护他们自己，并使消费者免受劣质产品的损害。

使用品牌有助于建立差异、识别产品、保证质量、维护权益等，这使一些传统上不使用品牌的产品也开始使用品牌，如大米、食用油、水果等。然而，维系品牌的成本较高，一些产品没有必要使用品牌。在超市中，我们可以看到很多无品牌、包装简易、价格便宜的产品，如鸡蛋、简单的文具等。当产品具有高度同质性、消费者不习惯"认牌"购买、生产简单或是一次性产品时，企业可能不使用品牌。这样可以节省包装和广告等费用，使产品价格较低，因此在市场上很受欢迎。

在企业决定使用品牌时，需要注重品牌的命名，要能给人留下深刻的印象。品牌的命名一般遵循以下原则。①符合市场所在地区或国家的法律和法规。《中华人民共和国商标法》规定，县级以上行政区划的地名或者公众知晓的外国地名不能作为商标。②和产品特征有一定的联系，如"美加净"化妆品、"包大人"纸尿裤、"舒颈灵"膏药。③简洁醒目，易读易记，如海尔、娃哈哈、康师傅等。④构思巧妙，独具特色。

2. 品牌归属策略

企业一旦决定使用品牌，就要考虑使用谁的品牌，即品牌的归属问题。生产者既可以使用自己的品牌，也可以使用其他品牌，如制造商品牌或中间商自有品牌，还可以使用他人的许可品牌或共有品牌。品牌归属策略的关键在于确定哪种做法对企业和产品更为有利。

（1）制造商品牌。制造商品牌指企业使用制造商自己的品牌，又称企业品牌、生产者品牌，如海尔、华为等。大多数制造商选择使用自己的品牌，虽然维护成本较高，但可以获得品牌带来的全部利益。

（2）中间商自有品牌。中间商自有品牌又称商店品牌，是指零售企业从设计、生产到经销全程控制的产品。随着商业的发展，许多中间商在市场中树立了良好的声誉，开始使用自有品牌进行销售。中间商使用自有品牌可以降低广告和销售费用，获得规模效益，还可以增强对制造商的渠道控制能力和议价能力。一些知名度高但是产能过剩的企业也可能为中间商生产自有品牌产品。

此外，零售商可以控制自有品牌的储存、货架位置等，从而在一定程度上减少货架竞争，消费者也可能将其对零售店铺的信任与偏好转移至其自有品牌。因此，领先品牌要持续投资，以提升产品质量，开发新产品，并通过广告策略保持公众对品牌的高认知度和青睐，同时加强与大型分销商的合作，以提高渠道绩效。

（3）许可品牌。许可品牌又称授权品牌，是指品牌所有者将自己拥有的或代理的品牌，通过合同的形式授予被授权者使用,被授权者按合同规定从事经营活动(通常是生产、销售某种产品或提供某种服务),并支付相应费用,同时授权者提供人员培训、组织设计、经营管理等方面的指导与帮助。

通过品牌授权,被授权者可以凭借该品牌的知名度和良好的形象、经营理念,以较低的成本、较快的速度、较低的风险进入市场,迅速获得成功。例如,儿童产品的销售者常将流行电影或书籍中的角色名称作为衣服、玩具、学习用品等产品的品牌。

(4)共有品牌。共有品牌指同一产品使用两个不同企业的现有品牌。从直观上看,品牌联合主要表现为在单一产品或服务中使用多个品牌名称或标识。由于每个品牌在各自领域中具有优势,联合起来的品牌能吸引更多的消费者,从而为企业带来更丰厚的利润。此外,共有品牌还可以帮助企业将其现有品牌扩展到另一个难以凭自身力量进入的新领域中。共有品牌对双方的合作提出了较高的要求。这种合作关系不仅需要复杂的法律合同和许可证制度来提供保证,还对双方广告、促销等营销活动的协调性与一致性提出了更高的要求。在品牌联合时,双方应当相互信任,这是合作的基础。

3. 品牌数量策略

企业在决定使用自有品牌时,还需要确定使用几个品牌,包括是否使用统一品牌、个别品牌、分类品牌及家族品牌。

(1)统一品牌,指企业对其生产的所有产品使用相同的品牌,如海尔公司生产的冰箱、空调、洗衣机等产品统一使用"海尔"品牌。这种做法的好处是企业宣传新产品的费用较低,还可以集中力量突出品牌形象,显示企业实力,提高企业声望。在新产品上市时,企业也可以借助现有品牌的影响力,减少顾客的陌生感,快速进入市场。

(2)个别品牌,即企业对不同的产品使用不同的品牌,或者针对不同的细分市场为相同的产品使用不同的品牌。例如,宝洁公司的洗发水有飘柔、海飞丝、沙宣等多个品牌。使用个别品牌可以为每种产品寻求更恰当的品牌定位,同时可以起到隔离作用,以防止某种产品的负面形象影响到其他产品。使用个别品牌有利于新种类和新定位产品的推广,当企业开发一款高档产品时,不宜使用现有品牌。

(3)分类品牌,即让企业对每类产品使用与之对应的品牌。例如,森达集团把高档男鞋品牌定为"法雷诺",高档女鞋品牌定为"梵诗蒂娜",都市前卫男女鞋品牌定为"百思图",工薪族男女鞋品牌定为"好人缘"等。该品牌策略可以严格区分高档、中档、低档产品,使顾客易于识别并选购自己需要的产品,同时避免了因个别产品声誉不佳而影响整体品牌形象的风险。

(4)家族品牌,即企业把自身名称作为统一品牌,然后与每种产品的个别品牌联用。在个别品牌前冠以企业的统一品牌,可以使产品获得企业声誉的支持,而在企业统一品牌后面加入产品的个别品牌,又能使产品个性化。例如,吉利汽车公司推出的吉利远景、吉利帝豪、吉利豪情等。

4. 品牌延伸策略

品牌延伸是指企业利用其良好的品牌声誉来推出其他类别的新产品或改良产品。例如,康师傅在方便面产品取得成功后,又利用该品牌推出冰红茶、纯净水、饼干等新产品。通过品牌延伸,企业可以节省新产品的宣传费用,并使新产品迅速进入市场。品牌延伸主要有两种做法:产品线延伸和品类延伸。

(1)产品线延伸是指企业将品牌推广至既定产品类别中的其他产品,如推出新口味、新类型、新包装等。产品线延伸有助于降低新产品推出的风险和成本,满足消费者对产品多样性的需求,并通过增加货架空间增强市场竞争力。但如果产品线过度延伸,品牌可能失去原有的特定含义,引起消费者混淆或不满,还可能导致品牌内部产品之间的竞争,从而影响产品销售。

(2)品类延伸是指企业将成功的品牌应用于新产品,以提升新产品的被识别度和市场接受度,降低进入市场的风险。例如,海尔集团在成功推出海尔冰箱之后,又将这个品牌成功延伸到洗衣机、空调和电视机等产品上。品牌延伸可以帮助企业节省创立新品牌所需的广告费用。然而,品牌的过度延伸会影响消费者对主品牌的印象,增加品牌运营的风险。此外,品牌延伸还需要考虑与产品特性的匹配,忽视产品特性可能会影响品牌在消费者心中的特色定位。

此外,企业还可以实施多品牌策略。多品牌策略是指企业在同一产品类别中使用两个或两个以上品牌。实施多品牌策略具有显而易见的优点:①可以通过设定不同的属性来吸引不同的消费者,有利于培育市场;②在战略管理上具有更强的灵活性,有助于对竞争对手的市场进行拓展;③有助于企业全面占领一个大市场,满足不同偏好消费者的需求;④企业内部多个品牌之间的适度竞争有助于提高效率,从而提升企业的整体经营业绩;⑤每个品牌独立运营,个别品牌的失败不会影响其他品牌及企业的整体形象,有助于提高企业的抗风险能力。此外,一旦该策略被零售商接受,企业将获得更多的货品陈列机会,占据更多货架空间,有利于保持竞争优势。

当然,实施多品牌策略也有一些缺点:①可能增大企业投入,不符合营销集约化原则;②容易引起企业内部各品牌之间的激烈竞争,导致新品牌的推出可能使老品牌失去市场份额,或者在老品牌的重压下,新品牌难以顺利上市;③新品牌知名度低,在市场引入期需要投入巨资和较长时间进行品牌宣传,新品进入市场的速度较慢,品牌投资回报周期较长;④企业分散人力、物力、财力在多个品牌推广上,不利于核心品牌的培育,更不利于品牌的打造。此外,根据经济学原理,新增品牌的边际效益通常呈递减趋势。

企业无论是实施多品牌策略还是实施单一品牌策略,都应重点考虑以下因素。①企业的规模和实力。企业的资金实力、对多品牌市场的驾驭能力是决定是否实施多品牌策略的重要条件,一般中小企业难以同时经营多个品牌。②产品与行业的特点。一般而言,注重个性化的日用消费品适合采用多品牌策略,而强调技术、品质等共性化形象的耐用消费品适合采用单一品牌策略。③各品牌之间的定位应有明显的差异,以便实施严格的市场隔离,开展品牌差异化营销,并进行有效的协同。④每个品牌所面对的细分市场应具有一定的规模。

案例 8-5　　娃哈哈:以变求存的品牌之策

娃哈哈初期面向的是儿童市场,推出的产品包括儿童营养液、果奶。为了切合儿童市场的特征,企业将朗朗上口的"娃哈哈"作为品牌名称,并通过产品包装、广告设计等手段强调儿童色彩,那句深入人心的广告词"妈妈,我要喝"标志着娃哈哈在儿童饮料市场中成了领军品牌。后来,娃哈哈进行了品牌延伸,推出了饮用水、碳酸饮料、乳品、果汁、休闲食品等。持反对意见的专家认为,这种做法破坏了儿童品牌的纯正性与专业性,使娃哈哈在消费者心目中的定位变得模糊,缺乏个性。有些专家甚至预言,娃哈哈将因品牌延伸而自食其果。

然而,通过查阅相关数据可以发现,娃哈哈的品牌延伸基本上是成功的。1997年,娃哈哈的总销售额超过20亿元,其中纯净水的销售额超过5亿元,八宝粥的销售额超过1亿元;2007年,娃哈哈实现营业收入258亿元,并且连续10年位居中国饮料行业首位。

资料来源:王万华,顾锋.市场营销学[M].上海:上海人民出版社,2010.

> **要领与启示：**
> 随着产品进入不同生命周期阶段及目标市场需求的变化,原有的品牌体系可能无法继续支持企业的持续发展,品牌发展因此成为企业应对激烈市场竞争的有效手段。娃哈哈抓住市场变化的机遇,以消费者的品牌认知为基础,注重品牌核心价值和产品特征的关联性,通过品牌延伸的方法,实现了品牌的发展与壮大。

5. 品牌再定位策略

即使品牌在最初的市场上定位准确、发展良好,但是随着营销环境的不断变化,其也需要重新定位。例如,如果企业的竞争对手推出一个与本企业品牌定位相近的品牌,可能会导致本企业的市场份额下降。另外,目标顾客的喜好发生变化,转向其他企业的产品,导致本企业产品的销售量下降。这时,企业需要对品牌进行重新定位。

8.5 包装策略

大多数产品在从生产到流通的过程中都需要适当包装。其中,一些包装因其独特性而闻名于世,如可口可乐的包装。包装是整体产品概念中的一个重要组成部分,是产品生产的延续。包装不仅可以在流通过程中保护产品,还可以提升产品的价值。作为关键的营销组合要素,包装常被营销人员称为"无声的推销员",在市场竞争中发挥着重要作用。

8.5.1 包装的内涵

包装是指设计和生产产品的容器、外部包扎物及装潢的一系列活动。产品包装分为三个层次:内包装、销售包装和运输包装。

内包装是指最接近产品的容器,如牙膏的软管、酒瓶子,常见的有塑料薄膜、铝箔、玻璃等材料。销售包装是指保护内包装的材料,通常在产品使用后会被丢弃。例如,装白酒的纸板盒,它为产品提供额外的保护和促销机会。运输包装是用于产品储存、辨认和运输的包装,如硬度和强度较大的木板箱等。此外,外包装上往往印有各种包装标志,如运输标志、指示性标志、警示性标志等。

8.5.2 包装的作用

如今,包装已成为强有力的营销手段。设计良好的包装能为消费者提供便利,为生产者创造促销价值。包装具有多方面的作用。

(1) 保护产品。保护产品安全和完好无损是产品包装最基本的目的。产品在从生产领域转移到消费领域的过程中要经过多个运输和储存环节。包装可以有效减少因挤压、碰撞、日晒、变质等情况带来的损失。

(2) 便于运输、携带和储存。不同物质形态的产品具有不同的理化特征,如有毒、具有腐蚀性的产品,或易挥发、易燃、易爆的产品,或外形有棱角、刃口等可能危及安全的产品,都需要合理包装。这样不仅便于产品运输,还可以节省流通时间和降低运输费用,同时便于储存和点检,简化仓库作业和管理。

(3) 促进销售。产品包装是最先影响消费者视觉的因素,有助于引起消费者的兴趣和激发其购买动机。产品经过包装会更加美观。良好的包装不仅能提升产品的价值，还能使消费者产生兴趣，从而促进销售。

（4）创造价值。包装可以为消费者提供更高层次的美观感受、可靠性和便利性，更好地满足消费者的需求，从而给产品创造更多附加价值。此外，包装还可以深化消费者对品牌的印象，给企业带来利润。

请扫码阅读资料"促销包装对营销作用的影响因素"（线上资源8-8）。

8.5.3 包装设计的原则

包装设计应考虑产品的性质、包装要求，同时在兼顾经济性和社会利益的前提下，力求美观。

（1）适用原则。包装的主要目的是保护产品，企业应根据产品的性质和特点合理选用包装材料与技术，确保产品不被损坏、不变质、不变形等。

（2）美观原则。销售包装具有积极的促销作用，良好的包装具有艺术感染力，可以激发消费者的购买欲望。因此，在设计时要求新颖、大方、美观，在保留艺术性的同时展示产品特征。

（3）经济原则。包装要与产品的价值和质量水平相匹配，不能成为产品价值的主要部分。因此，在符合营销策略的前提下，企业应尽量降低包装成本，防止过度包装。

（4）社会利益原则。包装设计应遵守法律规定，提供企业信息、产品成分、保质期等信息。同时，应禁止使用有害材料，尽量选用可降解、可重复使用的材料，以减少对自然资源的消耗和破坏，减轻社会负担。

8.5.4 常用的包装策略

良好的包装设计与包装决策相结合是有效发挥包装这一营销工具的作用的基础。常用的包装策略有以下几种。

（1）类似包装策略。企业对其产品采用相同的图案、近似的色彩、相同的包装材料进行包装，以便消费者识别企业的产品。这种策略可以强化企业形象，有利于新产品的推出和促销费用的节省，同时降低包装设计与制作成本。但类似包装策略仅适用于质量相同的产品，对于品种差异大、质量水平悬殊的产品则不宜采用。

（2）配套包装策略。配套包装策略指企业根据消费者的消费习惯，将多种关联产品配套包装在一起，以成套供应，如化妆品套装、电脑消耗品套装等。这不仅便于消费者购买、使用和携带，还可扩大产品的销售。通过配套产品添加的方式推出新产品，能够使消费者不知不觉地习惯使用新产品，这有利于新产品的上市和普及。

（3）再使用包装策略。再使用包装策略指产品被消耗后，包装物可以被转移他用，如瓶子、盒子等常见于果汁、咖啡、饼干等产品的包装。这种策略使消费者感到包装物具有多种用途，从而激发其购买欲望，并有利于扩大产品销售。此外，包装物的重复使用还具有广告宣传的作用。

（4）附赠包装策略。附赠包装策略指包装物内附赠奖券、实物，或者包装本身可以换取礼品，以吸引消费者，并促使其重复购买。这种策略对儿童、青少年、低收入等群体比较有效，是一种有效的销售促进方式。例如，顶新国际集团在其饮料业务中推出的"再来一瓶"活动为其带来了丰厚的市场回报。

(5) 改变包装策略。改变包装策略指改变和放弃原有的产品包装，改用新的包装。由于包装技术、材料不断更新，消费者的偏好不断变化，采用新的包装可以弥补原有包装的不足。企业在改变包装的同时也应当做好宣传工作，以消除消费者对产品质量下降的担忧或其他误解。

请扫码阅读资料"限制商品过度包装国家标准发布"（线上资源8-9）。

本章小结

1．产品及整体产品的概念。产品指的是提供给市场的供顾客购买、使用且能满足顾客某种需求或欲望的任何东西。整体产品概念包括三个层次：核心产品、形式产品和延伸产品。

2．产品组合是指企业提供给市场的全部产品线和产品项目的组合或结构，用于描述企业的业务经营范围。产品组合的评价指标包括宽度、长度、深度和关联度。产品组合策略包括产品线长度决策、产品线现代化决策、产品线特色化决策和产品线削减决策。

3．产品生命周期包括引入期、成长期、成熟期和衰退期。引入期的营销策略包括快速撇脂策略、缓慢撇脂策略、快速渗透策略和缓慢渗透策略；成长期的营销策略包括改进产品质量，扩大规模，降低价格，进入新的细分市场或开拓新的分销渠道，树立品牌形象策略；成熟期的营销策略包括市场改良策略、产品改进策略、市场营销组合改进策略；衰退期的营销策略包括继续维持策略、收缩战线策略和放弃撤离策略。

4．新产品开发的过程包括八个阶段：创意产生、创意筛选、概念发展与测试、营销计划制订、商业分析、产品开发、市场试销、商品化。

5．品牌的内涵。品牌的内涵通常包括六个方面：属性、利益、价值、文化、个性和用户。

6．品牌资产是指产品或服务所附加的价值，它反映了消费者对品牌的想法、感受和采取的行动，以及品牌带给企业的市场份额和盈利能力。艾柯模型是常用的品牌资产评估工具。

7．品牌策略包括品牌化策略、品牌归属策略、品牌数量策略、品牌延伸策略、品牌再定位策略。

8．包装是指设计和生产产品的容器、外部包扎物及装潢的一系列活动。包装的作用：保护产品；便于运输、携带和储存；促进销售；创造价值。产品包装策略包括类似包装策略、配套包装策略、再使用包装策略、附赠包装策略和改变包装策略。

学习指导

本章的学习为后续其他营销组合策略的学习奠定了基础，在学习过程中要结合实例思考整体产品的内涵，基于以顾客为中心的营销理念理解整体产品的概念。根据产品生命周期理论，应从不同阶段的特征来理解对应阶段的市场营销策略，从市场营销学的角度理解新产品的类型，了解顾客不断变化的需求在新产品开发过程中的作用及意义，并掌握新产品开发过程各阶段的关键。从顾客感知和企业决策两个角度对比思考品牌及品牌资产的内涵与意义，明确价值定位与属性定位、利益定位的差异性。将品牌归属策略与品牌延伸策略的内容和特点结合起来思考，掌握这些策略的优势与适用条件，结合企业战略管理、企业文化等知识理解企业品牌的运作与管理，培养自己对企业品牌策略的分析、评价和决策能力。

关键概念：产品、整体产品、产品组合、产品线、产品项目、产品生命周期、新产品开发、品牌、品牌资产、包装。

思考与应用

1. 整体产品概念的三个层次是什么？从三个层次的角度理解产品概念有何意义？
2. 什么是产品组合的宽度、长度、深度和关联度？试举例说明。
3. 产品生命周期各阶段有哪些特征？
4. 新产品开发的步骤及基本原则是什么？
5. 举两个例子说明品牌的内涵，并比较它们的品牌策略。
6. 品牌延伸有哪些策略？试举例说明。
7. 从产品策略的角度分析联想收购 IBM 个人电脑业务这一举措。
8. 联系企业实际说明包装对企业营销的积极意义。

案例分析

请扫码阅读案例：新红旗汽车品牌重塑的成功之路（线上资源 8-10）

思考以下问题：

1. 请总结新红旗品牌重塑成功的主要原因。
2. 试分析新红旗汽车进行品牌重塑的行动与要点。

第 9 章 定价策略

名言警句

没有任何一个地方比错误定价更让你白白送钱给别人。

——西蒙

本章要点

在市场营销活动中,价格作为产品内在价值的货币表现形式,直接关系着产品能否被消费者接受、市场竞争力的强弱、市场需求量的大小和利润的高低,是实现企业营销目标的核心手段。定价策略在市场营销组合策略中占据着重要地位。本章主要介绍定价的影响因素、定价方法、定价策略及其选择和价格调整策略等内容。

学习目标

- 了解定价的影响因素。
- 掌握企业确定基本价格的常用方法。
- 掌握依照定价目标、成本、环境等因素灵活运用定价策略的方法。
- 掌握价格调整策略。

导入案例

请扫码阅读案例:谁把电视价格打下来了?(线上资源9-1)
思考以下问题:
1. 案例中电视价格大幅下跌的原因是什么?
2. 产品在市场中的价格受哪些因素影响?

线上资源9-1

9.1 定价的影响因素

价格无处不在,房租、学费、工资等都是人们在购买产品或服务时支付的价格。定价策略是市场营销组合策略中的重要策略之一,价格是在市场营销组合中唯一能产生收入的因素,其他因素都表现为成本。价格直接影响企业的获利程度,也会对消费者的购买决策产生影响。价格也是整个营销方案中最容易调整的因素,产品、渠道、促销活动等的调整都需要花费较多的时间。当企业研发出一种新产品、将原有的产品引入新的市场或参与竞标时,就需要制定定价策略。

9.1.1 价格的作用

市场营销是在市场中通过交换来创造和实现价值的活动。如果说产品策略是创造满足顾客需求价值的活动,那么定价策略就是在市场中明确表现产品和服务价值的活动。产品价格对该产品为市场所接受的程度有着巨大的影响。价格制定得是否合理不但影响竞争者的行为,而且关系到生产者和经营者的效益,甚至关系到消费者的生活水平。因此,定价策略在市场营销活动中占据着重要的地位。

1. 调节和诱导市场需求

价格是企业营销组合中的一个重要因素,价格是否合理,对企业市场营销组合整体效果将起到加强或削弱的作用。价格的高低往往直接影响着产品的市场地位和形象,影响着顾客对产品的接受程度和购买行为,影响着产品销量。合理的价格对顾客的心理会产生良好的刺激作用,本身就具有促销功能。企业可以根据具体产品的生产经营能力,确定盈利水平略有差异的不同价格,保证生产经营能力与各类产品市场需求的协调。此外,价格的高低还制约着销售渠道的选择,企业促销及渠道策略协调一致的价格能增强营销整体效果。

2. 引发和导致市场竞争

技术、质量、服务等方面固然是企业竞争的重要因素,价格同样是不可忽视的参与竞争的有效手段。显然,价格对产品的销路及整个企业的利润,都有"看得见"的影响。一般来说,在同一产品有众多供应者的条件下,价格相对低的产品市场竞争力强。同时,价格也是竞争对手极为关注,并会迅速做出反应的十分敏感的因素,经常导致价格战,甚至导致竞争对手的极端行为。例如,国外曾经发生多起对他国商铺集中的商城等纵火的不法事件,这些均可看成极端的恶意竞争行为。

3. 影响企业营销目标的实现

企业通过价格从所创造的价值中获取收益。价格决策直接决定着企业市场份额的大小和盈利的高低。市场价格的形成具有客观性、规律性的特征。在营销活动中,企业定价的自由度是有限的,企业往往是市场价格的适应者,而非操纵者。从这个意义来讲,企业的所有活动都应当与价格相适应。因为在既定的价格水平下,企业要想比竞争对手更加卓有成效地实现营销目标,建立起优越的市场地位,就必须提供质量过硬、性能卓越、服务完善的产品,树立良好的品牌形象,使顾客对企业和产品产生偏爱。这样可以促使企业尽量采用先进的经营管理方式,降低成本,争取做到以最小的投入获取最大的收益。

9.1.2 定价的主要影响因素

价格决策是复杂且困难的,任何价格决策只能在一定的环境条件下发生作用。环境条件是决定某一价格决策能否得到必要支撑的条件,并决定价格决策的效果。营销人员应当考虑到影响定价的多种因素,包括企业本身、顾客、竞争和市场环境等。另外,定价也应当与企业的营销战略、目标市场和品牌定位保持一致。企业在进行价格决策时需要考虑到企业外部环境和内部环境条件的制约。产品定价的主要影响因素如图 9-1 所示。

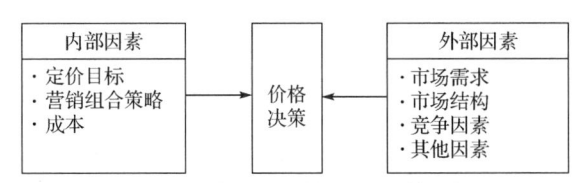

图 9-1 产品定价的主要影响因素

1. 定价目标

任何企业都不能孤立地制定产品价格，而是应当根据企业的目标市场战略及市场定位战略的要求来进行。定价目标是指企业试图通过制定特定水平的价格，凭借价格产生的效用达到的预期目的。假如企业决定为高收入阶层设计、生产一款豪华跑车，就应制定高价格。定价目标的确定应当服从于企业营销总目标，同时要考虑企业其他经营目标，如企业生存、利润、市场占有率等。企业的定价目标大致有以下几种。

（1）生存目标。在企业面临困境而没有其他选择的情况下，其价格策略可以暂时以维持生存为目标。为了确保工厂继续开工和售出存货，即使无利可图，企业也应当制定较低的价格，以吸引购买者。只要价格能弥补可变成本和一些固定成本，企业的生存便可以维持。

（2）利润目标。任何一家企业都想获取最大利润，但是如果以获取最大利润为定价目标，则对大多数企业而言是不现实的。因此，利润目标有两种选择。①短期利润最大化。企业的某种产品在技术或质量上有优势，短期内竞争对手不足以对其市场占有率构成威胁，并在了解市场需求和成本的基础上，可追求短期利润最大。②目标利润。有最大利润通常意味着较高价格。在许多情况下，追求最大利润也是不可行的。因此，企业的目标利润通常是满意的利润。

（3）销售目标。以销售目标为导向的定价决策，一般以维持或提高销售增长率、维持或提高市场份额为目的。提高销售增长率和提高市场份额有利于提高企业控制市场的能力，从而保证产品的销路。提高市场占有率还可以提高企业控制价格水平的能力，使企业获得较高的利润。

（4）竞争目标。对于那些容易经营、利润可观的产品，竞争比较激烈，企业需要根据竞争者的价格来调整自己的价格，定价的目标是适应同行价格竞争。实力强大的企业在产品的声誉胜过竞争对手时，可凭借物美价廉削弱竞争对手，或者以质优价高的方式，提高产品的知名度；当市场上存在主导价格时，对于那些实力稍弱一些的企业则可以追随主导者的价格，或者以略低于同行的价格进入市场；对于刚刚进入市场的新产品，可以与竞争者同等的价格出售，尽量避免价格竞争，并以新奇性和独特性来吸引消费者。有些情况下，企业可以凭借成本优势实行低价格来防止潜在竞争者进入。

2. 营销组合策略

价格与产品、分销、促销等因素相互依存、相互制约。企业在进行价格决策时，既要考虑其他营销组合因素对价格的影响，又要考虑价格对其他营销组合因素的影响，使之密切配合，达到组合策略的整体最佳效果。

产品是定价的基础。企业定价时应考虑产品的类型、档次、质量、品牌、包装、所处的生命周期阶段等因素。如果将产品定位为性能卓越，那就必须收取高价以弥补其高额成本；价格决策同样要受到分销渠道的制约，企业定价时应综合考虑渠道的长短与宽窄、产品的流通速度及中间商等方面的因素；对不同的流通环节、不同的市场营销对象、不同的中间商，企业应制定不同的价格，采取不同的定价策略。例如，如果企业希望建立强大的零售网络来促销产品，就可能在价格上给零售商更大的利润空间；为促进产品的推广和销售，企业往往要开展诸如打广告、人员推销、营业推广和公共关系等促销活动，企业的促销费用是产品价格的组成部分，因此促销费用的多少与产品价格密切相关。

3. 成本

在实际工作中,产品的价格按成本、利润和税金这三部分内容来制定。成本可分为以下几种。

（1）固定成本。固定成本是指在生产经营规模范围内,不随产品种类及数量的变化而变化的成本,如折旧、照明、产品设计、市场调研、管理人员工资等各项支出。

（2）变动成本。变动成本是指随产品种类及数量的变化而变化的成本。其主要包括用于原材料、燃料、运输、储存等方面的支出,以及生产工人的工资、部分市场营销费用等。

（3）总成本。总成本为固定成本与变动成本之和。总成本反映企业产品在制造和营销过程中的总支出。当产量为零时,总成本等于未开工时所发生的固定成本。

（4）平均成本。平均成本是指总成本与总产量之比,即单位产品的成本费用。

（5）边际成本。边际成本是指产品在原有数量基础上增加或减少一个单位引起的总成本的变动量。

（6）机会成本。当企业将某种资产投入某一用途后,该资产就丧失了作为其他最佳用途的收益,这就构成了将其投入该用途的机会成本。机会成本不会在财务报告中出现,但与定价有关。

成本与研发、生产和营销活动密切相关。此外,企业还应当注意规模经济和学习曲线对成本的效应。前者假设在其他条件不变的情况下,不同产出水平的单位成本是不同的;后者是指随着生产经验的积累,平均成本呈下降的趋势。

需求在很大程度上为企业确定了一个最高价格限度,而成本决定着价格的底线。价格应包括所有生产、分销和推销该产品的成本,还包括对企业的努力和承担风险的一个公允的报酬。

案例 9-1　　　　斯沃琪的目标成本定价

一般的定价方法是先开发出新产品,估算出成本,再考虑这款产品能卖多少钱。目标成本法则相反,它从顾客角度出发,首先给产品制定合适的价格,然后确定成本,确保可以实现这个合适的价格。

斯沃琪对市场进行了详尽的调查后发现一个手表细分市场被忽视了。这个细分市场的消费者想要的是"一个计时精确、廉价时尚的装饰品"。斯沃琪决定低价推出这款消费者心仪的手表,因此它对成本实行了严格的管理。为了降低成本,斯沃琪设计了一款简单时尚的手表。这款手表的组成零件少,科技含量高,价格低廉。之后,斯沃琪开发了新型自动化生产线,批量生产这种手表。斯沃琪开创了时尚和实用相结合手表的先河,消费者也很乐意为这种手表买单。结果,仅两年时间斯沃琪就卖出了 200 多万只这样的手表。斯沃琪的开局大获全胜,消费者对斯沃琪手表的价值也越来越认可,于是公司得以逐步引入高价的产品系列。

资料来源：菲利普·科特勒,加里·阿姆斯特朗,洪瑞云,等. 市场营销原理[M]. 何志毅,等译. 北京：机械工业出版社, 2006.

要领与启示：

斯沃琪的目标成本定价法则打破了传统的定价规则,将目标市场顾客需要的产品及价位作为定价的依据,而企业的生产、研发等活动围绕目标成本进行严格的管理和控制,以保证事先确定的成本底线,其定价真正体现了以顾客为导向。此外,斯沃琪还在新产品开发上首开先河,因此赢得了市场。

4．市场需求

市场需求对企业定价有着重要影响。不同的价格会导致产生不同的需求量，从而对企业的营销目标产生不同影响。成本是企业制定价格的底线，而市场需求则决定了价格的上限。产品价格处于底线和上限之间，企业便能够取得合理的销售利润，这是企业销售的动力。产品价格与市场需求、成本之间的关系如图 9-2 所示。消费者剩余是指消费者消费一定数量的某款产品愿意支付的最高价格与这些产品的实际市场价格之间的差额。消费者剩余实质上就是顾客价值。

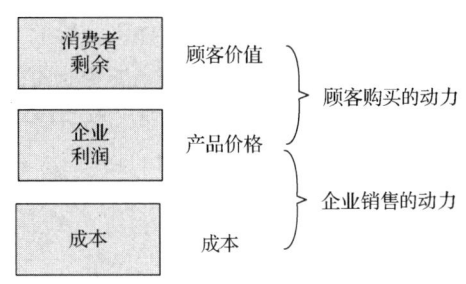

图 9-2　产品价格与市场需求、成本之间的关系

市场需求对企业定价的影响体现在以下方面。

（1）需求规律。市场需求是指有支付能力的需求。产品价格的高低对市场需求有重要影响。如果其他因素保持不变，价格与需求量呈反方向变化，即当产品价格下跌时，需求量增加；当产品价格上涨时，需求量减少。这就是需求规律。需求规律反映了产品需求量变化与价格变化之间的一般关系，是企业决定自己的市场行为，特别是制定价格时应当考虑的一个重要因素。

（2）需求价格弹性。需求价格弹性是指价格变动引起需求量的变化程度，即需求量对价格变动的反应程度或敏感程度。需求价格弹性系数 E_p 用如下公式（取绝对值）表示：

$$E_p = 需求变动百分比 / 价格变动百分比$$

$$E_p = \frac{(\Delta Q / Q)\%}{(\Delta P / P)\%}$$

不同的产品具有不同的需求价格弹性，同一产品在不同的国家或地区也具有不同的需求价格弹性。企业可以根据产品的需求价格弹性的大小，选择自身的定价策略。需求价格弹性主要有三种类型，如图 9-3 所示。

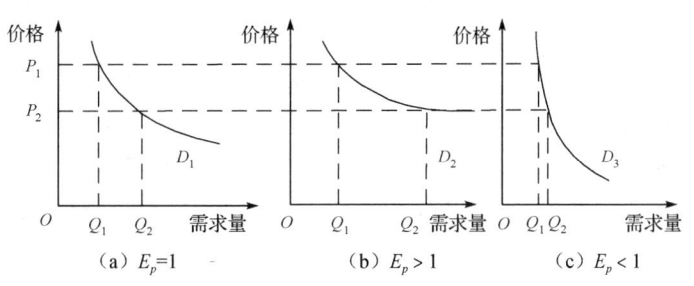

（a）$E_p=1$　　　（b）$E_p>1$　　　（c）$E_p<1$

图 9-3　需求价格弹性的三种类型

在图 9-3 中，D_1、D_2、D_3 为三种不同的需求价格弹性曲线。当价格从 P_1 降至 P_2 时，需求量从 Q_1 增至 Q_2，但增长幅度因需求价格弹性的不同呈现出明显的差别。

$E_p=1$，表示单位弹性，反映需求量与价格等比例变化，即价格的上升（下降）会引起需求量等比例地减少（增加）。在这种情况下，价格变化对企业销售收入影响不大。对这类产品定价，可选择以实现预期盈利率为价格依据，或选择现行的市场价格，同时配合其他市场营销措施，以提高盈利率。

$E_p>1$，表示富有弹性，反映需求量的相应变化幅度大于价格的变动幅度，即需求量对价格的变动非常敏感，价格较小幅度地上升（下降）会引起需求量较大幅度的减少（增加）。这类需求价格弹性大的产品,其价格与销售收入成反比,企业应采用低价策略,薄利多销,增加自身盈利。

$E_p<1$,表示缺乏弹性,反映需求量的相应变化幅度小于价格的变动幅度,即价格较大幅度地上升(下降)只能引起需求量较小幅度的减少(增加)。这类需求价格弹性小的产品,其价格与销售收入成正比,高价往往会增加企业的盈利,而低价并不能有效地刺激需求,薄利不能多销。

在正常情况下,市场需求会按照与价格相反的方向变动。价格提高,市场需求就会减少;价格降低,市场需求就会增加。因此,需求曲线是向下倾斜的。这是供求规律发生作用的表现。但也有例外,如品牌声誉良好的产品,尤其是那些能够体现消费者身份地位的产品,其需求曲线有时是向上倾斜的。

一般来说,需求价格弹性受以下因素的影响。①需求的迫切程度。需求价格弹性与消费者对该产品需求的迫切程度成反比。消费者对生活必需品的需求迫切程度高于对一般产品的需求迫切程度,因而价格变化对其需求量的影响小;反之,一般产品需求量受价格变动的影响较大。②产品的替代性。需求价格弹性与产品的替代性成正比。某种产品的替代性强,提价会引起消费需求向其他可替代产品转移,反之亦然。某种产品难以替代或替代品少且效果不好,消费者只能提高对价格变动的承受能力,致使需求量对价格变动的反应迟钝,需求弹性小。③产品在消费者支出中所占比重的大小。占消费支出比重小的产品,消费者一般不十分在意产品价格的高低,其需求价格弹性就小;反之,占消费支出比重较大的产品,消费者在购买时会慎重考虑,其需求价格弹性就大。④产品供求情况。需求价格弹性与产品供求情况的关系比较复杂。供不应求的产品,价格在一定范围内上升时,对其需求量影响不大。但是当价格上升超过一定限度后会对需求产生较强的抑制作用,这时这种产品的需求价格弹性会随价格的继续上升呈现由小到大的变化。供大于求的产品,降低价格可以吸引较低消费层次的需求,从而扩大销售量,需求价格弹性较强。但如果产品供大于求的原因是由于产品老化,或者其质量达不到标准所致,则必须大幅度降价才能引起消费量的增加,此时单就降价所产生的影响程度来讲,需求弹性较小。

5. 市场结构

市场结构类型有完全竞争、完全垄断、垄断竞争和寡头垄断四种。在不同的市场结构条件下,企业定价的自由程度是不同的。

(1)完全竞争市场。这种市场是一种不受任何阻碍和干预的市场。众多的出售者和购买者对产品与劳务的价格都不能产生任何影响,价格完全由整个行业的供求关系决定,买卖双方都只是价格的接受者,而不是价格的制定者。在完全竞争市场上,企业不可能采用提价的方法获得更多的利润,也没有必要降价促销。在现代生活中,完全竞争市场实际上并不存在,也就是说现实的市场结构都是不完全竞争市场。

(2)完全垄断市场。这种市场是指某种产品的市场完全为一家卖主所垄断和控制。在当代现实市场上,完全垄断市场并不多。完全垄断包括政府垄断和政府特许的私人垄断两类。从理论上讲,垄断企业有完全的定价自由,但实际上,垄断企业的产品价格也受到各种限制,如不合理的高价会引起消费者的不满、政府的干预和替代品的盛行。

(3)垄断竞争市场。这种市场是指一种既有垄断又有竞争,介于完全竞争和完全垄断之间的市场结构。同一产业虽有许多企业,它们之间争夺市场的竞争也很激烈,但不同企业生产的同类产品在品质、款式、品牌和渠道等方面存在差异,使每家企业对自己的产品拥有一定的垄断权。在垄断竞争市场条件下,企业不是消极的价格接受者,而是一个对价格有影响力的决定者。

(4)寡头垄断市场。在这种市场中,一个行业的少数企业生产和销售的产品占此市场销售量的绝大部分。这是介于垄断竞争与完全垄断之间的一种市场结构。在寡头垄断市场中,产品的价格不是由市场供求关系决定的,而是由"寡头"协商确定的。协商价格一旦确定,就会维持相当长的时间,因为如果某家企业单独提高价格,就可能失去市场;如果某家企业降价竞销,会遭到竞争对手的反击,引起价格竞争,其结果可能是几败俱伤。因此,在寡头垄断市场中,非价格因素的竞争更为激烈,并且寡头企业之间也应互相密切注意对方战略的变化和价格的调整。

在上述四种市场中,实际上大量存在的是第三种和第四种,即垄断竞争市场和寡头垄断市场,企业经营者必须对它们进行认真研究,并在做出价格决策时对其加以灵活运用。

请扫码阅读资料"赫德利用需求价格弹性确定折扣"(线上资源9-2)。

6. 竞争因素

在产品的最高价格和最低价格之间,企业能把产品价格定多高,还与竞争对手的同种产品的价格水平有关。企业定价时应当考虑竞争对手的同种产品的价格。企业应当采取适当的方式,了解竞争对手所提供的产品质量和价格方面的市场信息,与竞争对手的产品比质比价,制定出有竞争力的价格。如果本企业的产品与竞争对手的产品相似,那么其价格水平也应相近,否则本企业的产品可能失去市场;如果本企业的产品与竞争对手的产品相比有明显的差异,企业可根据实际情况进行定价决策,同时应预计到竞争对手可能进行价格调整。对竞争对手的产品价格的变动,企业要及时了解,并做出明智的反应。

7. 其他因素

企业的定价还应当考虑外部环境的其他影响因素。这些因素包括国家有关的政策法规、经济环境、消费者心理和习惯等。

(1)政策法规。价格制定应考虑《中华人民共和国价格法》《中华人民共和国反不正当竞争法》等,保证企业获得正当和正常的利益,防止出现价格垄断、价格歧视、低价倾销和恶意竞争等不正当现象。例如,《中华人民共和国价格法》第十四条第一款规定:经营者不得相互串通,操纵市场价格,损害其他经营者或者消费者的合法权益。政府也会以直接或间接方式对涉及面广、影响大的产品价格进行控制和干预,如石油、燃气、电价、水费、农产品价格和房地产价格等,正确引导市场,保障民生并保障国民经济的平稳运行。

(2)经济环境。企业定价还需要考虑经济形势所引起的价格和需求变化。在经济繁荣时期,社会需求量增加,产品价格容易上涨;而在经济衰退和收缩时期,由于需求量减少,价格会出现回落。通货膨胀、银行利率的调整都会影响产品成本和顾客对产品价值的理解,从而影响企业的定价决策。

(3)消费者心理和习惯。购买决定是以消费者对价格的认知及其对现行价格的评价为基础的。消费者会经常积极地寻找价格信息,包括借助他们先前的购物经历、正式沟通(广告、人员访问和宣传手册)、非正式沟通、销售网点或互联网等。在现实生活中,很多消费者会"按价认质",将价格作为质量的指示器。此外,消费者的心理预期经常会形成"买涨不买跌"的现象。

案例 9-2	Dell 公司实施的差别定价

Dell 公司是一家成功实施网络营销差别定价的计算机公司,其经营理念是按照顾客的要求制造并销售计算机。对顾客而言,Dell 公司为其设计了完善的服务体系,顾客通过浏览 Dell 公司的电子商务网站可以自己配备计算机,并以适合自己的价格进行购买。而对 Dell 公司而言,这种定

制方式可以使其通过分析顾客的有关数据，有效和明确地了解顾客的需求，从而针对不同的顾客群、不同的计算机配置制定不同的价格。Dell公司的这种经营模式和产品定价方式为其带来了巨大的发展空间和巨额的经济利益。当然，网络营销也可以采取差别定价的形式。当厂商获得某些与顾客偏好相关的信息时，如年龄、职业、所在地等，就可利用这些信息进行差别定价。例如，对学生制定一个较低的价格，这种基于鉴定识别的差别定价为第三级差别定价。团体打折和等级打折都是建立在第三级差别定价原则之上的。如果没有识别不同的顾客，厂商只能依据顾客的自我选择，如根据购买量的不同来实施差别定价，即实施第二级差别定价。由此可以看出，在网络营销状态下，由于厂商可以获得更多的顾客资料，这就使第一级差别定价成为可能。综上，网络营销可以采用任何一种差别定价形式。

资料来源：马小青. 网络营销差别定价策略的思考[EB/OL].（2022-01-07）. 公务员之家.

> **要领与启示：**
>
> 通常不同的顾客在做出购买决策时需求欲望有强弱之分，支付能力有大小之别，导致其愿意支付的最高价格存在差异。因此，相比统一定价，实施差别定价可获得更多利润。在网络营销中，网络的互动性使企业更易获得与顾客相关的信息，企业可以据此制定不同的价格。Dell公司充分洞悉顾客的需求，针对不同的顾客群、不同的计算机配置制定不同的价格。这种产品定价方式为其带来了巨大的发展空间和巨额的经济利益。

9.2 定价方法

顾客（Customer）需求、产品成本（Product Cost）和竞争对手（Competitor）是影响企业价格决策的三个最主要的因素（简称"定价中的3C因素"）。产品成本决定了价格的底线，市场需求往往决定了产品价格的上限，而竞争对手的产品价格则为企业制定产品价格提供了参考。企业一般通过这三个因素中的一个或几个来决定定价的方法。这样也就形成了成本导向定价法、需求导向定价法和竞争导向定价法三类基本的定价方法。

9.2.1 成本导向定价法

成本导向定价法以成本为中心，是一种站在卖方角度定价的方法。它主要以成本为依据，首先考虑回收企业在生产经营中投入的全部成本，然后考虑获得一定的利润。这是最基本且最常用的方法。

1. 成本加成定价法

成本加成定价法是以单位产品的总成本为基础，加上一定比例的预期利润或税金来确定产品价格的方法。单位产品的总成本是单位产品的固定成本与变动成本之和。成本加成定价法的计算公式为：

$$单位产品价格 = 单位产品成本 \times (1 + 加成率)$$

成本加成定价法的优点：成本与价格直接挂钩，简便易行，企业无须根据需求变动频繁地调整价格；如果同行各企业都采用此方法定价，它们的价格就会趋于相似，可避免价格竞争；以成本为基础定价对买方和卖方都比较公平，卖方可以获得一定利润，买方也不会因需求强烈而付出高价，排除了短时间内供求变化对价格的影响。这种定价方法的缺点：缺乏灵活性，忽视了市场需求和竞争，难以适应市场需求和竞争状况的变化。

企业使用成本加成定价法时应注意以下几点。

第一，不同产品的加成变化较大。一般来说，季节性强的产品的加成率往往较高，特殊品、周转慢、储存和搬运费用高的产品及需求弹性小的产品加成率也较高。另外，企业有时采用高加成是因为它有隐含成本或高变动成本。

第二，加成率的确定应考虑价格弹性和企业的预期利润。如果某品牌的价格弹性大，其加成率就应相对低些；如果某品牌的价格弹性小，其加成率则应相对高些；如果某品牌的价格弹性保持不变，其加成也应保持相对稳定，以制定出适当的价格。

2. 目标利润定价法

目标利润定价法是指根据总成本、预计销量和预期利润确定价格的方法。目标利润定价法还被运用于公用事业单位。它们投资大，业务具有垄断性，又和公众利益息息相关，往往受到政府部门对其价格的限制，所以通常根据投资额确定一定比例的目标利润来计算收费标准。目标利润定价法一般适用于需求价格弹性小，而且在市场中有一定影响力、市场占有率较高或具有垄断性质的企业。

目标利润定价法的计算公式为：

$$单位产品价格 =（总成本 + 目标利润）/ 预期销售量$$

或

$$单位产品价格 = 企业固定成本 / 预期销售量 + 定位变动成本 + 单位产品目标利润额$$

与成本加成定价法类似，目标利润定价法也是一种生产者导向的定价方法，未考虑市场竞争和需求情况，只是从保证生产者的利益出发制定价格。此外，先确定产品销量，再计算产品价格的做法完全颠倒了价格与销量的因果关系，因为在很多情况下销量的实现很难保证。

3. 边际成本定价法

边际成本定价法又称边际贡献法。由于边际成本与变动成本比较接近，而变动成本的计算更容易，因此在定价中，用变动成本代替边际成本。这种方法是以单位变动成本作为定价依据，加上单位产品贡献，形成产品单价的方法。单位产品贡献是指产品单价扣除单位产品变动成本后的余额。

边际贡献是预计的销售收入减去变动成本后的余额。如果边际贡献不能完全补偿固定成本，企业就会出现一定程度的亏损。但是，在市场产品供大于求，卖方竞争激烈时，采用此法定价较为灵活。因为如果产品售价过高而滞销或丧失市场，还不如暂时不计固定成本，尽力维持生产经营，否则即使企业停产，固定成本依旧支出，企业亏损将更为严重。

按照边际贡献定价，只要产品价格高于变动成本，就可获得一部分贡献来弥补企业的固定成本。边际成本定价法的计算公式为：

$$单位产品价格 = 单位变动成本 + 边际贡献 / 预期销量$$

边际成本定价法的优点：易于在各种产品之间合理分摊固定成本费用；有利于企业选择和接受市场价格，从而提高企业的竞争力；根据各种产品贡献的多少安排企业的产品线，易于实现产品最佳组合。

这种定价方法适用于竞争激烈的市场。在应用时，企业应随着销售形势的变化而相应调整价格的加成比例，以期获得最大的边际利润。

9.2.2 需求导向定价法

需求导向定价法是以消费者对产品价值的理解和需求强度进行定价的方法（可分为理解价值定价法、需求差异定价法）。这是一种伴随营销观念更新所产生的定价方法，与成本导向定价法相比，其价格的制定是为了与产品价值相匹配，二者的定价过程恰恰相反。成本导向定价法与需求导向定价法的定价过程如图9-4所示。

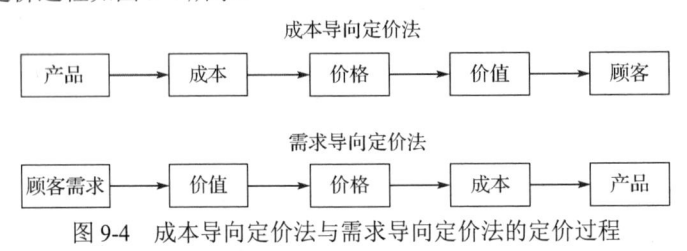

成本导向定价法

产品 → 成本 → 价格 → 价值 → 顾客

需求导向定价法

顾客需求 → 价值 → 价格 → 成本 → 产品

图9-4 成本导向定价法与需求导向定价法的定价过程

越来越多的企业认识到，判断价格是否合理，并不仅仅取决于生产者或经销商，而主要取决于消费者，只有企业制定的产品价格符合消费者的心理价格时，才能为他们所接受，产品才会有销路。

1. 理解价值定价法

理解价值定价法以消费者对产品价值的感受及理解程度为定价的基本依据。它强调把买方的价值判断与卖方的成本费用相比较，定价时更应侧重考虑前者。消费者对产品价值的理解不同，会形成不同的价格限度。如果价格刚好定在这一限度内，就会促进消费者购买。

理解价值定价法的关键是准确地确定消费者对所提供产品的价值认知程度。为此，企业可以通过对消费者的调查来进行。一是直接对本企业产品的认知价值进行消费者调查。二是对竞争对手产品的认知价值进行消费者调查，然后对照本企业产品，确定产品的认知价值。在调查的基础上，研究在不同价格水平上的不同销售量，并做出适当的判断，有针对性地运用市场营销组合中的非价格因素，如产品质量、服务、广告宣传等来影响消费者，使他们对产品的功能、质量、档次有一个大致的"定位"，并使他们形成一定的价值观念。三是估算投资额、销售量、单位产品成本及利润，制定出符合消费需求期望的价格和营销组合策略。

这种定价方法要充分考虑消费心理和需求弹性。例如，需求弹性大的产品价格可定得低些，需求弹性小的产品价格可定得高些。又如，著名商标的优质产品，或者出自知名专家或工匠之手的优质产品，顾客会另眼看待，售价就可提高。反之，定价只有低一些，才能为顾客所认可。

案例 9-3　　　　　　　　　　卡特彼勒公司的理解价值定价

卡特彼勒公司利用认知价值观念为它的建筑设备制定价格。卡特彼勒公司把它的拖拉机定价为100 000美元，竞争对手的同类产品定价为90 000美元。而卡特彼勒公司可能获得比竞争对手更多的销售额。当一位潜在顾客询问卡特彼勒公司的经销商，为什么购买卡特彼勒公司的拖拉机要多付10 000美元时，这个经销商回答：

90 000美元	拖拉机的价格，这仅仅相当于竞争对手拖拉机的价格
7 000美元	为产品优越的耐用性增收的溢价
6 000美元	为产品优越的可靠性增收的溢价
5 000美元	为优质的服务增收的溢价
2 000美元	为零部件较长时间的担保增收的溢价

−10 000 美元　　　　折扣额
100 000 美元　　　　最终价格

卡特彼勒公司的经销商向顾客解释了卡特彼勒公司的拖拉机的价格为什么高于竞争对手的。这个顾客认识到虽然他被要求为卡特彼勒公司的拖拉机多付了 10 000 美元的溢价，却增加了 20 000 美元的价值（认知价值）。他最终选择了卡特彼勒公司的拖拉机，因为他确信卡特彼勒公司的拖拉机在整个使用期内的操作成本将较小。

资料来源：高秀丽，姚惠泽，吕彦儒. 市场营销[M]. 上海：上海财经大学出版社，2007.

> **要领与启示：**
>
> 　　本案例给我们这样几点启示：一是要通过调查研究，估计消费者对产品的价值感受，确定消费者所能接受的价格；二是使本企业产品与市场上同类产品具有差异，突出产品特色，如产品质量、包装、式样、品牌、服务等；三是要运用各种促销手段影响消费者对产品价值的感受，强化他们对产品价值的理解，使其感到购买该产品能获得更多的相对利益，从而提高其愿意支付的价格。

2. 需求差异定价法

需求差异定价法又称市场细分定价法，它是指对同一质量、功能、规格的产品或服务，根据需求差异和紧迫程度制定不同的价格，即以销售对象、销售地点、销售时间等条件变化所产生的需求差异，尤其是需求强度差异作为定价的基本依据来制定价格。这些产品或服务之间的差异，反映了产品需求弹性的差异，并不反映成本上的差异。因此，在使用这种定价方法时，要充分考虑顾客需求、顾客心理、产品差异、地区差别、时间差别等，制定灵活的价格。在采用这种定价方法时应注意以下几种差异。

（1）因人而异。同一产品或服务对不同顾客制定不同的价格。顾客因职业、阶层、收入、年龄等原因，会有不同的需求，企业在定价时应给予相应的优惠或提高价格。例如，美国轮胎公司卖给汽车厂的产品价格低，因为需求弹性大；卖给一般顾客的价格高，因为需求弹性小。

（2）因地而异。同一产品或服务处在不同地理位置，可分别制定出不同的价格。例如同样的饮料，在舞厅中的价格要高于超市的价格；剧院座位票价可能因前排、后排、中排的位置不同而有多种价格。

（3）因时而异。产品的生产和需求会因时间变化而变化，对同一产品在不同的季节、时间制定不同的价格。例如，服装、空调的价格会因季节不同而有差异；电视广告等因时间段不同而有明显差异；旅游景点的门票会因季节的不同而有不同的票价。

（4）因量而异。同一产品或服务可按其不同的量来制定不同的价格，包括两种情况：一是产品购买或消费得越多越便宜，鼓励多买多消费；二是主张节约，越多就越贵。

请扫码阅读资料"中国移动的资费套餐定价"（线上资源 9-3）。

线上资源 9-3

9.2.3　竞争导向定价法

竞争导向定价法是指通过研究竞争对手的生产条件、服务状况、价格水平和市场竞争状况的变化，依据自身的竞争实力，参考成本和供求状况，确定和调整价格，以保持或强化价格竞争力的定价方法。竞争导向定价法主要有以下两种。

1. 随行就市定价法

随行就市定价法是指企业根据行业的平均价格水平来确定价格的方法。这种方法主要适用于需求弹性较小或供求基本平衡的产品。

在存在许多同行相互竞争的情况下，各家企业都经营着类似的产品，行业的平均价格具有相当的合理性。价格高于竞争对手，就可能失去大量销售额，从而造成利润降低，而此时竞争对手可能降低价格，从而具有了价格优势。在现实的营销活动中，由于平均价格水平在人们的观念中常被认为是合理价格，易为消费者接受，而且避免了同行间的激烈竞争，减少了风险，并能保证企业获得行业平均利润。因此，许多企业倾向于同竞争对手的价格保持一致，尤其是在少数实力雄厚的企业控制市场的情况下。对大多数中小企业而言，由于其市场竞争能力有限，更不愿与生产经营同类产品的大企业发生"面对面"的价格竞争，而只能采取价格跟随策略，根据大企业的产销价来确定自己产品的价格，以保证自己获得与竞争者相一致的利润。

2. 密封投标定价法

密封投标定价法是指由招标者（买方）在报刊上登广告或发出函件，说明拟采购的产品品种、规格、数量等具体要求，邀请投标者（卖方）在规定的期限内投标，招标者从中选择报价最低、最有利的投标者签约成交的一种定价方法。这种定价法主要用于投标交易方式，如建筑施工、工程设计、大型机械设备或成套设备的购买、政府采购等。

一般情况下，在同类同质产品之间，价格相对低的产品更具有竞争力。企业参加竞标总希望中标，而能否中标在很大程度上取决于企业与竞争对手投标报价水平的比较。因此，投标报价时要尽可能准确地预测竞争对手的价格意向，再在正确估算完成招标任务所耗成本的基础上，定出最佳报价。

一般来说，报价高，利润大，但中标机会小，如果因价高而招致败标，则利润为零；反之，报价低，虽中标机会大，但利润低，其机会成本可能大于其他投资方向。因此，报价时既要考虑实现企业的目标利润，也要结合竞争状况考虑中标概率（中标概率的测算取决于企业对竞争对手的了解程度，以及对本企业能力的掌握程度）。最佳报价应该是预期收益达到尽可能高的价格。

预期收益 =（报价-直接成本）× 中标概率-失标损失 ×（1-中标概率）

请扫码阅读资料"企业参加工程的竞标分析"（线上资源 9-4）。

前文介绍的一些定价方法供企业在实际营销活动中选择采用。每种定价方法不但有各自的特点和要求，而且相互补充。因此，企业在选择定价方法时应全面考虑成本、需求及竞争状况等。

线上资源 9-4

9.3 定价策略及其选择

企业选择某种定价方法制定出来的价格，只是一种基本价格，在实际定价过程中，企业还需要针对各种环境因素及其变化，采取灵活多样的定价策略，对基本价格进行适当调整，以使企业产品或服务的价格更有效地与其他营销组合策略相配合，更好地实现企业的营销目标。

9.3.1 新产品定价策略

新产品与其他产品相比，可能具有竞争程度低、技术领先的优势，但同时也会有不被消费者认同和产品成本高的不足，因此在为新产品定价时，既要考虑能尽快收回投资，获得利润，又要有利于消费者接受新产品。在实践中，常见的新产品定价策略有三种：撇脂定价、渗透定价和满意定价。

1. 撇脂定价

撇脂定价是指新产品上市时，产品价格在可能的范围内尽量定高，以便在短期内补偿研发及其他的投入费用，同时尽可能获取较多的利润。苹果公司的产品在投入市场之初，大都采用该策略。现实生活中的许多电子产品也大都如此。

撇脂定价策略不仅能在短期内取得较大利润，还能提高产品"身价"，树立高档产品形象，而且可以在竞争加剧时采取降价手段。这样，一方面可以限制竞争对手的加入，另一方面符合消费者对待价格由高到低的心理。但是，如果价格大大高于产品价值，当新产品尚未在消费者心目中建立声誉时，可能不利于打开市场。同时，高价投放市场形成旺销，很容易引起众多竞争对手涌入，企业竞争压力加大，造成新产品高价高利的时间较短。

案例 9-4　　　　　　　　　　英特尔的定价策略

英特尔曾推出一款新的电脑芯片，刚上市时定价为每片 1 000 美元，这个价格被某些细分市场看作质价相当、物有所值，因为用这些芯片装配的顶尖个人电脑，不少顾客都迫不及待地等着购买。而当那些价格意识不强、追求时尚和高质量的顾客多数已经购买，销量开始下降，并在竞争对手将推出相类似芯片时，英特尔便将价格降低，以吸引下一个具有价格意识的消费者层，最后价格降到最低谷的每片 200 美元，使这种芯片成为市场上最畅销的信息处理装置。采用这种方法，英特尔从各个细分市场收获了最大的利润。

资料来源：KOTLER. Marketing Management[M]. New Jersey：Prentice-Hall International Limited，2000.

> **要领与启示：**
>
> 撇脂定价作为一种短期的价格策略，只在一定的条件下才具有合理性。一是与老产品相比有明显优势，产品的质量和形象必须能够支持产品的高价格；二是市场要有足够的和有迫切欲望的购买者，且市场需求缺乏弹性，他们对价格不敏感，乐意为新产品支付高价；三是因少量生产导致的高成本不会抵消高价所带来的利益；四是竞争对手不能够轻易进入该产品市场和进行低价销售（具有独特的技术、不易仿制、有专利保护等）。英特尔的撇脂定价策略应用之所以成功是因为具备上述条件。

2. 渗透定价

与撇脂定价恰好相反，渗透定价是在新产品投放市场时，利用消费者求廉的心理，将价格定得较低，以吸引大量消费者，提高市场占有率。采取渗透定价策略不但有利于迅速打开产品销路，抢先占领市场，提高企业和品牌的声誉，而且由于价低利薄，有利于阻止竞争对手的加入，使企业保持一定的市场优势。渗透定价的不足之处在于投资回收期较长，风险大，且价格变动余地小，如果产品不能迅速打开市场，或者在遇到强有力的竞争对手时，会给企业造成重大损失。

作为一种长期的价格策略，渗透定价在下述条件下将能发挥最佳效果：①制造新产品的技术已经公开，或者易于仿制；②市场对价格高度敏感，低价能刺激市场迅速增长；③市场上已有同类产品或替代品，但企业拥有较大的生产能力，并且规模效益显著；④供求相对平衡，市场需求对价格比较敏感，低价可以吸引较多的顾客，扩大市场份额。

如果某企业采用低价格在短期内占领了较大的市场，竞争对手即使进入该市场也很难有获利的机会，从而该企业可以有效地主导市场。撇脂定价策略和渗透定价策略的选择需要综合多种因素，二者的比较如表 9-1 所示。

表 9-1　撇脂定价策略和渗透定价策略的比较

比较因素	撇脂定价策略	渗透定价策略
市场需求水平	高	低
与竞争对手产品的差异性	较高	不大
价格需求弹性	小	大
生产能力扩大的可能性	小	大
消费者购买力水平	高	低
市场潜力	不大	大
仿制的难易程度	难	易
投资回收期	较短	较长

案例 9-5　　　　　　　　　　小米渗透定价法的成功实践

小米成立于 2010 年 3 月，是一家专注于智能硬件和电子产品研发的全球化移动互联网企业，同时是一家专注于高端智能手机、互联网电视和智能家居生态链建设的创新型科技企业。

中国有 14 亿多人，且随着科技的快速发展，手机和网购的普及，无论是手机行业还是快递行业都得到了快速发展。在如此巨大的消费者数量中，小米看到了文化层次、经济水平的参差不齐导致人们对于产品的价格要求各不相同。其中，大量消费者由于价格的因素导致自己难以购入产品时，希望以低价买入质量相似的产品。小米打出口号"为发烧而生"，看准了市场上智能手机 1 000~2 500 元价格区间的空缺，产品定位为中低端机型，给手机市场提供了一个更加多元化的选择，备受"学生党"的青睐。小米手机以其高配置、低价格，迎合了许多经济承受能力有限但又希望使用智能手机的买家，销量大涨，稳定地占有一定的市场份额，培养了一批"米粉"，保证了一定的销量。

小米利用电商模式减少了中间环节，重新设计产业链，继而加快资金流转。小米的库存周期短，回款周期也短，在账面上基本看不到"应收账款"的科目。小米依靠电商网购模式，实现了几乎为零的仓储成本，有力支撑了其产品低价策略。

资料来源：李坤屏，朱瑾. 企业渗透定价法的成败案例及策略建议[J]. 现代商贸工业，2021（11）：122-123.

要领与启示：

小米避开了高端市场的竞争，成功抢占了中低端市场需求空白，并通过减少中间环节节省了成本，成功地以较低的价格保证了企业的市场份额和持续盈利，吸引了一批忠实粉丝——"米粉"，树立了良好的企业形象，阻挡了许多相同定位的中低端手机的竞争企业进入市场。小米应用渗透定价策略成功的主要因素：市场容量大，能够"以量取胜"；潜在消费者对价格较敏感；单位制造成本随规模生产而下降，企业生产达到规模经济；渗透定价法不会引起实际或者潜在的过度竞争。

3. 满意定价

满意定价是一种介于高价策略与低价策略之间的定价策略。它吸取撇脂定价策略和渗透定价策略的优点，采取适中价格，既能保证企业获得一定的初期利润，又能为广大顾客所接受，使生产者和消费者都比较满意，并因此而得名。它是一种普遍适用、简便易行的定价策略，适用于中等质量水平，同时其单位成本也属于行业平均水平，有一定市场需求量的新产品定价。

9.3.2 产品组合定价策略

产品组合定价策略是指企业为了实现整个产品组合利润最大化，在充分考虑不同产品之间的关系，以及个别产品定价高低对其他产品和企业总利润的影响等因素的基础上，系统地调整产品组合中相关产品的价格策略。产品组合定价的主要策略有以下四种。

1．产品线定价策略

产品线定价策略是指企业为追求整体收益的最大化，为同一产品线中不同的产品确立不同的角色，制定高低不等的价格。有的产品充当招徕品，定价很低，以吸引顾客购买产品线中的其他产品；有的产品定价高，则为获利产品。产品线定价策略的关键在于合理确定价格差距。这些价格差异区间的设定应该考虑到产品线内不同产品之间的成本差异、顾客对不同特色产品的评价及竞争对手产品的价格。为了突出某一知名产品的豪华、高档，创造一种声望，企业可以提高其价格，从而利用其在消费者心目中的良好形象而增加其他型号产品的销售量。

在很多行业中，卖主对产品线内的产品使用众所周知的价格点。例如，男子服装店可以将男式西装定为三种价格：798 元、1 588 元、2 980 元。这样顾客就很可能将三种价格联想为低质量、中等质量和高质量的西装，即使三种价格都稍微增加一点的话，人们仍会按照他们偏爱的价格购买。卖方要设法建立认知质量的差异，以支持价格差异。

2．互补品定价策略

互补品是指需要配套使用的产品。互补品定价策略是指企业利用价格对消费连带品市场需求的调节、诱导功能，运用一定的定价技巧，使营销目标的实现由一个"点"扩展到一个"面"的定价策略，实现总利润最大化。例如，可以将剃须刀的价格定得较低，而把配套的刀片价格定得较高等。在互补关系中，一般起主导作用的产品价格较低，购买频率高的辅助产品以高价与之匹配。

3．替代品定价策略

替代品是指用途相同、可互相替代的产品。由于产品间的替代关系，消费者在选购时往往对价格比较敏感，倾向于购买价格低的产品。因此，为了把需求转移到某些产品上去，企业可以提高那些准备淘汰的产品的价格，或者用相对低的价格诱导需求，以牺牲某一品种，稳定和发展其他品种。

4．成套优惠定价策略

对于成套设备、服务性产品等，为鼓励顾客成套购买，以扩大企业销售、加快资金周转，可以使成套购买的价格低于单独购买其中每款产品的费用总和。常见的成套优惠定价策略有以下两种。

（1）分级定价策略。分级定价策略是指把企业的产品分成几个价格档次，而不是提供过多价格种类的策略。例如，服装厂可以把自己的产品按大、中、小号分级定价，也可以按大众型、折中型、时髦型定价。

（2）配套定价策略。配套定价策略是指把有关的多种产品搭配好后，一起卖出，如多件家具的组合、礼品组合、化妆品组合等。成套产品的定价使消费者感到比单独购买便宜、方便，从而促进销售。

请扫码阅读资料"欧美平价超市常用的定价策略"（线上资源 9-5）。

9.3.3 心理定价策略

心理定价策略在零售行业中得到广泛运用。它是根据心理学所研究的消费者购买产品的心理规律来制定产品价格的一种策略。由于消费者购买行为是受其心理因素支配和影响的，不同的消费者对价格的认知不同、购买心理不同，因此企业可以适应消费者购买产品的心理要求，采取灵活的心理定价策略。

1．尾数定价

尾数定价是指给产品定价时，取尾数而非整数的方法。心理学测试结果表明，消费者感觉单数比双数少，零头比整数准确。一般认为，百元以下的产品，产品价值末尾数为 9 最受欢迎，百元以上的产品，产品价值末尾数以 98、99 最为畅销。例如，商家通常将毛巾价格定为 4.98 元，而不定 5 元，将台灯价格定为 19.90 元，而不定 20 元。

采用尾数定价策略，还使消费者有一种价格被精心计算的感觉，从而增强心理上的信任感，此外，这还使消费者在心理上有一种占便宜的感觉，从而刺激其购买的欲望。尾数的确定要符合当地的风俗习惯，不同的尾数在不同的国家、不同的地区、不同的民族会有不同的效果。譬如，中国人对"8"这个数字具有好感，觉得很吉利；欧美国家的人对"9"这个数字更有好感，可图个便宜；日本人尤其喜欢将"0"作为尾数，因为偶数在日本体现着对称、和谐、吉祥、平衡和圆满。

2．整数定价

整数定价则刚好与尾数定价相反，它有意将商品的价格定为整数，以显示产品的"身价"，此时零售商会认为整数价格会更有助于产品的销售。因此，这种定价是一种针对消费者求名和自尊心理所采取的一种定价策略。例如，一套高档西装，定价为 2 980 元不如定价为 3 000 元。

整数定价策略一般适用于高质量的名牌产品或顾客不太了解的新产品，尤其是一些高级消费品和礼品，一般日用品不适宜采用这一策略。

3．声望定价

声望定价策略，即针对消费者"价高质必优"的心理，对知名度高的优质、名牌、有特色的产品，制定较高的价格。价格高低常常被作为产品质量最直观的反映，特别是质量不易被鉴别的产品，顾客往往以价格判断质量，认为高价代表高质量。例如，一瓶标价为 100 美元的香水可能只值 10 美元，而送礼的人花 100 美元来表达他们对收礼人的高度敬意。一些名牌产品、时装、艺术品，尽管价格很高，但很畅销，就是利用了人们崇尚名牌的心理。

当然，企业在使用这种策略时应当慎重，不是所有产品均可采用声望定价策略。采用声望定价策略时应注意以下两点：①具有较高声望的名厂、名店、名牌产品及不易鉴别其质量和价值的产品才能适用；②要考虑消费者的承受能力，把握好高价的"度"，价格不能高得离谱。

4．习惯定价

习惯定价是指对市场上长期流通的产品，按照消费者的习惯心理制定价格。消费者在长期购买实践中，对一些经常购买的日常消费品，心中已经形成了习惯性的价格标准，符合其标准的价格就能被顺利接受，偏离其标准的价格则会产生疑虑，影响购买。例如，高于习惯价格常常被认为是乱涨价，低于习惯价格又使消费者怀疑产品的质量。

采用习惯定价策略时要注意两种情况。①因产品成本上升企业面临提价压力。这种形势下最好保持原来的习惯价格，不改变原标价。而将单位数量略微减少或质量适当降低，以降低成本，这样做比提高价格更容易为消费者所接受。如果成本上升幅度较大，不得不改变标价，最好是把品牌或包装改变后再行提价，这样让消费者以为这是一种经过改进的新产品，多付钱是合理的；②对已形成习惯价格的产品欲降价促销。此时最好也不要直接降价，而应以买一送一的馈赠形式进行，这既可达到降价促销的目的，又可增进与消费者的情感沟通。

5. 招徕定价

招徕定价是指零售商利用部分消费者求廉的心理，故意把一种或几种产品价格定得很低，以吸引顾客、借机扩大其他相关产品销售的定价策略。采用招徕定价策略的主要目的是借低价吸引顾客。例如，超市以低于市场价格的鸡蛋、大米来招揽顾客，使顾客在购买特价产品时购买其他产品。采用这种策略，光从几种"特价品"的销售看企业不赚钱，甚至亏本，但顾客多了，不仅卖出去了低价产品，更主要的是带动和促进了其他产品的销售，包括高价产品的销售。

采用招徕定价策略时应注意以下几点：①特价品必须是价格不高、需求广泛的产品；②特价品必须是真正廉价的，减价幅度要大到足以吸引消费者的注意力，并能刺激其购买欲望；③企业经营的品种要多，能引起消费者对相关产品的购买；④特价品的数量要适当，太多会伤"元气"，太少又达不到招徕的目的；⑤特价产品必须是合格的优质产品，应与因瑕疵而削价的产品有明显区别。

6. 免费定价

免费定价策略是企业的产品或服务以零价格或近乎零价格的形式提供给顾客使用，满足顾客需求的一种定价策略。在传统营销中，免费定价策略一般是短期和临时性的促销措施。网络营销中，免费定价策略是指一种长期性且行之有效的企业定价策略。免费定价在网络营销中使用非常普遍，也可以看成招徕定价。网络商家从战略角度来考虑定价策略，先聚集流量、抢占市场，然后挖后续的商业价值。免费定价策略主要有四种表现形式。①产品或服务完全免费，即从购买、使用到售后服务的所有环节都免费。②限制免费，即产品或服务可以限制使用次数或时间，超过一定的时间限制或次数则开始收费，如很多新推出的软件都允许顾客免费使用若干次。③部分免费，如某些调研机构发布完整调研报告的一部分内容或报告的简单版，如要获得全部成果必须付款。④捆绑式免费，即购买某产品或服务时赠送其他产品或服务，如国内一些 ISP 服务商推出上网免费送电脑的活动。

在网络营销中实施免费定价策略会受到一定的制约，并不是所有的产品都适合采用免费定价策略。一般来说，适合采用免费定价策略的产品具有如下特点。①制造成本为零。它是指产品开发成功之后，只需要通过简单复制就可以实现无限制的生产，边际成本为零，或者制造成本会被一个海量的用户群体摊薄，接近于零。这样企业只需要投入研发费用即可，至于产品生产、推广和销售则完全可以通过互联网实现零成本运营。②营销效果具有冲击性。采用免费定价策略会对原有市场产生巨大的冲击，如改变消费者的消费观念，快速集聚大批忠实用户等。以免费价格推行颠覆式创新，其效果会被不断放大，这也是互联网对整个社会改造的最令人惊讶的方式。③产品无形化和传输数字化。通常采用免费定价策略的大多数是一些无形产品，只有通过一定的载体才能够表现出一定的形态，如软件、信息服务、音乐制品、电子图书等。这些无形产品可以通过数字化技术实现网上传输和零成本配送。企业通过较小成本就可以实现产品推广，节省大量的产品推广费用。④具有成长性和间接收益。采用免费定价策略的产品所面对的市场必须具有高速成长性，利用免费定价策略占领市场，然后通过其他渠道或方式获取收益。例如，360安全卫士在一定程度上是免费使用的，因此吸引了庞大的用户群体，同时其向具有支付能力和意愿的高端顾客群体提供高附加值服务，并收取费用。

请扫码阅读资料"免费定价策略成功的关键要素"（线上资源9-6）。

9.3.4 折扣定价策略

折扣定价已经成为众多企业提供产品和服务时的常用手段。折扣定价策略是指卖方为了鼓励买方尽早付清货款、大量购买、在淡季购买而酌情对原有价格打一定的折扣的一种定价策略。灵活运用折扣定价策略可以吸引顾客，扩大销售。常用的折扣定价策略主要有以下几种。

1. 现金折扣

现金折扣又称付款期限折扣，是指对现款交易或按期付款的买方给予价格折扣。折扣条款通常会规定折扣期限，比如"2／10，净／30"，指买方必须在30天内付清货款，但如果在10天内付清，则可以少支付应付款总额的2%。实施现金折扣的目的是鼓励买方提前付款，加速资金周转，降低坏账损失，减少收账费用。采用现金折扣定价时要明确给予折扣的期限、折扣率和付清全部货款的期限。

2. 数量折扣

数量折扣是指根据买方购买数量而给予一定的折扣。数量折扣可分为累计数量折扣与非累计数量折扣两种。

（1）累计数量折扣。规定在一定时期内，买方累计购买产品达到或超过一定数量或金额时，按其总量的多少给予一定的折扣。例如，某客户在一年中累计进货超过10 000件，每次购货时按基本价格结算收款，到年终，企业按全部价款的5%返还给该客户。这种策略鼓励顾客集中向一个企业多次进货，从而使其成为企业的长期客户。

（2）非累计数量折扣。规定顾客一次购买的数量或金额达到一定标准时，给予一定的折扣优惠。例如，根据每次交易的成交量，给予不同的价格折扣，购买100件以上按基本价格的98%收款，购买500件以上按95%收款，购买1 000件以上按90%收款。这种策略能刺激顾客大量购买，增加盈利，同时减少交易次数与时间，节约人力、物力等开支。

3. 交易折扣

交易折扣又称功能折扣，是厂商根据各类中间商在商品流通中所担负的不同职能，给予不同的价格折扣。例如，给批发商的折扣较大，给零售商的折扣较小，使批发商乐于大批进货，并有可能进行批转业务。这是根据渠道成员在产品分销过程中所承担的责任、风险和作用的不同而给予不同价格折扣。使用交易折扣的目的在于刺激各类中间商充分发挥各自组织市场营销活动的能力，有效地推销产品。

4. 季节折扣

季节折扣是指生产季节性产品的企业为鼓励顾客在淡季购买而给予的价格优惠。实行季节折扣有利于产品均衡生产，减轻资金占用压力，加速企业的资金周转。例如，滑雪橇制造商在春夏季给零售商以季节折扣，鼓励零售商提前订货；旅行社和航空公司在旅游淡季通常给顾客一定的折扣优惠。

5. 推广折扣

推广折扣是指企业对进行产品的广告宣传、橱窗布置、展销等促销活动的中间商所给予的一定价格折扣或让价,作为给中间商开展促销活动的报酬,鼓励中间商积极为企业产品扩大宣传。

案例 9-6 "不二价":不同凡响的效果

一天,地处台北市延平北路的金华皮鞋公司(以下简称"金华")门口挂出了"不二价"的特大招牌。所谓"不二价"即不还价。这在当时的延平北路可谓冒险。因为人们到延平北路买东西,即使打心眼里喜欢某物,也要还价,否则就觉得吃了亏。为此,厂商们索性把售价提高两倍左右,以便顾客还价时好让买卖双方满意。公司实施"不二价"不久,很多顾客对某款式皮鞋非常中意,可就是由于根深蒂固的"怕吃亏"的心理,许多眼见成交的生意吹了。金华遇到了历史上最冷清的时期。许多职工抱怨:"创什么新,干脆恢复原先的做法,制定虚泛价格来满足顾客捡便宜的心理。"公司老板听到职工们的抱怨,他认为:"以自己多年经营皮鞋的经验来看,此次打出'不二价'新招,是有点令人发寒;但从价格来看,产品价格是依据皮鞋质料、做工、市场状况而确定的,且比别人的标价低一半,自己没有亏待顾客。""顾客会货比数家,再来金华的。"便决定挺一阵子。

不出所料,不久公司就门庭若市,许多顾客到可以还价的商店购买打折后的皮鞋价格仍比金华高。因此,顾客们纷纷回头光顾金华。"不二价"的真正用意总算被顾客了解并接受了。许多厂商看到金华的成功,纷纷效仿,渐渐地搞起了"不二价"和公开标价。现在到延平北路,再也不见以往那种漫天要价和顾客大杀价的现象了。

资料来源:邵焱,谭恒,刘玉芳. 现代市场营销学[M]. 北京:清华大学出版社,2007.

要领与启示:

诚然,在漫天要价的买卖过程中,顾客对购买商品的价格没有信心,认为不还价绝对吃亏,所以纷纷"落地还钱",仍担心吃亏。这是买卖双方不信任导致的结果。而"不二价"根据皮鞋质料、做工、市场状况确定价格,有效消除了顾客的疑虑。明码标价,实实在在,明明白白,顾客再也不用担心被宰,可以放心消费。

9.3.5 地理定价策略

一般来说,一个企业的产品不但卖给当地的顾客,而且卖给外地的顾客。由于产品产地与销地之间的地理差距,在经营中就要花费运输、装卸、仓储、保险等多种费用。地理定价就是指根据买卖双方地理位置的差异,考虑买卖双方分担运输、装卸、仓储、保险等费用的一种定价策略。

1. 原产地定价

原产地定价是指卖方负责将产品装运到买方指定的某种运输工具(如卡车、火车、船舶、飞机等)上,并承担交货前的一切风险和费用,交货后的一切风险和包括运费在内的所有费用由买方承担。原产地定价在国际贸易中习惯被称为离岸价或船上交货价格。

如果按原产地某种运输工具上交货定价,那么每个顾客都各自负担从产地到目的地的运费,这对买卖双方都比较合理。但是这样定价对企业也有不利之处,距离较远的顾客有可能不愿购买这个企业的产品,因为他们必须承担较高的运费。

2. 统一交货定价

统一交货定价是指不分买方路途远近，对不同地区的顾客实行统一价格加上平均运费，这实际上是含运费的全国统一价格。这种报价包含一个由企业的顾客分摊的平均运费，即距离企业较远的顾客分摊了较少的运费，而距离企业较近的顾客分摊了超过其实际应付的运费。这种定价策略可以吸引远方的顾客购买，它能使远方的顾客认为运送商品是一项免费的附加服务，从而乐意购买，以提高产品辐射力和市场占有率，但对近处的顾客不利。

3. 分区定价

分区定价又称地域定价，是指企业把产品的销售市场划分为若干区域，并为每个区域制定单一价格。距离企业远的区域，价格定得较高；距离企业近的区域，价格定得较低；各个区域范围内实行统一定价。

4. 基点定价

基点定价是指企业在其销售区域内选定某些城市作为基点，按出厂价加企业到离顾客最近基点的运费来定价。有些企业为了提高灵活性，选定多个基点城市，按照顾客最近的基点计算运费。

5. 运费补贴定价

运费补贴定价是指为弥补产地价格策略的不足，减轻买方的运杂费、保险费等负担，由卖方负担其中一部分或全部运费的定价策略。采取运费补贴定价，可以吸引远方的顾客，有利于企业扩大销售量，提高市场占有率。

9.3.6 差别定价策略

企业一般会修改其基本价格以适应顾客、产品、地理位置等方面的差异，实行差别定价。差别定价又称价格歧视，是指企业按照两种或两种以上不反映成本费用的比例差异的价格销售某种产品或服务。

1. 顾客差别定价

根据顾客的需求、消费模式、消费能力等方面，企业按照不同的价格把同一种产品或服务卖给不同的顾客。例如，一些旅游景点对老年人、学生收取半价。

2. 产品形式差别定价

企业对不同型号、形式的产品，制定出两种不同的价格，但不同型号或形式产品的价格对于成本是不成比例的。例如，依云1 200ml瓶装矿泉水为20元，同样的水装在100ml的瓶内，但增加了一个喷雾器售价为30元。一般来说，新式样产品的价格会高一些。

3. 部位差别定价

企业对处于不同位置的产品或服务制定不同的价格，即使这些产品或服务所提供的每个地点的成本是相同的。例如，剧院虽然不同座位的成本都是一样的，但不同座位的票价（如前后、中间与两边）却有所不同。

4. 时间差别定价

企业对不同季节、不同日期，甚至不同钟点的产品或服务而变动价格。例如，中国电信、中国移动等通信公司的电话资费在一天中的某些时间段收费标准有所不同。

9.4 价格调整策略

企业处在不断变化的环境之中，为了生存与发展，企业需要根据营销环境的变化和市场竞争的需要，对既定价格进行调整。企业对原定价格进行调整可分为两种情形：一是提高价格，二是降低价格。无论是提高价格还是降低价格，企业均要把握好时机和幅度，并考虑顾客、竞争者等对价格调整的反应。

9.4.1 提价策略

在企业的营销活动中，提价是经常性的行为。虽然提价可能引起包括企业推销人员、消费者、经销商的不满，但是一次成功的提价却可能使企业利润大大增加，所以只要有机会，企业就可以采取提价策略。

1．提价的原因

企业提价主要来自以下几个方面的原因。

（1）生产经营成本上升。在价格一定的情况下，成本上升将直接导致利润的下降。因此，在整个社会发生通货膨胀或产品的原材料成本大幅度上升的情况下，提价是保持利润水平的重要手段。

（2）产品供不应求。对于某些产品出现供不应求，不能满足所有顾客需求的情况，企业可以通过提价来相对抑制需求。这种措施同时也可为企业获取比较高的利润，为企业以后进一步扩大生产做好准备。

（3）创造优质优价的名牌效应。为了企业的产品或服务与市场上同类产品或服务拉开差距，作为一种价格策略，可以利用提价营造名牌形象，充分利用顾客"一分价钱一分货"的心理，使其产生高价优质的心理定式，创造优质效应，从而提高企业及产品的知名度和美誉度。

2．提价的方式

企业提价的方式有直接提价和间接提价两种，大多数企业更愿意选择间接提价。因为间接提价手段更为隐蔽，消费者的反应也可能相对温和。常用的间接提价方式有以下几种。

（1）取消原有的价格折扣或使获得价格折扣的条件更加苛刻。

（2）目录价格不变，减少产品分量或降低产品质量、减少产品功能、简化包装等。

（3）目录价格不变，减少产品的附加服务或对原来免费的服务收取服务费。

（4）在通货膨胀的情况下可以推迟报价，等到产品制成或交货时再给出最后价格。工业建筑和重型设备制造企业经常采取这种方式。

（5）在产品组合中取消低利润产品或增加高利润产品的比重。

3．对提价的反应

无论是提高价格还是降低价格，都势必影响购买者、竞争者、经销商和企业自身的利益，而且政府对企业的变价也会密切关注。

（1）消费者的反应。一般而言，消费者对不同价值的产品的价格变动反应不同。购买者对于价值高、经常购买的产品价格变动较敏感，而对于价值低、不经常购买的产品价格变动不太在意。此外，购买者虽然关心产品价格变动，但是通常更为关心使用成本。因此，如果企业可以使购买者相信某种产品的使用成本较低，就可以给产品定较高的价格，从而获得较多的利润。

衡量调价成功与否最重要的标志是消费者将如何理解价格调整行为，企业所确定的价格能否为消费者所接受。因此，企业在进行价格调整前，应当仔细研究顾客对调整行为可能的反应，并在进行调整的同时，加强与顾客的沟通，否则一个动机良好的价格调整行为就可能产生十分不利的结果。

消费者可能的反应有如下几种：①普遍都在提价，这种产品价格的上扬很正常；②这种产品有特殊的价值；③这种产品很畅销，不买就买不到了；④企业在尽可能获取更多的利润。

（2）竞争者的反应。在竞争市场上，企业的价格策略和价格调整的效果还取决于竞争者的反应。企业面对的竞争者往往不止一家，彼此不同的竞争位势，会导致不同的反应。企业如何去估计竞争者可能的反应呢？

如果企业只面临一个强大的竞争对手，竞争对手对企业变价的反应可能有如下情况：①常规反应，即以常规方式对价格变动做出反应，这种反应是可预测的；②非常规反应，竞争对手把该企业的每一次价格调整都看作新的挑战，并根据自身的利益做出相应的调整。因此，企业应当弄清竞争对手的利益是什么。

企业必须调查研究竞争对手目前的顾客忠诚情况、财务状况、销售和生产能力状况及其主要目标等。如果竞争对手目前的主要目标是获取最大利润，它就会采取相应的对策，如增加企业的广告投入、加强促销、提高产品质量等。总之，企业应尽可能利用各种信息，琢磨竞争对手的意图，观察竞争对手的反应，以便采取相应对策。

如果企业面临多个竞争对手，在变价时应当估计每一个竞争对手可能的反应。如果所有竞争对手的反应大体相同，就可以集中力量分析典型的竞争对手，因为典型的竞争对手可以代表其他竞争对手的反应。如果各个竞争对手在规模、市场占有率及营销目标等方面差异较大，那么他们对企业变价将会有不同的反应。在此情况下，企业应当对各个竞争对手进行具体分析。当一部分竞争对手相继调整价格后，其他的竞争对手也会闻风而动，随之变价。

9.4.2 降价策略

虽然多数情况下降价是企业非自愿的行为，即不得已而为之，但其作为一种策略，甚至竞争战略，也是击溃竞争者的利器。

1. 降价的原因

企业降价主要有以下几个方面的原因。

（1）企业的生产能力过剩，需要扩大销售，但是又不能通过产品改进和加强销售工作等来扩大销售，此时企业就需要考虑降价，但降价可能面临价格战。

（2）企业的存货积压占用了大量资金。这种现象在生产和销售服装的企业中尤为常见。每当季节更替时，企业将服装大量降价处理，这既解决了企业对资金的迫切需求，又解决了积压的存货问题。

（3）企业具有成本优势。企图通过降价来掌控市场或提高市场占有率，争取在市场上居于支配地位。有实力的企业率先降价，往往能给弱小的竞争者以致命的打击。

（4）在强大的竞争对手的压力下，企业的市场占有率下降。例如，由于来自日本的汽车、电子产品、照相机、钟表等行业的产品质量较高，价格较低，给美国同行业带来强大的竞争压力，美国一些本土公司不得不降价竞销。

（5）宏观环境的变化导致企业出现降价行为。为了保护消费者，控制通货膨胀或调节经济运行,有时政府会通过政策和法令限制某些行业的利润率或制定最高限价,从而导致该行业中产品价格的下调。在市场疲软、经济萧条时期,价格下调是许多企业借以渡过难关的重要手段。

2. 降价的方式

降价的方式有直接调低产品的目录价格和间接降价两种。企业会更多地采取间接降价的手段,常用的间接降价方式有以下几种。

(1) 实行价格折扣,如数量折扣、现金折扣等。

(2) 增加产品价值。在产品标价不变的情况下增加产品的附加价值,如提高产品质量、改进产品性能、提供免费送货及安装服务、延长产品的免费保修期、免费提供技术培训等。

(3) 采用销售促进方式。产品的标价不变,只是在销售时赠送商品或购物券,或是实行有奖销售,允许顾客分期付款或赊销等。

3. 对降价的反应

消费者会按照其自身对产品价格的感知、整体的物价水平及对类似产品价格比较等方面,对企业的提价做出相应的反应。同样,竞争者为了维护自身的利益也会密切关注降价,必要时采取行动。

(1) 消费者的反应。消费者对企业打算向其让利的降价行为可能有各种理解和反应,常见的有以下几种:①产品的质量有问题,销售情况不好,因而降价处理;②这种产品老化了,很快会有替代产品出现;③企业资金紧张,可能倒闭或破产,今后零部件将无处购买;④价格还会进一步下跌,不如再等一等。

(2) 竞争者的反应。一般而言,面对企业的降价行为,竞争者的反应可能有以下几种:①如果降价会损失大量利润,竞争者可能不会跟随降价;②如果竞争者必须降低其生产成本才能参与竞争的话,则可能要经过一段时间才会降价;③如果竞争者降价导致其同类产品中不同档次产品间发生利益冲突的话,就不一定会跟随降价;④如果竞争者的反应强烈,其一定会跟随降价,甚至有更大的降价幅度。

由于环境是复杂的,竞争者的反应又会对企业的价格调整产生重大的影响,因此企业在降价时应当充分估计每个竞争者的可能反应。

9.4.3 应对同行调价策略

在市场经济条件下,企业可以通过价格调整参与市场竞争,但也面临着竞争者价格调整的挑战。如何对竞争者的价格改变做出正确、及时的反应,是企业价格策略中的重要内容。

1. 应对准备

面对竞争者的价格调整,企业没有太多时间去分析应采取的对策。事实上,竞争者可能花了大量时间准备价格的变动,但企业必须在几天甚至数小时内迅速、果断地做出反应。缩短反应决策时间的唯一途径,就是预料竞争者可能的价格变动,并事先准备好适当的对策。

为了保证做出正确应对,企业应该弄清以下问题:竞争者进行价格调整的原因是什么?这种变价行为是长期的还是暂时的?如果不理会竞争者的价格调整行为,将对企业的市场占有率和利润产生什么影响?其他企业会做出什么反应?如果企业采取相应的对策,会产生怎样的连锁反应?

2. 应对策略

面对竞争者的价格调整，企业采取何种应对策略主要取决于其所处的市场环境和市场地位。

（1）依据市场环境采取的策略。在同质产品市场上，如果竞争者降价，企业应当随之降价，否则企业就会失去市场。如果某一企业率先提价，一般情况下，其他企业不会随之提价，除非提价将为整个行业带来利益，如果其他企业维持原价，那么最先发动提价的企业和其他追随者将可能不得不取消提价。在异质产品市场上，企业对竞争者的价格调整的反应有更多的选择。因为在这种市场上，顾客选择产品不仅考虑价格因素，还会考虑产品的质量、性能、服务、外观等多种因素。在很多情况下，顾客对较小的价格差异并不在意。

（2）依据市场地位采取的策略。在市场上处于领导地位的企业面对竞争者的攻击性降价，可以采取以下对策。①维持价格不变。因为降价会损失利润，所以保持原价。这虽然对市场占有率有一定的影响，但如果影响不大的话，日后还能恢复。当然，维持原价的同时还要改进产品质量、提高服务水平、加强促销宣传、运用非价格竞争手段来反击对手。一些企业认为，这样比降价更为有利。②降价。如果产品的需求价格弹性较大，企业不降价会丧失大量的市场份额，而日后很难恢复，此时就应降价。③提价。这是一种针锋相对的策略，企业提价的同时要提高产品的质量，并通过各种传播媒介树立高品质的形象，与竞争者争夺市场。④提价且改进质量。以提价并引入一些新品牌去围攻那种对自己进行攻击的品牌。⑤推出廉价产品进行反击。在企业原有产品线中增加低档品，或另外推出一个廉价品牌，这种对策在对价格敏感的细分市场十分有效。

在市场上处于其他市场地位的企业，包括挑战者、追随者、补缺者采取的策略不外乎选择跟随调整价格、维持不变。当然，挑战者可能选择与其针锋相对的策略，但一般来说，市场领导品牌率先降价，而在与之抗衡较难的情况下，其他竞争品牌跟进降价为好；而当同行中某个无足轻重的小品牌率先降价时，企业一般可以置之不理。如果企业的市场地位就是跟随者，那么企业可以考虑降价。总之，在充分了解市场竞争者降价意图的基础上，采取适宜的应对策略，尽量避免与市场领导者正面争夺市场份额，避免与其对着干。

最好的应对需要根据情况而变化。企业必须考虑产品所处生命周期的阶段，它在公司的产品组合中的重要地位、竞争者的意图和资源、市场对价格和质量的敏感度、数量成本的关系和企业可供选择的各种机会等各种因素。

请扫码阅读资料"企业降价的原则"（线上资源9-7）。

本章小结

1．产品定价的主要影响因素。定价目标、营销组合策略、成本、市场需求、市场结构、市场竞争，以及政治、经济环境等因素都对价格的形成和确定有一定的影响和制约作用。

2．企业定价的目标。定价目标为企业营销目标服务，是企业选择定价方法和制定价格策略的依据。企业的定价目标包括生存目标、利润目标、销售目标、竞争目标。

3．企业定价的方法。企业定价一般有成本导向型、需求导向型和竞争导向型等。在采用成本导向定价法时，可按成本加成定价法、目标利润定价法、边际成本定价法进行定价；在采用需求导向定价法时，可按理解价值定价法、需求差异定价法进行定价；竞争导向定价法则是以竞争各方之间的实力对比和竞争者的价格为主要定价依据，主要方法有随行就市定价法及密封投标定价法。

4．定价策略。制定价格不但是一门科学，而且需有一套策略和技巧。常用的定价策略包括新产品定价策略（撇脂定价、渗透定价、满意定价）、产品组合定价策略（产品线定价、互补品定价、替代品定价、成套优惠定价）、心理定价策略（尾数定价、整数定价、声望定价、习惯定价、招徕定价、免费定价）、折扣定价策略（现金折扣、数量折扣、交易折扣、季节折扣、推广折扣）、地理定价策略（原产地定价、统一交货定价、分区定价、基点定价、运费补贴定价）。

5．价格竞争策略。价格竞争策略是指围绕价格变动与调整展开的争夺消费者和抢占市场份额的竞争。在市场经济条件下，价格竞争也是企业营销竞争中运用最普遍、最主要的方法和手段，价格竞争的内容很多，除企业使用的定价方法和价格策略外，另一个比较明显的表现就是企业进行的价格调整。

学习指导

本章的学习应重点理解影响产品定价的主要因素：定价目标、营销组合策略、成本、市场需求、市场结构、竞争、外部环境等；理解三种定价方法的出发点、涉及的关键要素；每种定价策略的适用场合；注意弄清价格调整的原因、调整方式及价格的调整对顾客、竞争者等的影响。不能将价格决策看成简单的价格高低的决定，或者单纯按照成本因素来决定。定价也是综合性、系统性的决策，有科学性和艺术性的成分，因此定价是一项复杂的工作，并且对企业、顾客、竞争者和政府的利益均十分重要。

结合市场营销环境和市场购买行为的章节内容进行学习，有助于我们认识环境因素、消费者心理和行为等对企业、竞争者定价的作用机理，从而加深对本章内容的理解。大家不但需掌握确定基本价格的方法，而且需学会根据目标市场状况和营销环境的变化，采用适当的策略，保持价格与环境的适应性。通过研读案例和材料，理解差别定价、组合定价、折扣定价和某些新产品定价等适应性定价策略的应用，把握使用这些策略的艺术性，以使自己能结合实际情况对产品价格进行决策和调整。

关键概念：边际成本、需求价格弹性、成本导向定价法、边际成本定价法、理解价值定价法、需求差异定价法、竞争导向定价法、撇脂定价、渗透定价、满意定价、产品线定价、声望定价、招徕定价、免费定价、折扣定价、地理定价。

思考与应用

1．产品价格的决定受哪些因素影响？它们是如何影响的？
2．什么是成本导向定价法？有哪些具体方法？
3．什么是需求导向定价法？有哪些具体方法？
4．什么是理解价值定价法？如何进行理解价值定价？
5．新产品有哪些定价策略？试比较它们的特点，并说明它们的适用场合。
6．什么条件下企业应该提价或降价？具体实施时企业应注意什么问题？
7．请比较线上销售和线下销售的产品定价有哪些不同点。
8．请查阅相关资料，分析2023年上半年特斯拉电动汽车价格下调的原因。

案例分析

请扫码阅读案例：高码洋时尚杂志《潮流风尚》的定价（线上资源9-8）
思考以下问题：
1. 请对《潮流风尚》的市场环境和市场潜力进行分析。
2.《潮流风尚》杂志是如何定价的？

线上资源9-8

第 10 章 分销渠道策略

名言警句

企业应该全力以赴地发现分销渠道，分销渠道越多，企业离市场越近。

——菲利普·科特勒

本章要点

分销渠道决策及管理是市场营销中极具挑战性的工作。每个分销渠道都联结着不同的目标细分市场的消费者，影响市场营销目标和企业战略目标的实现，决定企业的收益水平和成本高低。企业应当谨慎决策，有效地管理和控制渠道，与中间商有效合作，使产品流通顺畅，确保销售目标达成。本章主要介绍分销渠道的内涵及功能，分销渠道的设计，分销渠道的管理，渠道冲突产生的原因与对策等内容。

学习目标

- 熟悉分销渠道的内涵及价值创造功能。
- 掌握分销渠道的设计过程和内容。
- 掌握分销渠道管理的内容与方法。
- 分析分销渠道冲突产生的原因和对策。

导入案例

请扫码阅读案例：小米快速进入市场的奇妙之术（线上资源 10-1）

思考以下问题：

1. 小米为快速进入市场采取了哪些策略？
2. 小米线下布局采用了哪些不同的形式？
3. 电商营销模式如何更好地融合实体销售模式？

线上资源 10-1

10.1 分销渠道的内涵及功能

分销渠道策略是市场营销策略中极具挑战性的策略。在现代经济体系中，大部分生产企业不直接向最终消费者出售产品或服务，而是借助中间商实现对最终消费者的销售。中间商是营销链条上的一个重要环节，它们是独立的企业或个人。当中间商努力发展并拥有自己的顾客时，就会在市场上占有十分重要的地位。因此，能否掌控分销渠道就成为企业能否实现产品销售的关键。如果企业能够控制中间商，与中间商有效合作，使产品流通顺畅，就会比竞争对手更具优势。

10.1.1　分销渠道的内涵

分销渠道又称营销渠道,是指产品从生产领域到消费领域的通道,由一系列执行中介职能的相互依存的企业或个人组成。批发商、零售商买进产品,取得产品的所有权,再将产品出售,他们被称为经销商(或分销商)。经纪人、制造商代理人寻找顾客,他们只是代表委托者进行销售活动,收取佣金,不拥有产品的所有权,称为代理商。中间商是经销商、代理商的统称。此外,还有诸如物流公司、银行、广告代理商等机构,尽管它们不参与买卖谈判,也不取得产品的所有权,但为产品的交付活动提供了支持,称为辅助商。分销渠道还包括处于渠道起点的生产者和终点的消费者。总体来说,分销渠道具有以下特点。

(1)外部性。分销渠道是企业的关键外部资源。企业利用中间商分销产品,不能随心所欲地控制中间商的行为,因为中间商是独立于生产者之外的,是与生产者并行的企业或个人。中间商虽然为生产者销售产品,但不是生产者打造的营销链条中的一个环节,不可以随意控制。如前所述,当中间商努力发展并拥有自己的顾客时,就会在市场上占有十分重要的地位。中间商同生产者一样追求利润最大化。分销渠道的这种外部性特征,要求企业在选择中间商时十分慎重。

(2)稳定性。企业(生产者)若决定使用中间商这一分销渠道,则需要与中间商签约,确定买卖关系。由于企业的生产和中间商的经营具有相对稳定性和连续性,这就使双方产生的合作关系往往是长期的。这种长期性关系使分销渠道具有比较稳定、不易改变的特征。即使在市场发生变化的时候,生产者或中间商也不能单方面撕毁协议。

(3)关联性。分销渠道不但与企业所确定的目标市场关系密切,而且与其他营销策略密切相关。企业确定了目标市场,如果没有适当的分销渠道,可能就会改变目标市场。此外,分销渠道的选择对企业的营销策略具有影响,如企业对产品的价格决策取决于经销商的信誉及能力,促销决策需考虑经销商所需要的训练和激励程度等。

(4)系统性。分销渠道自身也是一个系统,要求系统内部协调。企业与渠道成员只有相互配合,步调一致,才能有效地实现产品销售,满足市场需求。

(5)动态性。分销渠道建立后并非一成不变。营销环境的变化会影响分销渠道的形式与效率。企业需要在监控环境变化的同时,关注渠道的有效性,必要时调整渠道成员,以保证渠道的畅通和高效,适应顾客获取产品的要求。

案例 10-1　　　　　　　　　亿佳能与经销商的成功合作

2002年,太阳能行业杀出了一匹黑马——山东亿佳能太阳能有限公司(以下简称"亿佳能")。亿佳能成立于2001年年底,2002年销售额即超过1亿元,跻身以皇明、清华阳光、华扬为代表的第一集团军,成为中国太阳能行业四强之一。亿佳能之所以能取得如此辉煌的业绩,与其有效的经销商管理密不可分。亿佳能是如何抓住渠道(经销商)这个核心的呢?可归结为以下八个方面。

(1)巨额广告支持。亿佳能十分注重广告营销,其广告投入金额巨大,为经销商的市场开拓奠定了坚实的基础。

(2)方案支持。亿佳能准备了内容全面的市场推广蓝本,包括整合传播方案、终端建设方案、导购人员管理手册、网络建设和管理纲要、顾客档案管理条例等,用于指导经销商启动市场。

(3)资金支持。亿佳能充分考虑到经销商的资金难题,制订了资源倾向市场的资金援助计划:按地区预计销售总额的一定比例,将全年市场整体推广费用提前投放;在启动市场时,提供丰富的终端物料,包括各种宣传资料、陈列架等。

（4）样板市场支持。亿佳能在数百个城市中分别选择出 2~3 个样板市场重点支持，精心打造，给经销商提供成功的典范。样板市场的经销商在亿佳能的扶持下，市场运作能力、市场分析能力、管理能力、解决营销难题的能力等得到提升。

（5）人力资源支持。亿佳能组建市场精英团队赴市场一线和经销商一同作战。以传、帮、带的形式，帮助经销商建立一支极具战斗力的"市场特种兵部队"：协同拜访客户、协同检查终端陈列和协同市场信息收集；进行营销专业知识的培训；举办经销商业务经理短训班。

（6）服务支持。在全国范围内建立紧密的售后服务网络，提供专业、周到的售后服务，让经销商无后顾之忧。

（7）经销管理支持。亿佳能在制定各种奖励政策的同时，也明确规定了对扰乱市场行为的惩罚措施，并严格贯彻，绝不姑息。

资料来源：韩英，李晨溪. 市场营销学[M]. 郑州：河南科学技术出版社，2020.

要领与启示：

亿佳能通过与经销商建立战略伙伴关系，形成利益共同体。亿佳能给经销商提供巨额广告支持、方案支持、资金支持、样板市场支持、人力资源支持、服务支持、经销管理支持等，改变了一般厂商与中间商的纯交易型关系模式，对经销商"授之以渔"。由于厂商为经销商着想，因此经销商十分信赖厂商，双方以市场为中心形成紧密的伙伴关系，使分销渠道更顺畅，从而更好地服务消费者。

10.1.2 分销渠道的价值创造

中间商的存在，减少了交易过程中必须完成的工作量，提高了交易效率。许多企业借助各种各样的中间商来完成产品的销售，它们这样做可能是因为自身资源有限，也可能是因为产品的特性不适合直接销售，更重要的原因可能是零售业务的投资回报率低于生产业务的投资回报率。

中间商的价值如图 10-1 所示。假设有 3 个消费者需要向 3 个制造商购买 3 种不同的产品，在没有中间商的情况下，需要进行 9 次交易；而在有中间商的情况下，交易的次数减至 6 次。以此类推，如果有 5 个消费者向 5 个制造商购买 5 种产品，那么在没有中间商的情况下，需要进行 25 次交易；而在有中间商的情况下，交易的次数将减至 10 次。随着参与交易的制造商和消费者的数量不断增加，在没有中间商的情况下，交易的次数将呈几何级增加，交易的复杂性也将大大提升。因此，通过中间商进行交易，减少了制造商和消费者大量的工作。从经济系统来看，中间商的作用是将制造商制造的产品分类转化为消费者需要的产品。制造商生产了种类有限但数量较多的产品，而消费者需要种类多样但量少的产品，于是中间商大批量向多个制造商采购产品，再将这些产品转化成消费者需要的小包装和多品种产品。

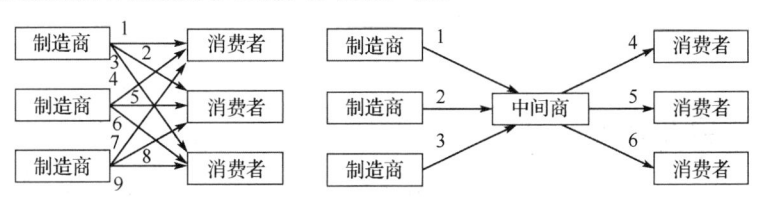

(a) 没有中间商时交易的次数　　(b) 有中间商时交易的次数

图 10-1　中间商的价值

此外，产品和服务与那些需要它们的消费者之间在时间、空间及所有权上的不一致等问题都由中间商来解决，在此过程中，中间商也实现了增值。

10.1.3 分销渠道的功能

分销渠道解决或缩小了企业供给与消费者需求之间在数量、花色品种、时间和空间上的矛盾，实现了产品的有效转移与流通。分销渠道把供给与消费者需求之间的差距弥合了，使各种细分市场的供给与需求相匹配，从而提升了整体经济效率。更为重要的是，中间商可以凭借自身的专业技能、活动规模更有效地推动市场的覆盖和渗透，使更多的潜在顾客转变为现实顾客。渠道不但能服务市场，而且可以创造市场。随着管理技术和沟通技术的发展，渠道的功能也会越来越丰富，渠道成员之间的合作也会不断向深度和广度发展。总体而言，渠道成员执行的功能有以下几个方面。

（1）信息：渠道成员收集有关潜在的和现实的消费者、竞争者、其他参与者的供给和需求及市场营销环境中其他影响者或影响力量的信息，并通过各种途径将信息传送给渠道内其他成员。

（2）促销：对消费者进行的关于产品、服务和企业的宣传、沟通活动。渠道成员要将满足消费者需求的产品和服务的信息以其乐于接受的、富有吸引力的形式传递给他们。

（3）接洽（联系）：寻找可能的购买者，并与其进行沟通。

（4）组配：为使产品符合购买者的需求，渠道成员所进行的分类、分等、装配、包装等组合、搭配活动。

（5）谈判：试图就提供产品或服务的价格和其他条件同相关方达成最终协议，以实现所有权的转移。

（6）物流（实体分配）：分销渠道的参与者所从事的产品实体的运输与储存活动。

（7）风险承担：承担与从事渠道工作有关的全部风险，如由于市场波动、自然灾害等因素造成的损失。

（8）融资：支持各级分销渠道保持存货所需要的资金的获得和使用。

请扫码阅读资料"非法传销的特征"（线上资源 10-2）。

线上资源 10-2

10.2 分销渠道的设计

在分销渠道策略的制定过程中，一项重要的任务是确定企业将使用怎样的渠道结构。分销渠道设计就是构筑一条适宜的产品转移路线，实现产品与服务由生产企业向消费者的顺利流通，这是分销渠道策略的核心。这条线路的设计至少应考虑四个方面：长度结构、宽度结构、广度结构和系统结构。分销渠道设计的过程如图 10-2 所示，其具体内容如下所述。

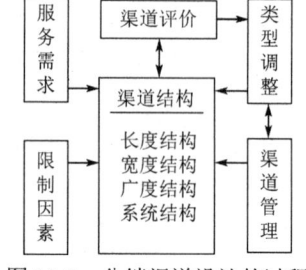

图 10-2 分销渠道设计的过程

10.2.1 服务需求分析

要将产品有效地交付到顾客手中，企业至少需要借助渠道系统中的三个子渠道：销售渠道、送货渠道和服务渠道。例如，多数日用品制造商主要借助电视、电话和互联网作为销售渠道，以邮递作为送货渠道，以当地维修服务商作为服务渠道；而一些家电制造商则主要借助苏宁这样的零售商进行销售、送货和服务支持。渠道设立的目的是更好地服务市场，保证产品高效地交付到顾客手中并保证顾客安全、可靠、高效使用。因此，渠道模式的差别都是基于顾客的服务需求而产生的，包括希望在哪里购买、怎样购买、需要怎样的服务支持及其水准等。概括起来，顾客服务需求主要包括以下五个方面。

（1）批量。批量是指顾客在一次购买中需要的产品数量。

（2）等待时间。等待时间是顾客通过某个渠道收到货物的平均时间。顾客通常喜欢反应迅速的分销渠道。

（3）空间便利性。空间便利性是指分销渠道对顾客购买的方便程度。

（4）产品多样化。产品多样化代表分销渠道可提供的产品的组合宽度。顾客一般倾向于产品组合宽度广的，因为这样他们可以比较容易地在一个地方找到所需要的所有产品。

（5）服务支持。服务支持是指分销渠道提供的附加服务，如产品展示、介绍、分期付款、安装、维护、使用培训等。对复杂产品，顾客希望渠道能提供更多的、真实的介绍及售后服务，而对日用品等熟悉的产品，顾客通常不喜欢业务员在旁边过多介绍，希望有一个轻松的、不受干扰的购物环境。

企业在关注顾客服务需求的同时，还应当关注成本问题。服务内容的增多及其产出水平的提高往往意味着渠道成本的增加和产品售价的上升，多数顾客可能更愿意接受因较低水平的服务而带来的低价格。

10.2.2　分销渠道结构设计

渠道结构是企业参与分销的中间商的市场空间分布。渠道长度、宽度和广度的关系如图 10-3 所示。

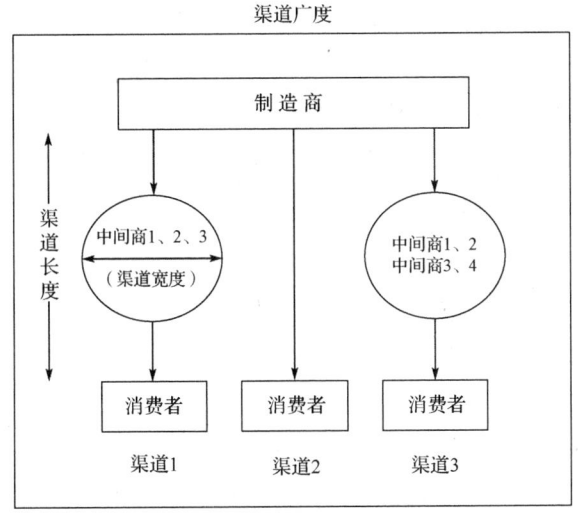

图 10-3　渠道长度、宽度和广度的关系

1．渠道的长度设计

分销渠道长度是指产品从制造商手中转移至消费者手中所经过的中间环节的多少。分销渠道的长度结构如图 10-4 所示，环节越多，表明渠道越长，反之则越短。

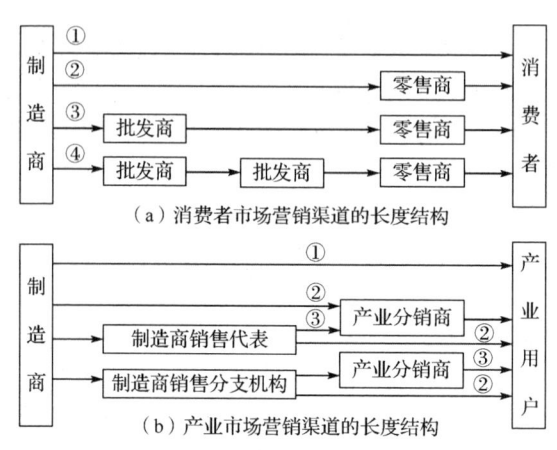

```
    ①
制 ──────────────────────────→ 消
造 ② ─────────────→ 零售商 ──→ 费
商 ③ → 批发商 ────→ 零售商 ──→ 者
    ④ → 批发商 → 批发商 → 零售商 →
```
（a）消费者市场营销渠道的长度结构

```
    ①
制 ──────────────────────────→ 产
造 ② ─────────────→ 产业分销商 → 业
商 ③ → 制造商销售代表 → 产业分销商 → 用
    ④ → 制造商销售分支机构 → 产业分销商 → 户
```
（b）产业市场营销渠道的长度结构

①零级渠道；②一级渠道；③二级渠道；④三级渠道

图 10-4　分销渠道的长度结构

（1）渠道的长度类型。渠道的长度类型包括零级渠道、一级渠道、二级渠道和三级渠道。

① 零级渠道。制造企业直接将产品销售给最终购买者，没有其他中间环节的参与。传统直复营销形式，即直邮营销、产品目录营销、电话营销、电视直销和售货亭营销等都属于零级渠道。对新型直复营销来说，只要不经过电子中间商销售的，也属于零级渠道。

② 一级渠道。制造企业通过一级中间商将产品转移至消费者或用户手中。在消费品市场，这个中间商通常是零售商；而在生产者市场，则通常是销售代理商。

③ 二级渠道。制造企业通过二级中间商将产品转移至消费者或用户手中。在消费品市场，它们通常是批发商和零售商；而在生产者市场，则通常是代理商和批发商。

④ 三级渠道。制造企业通过三级中间商将产品转移至消费者或用户手中。一些消费面宽的日用品，如饮料、食品、水果，需要大量零售机构分销，其中许多小型零售商通常不是大型批发商的服务对象。因此，有必要在批发商和零售商之间增加一级专业性经销商，为小型零售商服务。消费者市场的零售商分类与特征如表 10-1 所示。

表 10-1　消费者市场的零售商分类与特征

分　类	服务水平标志	产品线标志	价　格　标　志	零售组织标志
店铺零售商	自我服务零售商 有限服务零售商 完全服务零售商	专业商店 百货商店 超级市场 便利商店 超级商店	折扣商店 减价商店 仓储商店 目录陈列室	连锁店 自愿连锁店 零售合作社 特许经营
无店铺零售商	自动售货机（售货亭营销）、网上购物、邮购			

零级渠道又称直接渠道或短渠道，一级渠道、二级渠道、三级渠道都属于间接渠道，又称长渠道。越短的渠道，企业承担的销售任务就越多，信息传递快，销售及时，控制力也越强（如控制价格、提供服务、进行宣传等）；越长的渠道，批发商、零售商要完成大部分销售职能，信息传递缓慢，流通时间较长，企业对渠道的控制也越弱。

案例 10-2　　渠道变革：迎合市场需求，提高分销效率

某企业生产的酪氨酸激酶属于肿瘤治疗领域的特殊药品，在产品上市时，企业内部为降低流通成本进行了一番争论，争论的焦点在于是沿袭原来的渠道通路分销还是取消中间商。最后，经过该企业商务经理协商选择折中办法，取消了二级代理商和二级批发商，缩短了流通渠道的长度，节省了流通费用。为方便患者购买，企业开辟了代理商直接面向零售药店的供货渠道，实现了渠道创新，把节省的费用用于学术推广和终端药店的健康宣传。

资料来源：魏保华，王高峰，郑丽. 现代企业经营学[M]. 北京：世界图书出版公司，2020.

要领与启示：

商品分销渠道中间商的选择要根据产品特点而决定。该企业原来主营的产品是心脑血管慢病用药，渠道比较长而宽，对于肿瘤用药，患者求医心切，只要疗效比较好的，他们就一定会想方设法购买到。该企业清楚地认识到这点，对渠道进行了改革，取得了较好的效果。

（2）影响分销渠道长度设计的主要因素。影响分销渠道长度设计的主要因素有产品、市场、购买行为、企业（生产者）、中间商。影响渠道长度选择的主要因素如表 10-2 所示。

表 10-2　影响渠道长度选择的主要因素

主要因素		长渠道（多级）	长渠道（一级）	短渠道（零级）
产品	体积、重量	小、轻	中等	大、重
	易腐性	差	中等	强
	单位价值	低	中等	高
	技术特性	低技术性	中等	高技术性
	生命周期	旧产品	中等	新产品
	耐用性	差	中等	强
	规格	规格化	中等	非规格化
市场	规模	巨大	适中	较小
	聚集特点	分散	中等	集中
购买行为	购买量	少量	中量	大量
	购买季节性	随季节变化	中等	无季节性
	购买频率	高频率	中频率	低频率
	购买探索度	低	中	高
企业	规模	小	中等	大
	财务状况	差	中等	好
	渠道管理能力	低	中等	高
	渠道控制制度	低	中等	高
	顾客了解程度	低	一般	高
中间商	利用的可能性	容易	中等	困难
	利用成本	低	中等	高
	提供的服务	好	一般	不好

2. 渠道的宽度设计

产品和服务在从企业向消费者转移的过程中，不但要经过若干流通环节，而且要通过同一流通环节若干中间商的共同努力完成转移。产品或服务的分销经过同一环节中间商的数目多少，形

成了不同宽度的分销渠道。

（1）分销渠道的宽度类型。依照不同的宽度，分销渠道的类型分为三种：密集性分销渠道、选择性分销渠道和独家分销渠道。

第一，密集性分销渠道。在这种渠道中，企业在同一类型的中间环节中选用尽可能多的中间商经销自己的产品，使产品在目标市场上有铺天盖地之势，达到广泛地占领目标市场的目的。在市场上，日用品和大部分食品、工业品中的标准化和通用化产品、需要经常补充和替换或用于维修的产品、替代性强的产品等多采用这种分销渠道。采用密集性分销渠道的企业应当充分预计到每个中间商可能同时经销几个厂商的多种品牌的产品，企业应考虑在经济上向其提供一定的支持，并激励其更加努力地分销本企业的产品。

第二，选择性分销渠道。在这种渠道中，企业在同一类型的中间环节中选择少数中间商进行产品分销。这类渠道多为消费品中的选购品和特殊品、工业品中的零配件等。

第三，独家分销渠道。在这种渠道中，企业在同一类型的中间环节中只选用一家中间商来进行产品的分销。它是一种最为极端的专营型分销渠道，为窄渠道，主要适用于一些技术性强、价值高的产品。采用这种渠道的制造商必须与被选中的独家经销商签订协议，独家经销商只能经销本制造商的产品，不得同时经销其他厂家的同类产品。作为制造商的企业必须在产品供应、运输和管理技术等方面给经销商以特殊的便利条件或支持。

（2）不同宽度的营销渠道特点。各类分销渠道各有优劣，渠道宽度的类型及优劣势如表10-3所示。

表10-3　渠道宽度的类型及优劣势

类　　型	优　　势	劣　　势
密集性分销渠道	市场覆盖面大 市场扩展快 顾客接触率高 充分利用中间商资源	企业控制渠道较难 企业花费大 中间商竞争激烈 中间商分销、促销不专一
选择性分销渠道	控制渠道较易 市场覆盖面较大 顾客接触率较高	分销商竞争较激烈 选择中间商难
独家分销渠道	控制渠道容易 中间商竞争程度低 促销费用低	市场覆盖面小 顾客接触率低 过分依赖中间商

3. 渠道的广度设计

分销渠道广度是指企业是采用单一渠道、多种渠道、跨渠道还是全渠道的模式进行产品分销。分销渠道广度策略有两种类型：一条渠道，指的是企业仅利用单一渠道进行某种产品的分销；多条渠道，指的是企业利用多种不同的渠道进行某种产品的分销。

在数字化时代，企业期望能够线上线下交互，往往采用多条渠道和跨渠道的策略。跨渠道强调多种渠道的交互，各渠道间数据无缝衔接。例如，随着智能手机和移动互联网的普及，出现了线下实体店与移动互联网的结合，线下实体店负责让顾客亲身体验，移动手机端做好顾客服务。

全渠道是指企业采用尽可能多的销售渠道进行整合销售，以满足顾客的多样化需求。随着技术的进步和消费者对生活的高质量追求，人们越来越看重消费体验。全渠道包括有形店铺、网上商城、信息媒体等。例如，消费者想要购买一部新型智能手机，可以通过品牌官网查询、门店体验及查看小红书社区、微博、B 站等社交媒体的评价等多种方式来了解产品的具体信息，购买时则可以选择品牌自有商城、京东、天猫官方旗舰店，也可选择苏宁、国美、自营实体门店等多种渠道。在以社交媒体、大数据分析、人工智能（AI）、虚拟现实（VR）、区块链等为代表的新零售时代，全渠道零售成为趋势，正在改变现有的零售业务模式。

因此，随着市场的多样化与新技术催生的新渠道的出现，在分销渠道建立过程中，企业大多采用多渠道或跨渠道的策略。这可为企业带来两种益处：一是增加市场覆盖面，如通过增加乡村代理商开拓了农村市场；二是降低渠道成本，如通过增加新渠道节省了费用。

但多渠道系统或跨渠道也有不利的方面：一是当多条渠道对准一个细分市场时，容易产生渠道冲突；二是新渠道的独立性较强，合作困难，控制不易；三是线上线下交互的技术支持要求高，相关人员的专业门槛高。

4. 渠道的结构设计

任何一条分销渠道都包括若干中间商成员，这些成员像参加接力赛一样，完成产品和服务的传递过程，而这些成员的关系状况就表现为分销渠道系统。制造商一开始就要构建渠道成员之间的关系。

（1）分销渠道系统的类型。按渠道中间商成员相互联系的紧密程度，分销渠道系统可分为传统渠道系统、垂直渠道系统和水平渠道系统。

① 传统渠道系统。渠道中各成员之间是一种松散的合作关系，彼此会为追求自身利益最大化而展开激烈竞争，甚至不惜牺牲整个渠道系统的利益，最终使整个分销渠道效率低下。这种系统又称松散型渠道系统。

② 垂直渠道系统。在此渠道系统中，制造商、批发商和零售商纵向整合成统一的联合体，每个成员把自己视为渠道系统中的一分子，关注整个系统的成功。垂直渠道系统主要有三种形式。

第一，公司式垂直渠道系统。这种系统又称产权式垂直渠道系统，由一家企业拥有和管理若干工厂、批发机构和零售机构，控制渠道的若干层次，甚至整个分销渠道，综合经营生产、批发和零售业务。

第二，管理式垂直渠道系统。这种系统通过渠道中某个有实力的成员来协调整个产销过程的渠道系统。在此系统中，有一个规模大、实力强的牵头企业作为系统核心，分销渠道策略、规划都出自这个核心，各个渠道成员围绕这个核心从事各种各样的分销活动，形成关系相对紧密、团结互助的渠道系统，如宝洁以其品牌、规模和管理经验优势出面协调批发商、零售商的经营业务和政策，使大家采取一致的行动。

第三，合同式垂直渠道系统。这种系统又称契约式垂直渠道系统，即不同层次的独立的制造商和中间商之间通过法律合同来确定彼此的分销权利与义务，形成一个独立的联合渠道系统，如批发商组织的自愿连锁店、零售商合作社、特许专卖机构等。

③ 水平渠道系统。这种系统又称共生型渠道系统，是指由两家或两家以上的企业相互联合在一起，共同开发具有新的营销机会的分销渠道系统，它们发挥各自优势，实现渠道系统有效、快速运行。这实际是一种横向联合经营。这些企业或因资金、生产技术、营销资源不足，无力单独开发市场机会，或因惧怕承担风险，或因与其他企业联合可实现最佳协同效益，因而组成共生联合的渠道系统。

上述三种渠道可以进行组合，这样一家企业可能建立两条或更多的分销渠道以进入一个或更多细分市场，这就形成了混合（复合）渠道系统。它一方面可以满足客户对不同渠道的要求，另一方面可以降低渠道成本，增加市场覆盖面，使产品和服务渗透到更多的细分市场。

（2）不同渠道系统的特点及适应性。企业要进行渠道系统结构的设计，应当弄清分销渠道系统利弊及系统适用性。下面对分销渠道系统的利弊进行简要分析，并对企业适应条件进行阐述。

① 传统渠道系统的特点及适应性。传统渠道系统的优势是具有较大的灵活性，可以随时、任意地淘汰或选择分销渠道。其缺陷是渠道成员各自追求自己利益最大化，不顾整体渠道利益，结果会使整体分销效益下降，同时渠道成员之间缺乏信任感和忠诚度，自然也就缺乏合作的基础，难以形成长期稳定的渠道关系。该系统主要适用于小型企业和小规模生产。小规模生产，产品数量太少，不可能形成一个稳定的渠道系统，因为大分销商一般不会与经营规模相差悬殊的小企业形成紧密型关系，小分销商也常常难以寻找到与大制造商合作。

② 垂直渠道系统的特点及适应性。垂直渠道系统的特点是制造商与批发商及零售商形成紧密型合作关系，有助于合理管理库存，削减分销成本；便于把握需求动向；易于安排生产与销售；渠道控制力强；产品质量有保证，服务水平高。其不足之处包括：维持系统的成本较高；经销商缺乏独立创造性；制造商有可能出现武断决策。垂直渠道系统具有广泛的适应性，无论是大企业还是小企业，无论是消费者市场还是生产者市场，都大量采用垂直渠道系统。

③ 水平渠道系统的特点及适应性。水平渠道系统能够通过合作实现优势互补和规模效益，并且能够节省成本及快速拓展市场。其缺点在于合作中常会出现一些冲突和困难。水平渠道系统主要适用于实力相当而营销优势互补的企业。例如，可口可乐公司和雀巢公司的合作，雀巢公司以其专门的技术开发新的咖啡及茶饮料，然后交由熟悉饮料市场的可口可乐公司去销售。

案例 10-3　　　　　　　　　　格力的渠道系统变革

1994年，行业的快速发展导致业务员个人力量无法满足市场快速扩张的需求，加之业务人员频繁跳槽出走，格力进行了渠道结构的调整，转向大客户经销商模式。1996年，格力在湖北的4家经销商为抢占市场份额进行恶性竞争，降价、窜货对格力空调的市场价格造成不利影响。基于此，格力与湖北经销商联合成立湖北销售公司，即多家大户一起成立专营格力的股份制销售公司。2007年前后，在时任格力电器董事长朱江洪和副董事长董明珠的推动下，经销商的持股平台京海互联从格力集团受让了10%的股份，成为第三大股东。

2019年年底，董明珠推行了新一轮的销售渠道变革。此次变革，目的是取缔各地销售公司之下"省级代理"的层级，让格力空调没有"中间商赚差价"。从2020年开始，董明珠更是亲自下场面向零售商直播带货，并建设"格力董明珠店"线下实体店，此举更是触碰了原代理商原有的高毛利"蛋糕"。

随着渠道变革行至深处，经销商"倒戈"的事件屡见不鲜。在2022年5月底进行的格力电器2021年度业绩说明会上，董明珠提到渠道改革进展时称，格力过去20多年一直采用经销商压货模式，新冠疫情使线上销售模式快速发展，因此格力这两年加快了渠道变革。以前格力每年有200～300亿元的空调压在渠道里，有待时间消化；在渠道变革后，经销商有多少货卖多少货，使格力更有竞争力。

资料来源：黄婷. 遭遇"寒气"格力渠道变革不易[N]. 羊城晚报，2022-08-30.

要领与启示：

格力的渠道系统变革先后经历了四次，每次变革都是根据市场的需求变化和行业态势适时进行的，关注整个系统的成功。早期的变革是为了满足市场的需求，以及避免分散式渠道系统给公司造成渠道混乱及恶性竞争，第三次变革是捆绑多家大户，第四次变革是提高整个渠道的竞争力，通过降低渠道加价率以提高对终端价格的把控能力，是格力这次最核心的变革路径。

10.2.3 渠道方案的评估

每个渠道备选方案都是产品送达最终顾客的可能路线。企业需要解决的问题是从那些似乎很合理但又相互排斥的备选方案中,选择最能满足企业长期目标的方案。因此,企业必须对可能的渠道备选方案进行评估。

1. 经济性标准

经济性标准在三项标准中最为重要。许多企业遇到的首要决策问题就是确定是使用自己的推销力量,还是借助销售代理商、经销商的力量。假设某企业希望其产品在某一地区取得大批零售商的支持,现有两种方案可供选择:一是向该地区营业处派出 10 名销售人员,除了付给基本工资,还根据推销业绩付给佣金;二是利用该地区的销售代理商,该代理商已和零售店建立了密切联系,并可派出 30 名推销员,推销员的报酬按佣金制支付。两种方案可能导致不同的销售收入和成本。判别一个方案好坏的标准,不应只是其能否产生较高销售额和较低成本费用,而是能否取得最大利润。

2. 控制性标准

使用代理商、经销商,无疑会增加控制的问题。代理商是一个独立的企业,它所关心的是自己如何取得最大利润。它可能不愿与相邻地区同一委托人的代理商合作,可能只注重访问那些与其推销产品有关的顾客,忽略对委托人很重要的顾客。代理商的推销员可能无心了解与委托人产品相关的技术细节,也很难正确认真对待委托人的促销资料等。

3. 适应性标准

在评估各渠道的备选方案时,企业还要考虑自身是否具有适应环境变化的能力。每个渠道方案都会有规定期限。在期限内,即使采用其他销售方式会更有效,制造商也不得任意取消销售代理商。因此,一个涉及长期承诺的渠道方案,只有在经济性和控制性方面都很优越的条件下才可予以考虑。

10.2.4 网络营销渠道及其设计

网络营销能够省略传统分销渠道的中间环节,它可以有效地降低人员销售的成本,加之它覆盖面广、传播互动快、便于消费者选择,这让它在当今企业分销中发挥着关键作用。一个完整的网上销售渠道具有订货、结算和配送等功能。

1. 网络营销渠道的类型

互联网高效率的信息交互,改变了传统营销渠道的环节和结构,网络营销渠道的类型如图 10-5 所示。

(1) 网络直接营销(零级渠道)。网络直接营销是指企业通过自己的网站及其他网络营销工具或平台,如淘宝网、凡客诚品,包括委托的信息服务商,来直接销售产品和服务的渠道。如果企业委托网络信息服务商在网

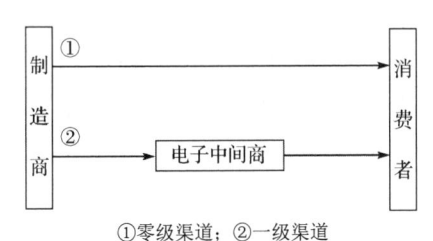

①零级渠道;②一级渠道

图 10-5 网络营销渠道的类型

站上发布相关信息,并利用有关信息与客户联系,进而直接销售产品,这也是网络直接营销。这一形式的销售过程虽然有网络信息服务商的参与,但主要的销售活动仍然是在买卖双方之间完成,无须其他中间商参与,属于零级渠道。网络直接营销渠道同样具有营销渠道中的订货功能、结算功能和配送功能。

网络直接营销一般适用于大宗商品交易和产业市场的 B2B 交易模式，要求企业的实力比较雄厚，而且最好能进行柔性化生产。企业可以提供一对一和一对多两种沟通方式，可以适应更大范围、更多品种的交易。

（2）网络间接营销（一级渠道）。网络间接营销是指企业通过电子中间商来间接销售产品和服务。它属于一级渠道，一般适合小批量商品和生活资料的销售。电子中间商主要为客户提供目录服务、搜索服务、虚拟商业街、网上出版、网上商店、电子支付、站点评估等全方位的服务。

传统中间商为适应网上交易和电子商务，也会从线下转移到线上，成为网络批发商，同时网络市场出现了各类电子中间商。从现实来看，不管是从线下转移到线上的中介，还是新产生的中介，渠道进行重构、整合这是必然。网络渠道不可能取代传统渠道，二者相互融合，并长期共存。

案例 10-4　　盒马鲜生"线上电商+线下门店"的经营模式

盒马鲜生是阿里巴巴集团旗下以数据和技术驱动的新零售平台。盒马鲜生以实体店为核心，采用"线上电商+线下门店"的经营模式，集"生鲜超市+餐饮体验+线上业务仓储"三种功能于一身。

实现线上线下高度一体化。盒马鲜生是将线下超市与线上 App 进行融合重构的一种新零售模式。采用线上下单，门店配送的运作模式，线上 App 汇集各类产品，线下门店集超市、餐饮、仓储于一体，为消费者打造一站式购物体验。盒马鲜生的线上零售模式通过自营物流进行配送，消费者在线上完成订单，线下门店接到订单后通过自动化设备进行拣货打包，在半小时内送到消费者手中。线下门店设立各类餐饮区域，满足消费者对实体产品直观体验的需求。

实现快速物流配送服务。盒马鲜生利用大数据、互联网、物联网、自动化技术等，构建了一套完整的物流体系，从供应链、仓储、分拣再到配送。盒马鲜生在用户下单后 10 分钟内完成打包，3 千米内半小时完成配送，保证了产品的新鲜度。

资料来源：纪祥镇，朱瑾. 新零售发展现状、问题及对策研究：以盒马鲜生为例[J]. 现代商业，2019（02）：9-10.

要领与启示：

盒马鲜生的供应链、销售、物流履约链路已完全实现数字化，简易高效，最大的价值体现在"30 分钟到货"。同时，基于阿里的生态数据，了解消费者究竟是谁，并为消费者画像，找到他们的行为特征，提供更精准的服务。这一模式解决了消费者网上购买生鲜最大的症结，让消费者对商品品质放心。通过实体店建立消费者认知与美誉度，再把消费者引流到线上消费，成为黏性用户。同时，坚持 App 的推广策略，以培育消费者的消费习惯，积累稳定的客户。

2. 电子中间商

随着网络营销的兴起，出现了许多基于网络的提供信息服务中介功能的新型中间商，它们被称为电子中间商。下面介绍九种以信息服务为核心的电子中间商。

（1）虚拟零售店（网上商店）。虚拟零售店拥有自己的货物清单并直接销售产品给消费者。通常这些虚拟零售店是专业性的，定位于某类产品，直接从生产者那里进货，然后折扣销售给消费者，如 Amazon 网上书店。由于网上固定费用很少，虚拟零售商可以大幅度降低成本以让利给消费者，并提供优质的服务。

（2）虚拟商业街。虚拟商业街是指在一个站点内连接两个或两个以上的商业站点。虚拟商业街与目录服务的区别是，虚拟商业街定位于某一地理位置，定位于某一特定类型的生产者和零售商，在虚拟商业街销售各种商品、提供不同服务。站点的主要收入来源依靠其他商业站点对其的租用，如新浪网开设的电子商务服务中就提供网上专卖店店面出租。

（3）网上虚拟市场和交换网络。虚拟市场提供一个虚拟场所，只要符合条件的产品都可以在虚拟市场站点内进行展示和销售，消费者可以在站点中任意选择和购买，站点主持者收取一定的管理费用，如阿里巴巴、中国商品交易市场（我国对外贸易与经济合作部的网上市场站点）。交换网络可以提供以货易货的虚拟市场，当人们交换产品或服务时，实行等价交换而不用现金。

（4）目录服务。这种服务利用 Internet 上目录化的 Web 站点提供的菜单驱动进行搜索。现在这种服务是免费的，将来可能会收取一定费用。现在有三种目录服务：第一种是通用目录，如雅虎，可以对不同站点进行检索，所包含的站点分类按层次组织在一起；第二种是商业目录，如 Internet 商店目录，提供各种商业 Web 站点的索引，类似于印刷出版的工业指南手册；第三种是专业目录，针对某个领域或主题建立 Web 站点。目录服务的收入主要来源于为客户提供 Internet 广告服务。

（5）搜索服务。与目录服务不同，这种服务通过搜索站点（如谷歌、百度）为用户提供基于关键词的检索服务，站点利用大型数据库分类存储各种站点介绍和页面内容。搜索站点不允许用户直接浏览数据库，但允许用户向数据库添加条目。

（6）网上出版。由于网络信息传输及时而且具有交互性，网络出版 Web 站点可以提供大量消费者感兴趣和有价值的信息，联机报纸、联机杂志就属于此类型。由于内容丰富而且基本上免费，此类站点的访问量特别大，因此出版商利用站点做 Internet 广告或提供产品目录，并以广告访问次数进行收费，如 ICP 就属于此类型。

（7）站点评估。消费者在访问生产者站点时，由于内容繁多、站点庞杂，往往不知该访问哪一个。提供站点评估的站点，可以帮助消费者根据以往的数据和评估等级，选择合适的站点访问。通常一些目录和搜索站点也提供一些站点评估服务。

（8）电子支付。电子商务要求在网络上交易的同时，能实现买方和卖方之间的授权支付。现在授权支付系统主要是信用卡，如 VISA、MasterCard，电子等价物如填写的支票，现金支付如数字现金，以及安全电子邮件支付。这些电子支付手段，通常对每笔交易收取一定佣金以减少现金流动的风险和维持运转。目前，我国的商业银行也纷纷提供电子支付服务。

（9）智能代理。智能代理是这样一种软件，它根据消费者偏好和要求预先为用户自动进行初次搜索，软件在搜索时还可以根据用户自己的喜好和别人的搜索经验自动学习优化搜索标准。用户可以根据自己的需要选择合适的智能代理站点为自己提供服务，同时支付一定费用。

3．电子中间商的选择

企业在选择网络中间商时，需要考虑成本（Cost）、信用（Credit）、覆盖范围（Coverage）、特色（Character）、连续性（Continuity），简称"5C"。

（1）成本。成本是指使用中间商信息服务的支出。这种支出可分为两类：一类是在中间商网络服务站点建立主页或者店铺的费用；另一类是维持正常运行的费用。在两类费用中，后者对不同的中间商而言有较大的差别。

（2）信用。信用是指中间商具有的信用程度。相对于其他基本建设投资来说，建立一个网络服务站所需的投资并不大，因此网络中间商犹如雨后春笋般地出现。但目前，我国还没有权威性的认证机构对这些服务商进行认证，因此在选择中间商时应注意它们的信用程度。

（3）覆盖范围。覆盖范围是指网络宣传所能波及的地区和人数，即网络服务站点所能影响的市场区域。对企业来讲，站点覆盖范围并非越广越好，还要看市场覆盖面是否合理、有效，是否适合自己的产品与服务，是否最终能带来经济效益。

（4）特色。每个中间商都有其特色，因而具有不同的访问群，也就是目标客户群体。因此企业应该研究这些目标客户群体的特点、购买渠道和购买频率，做出慎重的选择。

（5）连续性。一家企业要使网络营销持续稳定地运行，就必须选择具有稳定性的中间商，这样才能在用户或消费者心中建立品牌信誉和服务信誉。

除此之外，中间商的总体规模、财力、文化素质、服务态度、工作精神等各方面因素也需要考虑。对从事网络营销活动的企业来说，必须熟悉、研究国内外网络营销中间商的类型、业务性质、功能、特点及其他有关情况，保证网络营销中间商选择的准确性、有效性。

请扫码阅读资料"新零售业态"（线上资源10-3）。

4．网络营销渠道设计

由于网上销售对象不同，与传统渠道相比，网上销售渠道有较大的差别。

网上销售主要有两种方式。①B2B，即企业对企业的模式。这种模式的每次交易量很大、交易次数较少，购买方比较集中，因此网上销售渠道关键是订货系统，方便购买企业进行选择；由于企业一般信用较好，通过网上结算比较简单；由于交易量大而次数少，配送时可以进行专门运送，既可以保证速度也可以保证质量，减少中间环节造成的损耗。②B2C，即企业对消费者模式。这种模式的每次交易量小、交易次数多，而且购买者分散，网上渠道的关键是结算系统和配送系统，这也是网上销售必须面对的门槛。由于国内的消费者信用机制还没有建立，加之缺少专业配送系统，因此开展网上销售活动时，特别是面对大众购物时，必须解决好这两个关键系统的问题才有可能获得成功。

在选择网络销售渠道时还要注意产品的特性，有些产品易于数字化，可以直接通过互联网传输，如大多数的无形产品和服务，来摆脱对传统配送渠道的依赖。对大多数有形产品，还必须依靠传统配送渠道来实现货物的空间移动，但可以通过信息化手段和物流管理最大限度地提高渠道效率。在具体设计时，企业还应考虑以下几个因素。

（1）要迎合消费者心理并方便其购买。只有采用消费者比较放心、容易接受的方式才有可能吸引消费者网上购物，如国内目前采用的货到付款方式比较让人认可。在设计订货系统时，要简单明了，不要让消费者填写太多信息，而应该采用现在流行的"购物车"方式模拟超市，让消费者一边看物品，进行比较选择，一边选购。在购物结束后，一次性进行结算。另外，订货系统还应该提供商品搜索和分类查找功能，以便于消费者在最短时间内找到所需的商品，同时应对消费者提供他们想了解的有关产品信息，如性能、外形、品牌等。

（2）要有多种方便消费者选择且安全有保障的结算方式。企业应尽量提供多种方式方便消费者选择，同时要考虑网上结算的安全性。对于不安全的直接结算方式，应换成间接的安全方式，如有的网站将其信用卡号和账号公开，消费者可以自己通过信用卡终端自行转账，避免由于网上输入账号和密码而产生被盗的风险。

（3）要健全配送系统。消费者只有看到购买的商品到家后，才真正感到踏实。因此，设计和建设快速有效的配送服务系统是非常重要的。在进行网上销售时要考虑产品是否适合于目前的配送体系，价值较少的不易损坏的商品。例如，图书、小件电子类产品应该没有什么问题，但对于易碎、易损、易腐的产品，以及价值高的产品，如何做到快捷、保质和安全很重要。

10.3 分销渠道的管理

在渠道结构设计完成之后，需要选择合适的渠道成员，对渠道成员进行评估、激励与调整，以保证渠道稳定运行与持续发展。

10.3.1 渠道成员的选择

选择渠道成员，就是从众多的相同类型的渠道成员中选出适合企业分销渠道结构的、能有效帮助完成企业分销目标的分销商的过程。除直销渠道之外，其他渠道都会面临渠道成员选择的问题。

渠道成员的选择应十分慎重，因为每个成员的素质与行为都直接影响分销效率、成本、渠道服务产出及利润。

一般来说，选择渠道成员的过程需要经过以下几个步骤：设立选择渠道成员的原则和标准、评估候选渠道成员、谈判和获得渠道成员。

1. 选择渠道成员的原则

选择渠道成员的依据主要是其分销的能力和声誉，即其有无能力做和是否诚心做。

（1）到达目标市场。企业进行渠道建设的基本目标是将自己的产品打入目标市场，让目标市场的消费者或用户可以就近、方便地购买本企业的产品。这是选择渠道成员的最基本的目标。在这一原则的指导下，企业营销经理应了解所要选择的分销商是否在目标市场拥有销售渠道（如是否拥有分店、子公司、二级分销商等）。

（2）形象匹配。分销商在目标市场的消费者心中是否享有声望，是否代表着高品质和一流服务，这会直接影响企业形象和产品形象，特别是对产品品质卓越的企业来说，在选择渠道成员时尤其要注意。对一般企业来说，如果能选择到一些声望或名气比自己高的渠道成员作为分销伙伴，则会迅速提高企业产品和自身的形象，给企业带来丰厚的回报。

（3）能力匹配。这一原则要求所选择的分销商在经营方向和专业能力方面符合销售渠道的要求，能承担相应的分销职能，提高分销效率。例如，汽车公司在选择经销商时，要求经销商要有良好的顾客服务记录、丰富的管理经验、雄厚的资本并愿意投入新的设施或对现有设施加以改进。

（4）通力合作。分销渠道的成功源自制造商和分销商的共同努力和通力合作。只有所有成员齐心协力，才能建立一个高效运转的分销渠道。因此，企业在选择分销伙伴时，应考察分销商的合作意愿及态度，尽力争取分销商的合作与理解。

2. 选择渠道成员的标准

大多数企业在选择渠道成员时，缺乏具体的选择标准，凭感觉、凭印象选择渠道成员的情况十分普遍。这些渠道成员组成的渠道系统很不稳定，从而导致渠道成本偏高。因此，在选择渠道成员的原则指导下，确定相应的选择标准是十分必要的。选择渠道成员的主要评估标准如表10-4所示。这些标准可以归纳为四类——财务能力、销售能力、产品能力、管理能力，每类都包括若干具体的标准。

表10-4 选择渠道成员的主要评估标准

标　　准	具 体 内 容
财务能力	财力状况、信用

续表

标　　准	具 体 内 容
销售能力	市场覆盖范围、销售能力和业绩 销售队伍
产品能力	产品线
管理能力	管理层稳定性 规模、声望、理念

3．评估候选渠道成员

有了候选渠道成员，企业还需要根据选择渠道成员的原则和标准来对其进行评估，具体的评估方法主要有三种。

（1）销售量评估法。销售量评估法是通过实地考察候选分销商的顾客流量和销售情况，并分析其近年来的销售额水平及变化趋势，对其实际分销能力（尤其是可能达到的销售量水平）进行估计和评价。

（2）因素评分法。因素评分法是对拟选择作为分销商的每位中间商，就其从事商品分销的能力和条件进行打分，给每个标准组成因素设定一个权数，然后比较各个候选渠道成员的加权总分。

（3）销售成本评估法。利用中间商进行商品销售需要付出一定的成本，主要包括市场开拓费用、让利促销费用，因延迟货款支付而带来的收益损失，谈判和监督履约的费用等，这些费用构成了销售成本。

4．谈判和获得渠道成员

渠道成员的选择是一个双向选择。渠道成员的选择不仅仅是制造商选择中间商，那些规模大、基础好的中间商也在选择制造商。因此，对大多数企业来说，仍需要采用一些吸引渠道成员的具体措施来获得渠道成员，如提供品质优良、销路旺盛、利润丰厚的产品线；广告和促销支持；提供培训、财务分析及预算、市场分析、库存控制流程等帮助；公平的交易政策和友好的合作关系等。渠道成员的选择非常重要，因为选择渠道成员并与其共事，不是为了一笔生意或一桩买卖，而是要"联姻结亲"，长期携手合作。这直接决定了消费者需要的产品能否及时、准确地转移到他们手中，也决定了分销成本的高低和顾客服务质量的优劣。

10.3.2　渠道成员的责权利确定

要想实现合作共赢，企业应当真诚地对待每位渠道成员，确定权利与责任，其中最重要的因素包括价格政策、销售条件、地区权利划分及各方承担的服务功能。

价格政策要求企业制定出中间商认为公平合理的价格目录和折扣表。

销售条件是指付款条件和企业的承诺保证。大多数企业都对提前付款的分销商给予现金折扣，同时向经销商承诺次品处理的特殊保证，这可为经销商解除后顾之忧，促使其大量采购。

地区权利划分是指各地区的经营权在经销商中是如何配置的。除非是独家分销，中间商的经营区域总是有一定重叠的。对消费者市场，这种重叠一般不会带来太大的问题。但对生产者市场，这种重叠就有可能造成用户无所适从，不知道到底应该从谁那里购买产品更合适，甚至用户还可能利用两个中间商之间的竞争从中渔利。

最后，一定要明确各方在交易功能方面的分工，如由谁来提供售后服务，双方如何进行市场沟通活动及如何分摊费用，以及产品如何展示等。范围和责任必须划分清楚，如餐饮公司向其特许经销商提供店面、促销支持、文件保存系统、培训、常规管理和技术支持。与之对应，特许经销商必须达到有关物资设备的标准，适应新的促销方案，提供必要的信息及购买指定的食品原料等，当然这一切不是严格而明确的。

10.3.3 渠道成员的激励

企业不但要选择中间商，而且要经常激励中间商，使之尽职。促使中间商进入渠道的因素和条件已构成部分激励因素，但仍需不断监督、指导与鼓励。作为主动的一方，企业应积极探讨经销商、代销商在销售区域、产品提供、市场开发、服务要求、技术建议与技术服务及市场情报诸方面存在的问题和困难，本着互惠的原则，协商解决，并制定相应的政策。

当企业给予中间商的优惠条件超过其取得合作所需提供的条件时，就会出现激励过度的情况，这会导致销售量提高而利润下降。当企业给予中间商的条件过于苛刻，以致不能激励中间商努力时，会出现激励不足，其结果是销售降低、利润减少。因此，企业应当确定需花费多少力量及花费何种力量鼓励中间商。

1. 激励权力

企业可借助某些权力来赢得中间商的合作，这些权力包括五个方面。

（1）强制力。这是企业对不合作（如对顾客服务差、未实现销售目标、窜货等）的中间商威胁撤回某种资源或中止关系而形成的权力。中间商对企业的依赖性越强，这种权力的效果越明显。

（2）奖赏力。企业给发挥了某种职能的中间商额外付酬形成的权力被称为奖赏力，但它的负面效应不可忽视，中间商为企业服务往往不是出于职业的信念，而是因为有额外报酬，每当企业要求中间商发挥某种职能时，中间商往往要求更高的报酬。

（3）法定力。这是企业要求中间商履行双方合同而发挥某些职能的权力。

（4）专长力。企业因拥有某种专业知识而对中间商构成的控制力即为专长力。企业可借助复杂精密的系统控制中间商，也可为其提供专业知识培训或系统升级服务，由此可形成专长力。如果中间商得不到这些专业知识或服务，其经营很难成功；一旦企业将专业知识或服务给了中间商，这种专长力又会得到削弱。

（5）感召力。这是指中间商对企业深怀敬意，并希望与之长期合作而形成的。中间商都愿意与知名企业建立长期稳定的合作关系，心甘情愿地按企业的要求行事。

2. 激励方法

（1）直接激励。直接激励指的是通过给予物质或金钱奖励来肯定经销商在销售量和市场规范操作方面的成绩。在实践中，企业多采用返利的形式。

根据兑现时间，返利可分为月返、季返、年返三种；根据兑现方式，返利可分为明返、暗返；根据奖励目的，返利可分为过程返利和销量返利。下面重点讨论过程返利和销量返利。

第一，过程返利。过程返利是一种直接管理销售过程的激励方式，目的是通过考察市场运作的规范性，确保市场的健康培育。通常，过程奖励包括以下内容：铺货率、售点气氛（商品陈列生动化）、开户率、全品项进货、安全库存、指定区域销售、规范价格、专销（不销售竞品）、积极配送、守约付款。过程返利既可以提高经销商的利润，增强其盈利能力，调动其合作积极性，又可以防止经销商不规范操作，从而维持市场秩序，保障企业正常经营。

第二，销量返利。销量返利是为直接刺激渠道成员的进货力度而设立的一种奖励，目的在于提高销售量和利润。在实践中，销量返利有三种形式。①销售竞赛。对于在规定的区域和时段内销量第一的经销商给予丰厚的奖励。②等级进货奖励。对于进货达到不同等级数量的经销商给予一定的奖励。③定额返利。若经销商达到一定数量的进货，给予一定的奖励。

在实践中，要注重对过程返利和销量返利的综合运用，避免对销量返利的不当应用。因为销量返利，尤其是明返，可能使经销商在短期利益驱动下，产生窜货乱价等扰乱市场的行为。

（2）间接激励。间接激励指的是通过帮助渠道成员进行销售管理，以提高销售的效率和效果来激发渠道成员的积极性和销售热情的一种激励手段。通常的做法有以下几种。

第一，帮助经销商进行库存管理。帮助经销商建立进销存报表，做安全库存数和先进先出库存管理。进销存报表的建立，可以帮助经销商了解某一周期的实际销货数量和利润；安全库存数的建立，可以帮助经销商进行库存管理，合理安排进货，降低库存成本；先进先出的库存管理，可以减少即期品（即将过期的商品）的出现。

第二，帮助零售商进行销售终端管理。终端管理的内容包括铺货和商品陈列等。通过定期拜访，帮助零售商整理货架，设计商品陈列形式，在举办促销活动时，做一个漂亮的堆头和陈列。

第三，帮助经销商管理其客户。帮助经销商建立客户档案，包括客户的店名、地址、电话，根据客户的销售量将他们分成等级，并据此告诉经销商对待不同等级的客户应采用不同的支持方式，从而更好地服务于不同性质的客户，提高客户的忠诚度。

案例 10-5　　赔了夫人又折兵：急功近利的激励导致产品下线

负责某食品公司营销的张经理，一直为销售不畅而苦恼。眼瞅着大半年过去了，可销售计划只完成了三分之一，怎么办？他在向总经理汇报之后，决定搞一次大规模的促销活动，以激励零售商大量进货，方法就是每进一款产品，奖励现金50元。

这招还真灵！零售商们见有利可图，进货积极性高涨，只花费了一周时间，上半年落下的任务就超额完成了。

张经理看着销售表，长长地舒了口气："真是有钱能使鬼推磨，重赏之下，必有勇夫啊！"

然而，让张经理万万没想到的是，没出一个月，市场就发生了意外：公司一直平稳的食品价格莫名其妙地一个劲儿地往下滑。

各零售点，无论大商场还是小食杂店都竞相降价甩货，不仅造成零售价格一片混乱，也直接影响了公司的市场形象。总经理火了，公司急忙派出人员出面调查、制止。零售商们当面说得好听，可一转身，仍然低价出售，搞得公司焦头烂额，无可奈何。

原来，在高额促销费的驱动下，零售商们进货量猛增，表面上看，公司的库存降下来了，而商圈内的消费量是相对有限的，货到了零售商手里，可并没有被顺利地卖到消费者手中。由于零售商都进了大量的货，而一时又销不出去，为尽快处理库存、回笼被占用的资金，他们便争相降价甩卖。结果市场上卖什么价的都有，而且是越卖价越低。

低价甩卖，零售商不赔钱吗？他们当然不会做赔本的买卖，因为还有高额促销费垫底呢，只不过是少赚一点罢了。而食品公司的损失却要大得多了。公司形象受影响不说，而且产品价格一旦降下来，再想提上去几乎是不可能的。因为消费者一旦接受了低廉的价格，若再涨上去，他们往往不买账，降价容易涨价难哪！

于是，该种产品的售价越来越低，零售商的利润越来越薄，最后干脆不卖这种产品了。没人再进货，这种产品也就"寿终正寝"了！食品公司叫苦不迭。张经理也因此引咎辞职，不得不离开了这家企业。

资料来源：王艳. 市场营销管理：理论与应用[M]. 武汉：华中科技大学出版社，2020.

要领与启示：

对企业而言，选择信誉好、实力强的经销商固然好，但对其激励和管理如果不到位就难以实现销售目标。针对经销商的销售政策、激励措施制定等，要基于企业的实际和市场竞争的现实，基于产品和服务的特征、市场需求、竞争态势，并考虑经销商的短期与长期利益，以及对企业的眼前利益，对企业信誉、形象的长远利益的直接和间接影响，不可顾此失彼，急功近利。

10.3.4　渠道成员的评估

企业还应当定期评估中间商的绩效。如果某一渠道成员的绩效与既定标准相差较大，需找出原因，同时应考虑补救方法。当放弃或更换中间商会产生更坏的结果时，企业只能容忍；当不至于出现更坏结果时，应要求工作欠佳的中间商在一定时期内改进，否则就取消其资格。评估中间商绩效主要有以下两种方法。

（1）将每个中间商的销售绩效与上期绩效比较，并以整个群体的升降百分比作为标准。对低于该群体平均水平的中间商，加强评估与激励措施。同时，企业还应对后进中间商的环境因素加以调查，看是否存在客观原因，如当地经济衰退、某些顾客流失、主力推销员退休或跳槽等，并明确哪些因素可在下期弥补。一般来说，企业不宜因这些原因而对经销商进行惩罚。

（2）将各中间商的绩效与该地区基于销售潜力分析所设立的配额相比较。在销售期过后，根据中间商的实际销售额与其潜在销售额的比率，将各中间商按先后名次进行排序。

10.3.5　渠道调整

消费者需求及市场营销环境的变化，很多时候都要求企业对原有的渠道做相应的调整。调整渠道主要有以下三种情况。

（1）增减渠道成员。增减渠道成员，即决定增减渠道中的个别中间商。在调整时，企业既要考虑增减某个中间商对企业盈利的直接影响，也要考虑由此可能引起的间接反应，即渠道中其他成员的反应。

（2）增减一条渠道。各方面的变化常常使企业感到只变动分销渠道中的成员是不够的，有时必须变动一条渠道才能解决问题。因此，企业需要根据情况增加或减少一条渠道，或者在增设一条新渠道的同时，减掉一条或两条原有的渠道。

（3）调整整个渠道结构。这是企业调整渠道当中动作最大、波及面最广的一种。企业将直接渠道改为间接渠道，将单一的渠道改为多种渠道、跨渠道等都属于调整整个渠道结构。企业基于两种原因必须进行这样的调整：一是整体战略和策略的调整而引起的渠道结构不适应；二是原有的渠道发生重大问题，无法继续使用。

10.4 渠道冲突

不管企业做出多大努力设计了一个既有成效又有效率的渠道结构，由于多种因素，渠道有可能不按照计划运行。首先，不可能在设计渠道结构时就预见到所有未确定的情况。因为人们在不理性的情况下，很难对所有关于市场、消费者和环境的信息进行恰当的处理。其次，即便有人在设计渠道之初就能够处理好所有可得到的市场信息，渠道运作时的环境也是动态的。一旦市场、内部或外部环境发生了意想不到的变化，原本运转良好的渠道也会陷入混乱，而渠道成员也就必须面临新的挑战。因此，渠道冲突在渠道运作过程中在所难免。

10.4.1 渠道冲突的内涵及其产生的原因

一般来说，渠道冲突将产生负面影响，如影响顾客的购买、品牌形象和销售业绩，分散企业的注意力、精力和资源。从另一角度来看，发生适度的渠道冲突未必完全是一件坏事。因为如果没有冲突，渠道成员就会故步自封、不求创新。营销人员应当区分渠道冲突的类型，分析导致冲突的原因，寻找解决冲突的对策。

1. 渠道冲突的内涵

简而言之，所有渠道中相关成员的某一方或几方利用某些优势和机会，采取有损于另一个或几个成员利益的敌意行为都可被认为是渠道冲突。渠道冲突可以分为三种：垂直渠道冲突、水平渠道冲突和多渠道冲突。

（1）垂直渠道冲突。垂直渠道冲突又称纵向冲突，是指同一条渠道中不同层次之间的冲突。分销渠道中前端的成员和后端的成员的冲突是比较常见的。批发商可能抱怨制造商留给自己的利润空间太小，而销售支持（如广告、推销支持等）又太少等。

（2）水平渠道冲突。水平渠道冲突又称横向冲突，是指某渠道内同一层次中的成员之间的冲突。例如，同一城市有多家批发商，或同一大型批发市场中有多家批发商或零售商，他们为争夺下游客户或最终顾客而发生冲突。

（3）多渠道冲突。多渠道冲突又称交叉冲突，是指两条或两条以上的渠道之间的成员发生的冲突。例如，电视机制造商决定通过大型综合商店出售其产品，也总会招致独立的专业家电商店的不满。当制造商建立了两条或两条以上的渠道，向同一市场或区域出售其产品时，就会产生此类冲突。

2. 渠道冲突产生的原因

可以想象，在追求自身利益最大化的激烈竞争中，企业和中间商很难同心同德，步调一致，往往是各行其是，各自为政。因此，利益驱动是产生冲突最直接、最根本的原因。

（1）角色不同。一个渠道成员的角色，是指其在渠道中应当承担的责任，以及使每一个渠道成员都可以接受的行为。如果渠道中一个成员的行为超出了其他角色成员预期的可接受范围，就会出现角色不一致。例如，供应商的发货延迟了，这可能是等待接货的批发商所难以忍受的，于是就有了发生冲突的可能性。

（2）观点差异。观点差异是指每一个渠道成员对于事物的理解和反应不同。例如，一个零售商如果觉得30%的毛利率合适，也许20%的毛利率就会使他觉得不公平。然而批发商却可能与之感觉相反，认为给零售商20%的毛利率合适，而给30%就不公平了。渠道成员也可能对于同样的渠道政策做出不同的反应。

（3）目标不一。渠道成员在各自的经营过程中所设定的目标不一致，也会引起渠道冲突。例如，分销商希望通过更高的毛利率、更快的存货周转率、更低的支出及更高的销售提成来谋求利润的最大化，而企业更希望给分销商更低的毛利率、更多的存货、更少的佣金，以及希望分销商支出更多的促销费用。

（4）决策权分歧。决策权分歧是指渠道成员对其应当控制的特定领域业务的强烈感受。这种分歧往往发生在各成员对外在影响不满的时候，如是企业还是零售商有权决定产品的最终销售价格，或零售商是否有权倒卖产品，或企业是否有权规定分销商的存货水平。

（5）期望差异。期望差异起源于不同成员对预期的不同。例如，企业可能认为近期的经济形势比较乐观，希望分销商经销高档产品，而分销商对经济形势的预期并不乐观，不愿经销高档产品。

（6）沟通困难。渠道成员之间缓慢的或不精确的甚至是错误的信息传递导致沟通困难，并且"牛鞭效应"还会导致需求放大变异。当供应链上的各级供应商只根据来自其相邻的下级销售商的需求信息进行供应决策时，需求信息的不真实性会沿着供应链逆流而上，产生逐级放大的现象，到达最源头的供应商（如总销售商或者该产品的制造商）时，其获得的需求信息与实际消费市场中的顾客需求信息发生了很大的偏差，需求变异系数比分销商和零售商的需求变异系数大得多。

（7）资源稀缺。资源稀缺是指由于渠道资源的分配不均而造成的冲突。例如，一家制造商决定采用间接销售渠道的形式后，却仍决定保留其较大的客户作为直接客户，这样就有可能导致其他渠道成员不满。

产生渠道冲突的原因还有很多，在这里不可能一一列举。在实际当中，一定要具体问题具体分析，只有找出产生冲突的真正原因，才能对症下药，治标又治本。

案例 10-6　　　　　　　　　渠道冲突让国美与格力翻脸

2004年3月中旬，国美总部突然向全国各地卖场下发了一份"关于清理格力空调库存的紧急通知"。通知说，格力的代理模式及价格等都不能满足国美市场的经营需要，要求各地分公司将格力空调的库存及业务清理完毕。"封杀令"最先在成都闪出寒光。3月10日中午12:00，成都国美6家卖场内的格力空调已开始陆续撤出。随后，演变到北京、广州等地。此次"封杀"的起因在于格力在价格上不肯让步。格力长期以来一直实行区域代理制，有着众多的经销商，为了维护经销商的利润，格力长期以来坚持以较高的价格向国美供货。而国美一向是以低价销售闻名。因此，从格力进入国美的第一天开始就潜藏着冲突危机，而此次的"封杀"是冲突的升级。国美的负责人表示，由于国美的销售模式与格力的代理商模式有很大冲突，如果格力不调整其渠道模式，国美将不会再向格力进货。

资料来源：居长志，郭湘如. 分销渠道设计与管理[M]. 北京：中国经济出版社，2008.

要领与启示：

渠道冲突有很多原因，其中目标不一往往是造成冲突最直接、最根本的原因。制造商和中间商有时很难步调一致，而是各行其是、各自为政，这说明在选择分销合作伙伴时应考虑双方的利益、战略上的相互适应，至少达到"不求一致但求大同"。同时，合作各方还应当就各方的责权利进行协商，达成共识。国美与格力的冲突正是说明了这一点。

10.4.2 解决渠道冲突的对策

渠道冲突难以消除，但要及时分析，区别对待。当然，并非所有的冲突都会降低渠道效率，适当冲突的存在会增加渠道成员的忧患意识，刺激渠道成员的创新。管理冲突的目标不在于杜绝冲突，而在于保证和提高渠道的整体运转效果。

1. 沟通

沟通是指通过渠道成员之间的相互沟通来解决由于认识或观念上的不一导致的渠道冲突。促成渠道成员之间的相互理解、相互依赖乃至紧密合作，是渠道冲突管理工作的一个重要方面。

（1）信息沟通。在同一个分销系统中，一定要保持信息畅通。在现代市场经济条件下，获得信息的快慢、多少及其可靠程度往往关系到经营组织、个体的生存。因此，作为企业一定要建立相关的沟通机制，以实现渠道成员的信息共享。

（2）人际沟通。在现实当中，企业常常对分销商的一些表现不满，如只强调某一特定品牌；其推销员所掌握的产品知识过于浅薄；未能充分运用企业提供的广告资料，疏忽某些顾客，甚至其保存的记录有时居然会遗漏品牌名称。与他人沟通的关键就在于，要善于从他人的角度看问题，"家家有本难念的经"，分销商也不例外。若条件允许，销售经理可以在其分销商那里工作一段时间。这样，当他们回到自己的工作岗位以后，彼此之间就有了更多的了解，更容易从对方的角度考虑问题。

（3）借助行业组织的沟通。通过商会、工商联等组织，举办专题研讨会等，对工作中的一些热点问题广泛征求意见，加强渠道成员之间的业务交流。

2. 目标协调

不论职能如何，渠道成员都要强化共同目标，如生存目标、市场份额、高品质、顾客满意度等目标。特别是受到外部竞争威胁时，更要强调实现共同目标的重要性。企业要有意识地激发渠道成员的共同目标意识，引导其紧密合作，追求共同的最终价值。同时，注重运用政策进行协调，使整个渠道系统目标趋于一致。例如，推行代理制，使渠道成员的收益来源由赚取价差转变为赚取佣金，以消除价格矛盾；通过渠道的纵向一体化使渠道成员成为以资本为纽带的利益共同体，达到渠道系统的目标一致。

3. 契约约束

通过建立明确的契约关系，详细规定各方的权利和义务，可以在一定程度上求得企业和渠道成员、直接用户在供货价格、资金结算、促销等方面的一致，避免冲突的发生。在渠道冲突发生时，也可以按照契约规定的条款追究各方应该承担的责任。

对于分销渠道冲突的管理，除以上积极的管理方法之外，在不得已的情况下，也得采取一些看似消极的方法。也就是说，在解决冲突的过程中渠道成员不是任何情况下都能够自觉地达成一致，形成共同目标，分歧在多数情况下是存在的。消极性对策主要包括谈判、调解、仲裁、法律手段、清除、退出。

10.4.3 网络渠道与传统渠道的冲突

网络营销得天独厚的优势引发那些依靠传统渠道分销的企业开展渠道创新，发挥网络营销渠道的作用。然而，与新型的纯粹依托网络营销的企业不同，依靠传统渠道分销的企业原有的分销网络仍然是支撑其销售额的主力,以新兴的网络渠道代替现有稳定的分销网络也是得不偿失的。因此,两种渠道的并行便成为大多数传统企业的现实选择。

1. 两种渠道的潜在冲突

网络营销渠道与传统分销渠道的共存往往会产生冲突。因为通常企业提供给两种渠道的产品基本一致,并且它们的销售区域和目标顾客群体存在很多重叠。对这样一个需求基本相似的市场来说,网络渠道的加入必然抢夺分销商现有的市场。因此,网络营销渠道极易招致分销商的强烈抵制。为了捍卫自身的利益,分销商们不惜采取各种措施,轻则采取不扶持、不合作的态度,重则背离原企业,带着宝贵的顾客资源转投竞争对手的渠道,导致企业市场丢失。

2. 冲突产生的原因

网络渠道与传统渠道之间冲突产生的原因主要在于销售区域的重叠,一般表现在以下几个方面:①企业给不同渠道提供无差别的产品,无法区分渠道顾客;②不能从地理上或消费层次上划分各渠道的销售区域;③不能区别不同渠道的顾客,提供有差别的服务;④销售利益划分不明确,甚至减少,这是渠道间冲突产生的最主要原因;⑤网络营销渠道的运作模式与传统企业运营模式不匹配,这是导致纵向渠道冲突的主要原因。例如,供应商不能满足即时供货的速度和种类,无法实现实物的快速配送;不能按照购物的需求,高效整合交易、配送、结算等流程。

3. 解决渠道冲突的策略

网上销售给原先仅依靠传统渠道销售的企业带来了新机遇和新顾客,成为销量的重要来源,但是出现了渠道冲突的新问题。因此,协调两种渠道,解决渠道冲突问题不可回避。解决渠道冲突问题有两种策略,即渠道隔离和渠道集成。

(1) 渠道隔离。当一种产品同时在一个区域内的两种渠道销售时,必然会因为争夺同一个目标顾客群体而产生冲突。解决这种冲突的有效办法就是渠道隔离。进行渠道隔离,对不同渠道的产品人为制造差异,有时是用一些鲜明的标识,有时是专门制造,或者仅在花色和规格上进行细调,以区分不同的渠道顾客,达到减少渠道冲突的目的。

渠道隔离也可以采取划分销售范围的方法。对同一地域,降低两种渠道销售点的密集度,把销售点的数量控制在恰好可以满足市场需求的范围之内;对于不同地域,两种渠道销售点的比例要有所侧重。对于中心城市、经济发达城市,企业可以提供网上销售,而对其他地域只允许分销网点的存在。这种销售范围的划分方式可以有效减少渠道间销售区域的重叠,解决渠道冲突。

(2) 渠道集成。解决网络渠道与传统分销渠道冲突的另一个办法就是渠道集成。渠道集成就是把网络渠道的便利优势与分销渠道的服务优势有机结合在一起,形成既不同于单纯网上直销也不同于传统分销的一种新模式。

HP 公司实施的混合渠道战略就是渠道集成的典型例子。一方面,HP 公司同时使用网络和分销商两种渠道销售产品;另一方面,公司会把网上交易的订单交付给当地的分销商去执行。两种渠道的物流与结算都必须通过分销商,这样既消除了因物流与结算多头管理而产生的矛盾,也保留了偏好网上购物的顾客,使他们的网上购买也享有售后服务与退货的保障。与 HP 公司类似,日本的 7-11 便利店企业与一些在线销售商联盟,同时进行多渠道的交易活动,实物配送与结算统一由连锁店完成。它甚至利用自身连锁网点众多的优势,完成了通常电子商务无法达到的"最后一公里"的配送。

3. 多种渠道协同——全渠道模式

全渠道模式是许多企业有效发挥多种渠道整体优势的较佳选择，也是避免渠道冲突的有效模式。全渠道是指企业采取尽可能多的渠道类型进行组合和整合（跨渠道）销售的行为，以满足顾客购物、娱乐和社交的综合体验需求，这些渠道类型包括有形店铺和无形店铺，以及信息媒体（呼叫中心、E-mail、微博、微信）等。

全渠道最早出现在零售领域，它是零售业变革的关键。企业建立完整的商业生态圈，全面打通信息环节、产品环节和支付环节，把不同渠道整合成全渠道，带来一体化无缝式体验。在全渠道模式下，企业需要考虑零售业本质（售卖、娱乐和社交）和零售五流（客流、商店流、信息流、资金流和物流）发生的变化，随后根据目标顾客和市场定位，进行多渠道组合和整合策略的决策。全渠道具有以下三个特点。

（1）全程。一个消费者从接触一个品牌到最后购买的过程中，全程会有五个关键环节：搜寻、比较、下单、体验、分享。企业必须在这些关键节点保持与消费者的全程、零距离接触。

（2）全面。企业可以跟踪和积累消费者购物全过程的数据，在这个过程中与消费者及时互动，掌握消费者在购买过程中的决策变化，给消费者提供个性化建议，提升其购物体验。

（3）全线。渠道的发展经历了单一渠道时代（单渠道）、分散渠道时代（多渠道）的发展阶段，到达了渠道全线覆盖即线上线下全渠道阶段。这个全渠道覆盖包括实体渠道、电子商务渠道、移动商务渠道的线上与线下的融合。

请扫码阅读资料"全渠道的顾客行为"（线上资源10-4）。

线上资源10-4

本章小结

1. 分销渠道的内涵及功能。分销渠道又称营销渠道，是指产品从生产领域到消费领域的通路，它由一系列执行中介职能的相互依存的企业或个人组成。分销渠道具有外部性、稳定性、关联性、系统性和动态性的特点。

2. 渠道结构。渠道结构是企业参与分销的中间商的市场空间分布，一般包括长度结构、宽度结构、广度结构。分销渠道长度是指产品从制造商手中转移至消费者手中所经过的中间环节的多少；分销渠道宽度是指产品的分销经过同一环节中间商的数目多少。依照不同的宽度，分销渠道的类型分为三种：密集性分销渠道、选择性分销渠道和独家分销渠道；分销渠道广度是指企业是采用单一渠道、多种渠道、跨渠道还是全渠道的模式进行产品分销。

3. 分销渠道系统。分销渠道系统有传统渠道系统、垂直渠道系统和水平渠道系统。传统渠道系统的渠道中各成员之间是一种松散的合作关系。在垂直渠道系统中，制造商、批发商和零售商纵向整合成统一的联合体。水平渠道系统是指由两家或两家以上的企业相互联合在一起，共同开发新的营销机会的分销渠道系统。

4. 分销渠道的功能。分销渠道的功能包括信息、促销、接洽（联系）、组配、谈判、物流（实体分配）、风险承担、融资。

5. 网络营销渠道。网络营销渠道具备传统营销渠道的功能。一个完整的网上销售渠道具备订货、结算和配送等功能。网络营销渠道有两种类型：网络直接营销（零级渠道）、网络间接营销（一级渠道）。网络直接营销是指企业通过自己的网站及其他网络营销工具或平台来直接销售产品和服务的渠道；网络间接营销是指企业通过电子中间商来间接销售产品和服务。电子中间商主要为客户提供目录服务、搜索服务、虚拟商业街、网上出版、网上商店、电子支付、站点评估等全方位的服务。

6. 电子中间商。电子中间商包括虚拟零售店（网上商店）、虚拟商业街、网上虚拟市场和交换网络、目录服务、搜索服务、网上出版、站点评估、电子支付、智能代理。选择网络中间商时，应当考虑成本、信用、覆盖范围、特色、连续性，简称"5C"。除此之外，中间商的总体规模、财力、文化素质、服务态度、工作精神等各方面因素也要考虑。

7. 分销渠道管理。渠道成员选择的原则包括到达目标市场、形象匹配、能力匹配、通力合作四个方面。选择渠道成员的主要标准有四个，即财务能力、销售能力、产品能力、管理能力。分配分销渠道任务主要是确定权利与责任。对渠道成员激励可通过激励权力和对渠道成员进行直接激励、间接激励来实现。直接激励指的是通过给予物质或金钱奖励来肯定经销商在销售量和市场规范操作方面的成绩；间接激励指的是通过帮助渠道成员进行销售管理。调整渠道主要有三种情况，即增减渠道成员、增减一条渠道、调整整个渠道结构。

8. 渠道冲突。渠道冲突可分为三种情形，即垂直渠道冲突、水平渠道冲突和多渠道冲突。渠道冲突产生的原因主要包括角色不同、观点差异、目标不一、决策权分歧、期望差异、沟通困难、资源稀缺。解决渠道冲突的策略有三个，即沟通、目标协调、契约约束。

9. 网络渠道与传统渠道的冲突。网络渠道与传统渠道发生冲突的原因主要为销售区域的重叠。协调两种渠道，解决渠道冲突问题不可回避。渠道隔离和渠道集成是解决冲突的两个有效策略。

10. 全渠道模式。全渠道是指企业采取尽可能多的渠道类型进行组合和整合（跨渠道）销售的行为，以满足顾客购物、娱乐和社交的综合体验需求，这些渠道类型包括有形店铺和无形店铺，以及信息媒体（呼叫中心、E-mail、微博、微信）等。全渠道具有全程、全面、全线的特点。

学习指导

本章的学习应围绕分销渠道的设计与管理这一主线，突出满足市场需求和提高分销效率这一中心。在弄清渠道结构的含义的基础上，从目标市场对渠道服务的需求出发，加深对影响渠道结构内容的主要因素的理解，这样才能依据特定的环境因素有效设计渠道，分析渠道的合理性。渠道管理的目的是维持渠道稳定运行与良好发展，主要包括对渠道成员进行评估、激励与调整。管理的重点在于促使和激励渠道成员按照约定积极合作，发挥其能力。

本章的学习要注意培养自己对渠道分析和设计的能力，学会分销渠道管理的一些方法和手段。由于在现实环境下传统渠道与网络渠道并存，学习时有关两种渠道的设计选用和管理等理论与实务都应兼顾。为适应网络营销和电商发展的需要，本章的学习应把握渠道变革的趋势，掌握传统分销渠道与网络渠道的整合方法，以及跨渠道、全渠道的概念与应用。同时，了解电子中间商的类型及其选择依据等。

关键概念：分销渠道、垂直渠道系统、水平渠道系统、渠道长度、渠道宽度、渠道广度、密集性分销渠道、选择性分销渠道、独家分销渠道、网络直接营销、网络间接营销、渠道冲突、渠道隔离、渠道集成、全渠道模式。

思考与应用

1. 分销渠道的含义是什么？它包含哪些流程和职能？
2. 渠道的宽度结构、广度结构如何区分？举例说明。
3. 怎样对经销商进行激励？
4. 渠道冲突的内涵及其产生的原因是什么？有何对策？
5. 围绕渠道设计与管理，收集并分析盒马鲜生经营模式的成功之处及成功的原因。
6. 试为纯净水、空调和机床三种产品设计渠道方案（可结合具体企业）。
7. 试针对某企业或品牌产品开展"线上电商+线下门店"的现状、存在的问题进行分析，并提出改进建议。

案例分析

请扫码阅读案例：现代汽车成功开进美国家庭的奥秘（线上资源10-5）

思考以下问题：

1. 请总结现代汽车打入美国市场的分销渠道策略的成功之处。
2. 请分析铃木、尤口两种品牌产品的分销渠道策略失败的原因。

线上资源 10-5

第 11 章 促销策略

名言警句

营销最重要的是站在顾客的立场上考虑问题,而不是一味地推销。

—— 詹姆斯·休伯特

本章要点

当今的市场经济条件下,人们处在一个信息爆炸的时代,人们一方面需要对他们有价值的信息,另一方面被大量繁杂而无用的信息所困扰。促销可为顾客、中间商和公众提供信息,在传递顾客价值、开拓市场、提升产品形象和企业知名度、促进产品销售和实现企业效益等诸多方面发挥着重要作用。本章主要介绍促销和促销组合、整合营销传播、各种促销策略和技巧、直复营销等内容。

学习目标

- 熟悉促销和促销组合的概念。
- 掌握整合营销传播的内容和途径。
- 掌握各种促销策略及其应用技巧。
- 熟悉直复营销的概念、特征和形式。

导入案例

请扫码阅读案例:成功的促销成就滴滴出行打车神器(线上资源 11-1)

思考以下问题:

1. 滴滴出行是如何做到为顾客提供快捷的出行服务的?
2. 滴滴出行是如何进行成功促销的?

线上资源 11-1

11.1 促销和促销组合

现代营销不但要求企业开发出优良的产品,给予有吸引力的定价,使它易于被目标顾客获得,还要求企业对现有和潜在的顾客、中间商、公众和其他利益相关者开展沟通和促销活动,每家企业都不可避免地扮演着传播者和促销者的角色。在今天这个信息化时代,要抓住顾客日益分散的注意力变得越来越困难了,越来越多的企业都在力求创造多种传播形式,以实现信息的有效传播,激发和诱导顾客购买,树立良好的产品和企业形象。

11.1.1　促销

促销本质上是一种信息沟通活动，其也被称为营销传播。它是指营销人员对有关企业产品或品牌的信息进行整理，并以适当的方式将其传递给顾客的行为。具体来说，促销就是企业通过人员或非人员与顾客沟通产品和服务信息，以激起顾客的购买欲望，促成顾客购买，传导客户价值和建立顾客关系的全部活动。

早期的营销传播手段单一，主要依赖大众媒体（电视、电台、报纸、杂志等）的广告投放和口碑相传。随着互联网应用及营销技术的发展，网络媒体、社会化媒体等成为信息传播的重要渠道。人们可以通过微信、微博、豆瓣、抖音、论坛等平台进行内容创造和分享，享有广泛的自由空间，这些平台具备了大众媒体所不具备的参与性、共享性、互动性和社区性等特点。

11.1.2　促销组合

促销组合又称营销传播组合，是指对实施营销沟通各种工具的选择、搭配及运用。促销组合的工具包括广告、人员推销、销售促进、公共关系和直复营销等。

广告是指通过不同的媒体，由特定的赞助商以付费方式进行的创意、产品和服务的非人员展示与促销。

人员推销是指与一个或多个可能的购买者面对面接触，以进行产品和服务介绍、推广与促销的沟通活动，从而达到销售产品和服务及建立良好的顾客关系的目的。

销售促进是指各种具有短期诱导性的鼓励购买产品和服务的沟通行为。

公共关系是指吸引公众关注，并与其建立良好关系的活动。

直复营销是指通过直接吸引目标顾客和顾客社区，迅速获取反馈并建立持久的顾客关系。

通常，每种促销工具都涉及与顾客沟通的一些具体的形式。例如，广告通常与广播、印刷品、互联网、手机、户外等有关；销售促进涉及折扣、优惠券、展示、抽奖、赠品、礼品、消费积分等形式。

11.1.3　促销组合策略

促销组合有两种基本策略，即推动策略和拉引策略，如图 11-1 所示。

推动策略是运用销售队伍和中间商进行促销，通过销售渠道推出产品。制造商采取积极措施把产品推销给批发商，批发商再设法将产品推销给零售商，零售商最终将产品销售给消费者。推动策略重点关注渠道成员，通过他们向终端消费者分销产品。

拉引策略是面向终端消费者进行促销，通过激发消费者的需求，引导他们购买产品。消费者会向零售商购买产品，零售商就会向批发商购买产品，批发商就会向制造商购买产品。拉引策略重点关注消费者的需求，通过渠道来拉动产品销售。

总体来看，一些工业产品的制造企业通常使用推动策略，而直销企业通常使用拉引策略。然而，大多数企业将二者结合起来使用。

图 11-1 推动策略和拉引策略

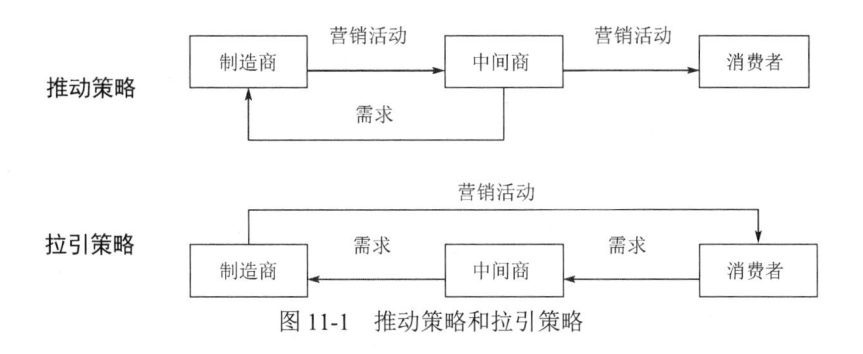

11.1.4 促销组合决策

在进行促销组合决策时，企业往往需要考虑很多因素，包括产品市场类型、购买者准备阶段和产品生命周期阶段等。

消费者市场和产业市场的差异影响促销工具的选择。在消费者市场中，即 B2C（企业对消费者），企业一般将大部分资金用于广告，其次是销售促进、人员推销和公共关系。在产业市场中，即 B2B（企业对企业），企业把大部分资金用于人员推销，其次是销售促进、广告和公共关系。一般来说，人员推销主要用于昂贵的、有风险的产品及少数大客户。

在购买者准备的不同阶段，营销沟通的重点不同，相应地选用的组合工具也不一样。按照购买者对产品或服务的认知、信任程度及购买行为，购买者准备可分为知晓、了解、信任、订货和再订货等阶段。相应地，在购买者准备的不同阶段，促销的重点分别是提升知名度、提高理解力、增强信任度、推动销售成交、增加重新订货频次。广告、销售促进、人员推销在不同购买者准备阶段的成本效益如图 11-2 所示。

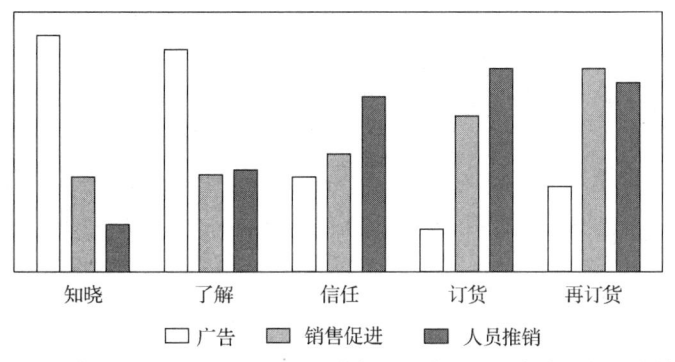

图 11-2 广告、销售促进、人员推销在不同购买者准备阶段的成本效益

同样，在产品生命周期的不同阶段，各种促销方式有着不同的成本效应。在引入阶段，广告具有很高的成本效益，其次是人员推销和销售促进。人员推销可以增加产品分销的覆盖面，销售促进可以鼓励消费者提前试用新产品。在成长阶段，由于消费者相互分享产品信息，产品需求增加，所有促销工具的成本效益都将有所下降。此时，广告应该是竞争性的、差异化的，公共关系也应该得到重视。在成熟阶段，销售促进比广告的成本效益明显，广告的成本效益则比人员推销好。此时，应该采取以销售促进为主、以广告和人员推销为辅的促销组合方式。在衰退阶段，销售促进的成本效益继续保持较好的势头，广告的成本效益降低，人员销售的成本效益最低。此时，促销手段应该以销售促进为主、以广告和人员推销为辅，而销售人员只需给产品最小限度的关注即可。广告、销售促进、人员推销在产品不同生命周期阶段的成本效益如图 11-3 所示。

• 243 •

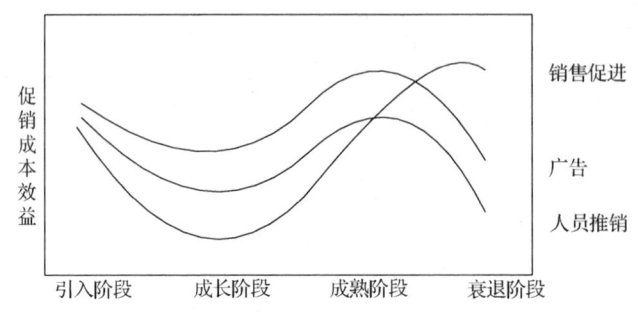

图 11-3　广告、销售促进、人员推销在产品不同生命周期阶段的成本效益

请扫码阅读资料"2021年中国互联网广告市场的特点与规模"（线上资源11-2）。

11.1.5　促销预算

每年在促销方面究竟应该投入多少费用才能达到促销的目的？这是许多企业难以说清楚的。不同行业、不同地区的促销费用有很大的区别。例如，促销费用在化妆品行业可能占销售收入的30%～50%，而在机械制造行业中仅占10%～20%。即使在同一行业，各企业的促销费用也不相同。确定促销预算的常用方法有目标任务法、销售百分比法、竞争比照法和量力而行法。

1．目标任务法

企业依据已制定的目标，进一步制定实现这一目标所需完成的任务，然后根据完成这些任务所需的开支确定总体的促销预算。在采用这种方法时，企业必须确保所制定的促销目标的合理性，从而可以准确地估算促销费用，保证广告资源得到合理的使用。

2．销售百分比法

这种方法是企业根据目前或者预期销售额的一定比例来确定促销费用，常见的有两种方式：①促销费用占销售额的一定百分比；②计算单个产品固定的广告支出，然后乘以销售额。

这种方法意味着促销费用以企业的经营业绩为依据，简单易行，但其缺点也很明显：①根据自身的资金来进行促销，而不是根据市场机会来进行促销；②新产品的推出没有任何历史销售记录，无法计算促销费用占销售额的百分比；③容易形成恶性循环，如销售额下降就削减促销预算，从而导致销售额进一步下降。

3．竞争比照法

许多企业根据竞争对手的促销预算来确定自己的促销费用，使自己同竞争对手相比在促销上不至于处于劣势。企业采用这种方法的原因有：①竞争对手的促销预算代表整个行业促销的水平；②如果各企业的促销费用基本保持一致，那么往往能够避免发生促销战和价格战；③把促销费用建立在整个行业促销的水平上可以降低企业决策的盲目性。采用这种方法的企业不是很多，而且这种方法要求企业有较高的管理水平。但以整个行业的促销水平来决定企业的促销费用对企业自身来说未必合理。

4．量力而行法

过高的促销费用会使企业的负担加重，甚至影响其经营。因此，企业可依据自身的经济实力确定促销费用。量力而行法就是将促销费用设定在企业所能负担的水平上，小企业经常采用这种方法。但以该方法确定促销预算，不但忽视了促销活动对销售额的影响，而且每年促销预算多寡不定，没有长期的产品促销计划，这势必使市场营销计划的实施变得困难。

11.2 整合营销传播

整合营销传播是美国著名营销学家罗伯特·劳特朋（Robert Lauterborn）、唐·舒尔茨（Don Schultz）等人提出的一种新的营销传播企划的概念。从20世纪80年代开始，一些企业为了更好地与消费者进行沟通，尝试将各种促销工具和其他营销活动更好地结合起来，开启了整合营销传播的时代。进入20世纪90年代后，外在环境的变化要求众多的企业以顾客为导向，整合营销传播顺应了这种要求，因而获得了长足发展，并作为一种新的方法得到了营销界的广泛认同。

11.2.1 整合营销传播的内涵

整合营销传播是一个营销传播计划的概念，它注重综合计划的增加值，即通过发挥评价广告、直复营销、人员推销和公共关系等传播手段的作用，并将这些手段结合起来，以提供清晰、一致的信息，从而达到最佳的传播效果。整合营销传播具有以下主要特征。

1. 沟通过程始于消费者

整合营销传播过程始于消费者或潜在消费者，然后回到品牌传播者，以决定采用什么形式的信息和媒介来告知、说服和引导消费者或潜在消费者采取对传播者所代表的品牌有利的行动。

2. 与消费者全方位接触

整合营销传播将各种各样的沟通形式和所有可能的接触方式作为潜在信息传递渠道。其关键特征在于反映了品牌传播者的意愿，他们愿意使用任何能够为目标消费者所接触的恰当方式展示品牌。

3. 沟通要素协同发挥作用

在整合营销传播中，营销沟通要素协同发挥它们的作用。一个品牌的分类沟通要素（广告、卖点标记、销售促进、活动赞助等）均代表相同的品牌信息，并通过不同的信息渠道或方法传递一致的信息。也就是说，一个品牌的营销沟通"用一个声音说话"。信息和媒介的协同对树立有利而统一的品牌形象，并吸引消费者关注，进而促使他们采取购买行动极为关键。

4. 和消费者建立关系

整合营销认为成功的营销沟通需要在品牌和消费者之间建立关系。建立关系是现代营销的关键，而整合营销又是建立关系的关键。关系就是品牌和消费者之间持久的联系。良好的关系能够引起消费者的重复购买，甚至是对品牌的忠诚。

5. 影响消费者的行为

营销沟通影响消费者对品牌的认知度或促使消费者对品牌产生良好的态度，更为重要的是，成功的整合营销传播应该得到消费者行为的回应。衡量一个整合营销传播项目最终的标准是看它能否影响消费者的行为，但是要求每次沟通都能影响消费者的行为是不切实际的。

请扫码阅读资料"4C营销理论"（线上资源11-3）。

线上资源11-3

11.2.2　整合营销传播的途径

整合营销传播的根本在于企业通过对传播过程进行整合，建立并维护消费者与企业、品牌之间的亲密关系。整合营销传播的核心在于"整合"，舒尔茨把"整合"分为"横向整合"与"纵向整合"。

1. 横向整合

横向整合涉及营销传播的不同工具、媒体和信息表达等的整合，具体包括以下方面。

（1）媒体信息的整合。语言、图片、声音、视频等媒体传播的形式尽管不同，但都在向消费者传达着某种信息。媒体信息的整合要求各种媒体所传达的信息都是经过精心设计的，在内容上要高度一致，多种媒体表达一个声音，并要通过这些信息的传播，对消费者产生积极的影响。在实践中，经常出现的问题是来自不同地方的信息不一，在报纸、电视中投放的广告分别采用不同的主题和设计，企业促销活动与广告没有任何联系，不同时期传播的信息不一致——今年的诉求与去年的诉求完全不相干等。

（2）营销传播工具的整合。广告、人员推销、销售促进、公共关系和直复营销是企业进行传播沟通的主要工具，不管企业选择哪种工具，消费者接收的都是同一个企业或品牌的信息，都会以同样的方式对信息进行加工和处理。营销传播工具的整合，要求各种传播工具在运用时具有高度的协调性，传达的信息具有高度一致性。随着互联网技术的发展和新媒体的出现，要更加关注传统媒体与新媒体的传播整合。营销管理者要探索研究如何对这些媒体与平台加以应用才能达到最佳效果，找到将这些营销传播工具有效结合起来的方案。

（3）接触管理。舒尔茨把"接触"界定为：凡是能够将品牌、产品类别和任何与市场相关的信息传递给消费者的过程及经验。"接触"包含各种营销传播工具及其他可能与消费者接触的形式，如电视、报纸、杂志等传统媒体，计算机、手机等电子设备，以及在城市的繁华地段、高速公路两侧、商场、公共汽车的车体、电梯间甚至公共卫生间，消费者都可以看到许多品牌或产品的传播信息。如今，消费者正在经受来源广泛的商业信息的"轰炸"。由于信息超载、媒体繁多，干扰消费者决策的"噪声"大为增大，企业最重要的是决定"如何、何时与消费者接触"，以及采用什么样的方式与消费者接触。整合营销传播要求企业营销人员识别企业及其品牌与消费者的全部接触点，并力求在每次接触中都传达出一致的、积极的信息。

（4）对各类目标受众的信息传达整合。不同的目标受众有不同的信息接收习惯，有不同的利益追求，在产品购买中也扮演着不同的角色（发起者、影响者、决策者、购买者和使用者）。因此，企业在进行营销传播时要实行差异化策略，对不同的受众运用不同的传播工具和方式传达信息。

2. 纵向整合

纵向整合就是在不同传播阶段，运用各种形式的传播手段，产生协调一致、逐渐加强的信息，实现传播目标。

（1）营销活动各环节中的整合。营销活动包含多个环节。营销活动的每个环节都在向消费者展示企业文化、与消费者进行沟通。因此，企业需要整合这些环节，以保持一致的理念、个性和风格。在市场调研过程中，企业可以通过设计独特的调查问卷、选择能够展示企业文化的调研人员和工具，把自身的个性展示给目标对象；在市场细分过程中，让特定的消费者感受到企业对他们的特别关注；在进行市场定位时，与消费者进行充分沟通，让他们感受到企业差异化或定制化创造的价值。企业应努力做到以下几点：在产品设计时，充分满足消费者的欲望与需求；在制定价格策略时，充分考虑消费者能够接受的价格；在进行渠道设计时，为消费者提供力所能及的便利；在制定促销策略时，全方位与消费者沟通自身的理念和文化。

（2）与消费者关系发展过程中的整合。从消费者了解产品到其购买和再次购买的过程包括五个阶段。①知晓。这个阶段传播的任务是让消费者意识到品牌的存在，并对品牌的个性和特色有初步的了解。②引起兴趣。兴趣的产生来源于消费者对产品的充分了解。比较详细的广告和媒体报道、派送宣传单等都是比较适宜的传播手段。③刺激欲望。较高的性价比、意见领袖的倡导、销售促进等都能激发消费者的购买欲望。④购买行动。促使消费者把欲望转化为行动的手段，可以是人员推销，更重要的是销售促进对消费者产生的诱惑和卖场氛围的营造所形成的刺激。⑤再次购买。这一阶段传播的主要目标在于维持消费者与品牌的稳定关系，使消费者成为企业的忠诚顾客，协调一致、持续出现的广告和公共关系活动是主要的传播方式。

案例 11-1　　　　　天猫"加油白衬衫"整合营销传播

2020年毕业季堪称"史上最难毕业季"，该年应届高校毕业生达874万人。值此时间节点，天猫打通线上线下多种渠道，运用促销组合策略，成功开展了"加油白衬衫"整合营销传播活动。

（1）创意公益广告的线上传播，正式拉开本场营销活动的帷幕。7月13日，天猫在新浪微博上发布公益广告短片《加油白衬衫》。该短片以毕业典礼开场，从女主人公以第一人称讲述艰难的求职经历开始，展示这些叙事主体的心路历程，结尾展示了八位名人的"白衬衫"故事，表示他们从艰辛坎坷到取得辉煌成功其实也是从一件"白衬衫"开始的，"每个人的开始都是一件白衬衫，每件白衬衫都将写满未来"的广告语直戳痛点、极具穿透力，激发了毕业生拼搏奋斗的勇气。该短片上线后网友纷纷评论转发，分享自己的毕业感受与职场故事。

（2）举办线下艺术展，将"白衬衫"这一核心意象投射到毕业生的现实场景。在上海徐家汇地铁站内举办了为期两周的线下白衬衫艺术展。一是对广告里八位名人故事中出现的白衬衫做实物展示；二是设置了一台"白衬衫公益贩卖机"，鼓励毕业生投入简历，免费兑换一件白衬衫。

（3）跨平台联名传播，帮助用户解决实际问题。联合社会化媒体——领英职场，开展了"加油白衬衫"的话题讨论，邀请企业总裁为大学生分享职场领域等相关话题，引入百名资深名企职场人，为应届生在线提供一对一面试、免费求职辅导和行业经验分享。

（4）与电商平台联手，开展短期销售促进。运用销售促进手段引导目标用户下单购买，大学生上传毕业照和毕业证书参与即可解锁0.01元购物、买一送一等权益。

资料来源：王一丹. 整合营销传播视角下的品牌营销活动探析：以天猫"加油白衬衫"活动为例[J]. 北方经贸，2021（12）：39-42.

要领与启示：

天猫通过富有感染力的线上传播、线下展示、社会化媒体、电子商务平台等多种媒介触点，强化了毕业生对活动的认知，增强了交互性与体验性，并用公益的形式解决了大学生的实际问题，关注与帮助大学生就业。天猫运用营销整合传播，与毕业生建立起全方位情感沟通的桥梁，深化了温情的年轻化品牌形象。

11.3　广告策略

广告不但能促进产品快速销售，而且能建立产品、品牌和企业形象，它能将有关产品、品牌和企业的信息传达给分散的消费者，对销售、品牌和企业产生积极影响。消费者认为，大量做广告的品牌必然能够提供"更好的价值"。在现代经济生活中，广告发挥着十分突出的作用。

11.3.1 广告概述

广告是广告主以付费的方式，通过一定的媒体有计划地向受众传递有关产品或服务的信息，借以影响受众的态度，进而引导或说服其采取行动（如购买）的一种传播活动。

（1）广告的含义。广告具有以下含义：①广告是一种有计划、有目的的活动；②广告的主体是广告主，客体是消费者或其他受众；③广告的内容是产品或服务的有关信息；④广告的手段是借助广告媒体直接或间接传递信息；⑤企业做广告的目的是促进产品销售或树立良好的企业形象。

（2）广告的特征。①公开展示。广告是一种高度公开的信息传播方式。它的公开性赋予产品一种合法性，同时使人想到一种标准化的信息提供。因为许多人接受相同的信息，所以消费者知道他们购买这一产品的动机是众所周知的。②普及性。广告是一种普及性的信息传播，它允许多次重复，也允许消费者接受和比较各竞争者的信息。③夸张的表现力。广告可通过巧妙地应用视频、音频、图片、文字等手段，提供将一个企业及其产品艺术化的展示机会。④非人格化。广告不会像企业的销售代表那样具有强制性，受众不会感到有义务去注意或做出反应，广告只能进行独白而不能与受众进行对话。

请扫码阅读资料"移动互联时代的传播模式"（线上资源11-4）。

11.3.2 具体的广告策略

在制定广告策略时，企业一般需要进行五项决策，即广告的5M策略，如图11-4所示。这五项决策分别为：广告任务决策——确定广告的目标；广告资金决策——确定广告的预算；广告信息决策——确定要传送什么信息；广告媒体决策——确定使用什么媒体；广告效果衡量决策——确定如何评价广告结果。

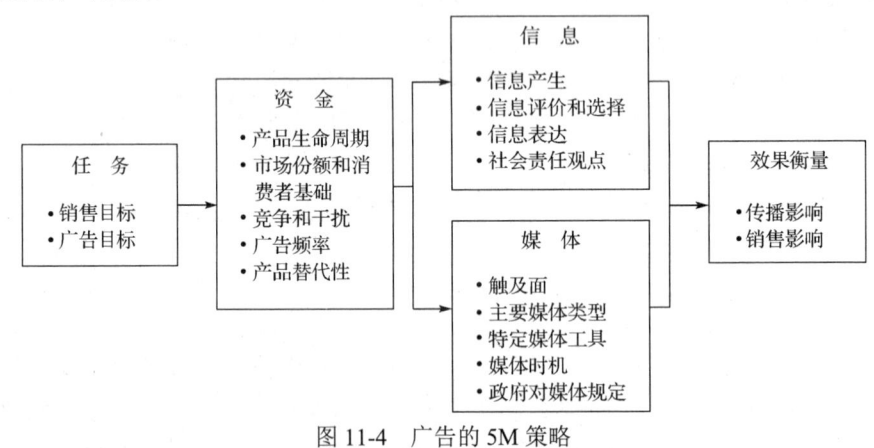

图 11-4 广告的 5M 策略

1. 广告目标

广告决策的第一步就是制定广告目标。所谓广告目标是指在一个特定时期内，对某个特定的目标受众所要完成的特定传播任务和所要达到的沟通程度。

（1）广告目标的内容。广告目标主要包括传递产品或服务的信息给消费者，引起消费者的注意，激发消费者的兴趣和购买欲望，改变他们的消费倾向，最终促使其产生购买行为。对企业而言，广告的功能主要体现在产品销量的增加、市场占有率的提高、品牌和企业知名度的提升，以及同其他相似产品相比的差异化等方面。

（2）广告目标的分类。按企业的沟通目的，广告目标主要可以分为三种，即告知型广告、说服型广告和提示型广告。不同类型的广告目标如表11-1所示。

表11-1　不同类型的广告目标

告知型广告	说服型广告	提示型广告
①传播顾客价值 ②建立品牌和企业形象 ③告知新产品 ④说明产品使用方法 ⑤介绍产品新用途 ⑥告知市场价格的变化 ⑦提供服务和支持信息 ⑧消除误解或改变错误印象	①建立品牌偏好 ②鼓励更换品牌 ③改变顾客对产品价值的看法 ④说服顾客立即购买 ⑤促使顾客参与 ⑥建立品牌社区	①维持顾客关系 ②提醒顾客将来可能需要产品 ③提示顾客购买产品的地点 ④维持或加深顾客对企业及其品牌的印象

在产品生命周期的引入阶段，企业一般采用告知型广告，其目的在于提高企业及其品牌的知名度，建立顾客对产品的初步需求，并引导早期购买。

在产品生命周期的成长阶段和成熟阶段前期，企业一般采用说服型广告，其目的在于介绍企业及其品牌的美誉度，以建立顾客对某一特定品牌的选择性需求。

在产品生命周期的成熟阶段后期和衰退阶段，企业一般采用提示型广告，其目的在于使顾客记住其产品，促使他们继续使用其产品，以维持或加深顾客对企业及其品牌的印象。

当介绍新产品时，大量使用广告，此时广告的目的是建立基本的需求。早期，高清电视厂家必须告知消费者新产品的图像质量和尺寸。随着竞争的加剧，说服型广告变得越来越重要，此时企业的目标是建立选择性需求。当高清电视被市场接受后，厂家就要通过说服消费者相信其品牌能够提供最佳质量与服务，以吸引消费者并创建品牌社区。

说服型广告经常演变为比较型广告或者攻击型广告。这类广告直接将品牌和其他品牌进行对比，如比价格、比性能等。企业要谨慎使用这类广告，因为搞不好会招致竞争者报复，对方可能采取更激进的行动，甚至诉诸法律，导致两败俱伤。

2．广告预算

确立了广告目标之后，企业应制定广告预算，即确定在广告上投入的资金及其使用规划，以实现企业特定的目标。

（1）广告预算的影响因素。企业在制定广告预算时，要考虑五个特定的因素。①产品所处生命周期阶段。新产品一般需要花费大量广告预算，以建立知晓度和争取让消费者试用；已经建立知晓度的品牌所需预算在销售额中所占的比例通常较低。②市场份额和消费者基础。市场份额高的品牌，只求维持其市场份额，因此其广告费用在销售额中所占比例通常较低，而增加销售额或从竞争者手中夺取市场份额则需要大量的广告费用。③竞争程度。一般来说，市场的竞争程度越高，企业需投入的广告费用就越高。④广告频率。把品牌信息传达到消费者需要的重复次数也会对广告预算产生影响。⑤产品同质性和替代性。产品的同质性越强，为了树立有差别的形象所需要投入的广告费用越高。即使品牌可以提供独特的销售主张，广告也有重要的作用。产品的替代性较高的企业也不得不增加广告费用，以建立起品牌的差异化；反之，广告费用可以低一些。

（2）制定广告预算的方法。前文介绍的制定促销预算的方法也适用于制定广告预算。一般来说，中小企业可以调用的资源较为有限，为了不与大企业发生对抗和冲突，需要精心安排广告费用，保证广告的成本效益。

3．广告信息

有效广告一定是为特定顾客而创作的，通常基于对顾客需求的理解和考虑，它要传达特定产品的信息。为了赢得和保持顾客关注，企业的广告信息要精心策划，有效地传达信息，富有想象力，更要具有情感体验，能激起人们的兴趣。

（1）广告创意。好的广告创意非常重要。要想设计一个让消费者喜欢而不是让他们讨厌的广告，创意非常关键。某广告商曾说："一个商业广告必须在1～3秒内吸引观众的注意力，否则他们就换台了。"

（2）广告诉求。广告创意将指导广告活动选择的诉求点。广告的目标是让消费者参与企业及其产品的互动，他们只有感觉到能够从中受益时，才会参与和反馈。因此，有效的信息策略应该抓住消费者的广告诉求，并与企业的整体定位和顾客价值创造战略相一致。广告诉求应该有以下三个特征。①有意义。广告诉求应反映消费者期望获得的利益。②可信赖。消费者相信产品或服务能够传达所承诺的利益。③差异化。广告诉求要告诉消费者这个品牌为什么比竞争者的品牌好。例如手表，斯沃琪强调的是款式和时尚，而劳力士强调的是豪华和地位。

请扫码阅读资料"广告信息演绎框架"（线上资源11-5）。

（3）广告信息的呈现。广告客户应当将广告创意转变成实际的广告，通过具体的方式、风格、语调、用词和形式来呈现，这些都需要精心设计和制作。这一过程复杂而又体现专业性，往往需要具有不同专业特长的人合作完成，有时如同制作一部大片，从而保证广告一呈现在受众面前，就能有效地吸引他们的注意力。

线上资源11-5

4．广告媒体

广告媒体的选择在很大程度上决定了促销效果与成本，甚至影响企业市场开拓与市场竞争的成败。世界发展至今日，信息通信技术得到了空前的发展，最为显著的特点就是广告媒体技术日趋多样化。企业在制定广告媒体策略时应考虑以下因素。

（1）广告媒体的种类和特点。广告媒体分为大众媒体和新媒体两类。大众媒体包括报纸媒体、杂志媒体、广播媒体、电视媒体、户外广告媒体，以及邮寄广告媒体和其他媒体；新媒体主要包括企业网站、电子邮件、搜索引擎、博客、微博、微信等。

大众媒体广告的特点如下。①报纸媒体的优点主要在于弹性大、灵活、及时，对当地市场的覆盖率高，易被接受和被信任；其缺点主要在于传读率低、保存性差、传真度差、广告版面小易被忽视。②杂志媒体的优点主要在于针对性强、选择性好、可信度高，并有一定的权威性，反复阅读率高、传读率高，保存期长；其缺点主要在于广告购买前置时间长。③广播媒体的优点主要在于信息传播迅速、及时，传播范围广泛，选择性较强，成本低；其缺点主要在于只有声音传播，信息转瞬即逝，表现手法不如电视吸引人。④电视媒体的主要优点是诉诸人的听觉和视觉，富有感染力，能引起高度注意，触及面广，送达率高；其缺点主要在于其成本高、干扰多，信息转瞬即逝，选择性、针对性较差。⑤户外广告媒体的优点主要在于反复诉求效果好，对地区和消费者选择性强、传真度高，费用较低，具有一定的强迫诉求性质；其缺点主要在于传播区域小，创造力受到限制。⑥邮寄广告媒体的优点主要在于针对性、选择性强，注意率、传读率、反复阅读率高，灵活性强，人情味较重；其缺点主要在于成本较高、传播面积小、容易造成滥寄的现象。

新媒体广告是运用互联网媒体对受众所进行的信息传播。它是在 Internet 或 Web 上传播的广告。与前面大众媒体广告相比，其最大的特点在于能够为目标群体提供个性化、定制化的广告内容，同时目标受众对广告信息的接受不再是单向、被动式的，极具感染力和参与性，企业和目标受众可以借助于新媒体实现平等、双向的互动交流。新媒体被称为继报纸、杂志、广播和电视四大传统媒体之后的第五媒体，其缺点主要在于受设备普及所限引发的当前网络发展中的一些问题（如虚假广告的监管等）的限制。新媒体广告的形式多样，并且特点各异。

（2）目标顾客的媒体习惯。企业在实施广告促销时，要想取得良好的效果，应当充分理解目标顾客的媒体习惯，以便在广告活动中有的放矢。目标顾客有其特定的接触媒体的习惯，如广播、电视和互联网对青少年来说可能是最为有效的广告媒体，而女性报刊或儿童杂志是妇女或儿童用品较为合适的广告媒体。

（3）产品性质与特点。各种媒体在演示、描述、可信度等方面分别具有不同的表现力。而企业应结合其产品所具有的不同性质与特点，使用最为适合其特征的广告媒体。例如，妇女时装广告刊登在彩色印刷杂志上最能吸引人的注意，特别是引起年轻女性的兴趣；手机广告通过电视画面做一些生动实用的演示渲染则效果最好。

（4）媒体成本。不同媒体要求的费用并不一样，这不仅取决于媒体自身的声誉及影响力，还受广告用时长短、时段和版面等因素的影响。例如，电视广告黄金时段的费用极为昂贵，而报纸广告次要版面则相对便宜。不过，绝对成本数字也许不是最为重要的，企业应考虑自己追求的实际促销效果和企业的财务实力，选择最为合适的、有效的媒体。

（5）媒体的触及面、频率和影响力。媒体触及面是指在一定时期内某一特定媒体一次最少能触及的不同的人或家庭的数目；媒体频率是指在一定时期内，平均每人或每个家庭见到广告信息的次数；媒体影响力是指使用某一特定媒体对目标受众的影响程度和传播价值。要想使广告起作用，应当向目标受众多次展露，重复太少可能会造成浪费，因为它们没有被注意到，但频率太高也会造成浪费。事实上，在一定广告预算水平下，所要购买的媒体的触及面、频率和影响力的成本效益存在最佳组合。一般而言，当推出新产品、侧翼品牌、扩展驰名品牌或购买并不频繁的品牌或追求一个界定不清楚的目标市场时，触及面最重要。当存在强有力的竞争者、想要传达的信息复杂、消费者阻抗力高或购买次数频繁时，频率最重要。

请扫码阅读资料"广告强度对产品销售的影响"（线上资源 11-6）。

5．广告效果衡量

线上资源 11-6

对广告的效果进行衡量一方面是检查现有广告手段的效果，另一方面是把衡量结果作为改善将来广告投入的依据。广告效果衡量包括两个方面：①对信息沟通效果的衡量，即广告是否将信息准确传递给了目标市场的消费者；②对销售效果的衡量，即评估通过广告促销企业的销售额增长情况。具体的评估形式有以下五种。

（1）认知和回忆效果衡量。认知是指消费者是否能够识别出看过的广告，一般用四个指标反映：注目率——那些能记得自己看过广告的消费者的比例；阅读率——那些看过广告并且能够清楚说明广告品牌和产品的消费者的比例；泛读率——那些阅读了广告内容任何部分的消费者的比例；精读率——那些阅读了广告内容一半以上的消费者的比例。

（2）情感效果衡量。这种评估形式主要表明的是广告受消费者欢迎的程度，因为受欢迎的广告可以对消费者产生积极的情感效应，同时更具说服效果。一般由专业的市场调研公司对情感效果进行衡量，它们通过一系列的追踪来解释和反映消费者在看到广告后的感受。

（3）生理刺激效果衡量。通过捕捉消费者神经系统的反应，或者记录下消费者在看到一组广告时，他们的心跳、血压、瞳孔的变化等，可辅助性地测试出广告对消费者的吸引力大小。

（4）说服效果衡量。很多机构的调查研究结果表明，消费者的购买行为在潜意识下受到广告的影响，尤其是连续的广告可以更大程度地影响消费者。同时，广告内容、广告的情感效果等也起到很大的作用。

（5）销售效果衡量。上述四种评估形式都是针对广告本身效果进行的评估，有时还需要进行广告对公司销售影响的测定。以下是两个常用的测定指标：

$$广告费占销售额比例=（广告费用/销售额）\times 100\%$$

$$广告费增长率=（销售增加率/广告费用增加率）\times 100\%$$

销售效果的衡量相对更为困难，由于除广告因素之外，影响销售额增长的因素还有很多，如价格降低、产品改进、渠道效率提高等许多因素都会在某种程度上影响销售额增长，因此企业对于有多少销售额的增长可归功于广告很难做出判定。一般来说，企业常用的对销售效果进行分析的方法主要有以下两种。

（1）历史分析法：主要利用先进的统计技术，找出过去各阶段广告费用与销售额之间的相关性，对广告促销效果做出评估，并作为以后广告促销的依据。

（2）实验分析法：以比较各地广告促销不同效果的方式，来评估广告开支增长对销售额的影响。除此之外，企业还应当努力研究探索各种评估技术手段，对广告效果尽可能地做出客观评估，以对广告规划进行有效的控制，使广告作为促销策略的主要组成部分得到最优化的利用。

11.4 人员推销策略

人员推销是一种人际传播的方式，在促销组合中是一种古老而充满活力的方式。几乎所有的企业都使用销售团队来销售产品或服务，以面向其客户和终端消费者。与其他促销方式相比，人员推销形成和积累了许多相对实用的理论与原则。

11.4.1 人员推销的内涵

人员推销是企业运用推销人员直接向顾客推销产品或服务的一种促销活动。推销人员直接与潜在顾客接触、洽谈、介绍商品、进行说服，促使其购买产品，达成交易，实现既销售产品，又满足顾客需求的目的。人员推销在顾客购买过程的某些阶段，特别在建立顾客的偏好、信任和行动时，是最有效的工具。人员推销的主要特点如下。

（1）信息传递的双向性。推销并非只是由推销人员向推销对象传递信息的过程，而是信息传递与反馈的双向沟通过程。推销人员在向顾客提供有关产品、企业及售后服务等信息、解答顾客疑问的同时，也在了解顾客对企业产品及其服务的意见与要求。

（2）推销过程的灵活性。推销人员与顾客面对面洽谈，通过交谈与观察顾客，根据不同顾客的特点和反应，调整沟通策略和方式，投其所好地进行说服与诱导，及时消除顾客疑虑，有利于顺利达成交易。

（3）推销目的的多重性。人员推销能够通过提供信息、技术、服务来激发顾客的购买欲望；

推销人员能够当好顾客的参谋，帮助其进行购买决策，并能通过提供优质服务，更好地满足其需求；通过双方的交流和沟通，能够密切企业与顾客之间的关系，使其成为企业稳定的客户。

但推销人员的接触面相对狭窄，最大的劣势是费用高，特别是当目标市场比较分散时，成本更高。一般来说，单位价值高、技术性较强的产品，或者销售对象明显集中，一次成交量较大的产品，适于采用人员推销方式。此外，推销人员的素质往往决定了企业在消费者心目中的形象。

请扫码阅读资料"优秀推销员的四大素质"（线上资源 11-7）。

线上资源 11-7

11.4.2　人员推销的基本过程及方法

完整的推销过程，一般包括寻找和识别潜在顾客、访问准备、接近顾客、讲解和示范表演、意见反馈处理、达成交易、事后追踪七个阶段，如图 11-5 所示。就每项推销业务而言，各阶段固然有先后之分，但就整个推销过程而言，这七个阶段存在交叉渗透关系。

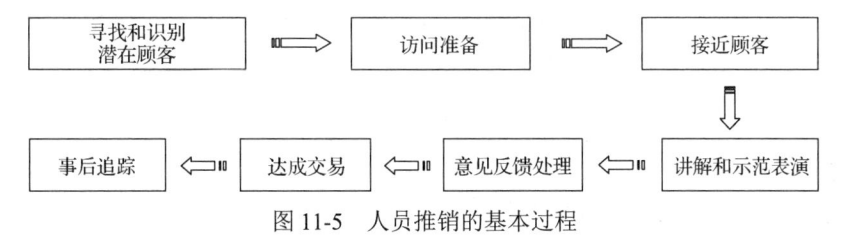

图 11-5　人员推销的基本过程

1．寻找和识别潜在顾客

人员推销的第一步是识别潜在顾客。推销人员可以通过现有顾客、供应商、非竞争性的推销代表、银行和行业协会等渠道，以及广告、电话、邮件、社会化媒体等方式，寻找潜在顾客。对潜在的顾客，可以通过研究其财务能力、业务量、具体需求、地理位置和连续进行业务的可能性，来衡量其资格。有价值的销售线索一般有三个要求：①能从购买本企业的产品中获得利益；②有支付能力；③有权决定购买与否。

2．访问准备

推销人员应尽可能了解潜在顾客的情况，如果推销对象是企业，那么还应了解目标企业和采购人员的情况，从而确定一种合适的拜访方法。推销人员还应确定访问目标、访问的最佳时机，并制定全面的推销策略。

3．接近顾客

推销人员应该知道初次与顾客交往时如何会见和向其问候，使双方的关系有一个良好的开端，这包括推销人员的仪表、开场白和随后谈论的内容；推销人员的衣着应尽量与顾客的衣着相类似。初次见面尤其要讲究言谈举止。

4．讲解和示范表演

推销人员可以按照 AIDA 模式向购买者介绍产品，即争取注意（Attention）、引起兴趣（Interest）、激发欲望（Desire）和付诸行动（Action）。在整个过程中推销人员应以产品性能为依据，着重说明产品给顾客所带来的利益，引起顾客的兴趣，激发其需求，最终促成交易。

5. 意见反馈处理

顾客在听取产品介绍的过程中，或在推销人员要他们订购时，一般都会表现出抵触情绪。面对反对意见，推销人员要沉着冷静，因为这既是达成交易的障碍，也是达成交易的前奏。推销人员应采取积极的方法让顾客说明反对的理由，努力否定其反对意见，或努力将对方的异议转变成购买的理由。

6. 达成交易

达成交易有几种方法。推销人员可以要求顾客订货，重新强调协议的要点，帮助填写订单，询问和确认顾客需要的产品，对颜色、尺寸等进行选择。推销人员也可以给予购买者以特定的成交劝诱，如特价、免费赠送礼物或额外赠送产品等。

7. 事后追踪

交易达成之后，推销人员应立即着手履约。接到订单后，推销人员就应制定后续工作访问日程表，并及时提供相应的指导和服务；通过访问还可以发现可能存在的问题，使顾客相信推销人员的关心，并减少可能出现的认知差异。推销人员还应做好客户维护，与他们建立并保持良好的关系。

案例 11-2　　　　　　　　　　　玩具的推销过程

一位西装笔挺的中年男士，走到玩具柜台前停下，售货小姐马上上前接待。

男士伸手拿起一只声控玩具飞碟。

"先生，您好。您的小孩多大了？"售货小姐笑容可掬地问道。

"六岁。"男士说着，把玩具放回原位，又转向其他玩具。

"六岁！"售货小姐提高嗓门说，"这个年龄玩这种玩具正是时候。"说着便把玩具的开关开开。

男士的视线又被吸引到玩具上。售货小姐把玩具放在地上，拿着声控器，开始熟练地操纵着，前进、后退、旋转，同时说："小孩子从小玩这种玩具，可以培养出强烈的领导意识。"

她接着把另一个声控器递到男士的手里。于是，那位男士也开始玩起来了。几分钟后，售货小姐把玩具关掉。

男士开始问："这一套多少钱？"

"450元。""太贵了，算400元好啦。"

"先生，跟孩子将来的领导才华比起来，这实在是微不足道。"

售货小姐稍微停了一下，拿出两节崭新的电池说："这样好了，这两节电池免费赠送！"说着，便把一个没有拆封的声控玩具飞碟，连同两节电池，一起塞进包装用的塑料袋递给男士。男士一只手摸进口袋掏钱，另一只手接下玩具问："不用试一下吗？"

"品质绝对保证！"售货小姐送上名片说："我们公司在这里办展销，已经交了一笔保证金。"男士高兴地交了钱，拿着玩具满意而归。

资料来源：刘丽娟，贺安黎. 经营谋略全书[M]. 太原：山西经济出版社，1996.

要领与启示：

该案例有五点值得推销员借鉴：一是要注重协商讨论，而不是强力推销；二是要把握推销主动权，而不是被顾客牵着鼻子走；三是要进行产品展示，让顾客参与进来，让顾客体会产品的乐趣；四是要把产品给顾客带来的利益具体化、扩大化、现实化；五是要尽可能打消顾客的疑虑，及时提请成交。

11.4.3 推销人员的管理

推销人员是企业的重要资源，他们为完成企业的销售目标及承担人员推销的职能发挥了积极的作用。因此，提高推销人员的素质和能力，采取有效措施发挥他们的积极作用是销售人员管理的关键。此外，在总体上，应有一个合理的推销人员规模和结构。

1. 推销人员的规模

通常，企业在确定推销人员的规模时采用工作量法，这种方法包括以下五个步骤：①按照年销售量将顾客分类；②根据竞争对手或过去经验确定每类顾客每年所需的访问次数；③确定企业的年总访问次数；④确定一个推销人员每年可进行的平均访问次数；⑤确定企业推销人员的规模。

假设某公司在全国有三类顾客，其中 A 类顾客 1 000 人，B 类顾客 2 000 人，C 类顾客 3 000 人。A 类顾客一年需访问 24 次，B 类顾客一年需访问 12 次，C 类顾客一年需访问 6 次。假定一个推销人员的年平均访问次数为 600 次，那么：

年总访问次数= 1 000×24 + 2 000×12 + 3 000×6 = 66 000（次）

所需推销人员的数量 ＝ 年总访问次数÷人均年访问量 ＝ 66 000 / 600 = 110（人）

2. 推销人员的队伍结构

在推销人员规模合理的基础上，企业还应该科学规划和组织，形成合理结构。企业可以按照不同的标准决定推销人员的队伍结构。

（1）按区域结构确定。每个推销人员被指定负责某特定区域，作为该区域内的唯一代表。这种结构的优点在于推销人员的责任较为明确，可以促使推销人员努力工作；有利于推销人员和当地的顾客建立长期关系，提高推销效率和降低推销成本。这种结构比较适合差异不大、市场比较集中的产品。

（2）按产品结构确定。每个推销人员负责某一种或某一类产品的推销工作。这种结构的优点在于推销人员非常熟悉该产品或该类产品的特点，同时避免了重复推销。但是，一旦企业产品类型很多时，采用这种结构就会显得力不从心。

（3）按市场结构确定。企业按照顾客类别来组织推销人员，对不同的行业安排不同的推销人员。这种结构的优点在于推销人员非常了解顾客，能更好地满足顾客需求。但如果顾客较为分散，就会增加推销费用。

（4）复合型结构。综合以上各种结构因素组织起来的推销人员队伍。这种销售结构可以综合以上各种方法的优势，适合产品种类繁多、顾客类型不一、销售区域比较广阔的大企业。

3. 推销人员的报酬

报酬是留住人才和激励人才强有力的手段。推销人员是企业重要的人力资源，应该设计合理的报酬制度来吸引他们。企业常见的报酬制度有以下三种。

（1）薪金制。推销人员可以按时得到固定金额的工资，短期内销售多少对薪金没有影响。这种方法可使推销人员得到稳定的收入，推销人员没有过大的精神压力，但缺乏足够的激励。

（2）佣金制。推销人员根据销售情况从其销售额中提取一定比例作为报酬。这种制度能充分调动推销人员的积极性，但推销人员很容易为了提高销售额而不择手段，甚至损害企业声誉。

（3）薪佣制。推销人员有一定的固定薪金，再从其销售额中提取一定的比例作为佣金。这种方法综合了上述两种制度的优势，使推销人员既有基本工资保证，又能够调动其推销的积极性。

4. 推销人员的招聘与培训

推销人员的招聘与培训是销售管理的一项重要工作。企业能否招聘到合适的推销人员，尤其是优秀的推销人才，是人员推销成功的基础。对推销人员进行培训是提高其素质和能力的主要手段，这不但是企业自身发展的需要，而且是推销人员个人成长的需要。

（1）推销人员的招聘。推销人员应该具备诚实、可靠、有知识和设身处地为别人着想等素质。推销人员要敢于承担风险，具有强烈的使命意识和解决问题的决心，认真对待顾客和仔细做好每次访问等。企业可以通过推销人员推荐、人才市场、广告或直接招聘大学应届毕业生等方式招聘推销人员。

（2）推销人员的培训。招聘的推销人员一般要经过一段时间的培训才能称职。此外，对在岗的推销人员也要进行培训，内容包括产品与市场知识、政策与行业环境、心理学知识与推销技能等。

5. 推销人员的考核与评估

对推销人员进行评估的依据主要是企业所掌握的相关资料，如销售额、销售报告、主管人员的考察、顾客和其他推销人员的意见等。评估时主要采用绩效评估的方法。绩效评估主要体现在三个方面：①横向评估，即在推销人员之间进行比较；②纵向评估，即对推销人员当期的绩效与过去某一基期的绩效进行比较；③工作评估，包括推销人员对企业、产品、顾客、竞争者的了解程度，履行工作职责情况等，也包括他们的素质修养等个性特征。

11.5 销售促进策略

销售促进又称营业推广，是企业运用各种短期诱因鼓励消费者和中间商购买、经销（代理）企业产品或服务的促销活动。如今市场上的品牌数量不断增加，产品差异化程度不断减少，加之信息过度使广告效果相对减弱，并且经济环境的不稳定使顾客更倾向于精打细算，企业增加销售额面临更大的压力。在这些因素的综合作用下，销售促进作为促销组合的重要工具之一，正在被越来越多的企业营销人员所接受和运用。

11.5.1 销售促进的特征

销售促进是指除人员推销、广告、直复营销和公共关系等手段之外，企业为了刺激目标市场需求、扩大销售而采取的能够迅速产生激励作用的促销措施。

销售促进可以在短期内刺激目标市场需求，使之大幅度地增长。它向消费者提供了一个特殊的购买机会，能够唤起消费者的广泛注意，具体、实在、针对性强、灵活多样，对想购买便宜东西和低收入阶层的顾客颇具吸引力。

开展销售促进不但要考虑市场供求和产品性质，而且要考虑消费者的购买动机和购买习惯、产品的生命周期、竞争状况及目标市场的环境。销售促进使用不当可能会降低消费者对品牌的长期忠诚度。此外，不合理的销售促进还可能会导致促销费用大大超过预算，因为一部分优惠待遇不可避免地会落入非目标消费者手中。

11.5.2 销售促进的类型

销售促进的对象不同，其目标和所采用的方式也就有所差异。根据销售促进对象形成的销售促进类型有以下三种。

1. 对消费者的销售促进

针对消费者的销售促进的主要目的是提高产品的知名度，鼓励消费者购买，刺激销售量增加或减少库存，如赠送样品、礼品、发放优惠券、现金折扣、特价包装、有奖销售、光顾奖励、免费试用、产品保证、售点陈列和产品示范、开办分期付款业务等。

2. 对中间商的销售促进

针对中间商的销售促进旨在促成企业和中间商之间达成协议，提高中间商经营本企业产品的效率，鼓励他们增加进货，积极宣传、推销产品。对于进入市场不久或品牌知名度不高的产品，针对中间商开展销售促进更为重要。常用的方式包括价格折扣（又称发票折扣或价目单折扣）、提供免费产品、经办合作广告和联营专柜、帮助设计橱窗、举办展览会、展销会和工商联谊会或各种双边、多边贸易座谈会等。

3. 对推销人员的销售促进

针对推销人员的销售促进是为了鼓励、促使推销人员多推销，多为顾客服务，更好地开拓市场。企业通常根据具体情况，在利润分成、补助等方面给予推销人员一定的优惠条件，并在精神和荣誉上给予激励，还可以采取推销竞赛、接力推销、推销奖金等促进推销的措施。

11.5.3 销售促进的方式

销售促进的方式丰富多彩。据调查，仅针对消费者的销售促进就有 500 多种方式。这里以对消费者的销售促进方式为例，根据这些方式涉及的不同主题将之概括为以价格、赠送、奖励和展示为核心的四个主题群。

1. 以价格为核心的销售促进

这种形式以产品或服务的价格变化（通常是价格减让）作为刺激消费者的主要手段。

（1）折价销售。它是商家在一定的时间内进行价格上的减让，特定时间过后又恢复原价。限时让利是其主要特征，如秒杀、限时抢购等。企业在使用这一推广方式时要注意在特定时间过后一定要恢复原价，否则容易模糊产品的市场价位，甚至损害产品的品牌形象。

（2）网络红包。它是互联网运营商、商家在线上派发的红包，可用于消费者所购商品的支付。支付宝红包有现金红包、卖家发的红包等，如果是支付宝现金红包，那么可以在指定的区域内购买任何东西使用支付宝现金红包；如果是商家发放的红包，就只能在商家指定的店铺购买了。一般在各大活动或者节日期间，淘宝会通过抽取红包的方式发出支付宝红包，获取的红包可以直接抵扣。

（3）优惠券。优惠券可以在线上发送，如在淘宝网上会不定期设置一些优惠券，消费者通过小程序或公众号领取，进入店铺，选择符合优惠券使用条件的商品进行购买。它也可线下发送，即由商家或厂家通过邮寄或者在销售现场发送给消费者，使消费者在购物时享受一定程度的减价优惠。优惠券对那些购买频率高的产品促销效果较好。

（4）积分促销。商家或网站预先制定积分制度，在消费者消费后，按照消费金额给其累计积分，积分可以兑换产品或在以后的消费中当成现金使用。

（5）特价包装。厂家对其产品以一定幅度的优惠出售，并将优惠金额标示在产品包装或价格标签上。特价包装的形式灵活多样，可以直接在包装上印出原价与供应特价。特价包装适用于购买频率高、价格水平低的产品促销。

（6）以旧换新。顾客在购买产品时交出同类产品的废旧品，便可享受一定价格折扣的优惠。例如，鼓励汽车、家电"以旧换新"的政策措施，有利于扩大消费需求，也有利于提高能源资源利用效率，减少环境污染，促进节能减排和循环经济发展。

价格是一把"双刃剑"，以价格为核心的销售促进应遵循以下三个原则。①凸显折价事实。运用各种宣传媒介广泛告知折价事实，让消费者知晓并留下深刻印象，以激发消费者的购买欲望。②优惠幅度合理。幅度太小触动不了顾客，难以起到促销作用；幅度太大时，企业应当给出令人信服的理由，否则顾客会怀疑这是假冒伪劣产品。③控制活动频次。活动间隔和次数不要太密，不能让顾客形成"优惠依赖"。

2．以赠送为核心的销售促进

赠送是厂家或商家为影响消费者的消费行为，通过馈赠或派送免费品，介绍产品的性能、特点和功效，建立与消费者之间友好感情联系的有效促销形式。

（1）赠品。消费者在购买某种产品时，免费或以较低的价格向顾客提供的产品称赠品。赠品的形式多种多样，有的赠品就是产品本身，有的是与产品无直接关系的纪念品，有的赠品为相关产品。

（2）赠券。当消费者购买某种产品时，企业给予一定数量的交易赠券，消费者将赠券积累到一定数额时，可到指定地点换取赠品。赠券的实施对刺激消费者大量消费本企业的产品，扩大企业的市场占有率具有较大的影响力。

（3）样品。在新产品引入阶段，通过向消费者免费提供样品供其试用，使其亲身体验产品所带来的利益，而后促使其购买的促销活动。

赠品、赠券和样品作为以赠送为核心的销售促进活动，其促销效果的关键在于赠送品的吸引力及赠送时机的把握。

案例 11-3　　　　　　亚航"免费座位"销售促进活动

2009 年，亚航管理者认为日常运营很难卖掉所有的座位，尤其是在淡季，因此提出一个促销活动即"免费座位"，以实现座位的有效利用与未来机票预订量的上升。机票价格实行销售点直接打折，即在亚航官方网站活动时限内预订机票就能买到"免费座位"。公司主要使用三种广告媒体来向大众传播。

（1）网络媒体。所有网络媒体的"免费座位"广告，都连接促销活动信息和"销售点"在线机票预订的网页，让消费者更容易决定和进行机票购买，同时提供便捷的付费方式。亚航还采取了病毒营销策略，通过社会化媒体、亚航粉丝的再次扩散，使消息迅速触达目标消费者。

（2）日报广告。泰国亚航选择一些日报发布"免费座位"广告，日报广告比较适合潜在的目标客户，同时日报广告包含较多的信息。

（3）电视广告。电视广告作为泰国覆盖面最广、触及率最高的传统媒体，常用于销售促进中的短期广告发布。

2009 年，亚航"免费座位"促销仅在 1 天内预订座位订单就达 279 000 个，其中 60%的乘客预订了 6 个月之后的座位。在全球经济危机的大环境下，亚航座位销售逆势上升。

资料来源：张志龙. 广告与销售促进战略分析：亚航免费座位活动案例[J]. 现代经济信息，2014（21）：379.

> **要领与启示：**
> 亚航洞悉了促销活动的要点，整合多种媒体，让更多的目标消费者接触到促销信息并参与"免费座位"促销活动，扩大了活动的影响力，保证了促销的效果，创造了极大化服务忠诚战略。契合亚航的关键词"高质量与低价"，"免费座位"进一步赢得了消费者对品牌的忠诚度。

3. 以奖励为核心的销售促进

奖励是指企业为激励消费者的购买行为而提供的现金、实物、荣誉称号或旅游奖券等销售促进方式。

（1）竞赛：由企业制定竞赛规程，让消费者按竞赛要求参与活动并获得预定的现金、实物、荣誉称号或旅游奖券等奖项。竞赛的内容一般要求与主办单位的自身特征或产品相关。

（2）抽（摇）奖：在消费者进行消费时为其提供一个获奖的机会。获奖者既可以由抽取票号来确定，也可以由摇转数码来确定。各种抢红包互动活动，如逛狂欢城、玩游戏就可以抽红包等，实际上就是吸引消费者进行网上互动的奖励。

（3）猜奖：让消费者猜测某一结果，猜中者给予奖励。猜奖与抽（摇）奖不同，抽（摇）奖的奖项是事先预定的，因此也是固定的；而猜奖却很难事先确定有多少人能中奖，有可能自始至终无人中奖，也有可能中奖者若干。

（4）现场兑奖：消费者根据消费额的多少领取奖票，现场刮号或揭底，中奖者可现场兑奖。现场兑奖通常是将具有较强吸引力的奖品展销在销售场点，形成强烈的现场刺激，提升人气。

以奖励为核心的促销活动要取得良好效果，关键是活动主题的设计和奖品的选择，并且要营造浓厚的参与氛围，使消费者乐于参与。

4. 以展示为核心的销售促进

展示是让产品直接面对消费者，使产品与消费者进行心灵对话的直观性促销方式。

（1）展销会。企业将产品分主题展示出来并进行现场售卖，以便于消费者了解产品信息增加销售机会。常见的展销形式有为适应消费者季节性购买特点而举办的"季节性产品展销"，或者为新产品打开销路的"新产品展销"等。

（2）售点陈列。企业通过产品的售点陈列，充分展示产品的特性与优势，吸引消费者购买。售点陈列是指在选好的陈列点，考虑陈列的视觉吸引力，让同种产品堆放在一起以显示气势。弱势品牌尽量陈列在第一品牌旁边，运用指示牌、插卡等手段有效传达产品信息，并保证在货架上至少有80%的产品可以让消费者方便自行拿取。

（3）现场示范。销售人员在现场对产品的用途与操作进行实际的演示和解说，以吸引消费者注意、消除他们的疑虑。现场示范一般适用于新产品上市或产品功能的改进宣传。

由于展示是把产品直接呈现在消费者面前，因此要求采用此法进行销售促进的产品质量过硬，要经得起消费者的挑剔。

案例 11-4　　　　　　　　　YVR 给用户带来美好体验

2022 年 8 月 20 日，YVR 首家线下零售体验店亮相上海松江万达广场，以科技潮流美学打造极致元宇宙互动空间。YVR 零售体验店集 VR 眼镜体验专区、无限串流大屏体验区、MRC 体验区、观影区、休息等位专座五大功能区于一体，全方位展现 YVR 对元宇宙时代科技与人文交融的深刻理解，为用户打造超越现实、接轨未来的元宇宙"游乐场"。

YVR 成立于 2020 年，至今已连续推出两款 VR 眼镜，成功打通天猫、京东、抖音三大线上电商渠道，"速度"一直是其发展过程中不可忽视的关键词。2021 年，Meta 推出的 VR 一体机 Oculus Quest 2 热销累计突破 1000 万台，成为全球标杆性的存在。而根据 Omdia Research 的调查，2021 年消费级 VR 头显的全球销量大约为 1250 万台，预计到 2026 年，全球范围内的活跃 VR 头显数量将会达到 7000 万台。

在全球 VR 市场发展得如火如荼之时，国内市场也处于加速腾飞阶段。如何让更多人了解 VR、喜爱 VR，从而促进消费市场进一步扩大，已成为本土 VR 科技品牌的关键课题。"VR 是一个强体验、强沉浸的产品，线上推广虽然有利于概念普及，但对于购买决策的影响力远不如线下体验。"YVR 创始人表示，"线下零售体验店的开业是对全渠道生态融合发展的进一步探索。我们希望通过线下展示、体验，让消费者更加了解 YVR 品牌和产品。同时，通过对现场体验数据的分析，我们也可以进一步了解消费者的真实需求，完成产品迭代升级。"YVR 践行"让更多人玩出梦想"的品牌使命，给用户美好的体验，力争做出一款好看、好用、好玩的 VR 眼镜。

资料来源：YVR 首家线下零售体验店正式开业，品牌发展迈入加速跑阶段[EB/OL]．(2022-08-22)．东方网．

要领与启示：

YVR 打通了天猫、京东、抖音三大线上电商渠道，线下零售体验店的落地，标志着 YVR 正将触角延伸至线下蓝海，推动"线上+线下"全渠道生态的发展。线下零售体验店的开业，给用户带来美好体验，在用户心中 YVR 不再是抽象、割裂的概念，而是融合线上线下全渠道、展示促销各环节的，相互促进、共同迭代发展的整体。

11.5.4 销售促进的策略制定

企业制定销售促进策略，包括确定目标、选择工具、制定方案、预试方案、实施和控制方案及评价效果等内容和步骤。

1. 销售促进的目标确定

就消费者而言，销售促进目标包括鼓励消费者更多地使用产品和大批量购买，争取未使用者试用，以及吸引竞争者品牌的使用者。就零售商而言，销售促进目标包括吸引零售商经营新的产品品目和维持较高水平的存货，鼓励他们购买过季产品，鼓励贮存相关品目，抵消竞争性的促销影响，培育零售商的品牌忠诚度和获得进入新的零售网点的机会。就销售队伍而言，销售促进目标包括鼓励他们支持一种新产品或新型号，激励他们寻找更多的潜在顾客和刺激他们推销过季产品。

2. 销售促进的工具选择

许多销售促进工具可以实现上述目标。在选择工具时，销售促进方案制定者应该把市场的类型、促销目标、竞争情况及每种促销工具的成本效益考虑进去。

3. 销售促进的方案制定

在制定销售促进方案时，企业应考虑以下因素。

（1）确定所提供刺激的大小。若要使促销获得成功，最小限度的刺激物是必不可少的，低于这个程度，销售促进不能充分发挥作用；较高的刺激程度会产生较高的销售反应，但单位推广费用效率却是递减的。

（2）制定参与条件。销售促进刺激物通常是提供给潜在购买者的。但企业有时可以有意识地限制那些不可能成为长期顾客的人或购买量太少的人获取销售促进刺激物。限制条件不宜过宽，也不宜过严，否则达不到应有的效果。

（3）决定持续时间。如果销售促进的时间太短，许多顾客可能来不及购买；如果持续的时间太长，交易优待则会失去其"立竿见影"的效力。理想的销售促进周期要根据不同产品种类、消费的季节性、产品的供求状况、产品的生命周期阶段等来确定。

（4）选择恰当途径。销售促进的途径和方式不同，推广费用和效益也不一样，企业应当结合自身内部条件、市场状况、竞争动态、消费者购买动机等进行综合分析，选择最佳的途径和方式。

（5）选择合适时机。针对不同产品、不同环境，销售促进的时机是不同的。市场竞争激烈的产品、同质性较强的产品、刚进入市场的产品、滞销产品等多在销售淡季进行销售促进。

（6）确定预算。销售促进总预算可以根据所选方式来估算费用，也可以按习惯比例来确定其在总促销预算中的占比。

4．销售促进的方案预试

虽然销售促进方案是在经验的基础上制定的，但需要经过预试，以明确所选用的工具是否适当，刺激的规模是否最佳，实施的方法效率是否最高。企业可邀请消费者对几种不同的方式做出分析和评价，也可以在有限的地区范围内进行测试。

5．销售促进的方案实施和控制

企业必须对每项销售促进工作确定实施和控制计划。实施计划应当包括前置时间和销售延续时间。前置时间是开始实施这种方案前所必需的准备时间。销售延续时间是指从开始实施起到大约95%的优待产品已经到达购买者手里的持续时间。

6．销售促进的效果评价

企业可通过销售数据、消费者调查和实验三种方法对销售促进的效果进行衡量。营销人员可通过销售数据分析各种类型的人对销售促进的态度，以及对这些人在销售促进前后的行为比较来进行评价。营销人员可利用消费者调查去了解多少人记得这次销售促进，他们的看法如何，多少人从中得到了好处，以及这次销售促进对于他们随后选择行为的影响。此外，营销人员还可以利用实验加以评估，这些实验可随着销售促进措施的属性（如刺激价值、促销期长短和分销商等）的不同而异。

案例 11-5 　　　　　　　　　　　　　**金佰利与宝洁的促销争夺之战**

"金佰利"这个名字对于许多中国人来说可能有些陌生。它是仅次于宝洁的美国第二大家庭和个人护理产品的生产商，并且它在世界纸业界中有着特殊而不可被忽视的地位。宝洁公司的纸尿布品牌是"帮宝适"，金佰利的纸尿布品牌是"好奇"，二者都是业内销量领先的品牌。2002年，为了在纸尿布市场上赶超宝洁的"帮宝适"，金佰利除继续保持在"好奇"纸尿布上技术革新的投入外，还想到了一个不寻常的办法，就是提价5%并减少每包纸尿布中的片数。金佰利此举本来是希望借此相逼宝洁，让"帮宝适"纸尿布也采取类似的提价措施。但宝洁却拒绝按常理出牌，而是反其道而行之，推出了大号装"帮宝适"并特意在包装上注明了"比较"二字。在一些商店中，买"好奇"纸尿布的顾客甚至收到了随收据附赠的购买大号装"帮宝适"的九五折优惠券。

宝洁让"帮宝适"降价15%达五个月之久。最后，宝洁在打折商品上大捞了一把，而金佰利被迫取消提价策略。紧接着，在金佰利还没有从宝洁的奇袭战法中缓过神来的时候，宝洁又发动了一次空前的营销反击战。一时间，"帮宝适"纸尿布的电视广告在美国市场铺天盖地地展开。电视屏幕上，一个蹒跚学步的孩子挥舞着自己刚刚解下来的训练裤在餐厅里跑来跑去，宝洁则在旁边不停地劝导消费者，不能给孩子用这样一种不安全的尿布。宝洁的这一广告无疑针对的是金佰利的"好奇"纸尿布，宝洁要表达的意思再清楚不过，就是蹒跚学步的宝宝都可以轻而易举地挣脱"好奇"的Pull-Up尿布，导致有尿布等于没尿布。在这场由金佰利发起的营销战争中，金佰利由始至终处于被动的境地，不但想让宝洁跟进提价的计划流产，而且在后一阶段还不得不被动投入宝洁发起的促销战中，进一步压缩了利润空间。最后，金佰利宣布盈利低于预期的四分之三，导致一天当中其股价大幅跳水12%。几个月后，金佰利的销售增长仍然缓慢，它甚至降低了长期发展计划中的增长预期。而这场战争结束以后，宝洁的拉拉裤（New Pull-Up）的市场份额却从2002年2月的零起点增长了近20%。

资料来源：余颖. 营销策划[M]. 北京：北京师范大学出版社，2007.

要领与启示：

　　金佰利的"好奇"失败在于其完全凭以往经验制定销售促进方案和开展市场竞争活动，忽视了预测市场反应和竞争对手的策略变化。同时，本案例还说明，企业有必要对销售促进方案在正式实施前进行预试，分析各种销售促进方式是否合适，刺激强度是否适度，市场反应、促销效果、竞争者反应是否与预期相符，并在实施过程中重视控制活动，不断监督和检查销售促进方案的实施情况，以便根据事先意料不到的实际情况来灵活调整方案。

11.6　公共关系策略

　　公共关系，俗称公关，是另一个重要的促销工具。企业不但要建设性地与其顾客、供应者、经销商和代理商建立密切的关系，而且要与大量对其产品感兴趣的公众建立良好的关系。

11.6.1　公共关系的内涵和工具

　　公共关系是指与公众建立良好关系，获得有利宣传，塑造正面形象，并及时处理和阻止不利的谣言、舆论、报道和事件，目的是在企业与公众之间形成良好关系，使企业和公众相适应、相和谐。公共关系对公众意识有着强烈的影响，达到相同的效果比广告的成本更低。如果企业有一个有趣的故事，那么这个故事可能被不同媒体转载，获得与巨额广告投入相同的效果。当然，在网络营销时代，广告与公关的界限越来越模糊，网站、博客、社会化媒体、在线品牌视频既是广告活动，也是公关传播。

　　常见的营销公关工具有软文、事件、赞助、公益活动、形象识别等。

　　（1）软文。软文又称软性广告，是指企业通过策划在电视台、广播电台播出的节目，或者在平面媒体（报纸、杂志等）上刊登的文章，用来提升企业品牌形象和知名度，从而促进产品或服务销售的宣传性、阐释性新闻或文章。软文包括特定的新闻报道、深度文章、付费短文广告、案例分析等。软文用较少的投入博得公众的眼球，吸引消费者，增强产品的销售力，提高产品美誉度。

（2）事件。企业通过策划、组织和利用具有名人效应、新闻价值及社会影响的人物或事件，引起媒体、社会团体和消费者的兴趣与关注，提高企业或产品的知名度、美誉度，提升品牌形象，并最终达到增加产品或服务销售目的。运用事件公关需要把握新闻规律，制造具有新闻价值的事件，通过具体操作使这一事件得以广泛传播，从而达到广告的效果。这一公关工具一般具有突发性强、时间紧迫、市场机会大、受众面广、媒体助阵频率高等特点。

（3）赞助。赞助是企业以提供资金、产品、设备、设施和免费服务等形式无偿赞助社会事业或社会活动的一种公关活动形式。企业通过赞助某项活动，并运用营销的手段达到为企业创造价值的目的。赞助本身并没有直接的利益回报，它通过在活动中树立品牌，并运用营销手段，实现对市场的价值激活。

（4）公益活动。公益活动是指一定的组织或个人向社会捐赠财物或开展与公益有关的其他活动。公益活动的内容包括社区服务、环境保护、知识传播、公共福利、社会援助、紧急救助、青年服务、慈善活动、社团活动、专业服务、文化艺术活动、国际合作等。一般而言，公关所指的公益活动是指企业以关心人的生存发展、社会进步为出发点，借助公益活动与消费者进行沟通，在产生公益效果的同时，使消费者对企业的产品或服务产生偏好，并由此提高品牌知名度和美誉度的营销行为。

（5）形象识别。企业形象识别又称企业形象规范体系，是指一家企业为了获得社会的理解与信任，将其宗旨和产品包含的文化内涵传达给公众，建立自己的视觉体系形象。企业形象识别由理念识别、视觉识别、活动识别三大体系构成。

（6）其他。营销公关工具还包括一些活动，如企业举行的新闻发布会、企业与外部的协作交流活动、企业在公开场合的演讲、专题讨论等。

11.6.2 公共关系的原则和主要决策

公共关系的本质是提升和维护企业形象的一种信息沟通，其目的是创造和维护企业良好的生存和发展环境。因此，作为一种促销工具，要发挥其应有的作用需要注意一些原则，并要做好相应的计划和决策。

1. 公共关系的原则

企业在信息沟通中既要凸显形象，又要恰如其分，决不能无中生有，或者夸大其词，要自觉维护公众利益，协调公众利益与企业利益。

（1）以诚取信。企业要在公众中树立良好的形象，关键在于诚实。只有诚实才能获得公众的信任回报。如果企业以欺骗的方法吹嘘自己，那么很容易失去公众的信任，企业也会名誉扫地，甚至倒闭。

（2）公众利益与企业利益相协调。企业的生存发展离不开公众，离不开社会的支持，如用工、资金、原材料提供及政府的宏观调控等。公共关系的最终目的归结于促进企业销售，但在当今社会，公众越来越关注企业的社会责任。随着顾客资源越来越稀缺，企业不但应该增加顾客的利益，而且应提高公众的利益，将公众利益与企业利益结合起来。

2. 公共关系的主要决策

在考虑何时与如何运用公共关系时，应当确定具体的目标，选择公关信息和公关媒体，谨慎地执行公关计划，并评估公关效果。

（1）确定目标。企业的公共关系策略是为营销目标服务的，确定营销目标是公共关系活动的首要环节。一般来说，企业公关目标是促使公众了解企业形象，改变公众对企业的态度。具体目标包括以下几个方面。①树立知晓度。公共关系可利用媒体来讲述一些情节，以吸引人们对某产品、品牌、组织或构思的注意力。②树立可信性。公共关系可通过评论性的报道来传播以增加可信性。③刺激销售和经销。公共关系对刺激销售队伍和经销商的热忱非常有用。在新产品投放市场之前先以公共宣传方式披露，便于帮助销售队伍和经销商将产品推销给零售商。④降低促销成本。公共关系的成本比直接邮寄和广告的成本要低很多，越是促销预算少的企业，运用公共关系就越多。

（2）选择信息和载体。公关目标确定后，应确认该产品是否具有有趣的故事进行报道。如果可供报道的故事不够充分，最好是创造新闻事件，以引起公众注意。

（3）执行计划。并非每项公关活动都能直接达到销售目标，有些公关活动虽不能直接促进销售目标的实现，但从长远来看是有利于促进产品销售的。企业可以开展以下计划：①加强与新闻界的关系，使之用正面的形式发布关于本企业的新闻和信息；②宣传为某些特定产品做的各种努力；③通过内部和外部信息传播促进公众对企业的理解；④就公众事件问题、企业地位和企业形象向管理当局提出建议等。

（4）评估效果。由于公共关系常与其他促销工具一起被使用，故其使用效果很难衡量。但如果对公共关系的使用在其他促销工具行动之前，则其使用效果较容易衡量。有效营销公关最常用的三种衡量方法：①企业在媒体上出现次数增加了多少；②公众对企业知名度、理解和态度方面变化的大小；③公共关系对企业销售额和利润的贡献如何。

案例 11-6　　知网事件——危机公关要敢承担责任

自 2021 年年末，一系列事件将知网推至风口浪尖。首先是"武汉 89 岁教授状告知名网站获赔 70 多万元"事件的曝光，大学退休教授赵德馨发现自己的 100 多篇论文在期刊刊发后，被中国知网擅自收录并传播，而他从未收到收录通知和稿费，因此决定起诉维权。2022 年 4 月 15 日，一封疑似"中科院文献信息中心"的邮件让知网再陷争议。邮件中提到，由于知网开出的续订费过高，双方经过积极协商，未能达成一致意见，中国科学院未来考虑用维普期刊数据库、万方学位论文数据库，对知网数据库形成替代保护。4 月 25 日，国家市场监督管理总局回复称：已关注到各方面反映的知网涉嫌垄断问题，正在依法开展相关工作。

2022 年 12 月 26 日，国家市场监督管理总局依法做出行政处罚决定，责令知网停止违法行为，并处以其 2021 年中国境内销售额（17.52 亿元）5%的罚款，计 8 760 万元。同时，坚持依法规范和促进发展并重，监督知网全面落实整改措施、消除违法行为后果，要求知网围绕解除独家合作、减轻用户负担、加强内部合规管理等方面进行全面整改，促进行业规范健康创新发展。

同一天，知网做出回应，并公布了五个方面共 15 项整改措施，囊括"彻底整改与期刊、高校的独家合作""大幅降低数据库服务价格""保护作者合法权益""持续优化相关服务""全面加强合规建设"五大方面，对在舆论风暴下持续已久的大众之声予以应答。

这一应对获得了成效，在细则下，"苦知网久矣"的大众终于看到了知网担起责任的态度，在一阵欢呼后，未再过多纠结。在舆情热度降温的同时，负面情绪的消解效果也较为理想，一些正面的期待声萦绕其间。

资料来源：2022 年八大企业危机公关事件盘点，你还记得哪些？[EB/OL]．（2023-02-08）．搜狐网．

要领与启示：

> 国家市场监督管理总局依法做出处罚的当天，知网快速做出回应，首先承认错误，而后对惩处项、舆论质疑热点等问题予以了详细的改进措施公布。大众看到了知网担起责任的态度，在一阵欢呼后，未再过多纠结，负面情绪的消解效果也较为理想。在危机事件中，"打太极"般的应对并不能真正解决问题。当企业再次受到关注时，遗留下来的问题和舆论情绪仍将如影随形。公众心中有杆秤，只有承担起应担的责任，直面问题并进行整改，才是化解舆情的唯一方法。

11.7 直复营销

营销和促销工具是在大众营销的背景下发展起来的，通过标准化的信息向整个市场进行传播，由中间商分销产品。而随着市场的分化和数字化、社会化媒体的应用，直复营销越来越成为营销的主要方法，网络营销、社会化媒体营销和移动网络营销等新型直复营销工具带来销售的爆发式和持续性增长。直复营销可以是分销的重要渠道，因为它无须通过中间商，同时直复营销也可以是信息传播的媒体，作为营销传播的工具。

11.7.1 直复营销的内涵

随着时代的变迁，直复营销的内涵也在不断地进行扩充和丰富。直复营销应该涵盖传统的直复营销和数字直复营销，适应互联网营销的发展趋势。

1. 直复营销的概念

早先直复营销是指制造商或零售商不通过传统的店铺等零售点，而直接将产品销售给消费者，通过邮件和电话收集消费者信息并销售商品，销售的过程也是制造商或零售商与消费者进行直接沟通的过程。互联网技术的应用极大地推动了网络购物的兴起，从智能手机、平板电脑及其他数字设备，到网络社交和移动媒体等，丰富了直复营销的工具和手段。为此，我们这样界定直复营销：基于掌握的顾客数据，企业选择合适的顾客或顾客社区作为目标市场，通过传播工具和手段进行直接接触，吸引目标市场的潜在顾客，以获得他们的快速反应，实现增加销售和建立持久顾客关系的目的。

2. 直复营销的特征

直复营销具有以下特征。①能够便捷交流与互动。直复营销更加便利、简单和私密，消费者可以在任何地方、时间访问各种各样的商品，得到其想获取的产品与购买信息。他们还能够通过电话、网站或App与企业进行互动，提出需要的信息、产品和服务等。②能够高效服务分散化的市场和个性化需求。对企业而言，直复营销提供了一个低成本、高效和快速进入市场的选择机会，并能实现瞄准小众或单个顾客。③能够密切顾客关系。企业可以一对一地通过电话和网络与消费者进行单独的交流沟通，更多地了解他们的需求，更好地提供个性化的产品和服务，尽可能使他们满意，消费者也更愿意与企业进行互动。因此，在数字化时代，直复营销成为企业吸引消费者参与、建立社区和关系的强有力工具，为密切顾客关系提供了便捷而广阔的通道。

11.7.2 直复营销的形式

直复营销的形式多样，但可分为两类：传统直复营销和新型直复营销。传统直复营销是基于传统的沟通渠道和线下销售，一般在线下进行，主要有直邮营销、产品目录营销、电话营销、电视直销等；新型直复营销是数字化直复营销，主要包括网络营销（网站、电子邮件、在线视频）、社会化媒体营销和移动营销。由于篇幅有限，这里仅介绍直复营销的六种形式。

1. 直邮营销

直邮营销是指向某一特定地址的个体消费者发送报价、产品信息、商品动态的提示或其他产品内容。直邮营销人员通过使用经过高度筛选的邮件列表发送邮件，发送内容包括宣传册、样品、视频和其他营销宣传材料等。它允许对目标市场进行筛选，具备个性化、灵活性的特点，并且能够检测市场的反应。直邮很适合直接的、一对一的传播。尽管直邮的人均成本比大众媒体高，但直邮到达的群体更有针对性。直邮已经被证明可以成功地促销所有种类的产品，从书籍、保险、旅游、礼品、食物、服装和其他消费品，到所有种类的工业品。

直邮营销具有一些显著的优势。它为人们提供了有形产品，还能用于发送样品。邮件使一切更真实，与客户建立了一种情感联系，完全区别于"数字化"体验。

2. 产品目录营销

产品目录营销是指将产品目录作为传播信息的载体，通过特定的渠道向目标市场传播，以获得顾客的直接反应。产品目录营销具有以下特征。①商品信息量大。以消费者为营销对象的产品目录，包含各种商品的图片及品质、规格和用途的说明，信息量大，利于顾客进行比较和选择，几乎大多数消费品都可以通过目录进行销售。②印制精美，令人赏心悦目。③易于消费者保存。由于邮购目录信息量大，且印制精美，消费者可能会出于喜爱和以备将来之用而将产品目录保存下来，这使产品目录的促销效果增强。

随着互联网和数字营销技术的发展，产品目录越来越多地转向电子化。数字产品目录降低了印刷和邮寄成本，并突破了印刷目录的有限空间，能够提供几乎无限数量的商品，同时还提供了更多呈现形式，包括搜索和视频等。此外，在线产品目录允许实时销售，产品及其特征可以根据需要添加或删除，价格可以根据需求实时调整，具有很好的灵活性和适应性。消费者只要在智能手机或平板电脑上动动手指，就可以购买商品。但纸质产品目录仍然具有不可替代性，它创造了与顾客之间的情感连接，这一点在数字化的销售空间中是很难办到的。此外，印刷产品目录是驱动在线和移动销售最好的方法之一，这让它们在数字化时代比以往任何时候更重要。一项研究表明，70%的网络购买是由产品目录驱动的。另一项研究发现，从企业那里收到产品目录的消费者中60%会在一周内去网上购物。目录用户每次访问企业网站的时候，所浏览的网页数量是普通访问者的两倍以上，所花时间是普通访问者的两倍。

3. 电话营销

电话营销是指使用电话直接与消费者进行沟通，推广产品和服务信息，了解他们的反馈，以促进销售。对消费者使用电话营销较为普遍，其实B2B也在广泛使用电话营销。

设计得当、定位准确的电话营销会带来很多好处，包括方便的购买过程及更丰富的产品和服务信息。不过，一些不请自来的电话营销也会搞得很多消费者心烦意乱。为此，很多营销人员正在选择呼叫系统，而不是拨打消费者不想接听的电话，通过这个系统，营销人员可以为那些愿意接受电话营销的消费者提供有用信息。

4. 电视直销

电视直销有两种主要形式：电视直销广告和互动电视广告。利用电视直销广告，商家可以买下电视节目的一个时段，通常是 60~120 秒，然后在这段时间里介绍产品并劝说人们购买，同时向顾客提供一个免费的订购电话号码或网站。电视直销广告也包括为单一的产品播放完整的 30 分钟或更长时间的广告节目，这样的广告节目称为专题广告片。互动电视广告是电视直销的一种新形式，它可以让观众与电视节目、广告进行互动。由于交互式有线电视、智能电视、智能手机和平板电脑等新技术产品的出现，消费者可以使用他们的电视遥控器、手机或其他设备来获取更多的信息，或直接通过电视广告购买商品。随着电视机屏幕和其他屏幕的界限日益模糊，互动广告和专题广告片不仅出现在电视上，还出现在一些社会化媒体平台上，增加了更多像电视一样的互动直复营销场所。

5. 智能售货亭直销

随着消费者越来越习惯于电子和触屏技术，很多商家在商店、机场、酒店、高校和其他地方安放了可供查询信息和订购产品的机器，即智能售货亭，它比老式的自动售货机更智能。如今，这种智能售货亭出现在许多地方，从自助服务酒店和航空公司值机设备，到商场中的无人产品和信息售货亭，再到店内订购设备，让消费者可直接购买商品。很多现代的智能售货亭具有无线功能，有些机器甚至可以使用面部识别软件判断使用者的性别和年龄，并根据结果进行产品推荐。在国外一些地方，如食品杂货店、药店和大卖场等场所，智能售货亭可以研磨咖啡豆，全天候地为来往顾客提供摩卡和拿铁咖啡；刷一下信用卡或借记卡，就可以以很低的价格租 DVD 光碟等。这种自动化零售为消费者提供了网络购物的便利性，同时也带来了传统零售业的即时满足感。

6. 在线视频

借助视频媒体，企业可以发布更加形象和具有综合表现力的信息，以推广企业品牌、展示产品与服务等。国内的视频平台主要有优酷、爱奇艺、腾讯视频、哔哩哔哩等长视频平台，以及抖音、快手等短视频平台。在线视频的营销传播具有传播速度快，能够比较精准地针对潜在的顾客，甚至可以通过目标识别锁定特定受众，并且具有互动性强、效果可预测和成本低廉的特点。

与营销传播相关的视频分为两种：①在品牌社区网站或社会化媒体网站上发布，为网页和社会化媒体制作，主要以吸引消费者并创建客户品牌社区为目的；②在线视频又称广告视频，是为电视和其他媒体制作的广告内容，主要目的是扩大广告的覆盖范围和影响力，帮助企业在线推广产品和服务，促进销售并增强顾客关系。例如，大众汽车的"超级碗"赛事广告《超能力》，达斯·维达（《星球大战》的男主角）使用超能力启动了一辆大众帕萨特。大众的广告代理团队在"超级碗"赛事开始前一周将这则广告投放到汽车、流行文化和星球大战等相关网站上，形成了"病毒式"传播的效果。这则广告在"超级碗"赛事期间播放的时候，已经获得了超过 1 800 万人次的在线点击量，最终该广告获得了超过 8 000 万人次的在线点击量。

由于网络传播的速度无比惊人，营销人员希望他们的视频能够像病毒一样快速传播。病毒营销即口碑营销的数字化版本，它需要创建视频、广告和其他具有传染力的营销事件，以吸引顾客积极进行搜索，或主动将其分享和传递给他的朋友们，所以病毒营销的成本非常低。当视频或其他信息来自朋友时，接收者更愿意去查看或阅读。

案例 11-7 公关与社会化媒体营销的一次成功融合

一天，麦当劳邀请 15 个博主参观公司总部，费用全部由麦当劳负担。这些博主参观了用于生产的设备、会见了麦当劳的美国区总裁，在麦当劳叔叔之家与罗纳德·麦当劳合影。麦当劳知道这些妈妈级的博主拥有忠诚的追随者，她们的博客中可以谈论很多关于麦当劳的事情。因此，麦当劳通过让她们参观幕后工作来将这些妈妈级博主转变成自己的忠实顾客。麦当劳并没有试图告诉她们在其博客中关于这次参观应该说些什么，只是要求她们对这次旅行写一个真实的游记。令人没想到的是，这些帖子（每个帖子都承认博主与麦当劳的关系）的内容大多是非常积极的。通过这次活动及很多其他像这样的努力，全国各地的妈妈级博主现在更加了解麦当劳，与麦当劳的关系更加紧密。"我知道它们有果汁、有酸奶，有我的孩子想要的其他东西。"一位知名的博主说，"我真的没法告诉你汉堡王正在做什么，因为我并不知道。"

资料来源：加里·阿姆斯特朗，菲利普·科特勒. 市场营销学[M]. 王永贵，等译. 北京：中国人民大学出版社，2017.

> **要领与启示：**
>
> 博客可以成为企业和其消费者社区沟通的桥梁，它为接近高度分散和多样化的消费者提供了一种新颖、原创的、个性化的和廉价的方法。麦当劳邀请博主来公司参观、参与公司活动，让她们更深入地了解公司，增强公司的亲近感和吸引力，再利用她们的影响力，借助于博客社会化媒体，通过她们的旅游事件与游记软文，吸引其粉丝和全国各地的妈妈们关注麦当劳。麦当劳将公关与社会化媒体营销很好地融合在一起，进行了一次成功的促销。

本章小结

1. 促销、促销组合。促销本质上是一种信息沟通活动，又称营销传播。它是指营销人员对有关企业产品或品牌的信息进行整理，并以适当的方式将其传递给顾客的行为。具体来说，促销就是企业通过人员或非人员与顾客沟通产品和服务信息，以激起其购买欲望，促成顾客购买，传导客户价值和建立顾客关系的全部活动。

促销组合，又称营销传播组合，是指对实施营销沟通各种工具的选择、搭配及运用。促销组合的工具包括广告、人员推销、销售促进、公共关系和直复营销等。

2. 推动策略、拉引策略。推动策略重点关注渠道成员，通过他们向终端消费者分销产品。拉引策略是面向终端消费者进行促销，通过激发消费者的需求，引导他们购买产品。借此，消费者就会向零售商购买产品，零售商就会向批发商购买产品，批发商就会向制造商购买产品。拉引策略重点关注消费者的需求，通过渠道来拉动产品销售。

3. 整合营销传播。整合营销传播是一个营销传播计划的概念，它注重综合计划的增加值，即通过发挥评价广告、直复营销、人员推销和公共关系等传播手段的作用，并将这些手段结合起来，以提供清晰、一致的信息，从而达到最佳的传播效果。整合营销传播的特征：沟通过程始于消费者、与消费者全方位接触、沟通要素协同发挥作用、和消费者建立关系、影响消费者的行为。

4. 横向整合、纵向整合。横向整合涉及营销传播的不同工具、媒体和信息表达等的整合。其包括媒体信息的整合、营销传播工具的整合、接触管理和对各类目标受众的信息传达整合。

纵向整合就是在不同传播阶段，运用各种形式的传播手段，产生协调一致、逐渐加强的信息，实现传播目标。其包括营销活动各环节中的整合、与消费者关系发展过程中的整合。

5. 广告。广告是广告主以付费的方式,通过一定的媒体有计划地向受众传递有关产品或服务的信息,借以影响受众的态度,进而引导或说服其采取行动(如购买)的一种传播活动。其内涵包括:①广告是一种有计划、有目的的活动;②广告的主体是广告主,客体是消费者或其他受众;③广告的内容是产品或服务的有关信息;④广告的手段是借助广告媒体直接或间接传递信息;⑤企业做广告的目的是促进产品销售或树立良好的企业形象。

6. 广告的5M策略。广告的5M策略包括广告任务决策、广告资金决策、广告信息决策、广告媒体决策和广告效果衡量决策。

7. 人员推销。人员推销是企业运用推销人员直接向顾客推销产品或服务的一种促销活动。人员推销的主要特点:信息传递的双向性;推销过程的灵活性;推销目的的多重性。完整的推销过程包括寻找和识别潜在顾客、访问准备、接近顾客、讲解和示范表演、意见反馈处理、达成交易、事后追踪七个阶段。

8. 销售促进。企业运用各种短期诱因鼓励消费者和中间商购买、经销(代理)企业产品或服务的促销活动。销售促进的对象:对消费者、对中间商、对推销人员。其中,对消费者的销售促进可概括为以价格、赠送、奖励和展示为核心的四个主题群。

9. 公共关系。与公众建立良好关系,获得有利宣传,塑造正面形象,并及时处理和阻止不利的谣言、舆论、报道和事件。公共关系的原则:以诚取信原则、公众利益与企业利益相协调原则。

10. 直复营销。企业通过直接吸引目标顾客和顾客社区,迅速获取反馈并建立持久的顾客关系。它是基于企业掌握的客户数据,选择合适的顾客或顾客社区作为目标市场,通过传播工具和手段进行直接接触。直复营销分为传统直复营销和新型直复营销两种形式。传统直复营销主要包括直邮营销、产品目录营销、电话营销、电视直销等;新型直复营销是数字化直复营销,主要包括网络营销(网站、电子邮件、在线视频)、社会化媒体营销和移动营销。

学习指导

本章学习过程中应根据企业和市场实际综合运用各种促销工具,并学会运用整合营销传播制定营销传播计划和策略,为公众提供清晰、一致的信息,使传播效果最佳。整合营销传播虽然是一种新的概念和思维方式,但营销传播的工具与促销组合的工具是相同的。促销组合虽然注意到了各种促销工具的综合应用,但整合营销传播更突出它们的协同和整体促销的成本效益。整合营销传播是企业促销的发展方向和趋势,它并不是对促销组合的否定,而是对促销组合效果要求的提高。本章内容比较庞杂,学习过程中应注意运用系统思维和整合观点,策略制定和工具等选择都是如此,同时需要从效益和效率两个方面加以理解。

关键概念:促销、促销组合、整合营销传播、广告、人员推销、销售促进、公共关系、传统直复营销、新型直复营销。

思考与应用

1. 什么是促销组合?影响促销组合决策的因素有哪些?
2. 请调研某一企业正在开展的广告活动,并从整合营销传播的视角加以阐述和分析。

3. 制定广告媒体策略时应考虑哪些因素？

4. 选择某一品牌，分析其做广告的信息策略和媒体策略，并对其广告效果进行评价。

5. 简要描述人员推销的过程。对一般的销售人员来说，哪一步是最困难的？影响人员推销成功的关键因素是什么？

6. 如何有效地接近潜在顾客，并与其进行良好的沟通？

7. 试为下列产品和服务的销售提出最为合理的销售促进方式，并简单说明：强调低价的干洗店；宝洁把洗衣粉和柔顺剂打包出售；针对中小学生的自然科学博物馆；企图模仿星巴克的新咖啡店。

8. 烟草公司在国内面临什么样的公共关系问题？请为国内的某烟草公司设计公共关系策略。

案例分析

请扫码阅读案例：椰菜娃娃为何成为美国玩具史上最大规模的成功促销？（线上资源11-8）
思考以下问题：

1. 在"领养椰菜娃娃"促销之前克莱克公司做了哪些准备？
2. "领养椰菜娃娃"采用了哪些促销手段？
3. "领养椰菜娃娃"这一新项目为何能够取得成功？

线上资源11-8

第 12 章 营销伦理道德与企业社会责任

名言警句

一个人严守诺言,比守卫他的财产更重要。

——莫里哀

本章要点

营销伦理道德与企业社会责任和市场营销有着密切的关系,覆盖市场营销活动的各个环节。随着用户至上主义、环境保护主义这一世界性运动的推进,加之我国构建和谐文明社会成为一种共识,客观上,对企业承担伦理道德和企业社会责任营销提出了更高的要求,这也是我国市场经济向纵深发展的必然。本章主要介绍营销伦理道德和营销社会责任的内容,分析营销中的营销伦理道德和营销社会责任问题,重点是营销伦理道德和社会责任的建设与实施。

学习目标

- 了解营销伦理道德和社会责任的内涵。
- 分析市场营销中的营销伦理道德和社会责任问题。
- 掌握营销伦理道德和社会责任的建设与实施。

导入案例

请扫码阅读案例:魏则西事件——折射企业社会责任与营销道德问题(线上资源12-1)

思考以下问题:

1. 魏则西事件涉及哪些企业或主体的伦理道德问题?
2. 如何让新媒体企业遵守伦理道德和履行社会责任?

线上资源 12-1

12.1 营销伦理道德

企业在市场营销活动中,与利益相关者实现共赢,尽其能力为社会做出贡献,才能赢得优良的生存发展环境,因此应当重视营销伦理道德,建立道德优势。同时,企业作为一个社会组织,有义务履行自己的社会责任,一个让社会高度认同的富有责任感的企业公民,与道德优势一起,能帮助企业在信誉、与顾客的关系、社会形象等方面显现出与竞争对手的差异,从而获得高度的客户信任和持久的客户忠诚及值得信赖的社会形象,获得持久的竞争优势。

12.1.1 营销伦理道德的内涵

伦理和道德都含有规范与约束的意思,二者密切相关,如营销伦理和营销道德、伦理规范和道德规范,但有时又有固定的搭配,如通常讲企业伦理,很少讲企业道德,经常讲职业道德,却很少讲职业伦理。

1. 营销伦理道德的概念

伦理是指事物的条理,也是指人们心目中认可的人与人、人与自然的关系和处理这些关系的行为规范,人们也往往把伦理看作对道德标准的寻求。道德是一定社会调整人们之间及个人和社会之间关系的行为规范的总和。伦理中涉及处理人与人之间的关系的行为规范,是指人与人相处的道德准则。伦理通过传统习俗、社会舆论和内心信念来维系。

营销伦理是对营销决策、行为进行道德评判的标准,从指导思想角度来规范一家企业的营销活动,关注营销人员在特定的社会背景下,从策略制定到实施的各个阶段,其行为是否符合社会道德的要求。一般而言,伦理与道德之间的区别在于:道德是占实际支配地位的现存规范,而伦理则是指对这种道德规范进行严密的方法性思考。也就是说,伦理是对道德的科学性思考,是高于道德的哲学,而道德则是伦理在实践中的规范。

营销道德是调整企业与所有利益相关者之间关系的行为规范的总和,是企业文化最顶层的内容,是客观经济规律及法治以外制约企业行为的另一要素。

2. 营销中伦理道德的兴起

随着商品经济的发展,企业的营销活动逐渐增多,为社会及广大消费者提供了日益丰富的产品。但有些企业仅从狭隘利益出发,产生了一些违反法律及道德准则的营销行为。例如,在市场上销售的"一日鞋",销售有损消费者身体健康的假酒、假药及劣质化妆品,销售使农民颗粒无收的种子;采用卑鄙的手段蒙骗客户,牟取暴利;诱惑或强迫消费者做出错误的购买决策等。对此,社会上要求企业开展营销活动遵循法律及道德规范的呼声日趋强烈。

西方对营销伦理道德的研究始于20世纪六七十年代以后,营销伦理道德的研究重点在于对营销社会责任的探讨,并由此引发了是"利润先于伦理"还是"伦理先于利润"的讨论,在20世纪80年代成为学术界研究的热门之一。不少学者开始论证经济活动与道德活动的本质统一,并试图建立起营销伦理道德问题研究的理论框架。20世纪90年代以后,国际学术界对企业道德的研究,从发达国家延伸到发展中国家,研究的内容进一步丰富扩展。1987年,美国证券交易委员会前主任约翰·夏德(John Shad)捐资2 300万美元,在哈佛大学商学院建立起目前全球最大的企业伦理问题研究中心,重点资助企业营销道德领域的研究项目。英国、法国、意大利、德国、日本等其他发达国家也先后开展对市场营销道德的研究。许多学者著书立说,提出一系列企业经营管理者应当遵循的道德标准:有的提出市场营销决策人应具备的社会与道德责任;有的提出经营管理道德已经发生了危机,呼吁管理者重视树立营销伦理道德观等。近年来,我国学术界亦开始重视对企业道德伦理及商业道德的研究,至今为止企业营销伦理道德观念还很薄弱,应加强对企业营销伦理道德的研究及其成果的实践应用,指导企业的营销决策和营销活动,推进企业、相关利益者及社会的共同发展与和谐发展。

3. 伦理道德的标准

最基本的道德标准已被规定为法律法规,并成为社会遵循的规范,企业应当遵守这些法律和法规。营销道德则不仅指法律范畴,还包括未纳入法律范畴却被作为判断营销活动正确与否的道德标准。企业经营者在经营活动中应当遵循这两种类型的营销道德。

判断市场营销道德的标准是什么？这个问题的答案在很多情况下并不像人们想的那么明了。有些违背营销道德的行为，诸如虚假广告、合谋定价、以次充好等普遍为社会所痛恨的行为，其违背道德的性质一目了然。然而，对某些营销行为，囿于个人价值观及生活经历的不同，每个人对某些行为是否道德存在不同的见解。例如，什么是欺骗性广告，在人员推销中哪些行为构成行贿？又如，以顾客身份从竞争对手获取营销情报是否道德？

西方国家的伦理学家提出了判断营销道德的两大理论，即功利论和道义论。功利论主要以行为后果来判断行为的道德合理性。如果某一行为给大多数人带来幸福，该行为就是道德的，否则就是不道德的。道义论则是从行为的动机来审查是不是道德的，而不是从行为的后果来判断，并且从直觉和经验中归纳出人们应当承担的某些道德责任和义务，以是否履行这些义务来判断行为的道德性。在现实中，通常将功利论与道义论相结合来判断营销行为的道德性。

12.1.2 营销中的伦理道德问题

企业营销活动始于市场营销调研，首先通过市场营销调研了解现实和潜在顾客的需求，发现市场营销机会，然后选择目标市场，针对目标市场的需求，制定市场营销组合策略。营销道德则贯穿于企业营销活动的全过程。企业营销活动中道德问题的产生，或者由管理者个人道德哲学观同企业营销战略、策略、组织环境的矛盾引起；或者由管理者为实现营利目的同消费者要求获取安全可靠的产品、合理价格、真实广告信息之间的矛盾导致；或者由企业领导者错误的价值取向迫使管理者违背道德经营，诸如为增加利润及提高产品市场占有率迫使管理者去窃取竞争对手的商业秘密、有意将伪劣产品推向市场等所致。

1. 产品策略中的伦理道德问题

为广大消费者提供货真价实、优质产品及优质服务是企业最基本的社会责任，如果违背这一原则就会违背营销道德。然而在现实中，某些企业的产品策略往往同道德标准背道而驰。例如，从企业设计生产产品的动机来看，存心欺骗顾客，将假冒伪劣产品充当真货、好货出售给消费者，仿冒知名商品，仿冒其他企业的名称。产品包装及标签上采用易于使人误解的标志及文字，夸大商品内容和包装容量，滥用"真皮""纯羊毛"标志，产品包装过多而造成社会资源的浪费及环境污染等；与动机相联系，在手段上操纵消费者的需要，过度刺激消费者的欲望，并使社会经济成本增加。此外，企业在产品生产的过程中，未能保证员工的人身安全及身心健康，造成环境污染及影响附近居民的正常生活等。

案例 12-1 　　　　　　　　　　加拿大鹅因虚假宣传被罚

Canada Goose（加拿大鹅）是 1957 年创立的加拿大服饰品牌，被称为羽绒服界的爱马仕。该品牌在 2018 年正式进入中国市场，并成立了关联公司希计（上海）商贸有限公司，主要负责中国区的产品销售。

国家企业信用信息公示系统显示，2021 年 9 月，加拿大鹅关联公司希计（上海）商贸有限公司利用广告对商品或服务进行虚假宣传，欺骗和误导消费者，被上海市黄浦区市场监督管理局罚款 45 万元，并责令公开更正，责令停止发布，责令改正。

据了解，加拿大鹅旗舰店在发布的内容中声称，销售的产品所用的羽绒"均含有 Hutterite 羽绒，这是优良且最保暖的加拿大羽绒"。但是经上海市黄浦区市场监督管理局向相关专家了解，在禽鸟品种相同的情况下,羽绒的品质和禽鸟的成熟度有关,和产地、气候无关。因此,当事人强调"Hutterite"产地来彰显羽绒的保暖性无事实依据。同时,在加拿大当地还有一种叫"绒鸭绒"的稀有羽绒,比加拿大鹅使用的羽绒混合材料更加保暖。

上海市黄浦区市场监督管理局调查显示,加拿大鹅所销售的大部分商品并非使用了保温性能更加出色的高蓬松度鹅绒,而是使用了蓬松度较低的鸭绒(蓬松度625的鸭绒产品占所有产品的69%)。就其销售的产品所使用的羽绒横向对比来看,当事人以偏概全地称其产品所使用的羽绒"均含有Hutterite羽绒,这是优良且最保暖的加拿大羽绒"与事实不符,构成虚假广告行为。

资料来源:佘颖. 抓住撒谎的加拿大鹅[N]. 经济日报,2021-09-08(05).

要领与启示:

加拿大鹅羽绒服虚假宣传事件提醒我们在发展经济的过程中,企业产品策略的伦理道德建设十分重要。在追逐利润的同时,企业应当坚守住产品的道德底线,承担起应有的社会责任,否则消费者对产品质量的信任度骤降,企业产品销量大幅滑坡,生产经营陷入困境,企业自身利益极度受损。以牺牲道德和消费者利益换取利润,最终必然付出沉重的代价,所有企业无一例外。

2. 价格策略中的伦理道德问题

为顾客提供真实且合理的价格是企业履行社会责任的重要组成部分。但某些企业严重地违背了价格伦理道德,主要反映在:从行为动机来看,企业为牟取暴利而欺骗顾客,虚假的"特价""减价""打折",哄抬物价损害消费者的利益;为了压垮竞争对手而实行差异性歧视价格或实行垄断价格;在手段上采取欺骗、诱惑及强制方法迫使顾客购买产品。企业未能为顾客提供真实的价格信息,不利于消费者的购买抉择,未按照价值规律进行公平交易,损害了顾客及其他利益相关者的合法权益。

请扫码阅读资料"青岛天价虾事件"(线上资源12-2)。

3. 分销渠道策略中的伦理道德问题

直销主要涉及生产者与消费者的购销关系,分销主要涉及生产者、中间商、消费者间的购销关系。各渠道成员根据各自的利益和条件相互选择,并以合约形式规定双方的权利和义务。如果违背合约有关规定,损害任一方的利益,都会产生伦理道德问题。例如,合约规定,零售商只能销售某一企业的产品,而不准销售其他企业的产品,但零售商为了自身利益,不顾合约规定,销售其他企业易销的产品,这显然违背了营销伦理道德。同样,当生产者凭借自身的优势,为了自身利益,控制供货,采用威逼手段对中间商减少或停止供货,或者是生产者依凭自己的经营性垄断地位,迫使中间商屈服自己的摆布,限制中间商只能从事某种特别的经营活动等,这也违背了营销伦理道德。

4. 促销策略中的伦理道德问题

促销的本质是将产品及企业自身的真实信息传递给顾客。但在信息沟通过程中经常产生道德问题,诸如虚假和误导性广告,操纵或欺骗性销售促进、战术或宣传报道,故意安排"托儿",制造商品"紧俏"的假象等手段。广告及人员推销中的伦理道德问题主要体现在以下方面。

(1)广告中的不道德行为。广告是促销组合中最重要的因素。广告中不道德行为主要表现在播送欺骗性广告推销产品,使消费者做出错误的购买决策;为了贬低竞争对手的同类型产品以提高自己产品或企业的身份，而播送攻击竞争者的广告。

（2）人员推销中的不道德行为。在人员推销中亦暴露出许多违背道德的行为。销售人员使用各种诱惑方式促使消费者购买那些他既不需要也不想购买的产品；通过操纵或强迫手段向顾客推销其伪劣产品或滞销积压的产品；为了获得个人回扣而向其他企业购买假冒伪劣产品等。

（3）销售中的贿赂行为。当个人或组织为了获取一笔销售额或其他原因而付酬金、送礼或提供其他好处时，便产生贿赂问题，违背了道德标准。从表面看，贿赂似乎可以给个人或企业带来好处，但它会损害个人或组织的长远利益及根本利益。因此，西方国家某些著名公司为自律其员工的经营行为，制定了营销道德标准，其中包括对贿赂行为的界定及限制。例如，帝国石油公司在其营销道德标准中规定"任何员工在没有经理允许的情况下不能赠送或接受价值超过 25 美元的礼品"。

5. 营销调研中的伦理道德问题

有的企业不按正当的方式进行市场调研，而是千方百计地通过不正当的手段窃取他人的成果。例如，派遣员工进入竞争企业窃取市场情报；用重金收买竞争对手的管理人员和技术人员，使之泄露主要机密等。从调研人员的道德责任看，调研人员保守业务秘密，未经许可不能泄密，否则是不道德行为；调研人员应当保证调研工作质量，如问卷设计要认真，访问次数不偷工减料；调研人员要严格培训，否则不但浪费了委托者支付的调研费，而且会使所收集的资料失真而误导决策；调研人员要向委托者真实反映其调研所采用的方法、调研的时间、调研的对象、调研地点、访问方式及问卷反馈率等，使委托者据此推断所调研的资料是否可靠。此外，调研人员还要尊重受访者的权利，如受访者可拒绝接受调研人员的访问；调研人员要尊重受访者的尊严和隐私权；访问者避免在受访者繁忙或不便时去访问；未经受访者许可，不能随意公布受访者提供的资料等。

12.1.3 营销伦理道德的作用

企业坚守伦理道德准则不但有助于整个经济环境和社会环境的改善，加快诚信社会的建设，净化社会风气，降低整个社会的交易成本，而且在微观上有助于企业树立市场形象，巩固市场地位，拓展市场发展空间，有助于建立竞争优势。其具体作用体现在以下方面。

1. 加快完善社会主义市场经济体制

我国正处于全面深化改革，构建高水平社会主义市场经济体制的重要阶段。毫无疑问，市场经济体制在激发人们的进取精神、强化时效意识、培养自由平等观念的同时，也带来了不同程度的拜金主义和极端个人主义。加强营销伦理道德建设，有利于企业在经济活动中自觉遵守营销道德规范，正确处理各方面的利益关系，在服务消费者的同时，保证其经济活动的有效性和利润的合理性。

人无信不立，企业无信不长，社会无信不稳。讲信用是企业营销伦理道德的重要内容。市场经济不但是竞争经济、法治经济，而且是信用经济。此外，社会主义市场经济体制的高质量发展，亟须诚实守信的市场主体。如果作为市场主体的企业缺乏信用，就会影响经济活动的频率和交往的深度，影响市场经济的健康发展。据商务部统计，我国企业每年因信用缺失导致的直接和间接经济损失高达 6 000 亿元。加强企业信用是大势所趋。因此，企业营销道德建设，倡导企业诚信经营，有助于建设正常的经济秩序，推动市场经济健康发展。

2. 推动全社会道德建设

企业营销的伦理道德与中共中央提出的《新时代公民道德建设实施纲要》的精神相一致，该纲要提出："推动践行以爱岗敬业、诚实守信、办事公道、热情服务、奉献社会为主要内容的职业道德，鼓励人们在工作中做一个好建设者。"企业既是社会的经济细胞，也是单个社会成员的结合体。营销的伦理道德属于专业道德的范畴，因此提高每个员工的道德意识和道德水平，并加强企业营销的伦理道德建设，将有助于推动全面的道德建设，提升整个社会的道德水平。

3. 增强企业应对环境的能力

企业作为社会的经济组织，其活动必然受到各方面的影响和制约。随着社会经济的发展，企业来自各方面的约束不断增强，企业的营销活动不能随心所欲。首先，消费者主权保护意识的强化迫使企业遵守伦理道德准则。消费者主权保护已经直接关系到企业的社会声誉和经济利益，企业营销的伦理道德问题成为关系其生死存亡的问题。在我国，随着市场经济的发展和对外开放的不断扩大，消费者主权保护意识也逐渐深入人心，遵守道德的营销行为与消费者主权保护一致，能够获得消费者的广泛支持和良好的社会声誉。其次，环境保护运动对企业的生产经营活动提出了较高的要求，环境保护主义者把注意力集中在企业营销对环境的影响上，希望营销与消费能符合生态平衡原则，要求把环境的代价纳入生产者的决策范围，甚至主张对恶化环境、浪费资源的行为课税，并要求企业投资安装防污设备等。最后，政府出台的有关法规使企业的营销活动受到了约束。近年来，针对一些企业的营销道德失范和违法行为，我国政府相继出台了一系列法规，以保护自身利益和社会长远利益免受不正当商业行为的损害。再加上各种公众利益集团的社会参与程度越来越高，企业在营销决策时，不但要考虑"消费者需要什么"，而且要考虑"政府允许什么和希望什么"。企业如果在开始规划和决策时就考虑到这些影响和制约因素，将伦理道德纳入管理范围，则是其主动适应环境、增强适应能力的最好方式。

4. 增强企业竞争力

买方市场的形成使企业之间的市场竞争日趋激烈。在现代技术不断推陈出新及快速扩散的背景下，产品和服务具有日益趋同化倾向，企业要想在激烈的市场竞争中取胜，应当打造核心竞争力。良好的信誉是企业的无形资产和核心竞争力，是企业在长期经营过程中逐渐建立的。当今社会，信息技术被广泛应用，各种媒体、政府及社会公众能随时了解企业的各种行为，那些能够遵循营销伦理道德的企业，会得到社会的广泛信任和赞许。事实上，不但消费者对有道德水准的企业情有独钟，而且投资商、供应商和中间商等利益相关者也会对它们有较高的认可度，愿意与其建立长期稳固的合作关系。

案例 12-2　　　　　　　　　　　　**瑞幸咖啡财务造假事件**

美国东部时间 2020 年 4 月 2 日上午，瑞幸咖啡向美国证券交易委员会（SEC）提供了一份报告，正式对外承认了财务造假。消息发布后，两个交易日内，瑞幸咖啡的股价暴跌了 80%。瑞幸咖啡可能因此面临投资者的集体诉讼和美国证券交易委员会的巨额罚单。其实早在 2020 年 1 月底，浑水公司（美国的调研公司）就发布过沽空报告，指明瑞幸咖啡严重夸大了 2019 年第三季度和第四季度的业绩，瑞幸的股价因此下跌了 10%，同时美国的一些律师事务所向瑞幸提出了集体诉讼。

瑞幸咖啡财务造假 22 亿元等违法操作将面临民事、行政、刑事的连番轰炸。首先，美国已有多家律师事务所对瑞幸咖啡提起集体诉讼，控告瑞幸咖啡给出虚假陈述和误导性陈述，违反美国证券法。其次，美国证监会向来不会对证券欺诈行为手软，从安然公司造假的案例来看，瑞幸咖啡可能遭受巨额重罚，甚至可能面临退市破产。最终，瑞幸咖啡逃不过美国刑事罚金的制裁。另外，不容忽视的是，中介机构在瑞幸咖啡证券欺诈中的作用及面临的法律责任。据《科创板日报》报道，2019 年瑞幸咖啡首次公开募股的中介团队包括瑞信、摩根士丹利、中金国际、海通国际，这些为其联合承销商；安永为其审计机构。这些主体将面临严苛的举证责任，想要完好脱身并非易事。

资料来源：杨博华，张子夕. 瑞幸咖啡财务造假事件[J]. 企业观察家，2021（01）：1-2.

要领与启示：

瑞幸咖啡因为财务造假违背了营销伦理道德而丧失信誉，面临民事、行政、刑事的连番轰炸。财务造假对企业、债权人及股东的损害都是极大的，对企业的关联方也有不小的影响。上市企业、企业高管及相关责任人都将受到严惩，保荐人、会计师事务所等中介机构也难辞其咎，投资者的索赔正在路上。该起造假事件告诫世人，信誉是市场经济运行中重要且脆弱的资源，是一家企业积累的财富和生命所在。企业失去信誉，纵然一时得利，但日后必吞苦果。

12.1.4 营销伦理道德的建设与实施

现代管理理论强调企业伦理，利益相关者理论强调相关者利益的最大化，社会市场营销理论强调企业、消费者和社会三者的利益协调和均衡。这些理论在学术界、政府和产业界得到了越来越广泛的认同，并在实践中得到验证，因此企业积极和主动遵守营销道德准则，不仅是现实环境所需，更是现代企业走向成功所向。

1. 建立和健全法律法规，净化伦理道德环境

市场经济是法治经济，完善的法律体系对规范营销人员的行为具有重要意义。道德是法律的前提和基础，法律是道德的保证，二者相辅相成。没有法律法规加以规范和约束，营销道德难以形成和发展。任何违背营销道德的行为，都应受到道德的谴责，有些行为已经触犯法律，就应受到法律的制裁。要把法律放在神圣的位置，无论任何人、办任何事，都不能超越法律底线。建立现代营销道德要讲法治，要靠制度、靠监督，有法必依，执法必严，违法必究。要进一步完善法律法规，不给非法经营者钻空子或打擦边球提供机会。违法成本偏低会鼓励一些企业的不道德行为，只有让不讲诚信的企业为其非道德行为付出沉重代价，企业在营销中的不道德行为才能得以遏制。要让坚持现代营销道德的身体力行者有安全感，创造平等竞争、正常发展的市场环境，让道德败坏、以身试法者付出应有的成本和代价。

2. 端正企业行为目标，确立现代营销观念

企业是以营利为目的的经济细胞。但企业存在的价值，最根本的还是满足消费者的需要并造福于社会。企业是经济组织也是社会组织，在追求发展的同时也要承担一定的社会责任。社会主义市场经济下的企业，理应确立义重于利的价值观和道德责任感，牢固树立社会市场营销观念，创造最大化的顾客价值，增进社会福利，促进企业与利益相关者的可持续发展。企业的营销目标应当服从于国家兴旺、人民幸福的大局，树立为国为民、服务社会的思想，把仁爱之德施于大众，真诚、友好地对待顾客和竞争者，见利思义，努力打造"双赢""多赢"的格局。

3. 遵循现代营销道德规范，树立诚信为本的理念

诚实守信、讲求信用，是企业行为与生俱来的准则。商品交换是以等价交换为基本原则的劳动产品交换，双方以信用作为守约条件，构成相互信任的经济关系。任何一方不守信用，都会使等价交换关系遭到破坏。信用是市场经济的基石，加快建设社会信用体系是完善社会主义市场经济体制的基础性工程，有利于发挥市场在资源配置中的决定性作用，规范市场秩序，降低交易成本，提高经济社会活动的可预期性和效率。抑制不诚信的行为，对鼓励创业就业、刺激消费、保障和改善民生及社会文明进步也极其重要。市场营销的基本道德是诚实、守信、公开、公平，以不侵害他人或团体的基本利益为前提。企业的长期发展离不开诚信基础上的美誉度，诚信营销必能得到好的口碑，树立企业的良好形象，必将给企业带来长远的经济利益。

4. 加强宣传教育，增强消费者的自我保护意识

之所以不道德营销行为能够得逞，让消费者利益受损，往往是因为营销人员掌握的信息多，而消费者了解的情况较少，在交易中处于不利的地位。要加强对消费者的宣传教育，增强其自我保护意识，鼓励其积极地与违法、不道德的营销行为做斗争。

请扫码阅读资料"哈根达斯全球召回令"（线上资源 12-3）。

12.2 营销的社会责任

企业既是一个经济组织，以追求经济利益为主要目标，又是一个社会组织，有责任履行自己的社会责任。无论是从企业追求经营的良好环境的愿望出发，还是从企业追求长期利益的动机出发，企业都应尽力为社会做出贡献。如今，市场营销环境的一个重要特征是要求企业对其活动所造成的社会和环境冲击担负责任。

12.2.1 社会责任的内涵

社会责任即企业社会责任（Corporate Social Responsibility，CSR），属于一种企业伦理学。国际上普遍认同的 CSR 理念：企业在创造利润、对股东利益负责的同时，还要承担对员工、对社会和环境的社会责任，包括遵守商业道德、生产安全、职业健康、保护劳动者的合法权益、节约资源等。目前，社会责任虽没有一个被广泛接受的定义，但从国内外学者的众多定义中，不难发现其内涵及本质。

1. 社会责任的概念

斯蒂芬·P. 罗宾斯认为："企业社会责任是指超过法律和经济要求的企业为谋求对社会有利的长远目标所承担的责任。"哈罗德·孔茨等人认为："企业社会责任就是认真地考虑公司的一举一动对社会的影响。"彼得·德鲁克认为："无论是一个企业、一家医院或一所大学，它对社会所要承担的责任可能在两个领域中产生：一个领域是机构对社会的影响，即一个机构对社会做了些什么；另一个领域是社会本身的问题，即机构能够为社会做些什么事。"可见，企业社会责任是企业在创造利润、对股东利益负责的同时，还要承担对相关利益方的社会责任，包括遵守商业道德、生产安全、重视员工合法权益、产品安全等。

企业社会责任是指企业在创造利润、对股东承担法律责任的同时，还要对企业利益相关者负责。利益相关者是指企业产品的消费者、员工、供应商、社区、民间社团及政府等。企业社会责

任要求企业必须超越把利润作为唯一目标的传统理念，强调要在生产过程中对人的价值的关注，强调对消费者、对环境、对社会的贡献。企业社会责任就是企业为所处社会的全面和长远利益而必须关心、全面履行的责任和义务，表现为企业对社会的适应和对社会发展的参与。

请扫码阅读资料"企业社会责任思想的起源与发展"（线上资源12-4）。

2. 社会责任的特点

奥地利经济学家伊斯雷尔·柯兹纳（Israel Kirzner）在《企业家在经济体系中的作用》中指出，企业家之渴望利润就相当于风力之驱动帆船，的确是风力驱动了帆船，但不能指望它必然把船吹向正确的方向。风有可能把船带到安全的港湾，但也完全有可能把船吹向礁石。换句话说，利润是驱动个人行动的强大的动力，利润驱动着企业家，使事情得以进行，但它不能保证追逐利润不会导致大量的浪费、不公正和不幸。因此，企业不能没有社会责任，否则企业就会迷失方向。企业社会责任具有以下特点。

（1）企业社会责任是多重责任的复合体。社会责任包含经济、法律、道德、慈善责任。经济责任是企业对社会的责任之一，是生产社会需要的商品或服务，并以社会可接受的公平价格销售出去；法律责任要求企业遵守法律，按照规定的游戏规则运行；道德责任包含顾客、员工、股东、社区认为是公平、公正的东西，或者符合尊重或保护利益相关者道德权益的规范、标准、期望等；慈善责任是纯粹自愿性的，通常受企业主的个人价值观引导。卡罗（Carroll）提出了企业社会责任的金字塔模型，认为企业的基本经济责任是"获得利润"，这是其存在的最根本的理由；"遵守法律"是企业的第二项社会责任，经济和法律责任都是基本的社会责任或者说是必须履行的责任；"企业道德责任，成为良好的企业公民"，"慈善责任"则是高层次的责任。

（2）企业社会责任不同于企业法律责任。企业法律责任是法律规定的企业必须遵守和实现的责任，如依法纳税、设置相应的排污设施、遵守相关法律法规关于工人最低工资标准的规定等。企业法律责任其实是对企业的一种义务性要求，具有强制性。而企业社会责任的范围则不限于此，还包括诸如企业向社会捐赠等带有自愿性的行为活动。

（3）企业社会责任不仅仅是一种道德责任。企业道德责任不像企业法律责任那样具有法律强制性，而是企业的自愿行为，是意愿性责任。企业道德责任的最主要表现形式是社会捐赠，也就是人们所说的慈善事业和公益事业。虽然社会希望企业更多地将自己的财富贡献给慈善事业和公益事业，但不能像要求企业完成自己应履行的法律责任那样强制它履行，而是要立足于自愿。正因为企业社会责任中的法律责任具有法律强制性，而其中的道德责任具有自愿性，所以企业首先应当承担基本的法律责任，在此基础上再去考虑道德责任的问题。如果企业不认真完成自己应尽的法定义务，而通过慈善事业沽名钓誉，这是不积极承担社会责任的表现。

（4）企业社会责任是企业法律责任和道德责任的有机统一。事实上，不能把企业社会责任简单地与企业的基本法律责任或与企业道德责任的任何单一方面等同起来。企业社会责任应该是在企业承担基本法律责任的基础上对社会其他利益相关者的责任。当然，这种责任并不是一般意义上的道德责任。企业法律责任是企业应当承担的法律义务。法律义务是法定的且以国家强制力作为其履行现实的和潜在的保证的义务。这种义务在法律中不仅有具体的内容和履行上的要求，而且对于企业怠于履行或拒不履行也有否定性的法律评价和相应的法律补救，因此它实际上是对义务人的"硬约束"，是维护基本社会秩序所必需的最低限度的道德的法律化。企业的道德责任是社会对企业的一种期待实现的义务。这种义务是未经法定化的、由义务人自愿履行且以国家强制力以外的其他手段作为其履行保障的义务。其内容存在于一定社会的道德意识之中，通过人们的言行和道德评价表现出来，通过责任人的自我责任感的激发及外部教育、规劝、鼓励、舆论评判等非法律手段的实施来确保其承担，因此它实际上是对企业这一责任人的"软约束"，是在法律义务之外对管理者提出的更高的道德要求。

请扫码阅读资料"重提鲁冠球的一封公开信"（线上资源12-5）。

3. 基于社会责任营销的原则

社会责任营销是企业履行其社会责任的一种方式，通过将企业社会责任融入营销策略中，实现商业目标和社会效益的双赢。社会责任营销的原则主要包括以下几点。

（1）道德义务。道德诉求要求企业不仅要做一个好公民，还要"办好事"。要求其成员企业以尊重伦理价值、尊重大众、重视社群工作和保护环境的方式实现其商业价值。

（2）可持续性。20世纪80年代，挪威时任总理格罗曾对可持续下了一个十分精妙的定义："在不影响子孙后代满足其需求的前提下，适宜地满足当前的需求。"这一定义强调超越个人利益，以经济、社会和环境的业绩为三底线原则。

（3）营运许可。企业从事的业务要征得政府、社群和其他众多利益相关者的默许或明确同意。

12.2.2 营销中社会责任的体现

企业社会责任实际上要求企业在营销活动中不但要考虑对买方所履行的法律责任和道德义务，而且要考虑涉及整个社会的其他利益相关者，这与当今提倡的社会性营销观念相一致，即不仅要满足消费者需要，还要担负为社会提供福利的责任。企业社会责任的体现如图12-1所示。

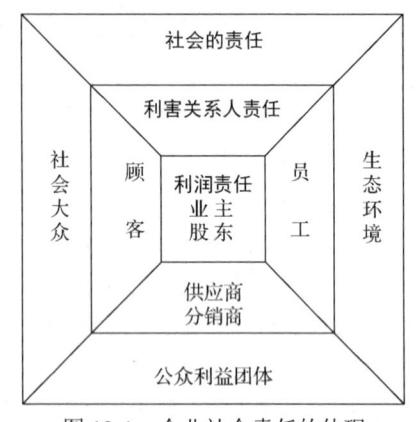

图12-1 企业社会责任的体现

1. 企业对业主或股东的利润责任

除少数涉及国家安全和与民生关系极大的国有企业，对多数企业而言，它的基本经济责任是"获取利润"，因为获取利润是其存在的最根本理由。

诺贝尔奖获得者、经济学家米尔顿·弗里德曼在《弗里德曼定律：企业的社会责任就是增加利润》中提出，"企业的一项、也是唯一的社会责任是用自身的资源从事旨在增加自身利润的活动，只要这种活动不超出游戏规则所允许的范围，即这些活动只要是在没有瞒骗和欺诈的公开、自由竞争中进行"。利润责任要求企业必须负责一项简单的任务——为它的业主或股东赚取最大限度的利润，但不能超出道德底线。

2. 企业对利害关系人的责任

这种责任的中心是企业应当对那些能影响其达成目标的各种利益相关者所应担负的责任，包括顾客、员工、供应商和分销商。对这些利害关系人负责，往往会使企业付出更多的代价，但这样做也会获得更好的口碑，获得更多、更好的合作，得到更多的支持。因为顾客是企业的利润之源；员工是企业获取利润的内在驱动力量；与供应商、分销商形成良好的合作关系是企业可以运用的广泛资源，这些资源是企业应对动态复杂环境的挑战的关键，是把握稍纵即逝的机会的基础。

案例 12-3　　　　　鸿星尔克的"爆红"

2021年7月，郑州降千年一遇的特大暴雨，这个人口上千万的城市瞬间被洪水侵蚀，给当地带来重大人员伤亡和重大财产损失。国内不少民众和企业纷纷出手援助。平心而论，同其他为河南水灾捐款的企业相比，鸿星尔克捐赠"5 000万元物资"的数目并非独占鳌头。然而就其自身情况而言，这的确是实打实的"大手笔"。有网友发现，这家曾因"TO BE No.1"的广告语而家喻户晓的品牌，近年来营业收入规模不算出众，经营状况也谈不上优秀，如今竟然在微博上连个"V"都没有。有人说，鸿星尔克一边"濒临破产"，一边"掏空自己"，让人心疼，更令人敬重。"不能让有良心的国货品牌'榨干'自己！"抱着这样的心态，无数网友"投桃报李"，希望能用自己抢购的订单为良心企业"回血"。好在，"爆红"之后的鸿星尔克并没有被流量冲昏了头脑。企业老总多次现身社交媒体表示："呼吁大家理性消费，不要对别的同行造成压力""不要神化鸿星尔克，希望大家把眼光放到灾情现场和一线救灾人员"……这一举动恰是对企业经营的一种清醒，也是对社会责任的一种担当。

资料来源："鸿星尔克"爆红：爱如潮水奔涌，也要如静水流深[EB/OL].（2021-07-28）.人民数据.

要领与启示：

国货品牌鸿星尔克在企业尚未盈利的情况下却尽自己所能援助灾区人民，以自身的责任感赢得了社会大众的称赞，企业领导在此情景下保持清醒头脑，呼吁大家理性消费。此举充分体现了鸿星尔克的社会责任心，值得其他企业学习。当然，鸿星尔克还应进一步跟踪市场需求变化，明确自身的产品定位，坚持走自主研发道路，让产品更加符合当代年轻人的需求，让更多的青年人树立国货自信。做好企业业务，赢得市场，使企业自身强大，是企业更好地履行社会责任的基础。

3. 企业对社会的责任

与企业社会责任不同，企业对社会的责任是专指企业必须对生态环境和社会大众负责。随着人类文明的发展，追求无毒、无害、无污染的商品与生存环境，已成为当今时代生活与生产消费的主流趋势。为社会大众的利益而努力，也成为当今杰出企业的共同特征。这种努力首先表现在这些企业在进行市场营销决策时必须最大限度地考虑社会的利益；其次，这种为社会大众利益而付出的努力，还大量表现在直接捐献、赞助社会文化、公益事业上，这种行为与一般的利益相关性较小的捐赠慈善捐款不同。

请扫码阅读资料"上海通用：中国最佳企业公民"（线上资源12-6）。

12.2.3　承担社会责任的营销效应

企业积极承担社会责任不仅可以带来外在效应，还会产生内在效应。外在效应主要表现为它为企业带来良好的社会声誉，提升企业形象，提高企业的竞争力，推进社会和谐发展等；内在效应主要表现为增强企业凝聚力，促进员工尽责奉献。

1. 有利于塑造企业良好形象

企业营销活动的主要目的之一就是要在消费者心中树立良好的企业形象。然而，当企业投入巨额费用在不同媒介上进行企业形象展示和宣传时，效果却往往不尽如人意。因为消费者对于传统媒介单向、强迫式的宣传方式具有天然的抵触情绪。2003年，美国相关人员通过调查了解到一个企业在社会责任方面有消极举动时，80%的人会拒绝在该公司工作，85%的人会把这方面的信息告诉他的家人、朋友，而且有高达91%的人会考虑购买另一家公司的产品和服务，83%的人拒绝投资该企业。可见，承担社会责任对企业良好形象的树立有重大影响。企业积极承担社会责任，建立企业与消费者、企业与社区、企业与国家的和谐关系，用社会营销观念来指导企业的经营活动将有助于在消费者心中树立良好的形象。

2. 有利于增强企业的凝聚力

增进员工的凝聚力是成为一个良好企业的重要因素。然而，能否履行好企业社会责任，直接影响到员工的凝聚力。企业对社会是有责任的，是否履行好社会责任是衡量一个企业是否能够充分考虑员工权益并遵循以人为本原则的重要标准。如果一家企业能够很好地履行其社会责任，就可以得到企业的员工更多的认可，从而可以帮助员工塑造出敢于承担责任、自觉履行义务、积极向上的精神态度，进而凝聚企业的文化氛围。因此，企业在进行社会责任营销时，会调动员工的工作积极性、主动性及提高其对企业的忠诚度。一个有责任并重视社会责任的企业，在公众的眼里是一个良好的外部企业形象，这一形象的树立得到广大消费者的认可，可以增强企业员工的荣誉感、自信心与责任心，使企业员工可以更好地为企业服务，尽责奉献。

3. 有利于推动社会和谐发展

企业是社会发展的重要组成部分，是国民经济的微观细胞，同时也是促进社会经济发展的直接推动力量。从承担的社会责任来说，企业作为和谐社会的基本组成单位，它承担着创造社会财富、增加人民就业、满足消费者需求、维护社会和谐稳定的重要责任。这些都是企业应当考虑和关注的。从企业的角度说，承担相应的社会责任虽然在短期内可能会增加一部分经营成本，但是从长期看，一家注重社会责任的企业必将赢得更多消费者的认可，也会增加企业收益。在另一个层面上，企业在自身力所能及的范围内从事社会公益事业和慈善事业，有利于塑造良好的社会风气和行业文化，促进企业与社会的互利共赢，为企业创造更多的外部机会和市场环境，这无疑对企业的进一步发展和营造良好的社会风尚具有重要的推动作用。

4. 有利于拓展企业的市场空间

随着全球经济一体化，企业之间的竞争愈发激烈，对企业社会责任的关注和实践成为现代企业竞争的新趋势。在倡导贸易自由化的时代，传统的贸易壁垒渐渐失效，西方发达国家为了保护自己的市场利益，制定了一系列企业社会责任国际标准作为市场进入门槛，使企业社会责任标准成为新的非关税壁垒。跨国企业（如沃尔玛、耐克等）或出于自身的需要，或迫于本国消费者的压力，对于其供应商也制定了包括提高劳动报酬、改善用工环境等诸多企业社会责任标准，对于达不到要求的制造商一律拒绝纳入供应商名录。对很多企业而言，是否通过了SA8000（Social Accountability 8000）企业社会责任的认证，将是决定企业能否参与国际市场的前提条件。因此，企业应积极承担社会责任，通过相关的企业社会责任国际标准认证，这将有效扩展企业的市场空间，减少企业可能遭遇的贸易壁垒。

案例 12-4　　　　　　王老吉现象：爱人者人恒爱之

汶川地震后不久，一则"封杀"王老吉的帖子在网络热传，几乎各大网站和社区都能看见《让王老吉从中国的货架上消失！"封杀"它！》等帖子。"王老吉，你够狠"，网友称，生产罐装王老吉的加多宝公司向地震灾区捐款1亿元，这是迄今国内民营企业单笔捐款的最高纪录，"为了'整治'这个嚣张的企业,买光超市的王老吉!上一罐买一罐"。

而通过加多宝在地震之前公布的财务报表可以看出,2007 年加多宝在凉茶业务方面的总利润也就 1 亿元,也就是说,此次捐款差不多捐出了企业 2007 年在凉茶业务方面的全部利润。这是让广大网友感动不已,并号召"封杀"王老吉的主要原因。加多宝也被网友视为"最有责任感的企业",因此成为很多网友心中的偶像。"怕上火,喝王老吉"一时间成为时下最流行的广告词。加多宝因此不仅赢得了品牌推广,2008 年还盈利 120 亿元,比 2007 年多 30 亿元。

资料来源:魏丽娜. 抗震救灾 王老吉热捐 1 亿援助灾区 网友纷纷叫好[N]. 广州日报,2008-05-22.

> **要领与启示:**
> 一次捐赠竟然送掉了公司在凉茶业务方面一年的利润,灾难面前的真情让国人感动和震撼,这绝不是沽名钓誉而是责任感使然。"封杀"王老吉,显然是正话反说,目的是鼓励大家都去购买王老吉,支持王老吉。本案例告诉我们一个简单而朴素的道理:爱人者,人恒爱之。加多宝在汶川地震中的突出表现及随后网友们的反应,客观上让国货王老吉重新以醒目、高昂的姿态进入了国人的视野,前所未有地拉近了国货与国人的距离,赢得消费者的青睐,提升了品牌知名度和信誉度。

12.2.4 营销社会责任的建设与实施

当今的企业,应将主动承担社会责任作为营销决策与营销活动的指导思想,在协调、平衡社会各相关利益群体需求、为客户提供最大价值的基础上,形成各方利益共享的营销模式。企业在创造利润、对股东利益负责的同时,还要承担对其利益相关者的责任,包括遵守法律、商业道德、生产安全、职业健康、节约资源等。推动企业履行其社会责任,遵守营销道德规范,需要完善法治体系、强化政府监管、建立企业内部机制等,唯有多管齐下,才能达到事半功倍的效果。

1. 完善法规体系

建立健全法律法规体系来督导或强制企业履行社会责任,可以有效地抑制企业非道德行为的冲动,净化社会道德环境。履行社会责任毕竟要支付现实成本,并不是所有的企业都能够从战略高度出发,心甘情愿地履行社会责任,特别是在企业社会责任建设的初级阶段。基于法律的社会责任带有强制性,企业必须履行,这也需要国家立法机关和政府部门通过将既符合国际通行做法又符合我国国情的企业必须履行的社会责任,如纳税责任、环保责任、资源节约责任、安全生产责任、拒绝商业贿赂责任等,以法规规章形式固定下来,形成具有刚性约束力的企业行为规范和行动准则。同时,要做到奖罚分明,政府要使讲道德、负责任的企业得到实惠,让不守责任的企业得到惩戒,引导和鼓励企业主动承担社会责任。要考核企业社会责任的投入和成果,并颁发相应的证书,这有利于承担较多社会责任的企业得到社会认可,增强竞争力。此外,相关部门应加强建立和完善诚信的法律体系,为诚信数据的开放和实施提供法律依据,并对提供不真实的数据者进行惩罚。政府应通过建立问责机制来促使企业诚信经营。相关部门还应加大企业不履行社会责任的经济社会成本和民事刑事成本,防止出现履行社会责任的企业反而输给不履行社会责任企业的"劣币驱逐良币"现象;要有效地打击从事制假售假、侵犯知识产权、逃废债务、不正当竞争、商业贿赂、商业欺诈等恶行的企业。

2. 强化政府监管

在我国，政府在推进企业履行社会责任中发挥着重要作用。政府部门应积极发挥自身的职能作用，以政策去引导和规范企业的营销行为，同时通过逐步建立市场激励和社会监督与服务机制来积极推动。切实贯彻和落实相关法律法规，加强政府对企业社会责任的监管力度；加大执法力度，提高企业遵守法律法规的自觉性和诚信意识。同时，借鉴其他国家的实践经验，制定相应的考核监督指标，建立与国际接轨的技术法规和标准体系。政府部门要把推动企业履行社会责任作为贯彻落实新发展理念并推进创新、协调、绿色、开放、共享发展的重要任务，作为进一步完善企业外部约束机制、促进发展方式转变的重要手段，作为统筹经济社会发展、构建社会主义和谐社会建设的重要内容。

3. 企业规划上强化社会责任

企业战略对企业发展有着重要的指导意义，在企业战略规划中要体现承担社会责任的内容，将其作为企业发展的方针进行规划。一是进行相关制度创新，将社会责任管理制度融入企业管理制度体系中，从制度上保证社会责任管理目标的顺利实现，即确保管理的有效性；二是健全组织结构，可以设立社会责任战略发展部或社会责任管理部之类的机构，统领企业社会责任建设与管理的职能，把社会责任管理贯彻到企业内部管理的每个层面、每个环节，渗透到每个岗位、每个细节、每个人，使承担社会责任成为企业文化的重要内容。通过加强企业文化建设，把履行企业社会责任的理念灌输给全体员工，为管理人员和员工提供基本的价值标准和行为准则，使履行企业社会责任成为他们的自觉行动。

4. 企业生产上要节能减排

企业要树立人与自然和谐共生的价值观，承担对人类生态环境保护的责任。在生产上努力做到节约和合理利用资源，大力发展对废水、废气、固体废弃物、余热、余压的综合处理和循环利用。依法做好污染减排工作，自觉做到达标排放，做环境友好型企业。同时，要在生产中采用循环工艺，开发绿色产品，加大科技含量高节能型设施的投入，向社会和消费者提供质量好、环保型产品和服务，以赢得消费者及所在社区、政府对企业的认可和支持。

5. 企业经营上要守法诚信

诚实守信是市场经济不可或缺的责任观念，也是一个地区、一家企业、经营者最宝贵的无形资产。要建立企业核心价值观，树立企业与社会共赢的理念。要培育企业的社会责任感，特别是企业领导要有社会责任理想与抱负，要将企业社会责任精神融入营销管理的每个环节，使其成为无处不在的核心价值观念。一是要把保证质量和满足顾客要求放在第一位，坚持"质量第一、信誉第一"的服务宗旨，以质量和服务为依托，狠抓全面质量管理，建立一套规范化、科学化和制度化的质量管理体系，以提高企业质量管理水平；二是要建立相应的营销服务系统，及时对顾客的需求做出反应，实现以顾客满意为理念的售前、售中、售后全方位服务体系；三是要根据市场需求加大技术创新、技术改造的力度，完善质量安全保证体系，确保产品质量和安全。

6. 企业行为上履行社会责任

积极履行社会责任，改善企业外部关系，与政府、社会形成良性互动，这是企业可持续发展的必要条件。公平正义是企业社会责任建设的基本内容，诚信友爱是自觉履行企业社会责任和道德规范最基本的实现手段。企业搞好社区服务，热心慈善事业，参与爱心活动，创造更多就业岗位，吸纳下岗失业、残障及其他困难和弱势群体等人员就业；开展与欠发达地区、偏远落后乡村的帮扶活动；力所能及地帮助公益设施建设，建立各种形式的慈善冠名基金，扶贫济困，回馈社会。这些活动能充分调动包括企业利益相关者在内的各社会成员的积极性，共同建设安定有序的和谐社会，有助于树立企业良好的公众形象，会得到政府更多的鼓励和支持，也会受到媒体的正面评价。

本章小结

1．营销伦理道德的概念。营销伦理是对营销决策、行为进行道德评判的标准，从指导思想角度来规范一家企业的营销活动，关注营销人员在特定的社会背景下，从策略制定到实施的各个阶段，其行为是否符合社会道德的要求。营销道德是调整企业与所有利益相关者之间关系的行为规范的总和，是企业文化最顶层的内容，是客观经济规律及法治以外制约企业行为的另一要素。

2．营销活动全过程中的营销道德问题。企业营销活动中道德问题的产生，或者由管理者个人道德哲学观同企业营销战略、策略、组织环境的矛盾引起；或者由管理者为实现营利目的同消费者要求获取安全可靠的产品、合理价格、真实广告信息之间的矛盾导致；或者由企业领导者错误的价值取向迫使管理者违背道德经营所致。

3．建立现代营销伦理道德的主要措施。建立和健全法律法规，净化伦理道德环境；端正企业行为目标，确立现代营销观念；遵循现代营销道德规范，树立诚信为本的理念；加强宣传教育，增强消费者的自我保护意识。

4．企业社会责任。企业社会责任是指企业在创造利润、对股东承担法律责任的同时，还要对企业利益相关者负责。利益相关者是指企业产品的消费者、员工、供应商、社区、民间社团及政府等。企业社会责任要求企业必须超越把利润作为唯一目标的传统理念，强调要在生产过程中对人的价值的关注，强调对消费者、对环境、对社会的贡献。企业社会责任就是企业为所处社会的全面和长远利益而必须关心、全面履行的责任和义务，表现为企业对社会的适应和对社会发展的参与。

5．企业社会责任的特点。企业社会责任是多重责任的复合体，包含经济、法律、道德、慈善责任；企业社会责任不同于企业法律责任：企业法律责任是对企业的一种义务性要求，具有强制性；企业社会责任包括诸如企业向社会捐赠等带有自愿性的行为活动。企业社会责任也不仅是一种道德责任。企业首先应当承担基本的法律责任，在此基础上再去考虑道德责任的问题。企业社会责任是企业法律责任和道德责任的有机统一。

6．营销活动的社会责任体现。一是利润责任。对大多数企业而言，它的基本经济责任是"获取利润"。二是利害关系人责任。企业应当对那些能影响其达成目标的各种相关者所应担负的责任，包括顾客、员工、供应商和分销商。三是对社会的责任。企业必须对生态环境和社会大众负责。

7．承担企业社会责任的作用。一是有利于塑造企业良好形象；二是有利于增强企业的凝聚力；三是有利于推动社会和谐发展；四是有利于拓展企业的市场空间。

8．建立企业社会责任营销的主要措施。完善法规体系；强化政府监管；企业规划上强化社会责任；企业生产上要节能减排；企业经营上要守法诚信；企业行为上履行社会责任。

学习指导

在学习的过程中,读者要注意营销的伦理道德和社会责任之间的联系与区别。营销的伦理道德是从道德与伦理角度对企业在营销活动中的决策和行为规范进行研究的,营销的社会责任则是从与企业相关利益者的保护与关注角度加以研究的。本章的学习应从宏观和微观层面理解如何推进坚守营销伦理道德规范和承担企业社会责任,从而理解企业应从哪些方面来履行企业社会责任,以帮助我们进行相应的营销决策与判断。本章学习可结合"市场营销学导论"和"市场营销环境"两章内容,从市场营销管理哲学、企业适应环境方面增强对企业遵守营销道德规范,履行企业社会责任的必要性和意义的理解。读者在学习中可结合国内外企业的营销实践加以思考分析,增强法治观念,注重培养社会责任的意识和遵守营销道德规范的意识,培养自己的营销伦理道德和社会责任的思维。

关键概念:营销伦理道德;企业社会责任;社会责任的特点、原则;利润责任、利害关系人责任和社会责任。

思考与应用

1. 营销伦理道德的含义是什么?
2. 营销活动全过程中的伦理道德问题产生的根源是什么?
3. 结合我国食品行业的现状,从营销伦理道德的角度谈谈如何加强食品安全。
4. 企业社会责任的含义是什么?它包括哪些方面的责任?
5. 市场营销活动的企业社会责任体现在哪些方面?你认为有没有履行的先后次序?
6. 承担社会责任的市场营销效应有哪些?

案例分析

请扫码阅读案例:中国中车将社会责任融入企业管理创新(线上资源12-7)

思考以下问题:

1. 中国中车是如何将社会责任融入企业管理创新的?
2. 请谈谈本案例给你的启示。

线上资源12-7